Oliver Hallich
Strafe

Grundthemen Philosophie

—

Herausgegeben von
Dieter Birnbacher
Pirmin Stekeler-Weithofer
Holm Tetens

Oliver Hallich

Strafe

—

DE GRUYTER

ISBN 978-3-11-073751-6
e-ISBN (PDF) 978-3-11-073261-0
e-ISBN (EPUB) 978-3-11-073265-8
ISSN 1862-1244

Library of Congress Control Number: 2021932976

Bibliografische Information der Deutschen Nationalbibliothek
Die Deutsche Nationalbibliothek verzeichnet diese Publikation in der Deutschen Nationalbibliografie; detaillierte bibliografische Daten sind im Internet über http://dnb.dnb.de abrufbar.

© 2021 Walter de Gruyter GmbH, Berlin/Boston
Druck und Bindung: CPI books GmbH, Leck

www.degruyter.com

Inhalt

Vorwort —— 1

Einleitung —— 3

I Das Problem der Strafrechtfertigung —— 7
    1 Zum Begriff des Strafens —— 7
    2 Staatliches und soziales Strafen —— 17
    3 Zum Begriff der Rechtfertigung —— 21
    4 Moralische und nicht-moralische Rechtfertigungsgründe —— 24

II Prävention als Strafrechtfertigung? —— 29
    1 Eine Charakterisierung der Präventionstheorie —— 29
    2 Haben Strafen einen Präventionseffekt? —— 34
    3 Was spricht für eine Präventionstheorie? —— 41
    4 Einwände gegen eine Präventionstheorie —— 42
        4.1 Instrumentalisierung —— 42
        4.2 Die Bestrafung Unschuldiger —— 45
        4.3 Das Verhältnismäßigkeitsprinzip —— 56
    5 Präventionstheorien des Strafens – Reichweite und Grenzen —— 63

III Expression, Kommunikation, Resozialisierung —— 65
    1 Expression —— 65
    2 Kommunikation —— 76
    3 Resozialisierung —— 82

IV Strafe als Vergeltung —— 89
    1 Eine Charakterisierung der Vergeltungstheorie —— 89
    2 Begründungen des nicht-konsequentialistischen Retributivismus —— 92
        2.1 Auge um Auge, Zahn um Zahn – das Talionsprinzip —— 93
        2.2 Verdienst als Rechtfertigungsgrund für Strafe? —— 102
        2.3 Angemessenheit der Strafe als Rechtfertigungsgrund? —— 91
    3 Symmetrie des Leidens – Vergeltung als ästhetische Kategorie? —— 107

4 Strafe *als* Vergeltung – Plädoyer für einen hermeneutischen Retributivismus —— 109
    4.1 Was heißt „hermeneutischer Retributivismus"? —— 110
    4.2 Vergeltung und Prävention —— 115
    4.3 Vergeltungsstrafen und Sinn —— 119

V Der emotionsbasierte Retributivismus —— 123
1 Nietzsches Diagnose: Retributive Emotionen als Grundlage des Strafens —— 123
2 Der Wert retributiver Emotionen —— 127
3 Retributive Emotionen und Strafrechtfertigung —— 133
    3.1 Konsequentialistischer Retributivismus —— 133
    3.2 Die Angemessenheit retributiver Emotionen —— 137

VI Strafen ohne moralische Schuld (1): Strafen bei kausaler Verantwortlichkeit —— 145
1 Schuld, Verantwortung, Strafe – drei Ebenen —— 146
2 Kausale Schuld und Strafen —— 156
    2.1 Kausale Schuld und staatliches Strafen: strenge Erfolgshaftung (*strict liability*) —— 156
    2.2 Kausale Schuld und soziales Strafen —— 163
    2.3 *Agent-regret* und soziales Strafen —— 170
3 Strafen ohne moralische Schuld und das „Paradox des Retributivismus" —— 175

VII Strafen ohne moralische Schuld (2): Strafen ohne moralische und ohne kausale Verantwortlichkeit —— 179
1 Kollektivstrafe —— 179
2 „Seinsschuld" und Strafen —— 186

VIII Entschuldigungsgründe (1): Freiheitseinschränkungen —— 191
1 Warum Strafen nicht nur Präventionsmaßnahmen sind —— 192
2 Moralische Schuld und Entschuldigungsgründe —— 200
3 Freiheitseinschränkung als Einschränkung der Handlungsfreiheit? —— 204

    4   Freiheitseinschränkungen als Einschränkungen
         der freien Willensbildung —— 209
         4.1   Einschränkung der freien Willensbildung als
                Verursachtsein? —— 209
         4.2   Freie Willensbildung und „praktische Identität" —— 212
         4.3   Fehlende Zumutbarkeit —— 214
                4.3.1   Einschränkung der freien Willensbildung
                         und Zumutbarkeit —— 214
                4.3.2   Fehlende Zumutbarkeit (1): Fehlende Fähigkeiten —— 217
                4.3.3   Fehlende Zumutbarkeit (2): Unzumutbarkeit der Ausübung
                         einer Fähigkeit —— 223

IX Entschuldigungsgründe (2): Fehlende Absichtlichkeit —— 229
    1   Absichtlichkeit – einige Vorbemerkungen —— 229
    2   Fehlende Absichtlichkeit, Schuldminderungen
         und Entschuldigungen —— 234
    3   Vier Stufen der Absichtlichkeitseinschränkung —— 238
         3.1   Erste Stufe: Fehlende Absichtlichkeit bei
                vorhandener Wissentlichkeit —— 238
         3.2   Zweite Stufe: Eventualvorsatz —— 240
         3.3   Dritte Stufe: Fehlende Vorsätzlichkeit bei Fahrlässigkeit —— 241
         3.4   Vierte Stufe: Entschuldigungen —— 243
    4   Entschuldigungsgründe und das Schuldprinzip —— 245
    5   Entschuldigungsgründe und das Verhältnismäßigkeitsprinzip —— 248

X   Schluss: Strafrechtfertigung im Spannungsfeld zwischen moralischen und
    nicht-moralischen Gründen —— 255
    1   Das Problem der Strafrechtfertigung –
         bilanzierende Bemerkungen —— 255
    2   Vorrang der Moral? —— 257
    3   Plädoyer für ein Strafen mit schlechtem Gewissen —— 263

Anmerkungen —— 267

Literatur —— 299

Namensregister —— 313

Sachregister —— 317

Vorwort

Die vorliegende Abhandlung stellt den Versuch dar, eine kritische Einführung in Theorien der Strafrechtfertigung mit einer eigenen Straftheorie zu verbinden. In den Kapitel II–V werden klassische philosophische Positionen zum Problem der Strafrechtfertigung rekonstruiert und kritisch untersucht, um diejenigen Elemente in ihnen zu isolieren, die sich als kritikresistent erweisen. Diese werden in den Kapiteln VI–X im Sinne eines „wohlwollenden Eklektizismus" zu einer eigenen Theorie der Strafrechtfertigung zusammengeführt. Das Resultat ist eine Theorie, die erstens am Präventionsgedanken als Kriterium der Strafrechtfertigung orientiert ist, aber am Retributivismus in einer spezifischen Lesart, die ich als „hermeneutischen Retributivismus" zu bezeichnen vorschlagen werde, festhält und die zweitens zwischen moralischen und nicht-moralischen Gründen der Strafrechtfertigung unterscheidet und anerkennt, dass es ein nicht aufhebbares Spannungsverhältnis zwischen nicht-moralischen Gründen für das Strafen und moralischen Gründen dagegen gibt.

Für hilfreiche Gespräche und die kontinuierliche kritisch-konstruktive Begleitung dieser Arbeit danke ich vor allem Dieter Birnbacher. Auch Felicitas Krämer und Susanne Hiekel möchte ich für Gespräche und kritische Rückmeldungen danken. Und mein Dank gilt Burkhard Sieburg von der JVA Essen und den Teilnehmern des Kurses „Philosophieren im Gefängnis", die mir ebenso verstörende wie lehrreiche Einblicke in die Welt hinter den Gefängnismauern ermöglichten.

Einleitung

Strafen ist ein Alltagsphänomen. Es umfasst weit mehr als den Bereich der vom Staat verfügten „handgreiflichen" Strafmaßnahmen wie Geldstrafen oder Freiheitsentzug und bestimmt unser Miteinander in häufig sehr subtiler Form. Eltern strafen ihre Kinder, Lehrer ihre Schüler, Partner können einander mit dem Entzug von Zuneigung strafen. Wir können einander durch Gesten der Verachtung oder Geringschätzung, durch kalte Abwendung oder Passivität, durch Beschämung und Demütigung strafen.

In diesem Buch wird, bezogen auf staatliches wie auch auf soziales Strafen, von neuem eine zentrale Frage der philosophischen Straftheorie gestellt, und es wird versucht, sie zu beantworten: diejenige, ob und, wenn ja, wie sich Strafen rechtfertigen lassen. Dass die Rechtfertigungsfrage seit jeher im Zentrum der philosophischen Straftheorien steht, liegt auf der Hand. Strafen stellen im Allgemeinen Leidenszufügungen dar, die als solche einer Rechtfertigung bedürfen. Diese Leidenszufügungen können, wenn es sich um staatliches Strafen handelt, massive und auch äußerlich fühlbare Formen wie eine Geldstrafe, einen langjährigen Freiheitsentzug oder den staatlich verordneten Tod annehmen. Aber auch die Nicht-Einladung zu einer Party, ostentatives Ignorieren einer anwesenden Person oder eine schneidende Bemerkung können als Strafmaßnahmen jenseits von staatlichen Institutionen wirksam werden und erhebliche Leidenszufügungen darstellen, die als solche die Frage nach ihrer Rechtfertigung aufwerfen.[1]

Ausgangspunkt der vorliegenden Abhandlung ist die Verwunderung darüber, dass in der extensiven philosophischen Literatur zur Strafrechtfertigung der Rechtfertigungsbegriff im Allgemeinen unhinterfragt im Sinne *moralischer* Rechtfertigung aufgefasst wird. Damit, so der Verdacht, wird die Idee der Strafrechtfertigung unnötigerweise auf eine bestimmte Form der Rechtfertigung eingeführt, und andere mögliche Formen der Strafrechtfertigung werden ignoriert. Versteht man unter einer Rechtfertigung die Angabe eines rechtfertigenden Grundes – und ein Rechtfertigungsgrund ist, allgemein gesprochen, „etwas, was für etwas spricht" (vgl. z. B. Scanlon 1998, 17; Stemmer 2008, 88–90) –, dann ist nicht ersichtlich, warum diese Rechtfertigung notwendig moralischer Art sein, also sich auf moralische Normen und Werte als Begründungsgrundlage berufen müsste. Eine Hauptthese, die in diesem Buch vertreten und entwickelt wird, ist, dass Strafen einer Rechtfertigung zugänglich sind, dass es sich dabei aber um eine nicht-moralische Rechtfertigung handelt. Strafen lassen sich zweckrational rechtfertigen, und zweckrationale Gründe sind gerade keine moralischen Gründe.

Das heißt natürlich nicht, dass moralische Aspekte bei Fragen der Strafrechtfertigung keine Rolle spielen würden. Sie tun dies durchaus. Insofern wir nämlich, so werde ich argumentieren, Strafen nicht nur als gerechtfertigt, sondern als *moralisch* gerechtfertigt ansehen, nehmen wir auch moralische Haltungen gegenüber dem Gestraften ein, die sich in Reaktionen wie moralischer Empörung oder moralischer Verachtung dokumentieren. Diese Haltungen sind insofern voraussetzungshaltig, als sie auf Unterstellungen in Bezug auf Freiheit und Absichtlichkeit beruhen. Diese Unterstellungen aber können sich als falsch erweisen und der Korrektur bedürfen. Erweisen sie sich als falsch, ist dies ein Grund dafür, die moralischen Haltungen, die mit Strafen, die wir als moralisch gerechtfertigt ansehen, einhergehen, zu modifizieren und die Strafen selbst zu modifizieren oder von ihnen abzusehen.

Es soll also gezeigt werden, dass moralische und nicht-moralische Erwägungen auf verschiedenen Ebenen der Strafrechtfertigung zur Geltung kommen. Wie vor allem der britische Rechtsphilosoph und wohl bedeutendste Straftheoretiker des 20. Jahrhunderts Herbert Hart betont hat, kann die Frage der Strafrechtfertigung sowohl auf die Institution des Strafens als ganze als auch auf einzelne Strafhandlungen bezogen werden (vgl. Hart 1958b, 80–83; Hart 1959, 3–9); sie umfasst dann zumindest die folgenden Fragen:

1. Wie ist die Institution des Strafens zu rechtfertigen?
2. Wie lassen sich einzelne Strafhandlungen rechtfertigen?
    a. Wie lässt sich ein bestimmtes Ausmaß der Strafe, z. B. die Höhe einer Gefängnisstrafe oder die Stärke moralischen Tadels, rechtfertigen?
    b. Wie lässt es sich rechtfertigen, dass eine bestimmte Person bestraft wird? Wer darf bestraft werden?

Mit (1) wird nach der Rechtfertigung der (staatlichen oder sozialen) Institution des Strafens und gerade nicht nach der Rechtfertigung einzelner Akte der Strafverhängung gefragt. Es wird zu zeigen sein, dass zur Beantwortung dieser Frage nicht-moralische Gründe angeführt werden können. Fragt man hingegen mit (2a) und (2b) nach der Rechtfertigung einzelner Strafakte – und somit bereits unter der Voraussetzung, dass die Institution des Strafens grundsätzlich gerechtfertigt ist –, so fragt man, ob und wie es gerechtfertigt ist, *diese Person in dieser Weise* zu strafen. Dürfen wir eine Person nur dann bestrafen, wenn sie moralisch schuldig ist? Und wie lässt sich ein bestimmtes Strafmaß als angemessen begründen? Bezieht man sich auf die Ebene einzelner Strafhandlungen, dann, so wird argumentiert werden, kommen genuin moralische Fragen der Strafrechtfertigung zum Tragen.

Der Argumentationsgang der Arbeit ist folgender. Im einleitenden Kapitel wird deutlich gemacht, worin das Problem der Strafrechtfertigung besteht. Hierzu werden die Begriffe des Strafens und der Strafrechtfertigung erläutert. In den Kapiteln II bis V werden zentrale philosophische Positionen zu Fragen der Strafrechtfertigung kritisch diskutiert. In Kapitel II werden Präventionstheorien untersucht. Es wird gezeigt, dass diese ein durchaus plausibles Kriterium der Strafrechtfertigung offerieren, allerdings nur dann, wenn man diese Strafrechtfertigung nicht als moralische Rechtfertigung auffasst. In Kapitel III werden drei Theorien thematisiert, die ebenso wie die Präventionstheorien auf Straffolgen Bezug nehmen, allerdings nicht auf Straffolgen in Form von Präventionswirkungen. Es wird argumentiert, dass die Expressionstheorie in Bezug auf einen sehr eng umgrenzten Bereich von Strafhandlungen plausibel ist, dass die Kommunikationstheorie, jedenfalls in ihrer plausibelsten Lesart, mit einer Variante der Präventionstheorie, nämlich einer Theorie der positiven Spezialprävention, zusammenfällt und dass die Resozialisierungstheorie als Ergänzung einer Präventionstheorie angesehen werden sollte. Kapitel IV thematisiert retributivistische Theorien der Strafrechtfertigung. Es wird gezeigt, dass Vergeltung keinerlei Grundlage für eine Strafrechtfertigung ist, allerdings eine wichtige hermeneutische Kategorie darstellt, d. h. eine mögliche Weise bezeichnet, Strafen zu verstehen. In Kapitel V werden moderne Varianten einer Retributionstheorie diskutiert, die sich auf retributive Emotionen als Rechtfertigungsgrundlage des Strafens beziehen. Diese überzeugen, so wird gezeigt, weder wenn diese Emotionen als Vergeltungsbedürfnisse interpretiert werden noch wenn versucht wird, gerechtfertigte Strafen dadurch zu charakterisieren, dass sie ein angemessener Ausdruck retributiver Emotionen sind. In den Kapiteln VI und VII wird der in Auseinandersetzung mit den Präventionstheorien entwickelte Gedanke einer nicht-moralischen Strafrechtfertigung durch die Präventionswirkung der Strafe aufgegriffen und weiter verfolgt. Gefragt wird hier, inwiefern es gerechtfertigt sein kann, jemanden zu strafen, ohne ihm *moralische* Schuld zuzuschreiben. In Kapitel VI wird, bezogen auf staatliches wie auf soziales Strafen, gezeigt, dass und wie, wenn man den Rechtfertigungsbegriff entmoralisiert, Strafen auch im Falle nicht moralischer, sondern bloß kausaler Schuld durchaus gerechtfertigt sein können. In Kapitel VII wird thematisiert, in welchem (sehr begrenzten) Ausmaß Strafen auch in Abwesenheit moralischer *und* kausaler Schuld – wiederum in einem nicht-moralischen Sinne von „rechtfertigen" – gerechtfertigt sein können. Eine nicht-moralische Strafrechtfertigung gerät jedoch in einen erheblichen Widerspruch zu unseren moralischen Intuitionen. Insbesondere sieht sie sich dem Vorwurf ausgesetzt, weder dem Prinzip, dass man nur die moralisch Schuldigen strafen darf, noch dem Prinzip, dass die

Schwere einer Strafe der Schwere des Normverstoßes zu entsprechen hat, gerecht werden zu können. Daher wird im Folgenden gefragt, welche Rolle moralische Erwägungen bei der Strafrechtfertigung spielen. Wie bereits erwähnt, spielen sie dann eine Rolle, wenn wir uns nicht auf Strafen als Institution, sondern auf einzelne Akte der Strafverhängung beziehen. Wir sehen dann den Gestraften nicht als Schaltstelle in einem sozialen Regulationsmechanismus, sondern als *Person* an, der gegenüber wir moralische Haltungen einnehmen. Diese sind dadurch gekennzeichnet, dass sie mit der Zuschreibung moralischer Verantwortlichkeit und der Unterstellung von Freiheit und Absichtlichkeit einhergehen. Auf dieser Ebene können Entschuldigungsgründe als Strafeinschränkungs- oder Strafaufhebungsgründe zum Tragen kommen. Entschuldigungsgründe sind Gründe, die dafür sprechen, diese Haltungen zu modifizieren, da die mit ihnen einhergehenden Annahmen in Bezug auf Freiheit und Absichtlichkeit nicht zutreffen. Diesen Gründen zu folgen bedeutet, jemanden *nicht* den negativen Maßnahmen auszusetzen, denen er auszusetzen wäre, um eine maximale Präventionswirkung zu erzielen. In den Kapiteln VIII und IX werden zwei Arten von Entschuldigungsgründen untersucht. Die erste besteht in Freiheitseinschränkungen, mit Bezug auf die wir Strafeinschränkungen begründen können. Die zweite besteht in Einschränkungen der Absichtlichkeit, die ebenfalls einen Grund für das Absehen von Strafe oder jedenfalls – als zwar nicht entschuldigende, aber schuldmindernde Gründe – für eine Strafreduzierung darstellen können. Im abschließenden Kapitel wird das Spannungsverhältnis zwischen nicht-moralischen Gründen für das Strafen und moralischen Gründen gegen das Strafen zum Gegenstand gemacht und gezeigt, dass dieses sich nicht über die These auflösen lässt, dass moralische Gründe notwendig als vorrangig gegenüber nicht-moralischen aufzufassen seien. In Anerkennung dieses Spannungsverhältnisses steht am Ende des Buches ein Plädoyer für ein „Strafen mit schlechtem Gewissen".

I Das Problem der Strafrechtfertigung

Im folgenden Kapitel wird das Problem der Strafrechtfertigung erläutert. Dazu wird zunächst der Begriff des Strafens geklärt (1), um dann zwischen staatlichen und sozialen Strafen zu unterscheiden (2). Abschließend gilt es, den Rechtfertigungsbegriff selbst zu präzisieren (3) und die für die folgende Argumentation wichtige Differenz zwischen moralischen und nicht-moralischen Rechtfertigungsgründen zu erläutern (4).

1 Zum Begriff des Strafens

Mit Blick auf die im Zentrum dieser Arbeit stehenden Rechtfertigungsfragen ist eine Definition des Strafbegriffs aus zwei Gründen vonnöten. Zum einen entbehrt eine Diskussion über Rechtfertigungsfragen ohne eine vorhergehende Verständigung über den Gegenstand der Rechtfertigung jeder Grundlage; daher muss offensichtlich geklärt werden, wovon die Rede ist, wenn nach der Rechtfertigung von Strafen gefragt wird. Zum anderen ist eine Definition des Strafbegriffes nötig, weil es begriffliche Fragen von denjenigen Fragen zu unterscheiden gilt, zu deren Beantwortung substantielle normative Argumente anzuführen sind. Es ist das eine, sich darüber zu verständigen, was Strafen sind, und es ist etwas ganz anderes zu fragen, unter welchen Bedingungen Strafen gerechtfertigt sind. Mit einer Definition des Strafbegriffes kann der Gefahr vorgebeugt werden, strittige normative Annahmen unter der Hand in den Strafbegriff eingehen zu lassen und damit zu suggerieren, dass diese keiner Rechtfertigung mehr bedürften. Dies geschieht beispielsweise, wenn es schon als Teil des Straf*begriffs* reklamiert wird, dass „nur die moralisch Schuldigen bestraft werden dürfen", oder wenn es als begriffliche Bedingung für Strafen gilt, dass jemand nur für das, was er selbst getan hat, bestraft werden darf. In diesem Fall wird etwas in den Strafbegriff hineingelesen, was (kontroverser) Teil der Rechtfertigungsbedingungen des Strafens sein könnte.

Als Ausgangspunkt für eine Definition von „strafen" eignet sich folgende, weitgehend unkontroverse Beobachtung: Wenn wir strafen, beabsichtigen wir, jemandem ein Leiden zuzufügen. Mit dieser Feststellung wird zum einen deutlich gemacht, dass Strafen an soziale Beziehungen und Interaktionen gebunden sind. Ein Leiden, das jemanden in Folge schicksalhaft eintretender äußerer Ereignisse, etwa einer Naturkatastrophe, trifft, ist kein Strafleiden. Nur dann, wenn das Leiden von einer strafenden Instanz zugefügt wurde, die dieses Leiden intendiert hat, ist es ein Strafleiden. Zwar besteht eine psychologisch leicht nachvollziehbare Tendenz, ein Leiden, das nicht erklärt werden kann und für das man eine Erklärung sucht, als Strafe zu interpretieren und damit auf die Absichten einer strafenden Instanz zurückzuführen, die als solche rational und verstehbar sein können – etwa wenn eine Heuschreckenplage als Strafe Gottes interpretiert wird. Ein Leiden als Strafleiden zu interpretieren kann ihm, wie noch auszuführen sein wird, einen (sozialen) Sinn verleihen und es verstehbar machen. Aber ein solches als Strafleiden interpretiertes Leiden *ist* kein Strafleiden, weil es de facto nicht von einer äußeren Instanz zugefügt wurde.

Zum anderen wird mit der obigen Feststellung deutlich gemacht, dass Strafen begrifflich nicht an eine faktische Leidenszufügung gebunden ist, sondern an die *Absicht*, Leiden zuzufügen. Nicht immer realisiert sich die Absicht, auf die hin etwas getan wird. Nicht immer wenn wir beabsichtigen, Leiden zuzufügen, werden wir dies auch erreichen. Es kann daher sein, dass eine Strafe dem Bestraften faktisch kein Leid zufügt. Wenn ein Obdachloser es zu schätzen weiß, dass es im Gefängnis im Winter warm ist, er dort regelmäßig Nahrung erhält und für einen geregelten Tagesablauf gesorgt ist, wird die Absicht, ihm durch eine Gefängnisstrafe Leiden zuzufügen, nicht realisiert werden; gleichwohl handelt es sich um eine Strafe. Wenn die Mutter der Tochter als Strafe für zu schlechte Noten in der Schule den Discobesuch verbietet, werden wir auch dann sagen, dass sie die Tochter mit diesem Verbot „bestraft", wenn wir wissen, dass die Tochter Discobesuche insgeheim verabscheut und unter deren Verbot durchaus nicht leidet. „Strafen" ist kein Erfolgsverb; es impliziert nicht das Eintreten des durch das Strafen intendierten Resultats. Dies dürfte in der Praxis selten ein Problem darstellen – denn im Allgemeinen schätzen Menschen Gefängnisaufenthalte nicht, und im Allgemeinen wissen Eltern, wie sie ihre Absicht, ihren Kindern Leiden zuzufügen, auch wirkungsvoll realisieren können –, aber es ist für Fragen der Strafrechtfertigung durchaus relevant: Es bedeutet, dass diejenigen Strafhandlungen, mit denen eine Leidenszufügung beabsichtigt, aber nicht erreicht wird, anders zu rechtfertigen sind als diejenigen, mit denen diese Leidenszufügung auch erreicht wird. In Bezug auf die erstgenannten Strafhandlungen ist es nicht notwendig, eine faktische Leidenszufügung zu rechtfertigen, da diese ja gar nicht eintritt.

Zu sagen, dass von Strafen auch beim Fehlen faktischer Leidenszufügung gesprochen werden sollte, ist eine terminologische Regelung, die als solche stipulativ ist. Es handelt sich um eine definitorische Festsetzung, und Definitionen können als solche nicht wahr oder falsch, sondern nur adäquat oder inadäquat, nützlich oder unnütz, für einen bestimmten Zweck geeignet oder ungeeignet sein. Es ist zuzugestehen, dass man diese terminologische Regelung auch anders vornehmen könnte.[2] Man könnte in den oben genannten Fällen davon sprechen, dass der Staat den Obdachlosen, der die Vorzüge des Gefängnisaufenthaltes schätzt, und dass die Mutter die Discobesuche verabscheuende Tochter nicht bestraft, sondern, da faktisch kein Leiden zugefügt wird, lediglich zu strafen versucht. Oder man kann, wie von Leo Zaibert vorgeschlagen, die Verwendbarkeit des Verbs „strafen" an die Erste-Person-Perspektive binden und in Bezug auf die genannten Fälle behaupten, dass es sowohl zutrifft, dass der Staat den Obdachlosen bestraft bzw. dass die Mutter die Tochter bestraft, als auch, dass der Obdachlose *nicht* vom Staat bestraft bzw. die Tochter *nicht* von der Mutter bestraft wird. Demnach wäre also „A straft B" konsistent mit „B wird nicht von A gestraft" (Zaibert 2006a, 28–30). Der Grund dafür, die Festsetzung nicht auf diese Weise, sondern wie oben vorgeschlagen vorzunehmen – also von Strafen auch bei nur beabsichtigtem, nicht realisiertem Leiden zu sprechen – ist vor allem, dass diese terminologische Regelung eine große Nähe zur Alltagssprache wahrt und dass man die Alltagssprache nicht ohne guten philosophischen Grund reformieren sollte. Wir sagen im Allgemeinen nicht, dass der Richter es im oben genannten Fall versäumt hat, den Obdachlosen zu strafen. Wir sagen auch nicht, dass jemand, der sich an die Einschränkungen des Gefängnislebens so weit gewöhnt hat, dass er nicht mehr darunter leidet, eben dadurch die Strafe vermeidet und infolge seiner Gewöhnung nicht mehr gestraft wird. Wir sagen vielmehr, dass er sich „an die Strafe gewöhnt". Zudem ist es – dies spricht gegen den soeben genannten Vorschlag Zaiberts – aus begriffspragmatischen Gründen sinnvoll, die von Zaibert in Kauf genommene Konsequenz der möglichen Wahrheit von „A straft B" bei gleichzeitiger Falschheit von „B wird von A bestraft" zu vermeiden. Es ist sinnvoll, den Ausdruck „strafen" so zu verwenden, dass eine Handlung eindeutig, d. h. nicht perspektivenabhängig als Strafhandlung identifiziert werden kann. Andernfalls wären verwirrende Konsequenzen in Kauf zu nehmen: Würde z. B. der genannte Obdachlose nach zehn Jahren entlassen, weil er nur infolge eines Justizirrtums inhaftiert wurde, hätte er keinen Anspruch auf Haftentschädigung, weil er ja überhaupt nicht bestraft wurde. Sein Gefängnisaufenthalt wäre vielmehr als eine vom Staat finanzierte Beherbergung anzusehen. Zudem müssten wir, um entscheiden zu können, ob nicht nur A B straft, sondern auch B von A gestraft wird, wissen, ob B die Strafe auch als solche empfindet, was häufig schwer bis unmöglich zu ermitteln sein dürfte. Daher sollte man „strafen" nicht als perspektivenrelatives Verb auffassen.

Eine Strafe besteht also darin, ein Leiden zu beabsichtigen. Zu betonen ist, dass damit zweierlei *nicht* impliziert ist. Zum einen ist nicht impliziert, dass der Strafende auch eine Strafabsicht, d. h. eine Absicht zu strafen hat. Eine bloße Strafabsicht ist ebenso wenig ein Strafen, wie eine Heiratsabsicht eine Heirat ist; die Absicht, Leiden zuzufügen, in der das Strafen besteht, ist aber keine bloße Strafabsicht und sollte mit einer solchen nicht verwechselt werden. Es wird also mit der vorgeschlagenen Definition die Möglichkeit offengelassen, dass wir strafen, ohne zu beabsichtigen, jemanden zu strafen (vgl. hierzu ausführlich Zaibert 2006a, 49–52). Zum anderen ist damit nicht impliziert, dass der Gestrafte, um gestraft zu werden, die Strafe auch als solche empfinden muss. Dass jemand gestraft wird, aber die Strafe nicht als solche empfindet, ist ebenso wenig widersprüchlich wie dass jemand de facto kritisiert oder verspottet wird, aber die Kritik oder den Spott nicht als solche bzw. solchen empfindet. Die Tochter wird im genannten Beispiel das Verbot von Discobesuchen nicht als Strafe empfinden; trotzdem handelt es sich um eine Strafe, da damit ein Leiden intendiert ist. Die Verweigerung einer Verbeugung mag in bestimmten Kulturen eine soziale Strafe sein, ohne von dem mit den Grußritualen dieser Kultur Unvertrauten als Strafe empfunden zu werden.

Eine Strafe besteht also darin, ein Leiden zu beabsichtigen, aber es ist möglich, dass mit der Strafe de facto kein Leiden zugefügt wird. *Im Allgemeinen* aber wird die Leidenszufügung nicht nur beabsichtigt werden, sondern das Leiden wird mit der Strafhandlung tatsächlich zugefügt werden. In solchen Fällen verlangt die Rechtfertigung der Strafe nicht nur die Rechtfertigung einer Absicht, jemandem ein Leiden zuzufügen, sondern die Rechtfertigung der (beabsichtigten) Leidenszufügung selbst.[3] Wenige moralische Ansichten aber werden so weitgehend akzeptiert und scheinen so über jeden Zweifel erhaben wie diejenige, dass die beabsichtigte Zufügung von Leiden ohne einen gravierenden Grund moralisch falsch ist. Jemanden absichtlich leiden zu lassen, ohne dafür einen rechtfertigenden Grund zu haben, gilt als Grausamkeit und daher als moralisch verwerflich. Die Frage nach der Rechtfertigung des Strafens lässt sich daher auch so pointieren, dass damit danach gefragt wird, was es eigentlich ist, das Strafen von Grausamkeit unterscheidet. Wieso ist Strafen *kein* Fall einer bloßen Leidenszufügung um ihrer selbst willen? Gefragt ist damit nicht nur nach einem deskriptiven Unterscheidungsmerkmal von Strafen und Grausamkeit, sondern nach einem normativ relevanten, d. h. einem solchen, das deutlich macht, wieso im Falle von Strafen, anders als bei Grausamkeit, Leiden zugefügt werden *darf* oder sogar *soll*. Ethische Straftheorien widmen sich dieser Frage und untersuchen, ob es Bedingungen gibt, bei deren Vorliegen wir von einer normativ relevanten Differenz zwischen Strafen und bloßer Grausamkeit sprechen können, und wenn ja, um welche Bedingungen es sich dabei handelt.

Mit dem Hinweis darauf, dass Strafen intendierte Leidenszufügungen sind, ist aber natürlich nur eine notwendige, keine hinreichende Bedingung dafür genannt, dass wir eine Handlung eine Strafhandlung nennen können. Strafen sind nicht irgendwelche intendierten Leidenszufügungen, sondern solche, mit denen der Leiden Zufügende auf einen *angenommenen Normverstoß* reagiert. Der Ausdruck „Normverstoß", der einen weiteren Anwendungsbereich hat als „Vergehen" oder „Tat", macht dabei deutlich, dass Strafhandlungen auf Verstöße gegen Normen jedweder Art reagieren können. Es kann sich um Verstöße gegen Rechtsnormen, aber auch um solche gegen Moralnormen und nichtmoralische soziale Normen, etwa Rollennormen oder Etikettennormen oder ästhetische Normen oder auch Spielnormen handeln. Bestraft werden kann man für Mord oder einen anderen Verstoß gegen eine Rechtsnorm, aber auch dafür, dass man als Jüngerer den Älteren nicht zuerst gegrüßt hat, also eine Etikettenorm verletzt hat, dafür, dass man als Bundestagspräsident eine in dieser Funktion nicht angemessene Rede gehalten, also gegen eine Rollennorm verstoßen hat, dafür, dass man in einem hierarchischen Gefüge dem Höherstehenden den Gehorsam verweigert, also eine aus einer Rollennorm abgeleitete soziale Norm, die Unterordnung fordert, verletzt hat, dafür, dass man jemandes ästhetische Vorstellungen durch das Tragen unangemessener Kleidung beleidigt, also gegen eine ästhetische Norm verstoßen hat, oder dafür, dass man Spielregeln nicht eingehalten hat. Dass es sich um ei*nen angenommenen* Normverstoß handelt, bedeutet, dass dieser nicht tatsächlich vorliegen muss. Es ist keine notwendige Bedingung des Strafens, dass jemand das, wofür er gestraft wird, auch tatsächlich getan hat. Zwar ist es eine naheliegende und zumindest prima facie plausibel erscheinende Annahme, dass es eine Bedingung für *gerechtfertigtes* Strafen ist, dass jemand das, wofür er gestraft wird, auch getan hat (wenngleich, wie sich zeigen wird, auch diese Annahme sich als korrekturbedürftig erweisen wird), aber die potentiellen Rechtfertigungsbedingungen für Strafen dürfen nicht schon in den Straf*begriff* eingeschrieben werden. Auch ein vermeintlicher Bankräuber kann für Bankraub bestraft werden, und die Mutter kann ihre Tochter für ein Vergehen strafen, das diese gar nicht begangen hat.

Das bedeutet, dass – wenn man sich vorläufig die vereinfachende Gleichsetzung von „Person, die den Normverstoß, für den sie bestraft wird, begangen hat" mit „Schuldiger" erlaubt – es keineswegs als begriffliche Wahrheit reklamiert werden kann, dass nur die Schuldigen bestraft werden können.[4] Will man also die Behauptung, dass nur die Schuldigen bestraft werden dürfen, verteidigen, muss man dafür substantielle *normative* Argumente vorbringen und darf sich nicht einfach darauf berufen, dass die Bestrafung Unschuldiger schon aus begrifflichen Gründen gar nicht als Bestrafung anzusehen sei.[5] Wohl aber ist es eine begriffliche Wahrheit, dass man nur dann jemanden strafen kann, wenn man ihn, ob zu Recht oder zu Unrecht, *für schuldig hält*. Wer beabsichtigt, jemandem Leiden zuzufügen, ohne dies auf einen angenommenen Normverstoß zu beziehen und dem Adressaten der Handlung Schuld für diesen Normverstoß zuzuschreiben, straft nicht. Allerdings ist der Informationswert der Aussage, dass man jemanden nur dann strafen kann, wenn man ihn für schuldig hält, noch sehr gering, denn völlig offen bleibt dabei, was „schuldig sein" bedeutet und in welchem Sinne von „schuldig sein" man jemanden, den man straft, für schuldig hält. In Abweichung von der üblichen und uns alltagssprachlich geläufigen Gleichsetzung von „Schuld" und „moralischer Schuld" ist zu betonen, dass Schuld keineswegs moralische Schuld sein muss. Mit der Aussage, dass man jemanden nur dann strafen kann, wenn man ihn für schuldig hält, ist also keineswegs gesagt, dass man jemanden nur dann strafen könne, wenn man ihn für *moralisch* schuldig halte. Strafen ist nicht auf Schuld, aber auf die *Annahme* von Schuld, allerdings nicht notwendig auf die Annahme *moralischer* Schuld angewiesen, da man jemanden auch bloß für kausal schuldig oder in einem von der Idee moralischer und der Idee kausaler Schuld ganz unabhängigen Sinne für schuldig halten kann. Von den verschiedenen Formen der Schuld, die hier zu unterscheiden sind, wird in Kapitel VI die Rede sein.

In diesem Zusammenhang ist auch die Formulierung „in Reaktion auf" in der Formulierung „Strafen ist eine beabsichtigte Leidenszufügung in Reaktion auf einen angenommenen Normverstoß" zu erläutern, und es ist auf eine kaum beachtete, aber inhaltlich wichtige Mehrdeutigkeit dieses Ausdrucks hinzuweisen. Dass wir jemandem „in Reaktion auf einen angenommenen Normverstoß" ein Leiden zuzufügen beabsichtigen, ihn also strafen, kann bedeuten, dass wir ihn *für* diesen angenommenen Normverstoß oder dass wir ihn *aufgrund* dieses angenommenen Normverstoßes strafen. Sagt man, dass jemand *aufgrund* eines angenommenen Normverstoßes gestraft wird, so heißt das, dass die Annahme des Normverstoßes die kausale Ursache für die Strafe ist. Sagt man hingegen, dass jemand *für* einen angenommenen Normverstoß bestraft wird, so sagt man damit, dass dieser Normverstoß ihm (in einem noch zu präzisierenden Sinne) zugeschrieben wird. Er wird ihm als etwas zugeschrieben, für das er (in einem ebenfalls noch zu präzisierenden Sinne) verantwortlich ist. „Strafen für" und „strafen aufgrund von" müssen nicht notwendig zusammenfallen. Zwar gilt, dass, wenn jemand *für* einen angenommenen Normverstoß bestraft wird, er auch *aufgrund* dieses angenommenen Normverstoßes bestraft wird, d. h. dass dann dieser angenommene Normverstoß auch die Ursache der Strafe ist. Wird z. B. jemand *für* einen angenommenen Banküberfall bestraft, wird er auch *aufgrund* des angenommenen Banküberfalls bestraft. Das heißt nicht, dass die Tatsache, dass der Gestrafte die Bank überfallen hat, die Strafe verursacht, sondern nur, dass die (möglicherweise irrige) *Annahme*, dass der Gestrafte die Bank überfallen hat, die Strafe verursacht. Auch wenn jemand aufgrund eines Justizirrtums irrtümlich für diesen Banküberfall verurteilt und bestraft wird, impliziert das, dass er aufgrund des angenommenen Banküberfalls bestraft wird. In diesem Sinne impliziert „strafen für" „strafen aufgrund von". Aber es gilt nicht umgekehrt, dass „strafen aufgrund von" „strafen für" impliziert. Es ist auch möglich, dass jemand nur *aufgrund* eines angenommenen Normverstoßes bestraft wird, ohne *für* ihn bestraft zu werden. In diesem Fall ist der Normbruch aus der Sicht des Strafenden die kausale Ursache für die Bestrafung der Person, ohne dass dieser aber der Person als *ihre* Tat zugeschrieben würde. So ist es möglich, dass eine Person *aufgrund* dessen, was jemand anders getan hat, aber nicht *dafür* bestraft wird. Wenn z. B. ein Kind in der Schule von seinen Mitschülern und Lehrern gehänselt und gedemütigt wird, weil seine alkoholkranke Mutter beim letzten Klassenfest betrunken aufgetaucht ist und gegen alle nur denkbaren sozialen Normen verstoßen hat, dann wird es (ungerechtfertigterweise) mit sozialer Ausgrenzung bestraft, weil seine Mutter gegen soziale Normen verstoßen hat. Aber man käme nicht auf die Idee, die Normverstöße der alkoholkranken Mutter dem Kind als *seine* Handlungen zuzuschreiben. Es wird *aufgrund* der Handlungen der Mutter bestraft, aber nicht *für* sie.[6]

Allerdings ist zuzugeben, dass wir es mit dieser Differenzierung zwischen „bestrafen für" und „bestrafen aufgrund von" alltagssprachlich nicht sehr genau nehmen. Wird eine Person aufgrund eines Normbruchs bestraft, neigen wir dazu zu sagen, dass sie auch für diesen bestraft wird. So läge es in Bezug auf das soeben genannte Beispiel sehr nahe, sich darüber zu empören, dass „das Kind für die Verfehlungen seiner Mutter bestraft wird". Es handelt sich bei der Unterscheidung zwischen „strafen für" und „strafen aufgrund von" also um eine den alltäglichen Sprachgebrauch präzisierende und ihn partiell korrigierende Festsetzung. Sie legitimiert sich dadurch, dass sie eine alltagssprachlich verdeckte, aber sachlich relevante Unterscheidung einfängt. Relevant ist diese Unterscheidung, weil die Rechtfertigungsbedingungen für ein Strafen für einen Normverstoß und für ein Strafen aufgrund eines angenommenen Normverstoßes jeweils unterschiedliche sein werden. Offensichtlich ist es für die Rechtfertigung des „Strafens aufgrund von" nicht erforderlich, die durch „für" ausgedrückte Zuschreibung des Normverstoßes an den Gestraften zu rechtfertigen, für die Rechtfertigung des „Strafens für" hingegen sehr wohl. Daher *sollten* wir im obengenannten Fall nicht sagen (obwohl wir es de facto tun), dass das Kind für die Verfehlungen der Mutter gestraft wird, sondern dass es *aufgrund* dieser Verfehlungen gestraft wird.

Hält man an der Unterscheidung zwischen „strafen für" und „strafen aufgrund von" fest, wird dies in manchem eine Korrektur der etablierten Terminologie beim Reden über Strafen nach sich ziehen. Dies zeigt sich insbesondere in

Folgendem. Rechtlich wird zwischen Untersuchungshaft und Sicherungsverwahrung auf der einen Seite und Strafhaft auf der anderen Seite unterschieden (vgl. hierzu z. B. Roxin 1994, 1, 59–63; Erber-Schropp 2016, 1f., 26f.). Untersuchungshaft gilt – wenngleich bei einer rechtskräftigen Verurteilung eines Untersuchungshäftlings dessen Untersuchungshaft „auf die Strafe angerechnet", also rückblickend zur Strafhaft umdefiniert werden kann – *nicht* als Strafe, denn der noch nicht verurteilte Untersuchungshäftling gilt als unschuldig, der Strafhäftling nicht. Auch sind beide Formen des Haftvollzuges deutlich voneinander unterschieden. Auch eine Sicherungsverwahrung im Anschluss an eine verbüßte Haftstrafe galt lange Zeit rechtlich unumstritten *nicht* als Strafe, sondern als Maßregel, also als Freiheitsentzug, der zum Schutze der Öffentlichkeit weiterhin nötig ist, nachdem der Häftling „seine Strafe abgebüßt" hat. Gemäß dieser etablierten Unterscheidung zwischen Strafen und Maßregeln sind Maßregeln, anders als Strafen, indifferent gegenüber Schuld und ausschließlich am Präventionsgedanken orientiert. Ist aber eine Strafe eine beabsichtige Leidenszufügung in Reaktion auf einen angenommenen Normverstoß und bedeutet „in Reaktion auf" hier entweder „für den angenommenen Normverstoß" oder „aufgrund des angenommenen Normverstoßes", gilt, der offiziellen Terminologie zum Trotz: Sowohl Untersuchungshaft als auch Sicherungsverwahrung *sind* Strafen. Mit ihnen wird ein Leiden zugefügt, und diese Leidenszufügung ist beabsichtigt. Und es handelt sich um eine beabsichtigte Leidenszufügung aufgrund eines angenommenen Normverstoßes – aufgrund dessen, was die Person, die in Untersuchungshaft oder in Sicherungsverwahrung ist, (mutmaßlich oder tatsächlich) getan hat. Die Definitionsmerkmale für „strafen" sind also erfüllt. Der Sicherungsverwahrte wird zwar nicht mehr für den angenommenen Normverstoß, aber aufgrund dessen bestraft; der Untersuchungshäftling wird noch nicht für den angenommenen Normverstoß (der ihm infolge der Unschuldsvermutung noch gar nicht zugeschrieben werden kann), aber bereits aufgrund dessen bestraft. Es handelt sich also in beiden Fällen zwar nicht um ein „strafen für", wohl aber um ein „strafen aufgrund von". (In Kapitel IV wird, die Differenzierung zwischen „strafen für" und „strafen aufgrund von" fortführend, dafür plädiert werden, dass es sich in diesen Fällen zwar um Strafen handelt, wir aber nicht von Vergeltungsstrafen sprechen sollten, d. h. dass es sich nicht um Strafen handelt, die wir als Vergeltung verstehen.)

Dem Strafcharakter von Sicherungsverwahrung trägt erstmals das Urteil des Europäischen Gerichtshofes für Menschenrechte zur nachträglichen Verlängerung der Sicherungsverwahrung vom 17.12.2009 Rechnung (EGMR 2009). Anlass dieses Urteils war die Beschwerde eines 1986 wegen versuchten Mordes zu einer Freiheitsstrafe von fünf Jahren Inhaftierten, der nach Verbüßung seiner Freiheitsstrafe wegen anhaltender Gefährlichkeit in Sicherungsverwahrung kam. 2001 wurde seine Unterbringung in der Sicherungsverwahrung über die bis zu einer Änderung des § 67d Absatz 3 StGB im Jahr 1998 geltende Höchstgrenze von 10 Jahren hinaus verlängert. Das Gericht gab der Beschwerde gegen die nachträgliche Anwendung dieses die Höchstgrenze der Sicherungsverwahrung aufhebenden Paragraphen statt. Es stellte fest, dass „diese Form der Haft [durch Sicherungsverwahrung] genau wie eine gewöhnliche Haftstrafe einen Freiheitsentzug bedeutet" (EGMR 2009, 3) und als „eine der härtesten Maßnahmen, die nach dem StGB angewendet werden können" (EGMR 2009, 4) anzusehen ist. Es schlussfolgerte, dass es sich „bei der Sicherungsverwahrung um eine Strafe im Sinne von Artikel 7 § 1 [der Europäischen Konvention für Menschenrechte] handelt" (EGMR 2009, 4).[7] Im Anschluss an dieses Urteil stufte der EGMR in mehreren Entscheidungen die nachträgliche Sicherungsverwahrung – auch unabhängig von der Problematik der nachträglichen *Verlängerung* der Sicherungsverwahrung – als Verstoß gegen das Verbot rückwirkender Bestrafung nach Artikel 7 § 1 der EMRK ein und bestätigte damit die Einstufung von Sicherungsverwahrung als Strafe (EGMR 2012a und EGMR 2012b).[8] Das Gericht stellte also – wendet man die von mir vorgeschlagene Terminologie an – in diesen Urteilen fest, dass es sich bei Sicherungsverwahrung zwar nicht mehr um ein Strafen *für* einen Normverstoß, wohl aber um ein Strafen *aufgrund* eines Normverstoßes handelt. Dementsprechend forderte das Gericht auch einen Kausalzusammenhang zwischen Normverstoß und Sicherungsverwahrung als Legitimationsgrundlage für die Sicherungsverwahrung, indem es im Urteil von 2009 monierte, dass es „keinen ausreichenden Kausalzusammenhang zwischen der Verurteilung des Beschwerdeführers und seinem fortdauernden Freiheitsentzug" (EGMR 2009, 3) gegeben habe. Diese Forderung ist nur sinnvoll, wenn man annimmt, dass es sich bei der Sicherungsverwahrung nicht um eine rein zukunftsbezogene Maßnahme mit Blick auf Präventionseffekte, sondern um ein Strafen aufgrund eines vergangenen Normverstoßes handelt. In diesem Fall muss die Sicherungsverwahrung auch an diesen Normverstoß gebunden werden. Eine Sicherungsverwahrung muss daher in Deutschland seit 2011[9] schon bei der Verurteilung des Täters angeordnet oder vorbehalten werden, kann aber nicht nachträglich angeordnet werden.[10]

Abschließend sind noch zwei Anmerkungen zum Begriff des Strafens am Platz. Zum einen: Die Ausdrücke „Strafe" und „Sanktion" werden häufig synonym verwendet; es empfiehlt sich jedoch, beides voneinander zu unterscheiden. Eine Sanktion ist eine Maßnahme, die eingesetzt wird, *um* zu strafen, genauer: um die für Strafen konstitutive Absicht, ein Leiden zuzufügen, zu realisieren. Sanktion und Straferfolg stehen in einem Mittel-Zweck-Verhältnis:

Eine Gefängnisstrafe, eine Ohrfeige, die Nicht-Einladung zu einer Geburtstagsparty oder Führerscheinentzug sind Sanktionen, die eingesetzt werden (können), um den Zweck der durch die Strafe intendierten Leidenszufügung zu erreichen.[11] Diese Differenzierung zwischen Sanktion und Strafe ist inhaltlich relevant vor allem mit Blick auf die Bestimmung der Strafschwere. Die Strafschwere bemisst sich (auch) an dem Leiden, das einer Person durch eine Strafe entsteht.[12] Weil aber zwei Personen in unterschiedlichem Ausmaß unter ein- und derselben Sanktion leiden können, ist die Strafschwere von der Sanktionsschwere zu unterscheiden. Bei gleicher Sanktionsschwere kann die Strafschwere für verschiedene Individuen unterschiedlich sein. Es ist etwas anderes, ob ein Millionär oder ein Hartz-IV-Empfänger zu einer Geldstrafe von 1000 Euro verurteilt wird; für letzteren wird, obwohl die Sanktionsmaßnahme die gleiche ist, die Strafschwere größer sein als für ersteren. Und entsprechend können unterschiedlich schwere Sanktionen eine gleiche Strafschwere nach sich ziehen, wenn man unter der Strafschwere das durch die Strafe bewirkte Leiden versteht. Wenn der Hartz-IV-Empfänger zu 100 Euro Geldstrafe verurteilt wird, wird ihm dadurch vielleicht ungefähr soviel Leiden entstehen, wie dem Millionär entsteht, wenn dieser zu einigen Tausend Euro Geldstrafe verurteilt wird. In diesem Fall differiert die Sanktionsstärke, aber die als Leidensausmaß verstandene Strafschwere ist gleich.[13] Es mag daher berechtigt sein, zwei Individuen mit unterschiedlich starken Sanktionen zu belegen, um bei beiden die gleiche Strafschwere zu bewirken.

Zum anderen ist anzumerken, dass in der vorgeschlagenen Definition des Strafbegriffes bewusst auf die Verwendung des Ausdrucks „Autorität" verzichtet wurde. Häufig wird der Autoritätsbegriff in eine Strafdefinition aufgenommen, und es wird gesagt, dass von Strafen nur dann die Rede sein könne, wenn eine Autorität, also eine von anderen autorisierte Person oder Gruppe von Personen, die Leidenszufügung in Reaktion auf den angenommenen Normverstoß beabsichtige.[14] Dass dies hier nicht geschieht, hat zwei Gründe. Zum einen leistet der Autoritätsbegriff der Beschränkung des Strafbegriffes auf staatliches Strafen Vorschub, die aber im Folgenden gerade vermieden werden soll. In Bezug auf staatliches Strafen mag es plausibel sein anzunehmen, dass dieses eine Autorisierung einer strafenden Instanz durch andere (z. B. das Volk oder einen Alleinherrscher) voraussetzt, in Bezug auf soziale Strafen ist dies nicht der Fall. Zum anderen gilt in Bezug auf soziales Strafen, dass nicht ersichtlich ist, warum nur jemand, „der Autorität hat" oder genauer: „dem Autorität zugeschrieben wird", strafen können sollte. Zwar wird es häufig der Fall sein, dass eine Person, der Autorität zugeschrieben wird, eine andere Person straft, der keine Autorität zugeschrieben wird, z. B. wenn Eltern ihre Kinder strafen. Aber nichts spricht dagegen, dass man auch „gegen ein Autoritätsgefälle" strafen kann, also eine Person, die keine Autorität hat – oder sich nicht in einer Situation befindet, in der ihr diese zugeschrieben wird –, eine Person, der Autorität zugeschrieben wird, bestrafen kann. Eltern können ihre Kinder strafen, aber auch Kinder können ihre Eltern strafen, etwa durch vorsätzliches Ignorieren von Geburtstagen, renitentes Verhalten oder verletzende Bemerkungen. Der Dirigent, dem aufgrund seiner Stellung Autorität zukommt, kann die Orchestermusiker strafen, indem er sie bloßstellt und beschämt, aber auch umgekehrt können diese jenen bestrafen, indem sie sich seinen Weisungen widersetzen und seine Autorität bewusst untergraben. Die Möglichkeit des Strafens ist nicht an Autoritätszuschreibungen an die strafende Instanz gebunden.[15]

Man straft also, wenn man beabsichtigt, jemandem in Reaktion auf einen angenommenen Normverstoß Leiden zuzufügen, wobei „in Reaktion auf" heißen kann: „für" oder „aufgrund von". Dies ist die Definition von „strafen", von der im Folgenden ausgegangen werden soll.

2 Staatliches und soziales Strafen

Staatliches Strafen ist im Allgemeinen durch Rechtsnormen institutionell geregelt. Es gibt Vorgaben dafür, wer die Strafe verhängen darf – nur die dazu befugten Personen wie Richter, nicht Privatpersonen, dürfen z. B. eine Freiheitsstrafe verhängen –, und es ist z. B. im Strafgesetzbuch festgehalten, welchen Normen die Strafverhängung zu gehorchen hat, welches Delikt in welchem Strafrahmen zu bestrafen ist. Neben staatlichen Strafen gibt es aber, wie bereits deutlich wurde, auch soziale Strafen. Strafen ist nicht nur eine staatliche, sondern auch eine soziale Institution. Wir können jemanden mit Verachtung strafen, ihm mit strafenden Blicken begegnen, ihn strafen, indem wir ihm die kalte Schulter zeigen, ihn nicht zur Geburtstagsparty einladen, betont distanziert mit ihm umgehen, Argwohn und Misstrauen erkennen lassen, ihm mit schneidender Ironie begegnen.[16]

Wodurch genau unterscheiden sich soziale Strafen von staatlichen, und wo liegen die Gemeinsamkeiten? Häufig werden soziale Strafen als „informelle Strafen" bezeichnet. Damit wird nahegelegt, dass sie weniger stark regelgeleitet seien als staatliches Strafen. Das stimmt jedoch nur sehr eingeschränkt. Zwar sind soziale Strafen nicht wie staatliche durch rechtliche Rahmenbedingungen reguliert, und ihre Normierung ist daher nicht so engmaschig wie im Falle rechtlicher Normen. Aber auch soziale Strafen sind normiert – nicht durch rechtliche, sondern durch soziale Normen. So gibt es in vielen Kontexten recht eindeutige Normierungen dafür, wann moralische Empörung zu artikulieren sozial angemessen ist. Wer es z. B. in einer Abendgesellschaft versäumt, sich von einer rassistischen Bemerkung dadurch zu distanzieren, dass er denjenigen, der die Bemerkung gemacht hat, durch eine scharfe Entgegnung sozial ausgrenzt oder mit strafenden Blicken bedenkt oder durch Missachtung straft, wird seinerseits mit einer sozialen Strafe als einer „sekundären Sanktion" zu rechnen haben, d. h. mit einer sozialen Strafe dafür, dass er es unterlassen hat, die rassistische Bemerkung sozial zu strafen (vgl. zu diesen sekundären Sanktionen Stemmer 2000, 155f.; Hallich 2020, 66f.). Strenger noch als im privaten Bereich sind soziale Strafen im kollektiven Bereich normiert, wie z. B. die genaue Abstufung diplomatischer Schritte zum Ausdruck von Ablehnung, Boykott, Embargo etc. dokumentiert. Auch soziale Strafen sind also regelgeleitet.

Es gibt jedoch – abgesehen von der offensichtlichen Differenz, dass im einen Fall der Staat straft, im anderen nicht – zwei wesentliche Unterschiede zwischen staatlichen und sozialen Strafen. Der erste besteht darin, dass in sozialen Strafen sehr viel unverstellter *Gefühle* und *Einstellungen* wie Abneigung, Verachtung und Hass zum Ausdruck kommen als in staatlichen Strafen. Darum ist es im Falle sozialer Strafen sehr viel schwieriger, sie von unmittelbar spontanen Gefühlsreaktionen, die, weil nicht absichtsgeleitet, gerade keine Strafen sind, abzugrenzen, als im Falle von staatlichen Strafen (vgl. zu diesem Abgrenzungsproblem auch Stemmer 2008, 153f., 307f.; Shoemaker 2013, 116). Wir können häufig kaum entscheiden, ob eine Verhaltensweise spontan-affektiv oder als bewusste Kundgabe eines Gefühls oder einer Haltung willensgesteuert ist. Nur im letztgenannten Fall aber handelt es sich um eine intendierte Leidenszufügung, also eine soziale Strafe. Ist ein böser Blick eine unwillkürliche Reaktion auf ein sozial anstößiges Verhalten oder ein bewusst eingesetztes Mittel, um den Adressaten als Reaktion auf seinen Normverstoß Ablehnung spüren zu lassen? Nur im letztgenannten Fall würde er als Sanktion, also strafend eingesetzt. Ist das Nicht-Beantworten einer E-Mail – nur dann ist es eine soziale Strafe – ein bewusst eingesetztes Mittel der Distanzierung und der Bekundung abnehmender Sympathie? Ist die Abwendung von einer Person Folge eines unmittelbaren Affektes der Enttäuschung oder Sanktion, also Strafmittel? Diese Fragen zu beantworten wird häufig schwer fallen. Der Übergang zwischen sozialen Strafen und spontanen Gefühlsreaktionen ist fließend, während die Institutionalisierung staatlichen Strafens und ihre Formalisierung in Form genau festgelegter Verfahrensweisen diese Differenz zu spontanen Gefühlsreaktionen sehr augenfällig macht.

Dass soziale Strafen sich vergleichsweise schwer von spontanen Gefühlsreaktionen abgrenzen lassen, heißt nicht, dass diese Abgrenzung unmöglich wäre. Sie ist möglich, wenn man berücksichtigt, dass es niemals die Gefühle und

Haltungen selbst sind, mit denen wir jemanden strafen, sondern dies ausschließlich durch die *Kundgabe* dieser Gefühle und Haltungen mittels verbaler oder nonverbaler Handlungen geschieht. Die Tatsache allein, dass man angesichts des aufdringlichen Verhaltens einer Person Verachtung für diese Person spürt oder dass man aufgrund einer rassistischen Bemerkung Empörung empfindet, stellt noch keine Strafe dar. Man kann diese Gefühle ja auch für sich behalten. Erst wenn man diese Gefühle artikuliert und jemanden durch einen (verbalen oder nonverbalen) Äußerungsakt bewusst wissen lässt, dass man sie hat, kann man beabsichtigen, ihm durch diese Artikulation in Reaktion auf den von ihm begangenen Normverstoß Leiden zuzufügen – also ihn zu strafen. Die Kundgabe dieser Gefühle und Einstellungen ist aber, anders als es diese Gefühle und Einstellungen selbst sind, durchaus steuerbar und willentlichem Einfluss zugänglich. Wir können uns vielleicht nicht dagegen wehren, Verachtung zu empfinden, aber wir können uns, jedenfalls im Normalfall, durchaus entscheiden, uns dieses Gefühl anmerken zu lassen oder es für uns zu behalten. Daher handelt es sich bei sozialen Strafen nicht bloß um spontane Gefühlsreaktionen.

Eine zweite Differenz zwischen staatlichen und sozialen Strafen besteht darin, dass die Wirksamkeit sozialer Strafen im Allgemeinen sehr viel stärker von der Rezeptivität des Adressaten der Strafmaßnahme für die angesetzte Sanktion abhängt als diejenige staatlicher Strafen. Die Möglichkeit, dass jemand einen vom Staat verhängten Freiheitsentzug gleichmütig hinnimmt oder sogar gutheißt, besteht zwar, ist aber eher theoretischer Natur. Im Allgemeinen werden daher staatliche Strafen das damit beabsichtigte Leiden auch tatsächlich bewirken – zumal sie mit einem im Namen der Gesellschaft ausgesprochenen Vorwurf und einer entsprechenden Stigmatisierung verbunden sind. Hingegen hängt die Wirkung der Bekundung von Befremden oder Missfallen stärker von dem Ausmaß ab, in dem der Adressat auf das Geschätztwerden und Akzeptiertwerden durch andere angewiesen ist. Dieses variiert individuell. Manche Menschen sind vergleichsweise autark und indifferent gegenüber sozialer Bestätigung; sie werden daher durch soziale Strafen weniger erreichbar und beeindruckbar sein als diejenigen, die stärker auf soziale Anerkennung angewiesen sind.[17] Dabei gilt: Je subtiler die Ausdruckshandlungen sind, mit denen ein Gefühl zum Ausdruck gebracht wird, und je interpretationsoffener diese sind, desto mehr wird die Wirksamkeit der sozialen Strafe von der – individuell sehr unterschiedlichen – Rezeptivität für diese Ausdruckshandlung auf seiten des zu Strafenden abhängen. Während „handgreifliche" soziale Strafen wie Schläge unschwer als Ausdruck eines entsprechenden Gefühls identifiziert werden können, bedürfen ironische Bemerkungen einer Rezeptionsleistung auf seiten des Adressaten, um (z. B.) als Ausdruck der Verachtung oder Geringschätzung erkannt werden zu können. Auch ein strafender Blick wird nicht immer als ein solcher von seinem Adressaten identifiziert werden. Nicht alle, aber viele soziale Strafen unterscheiden sich also von staatlichen Strafen signifikant dadurch, dass ihre Wirksamkeit stärker von der Sensibilität ihres Adressaten für die eingesetzte Sanktion abhängt als die Wirksamkeit staatlichen Strafens.[18]

Zwischen staatlichen und sozialen Strafen bestehen aber nicht nur Differenzen, sondern auch Ähnlichkeiten. Soziale Strafen können den sehr handgreiflichen Strafmaßnahmen, die vom Staat verhängt werden, qualitativ sehr ähnlich sein. Die zum sozialen Strafen eingesetzten Sanktionen, die keinesfalls nur in der verbalen Kundgabe von Gefühlen oder Einstellungen bestehen müssen, können ebenfalls einen solchen handgreiflichen Charakter haben. Die Prügelstrafe ist der körperlichen Züchtigung durch den Staat, der Stubenarrest einer Freiheitsstrafe und die Taschengeldkürzung der Geldstrafe durchaus vergleichbar. Zudem sollten die genannten Differenzen zwischen staatlichen und sozialen Strafen nicht den Blick auf die Möglichkeit verstellen, dass staatliches Strafen, wenngleich in eher verdeckter Form, genau die negativen Gefühle und Haltungen gegenüber einem Normbruch, die auch in sozialen Strafen kundgetan werden, zum Ausdruck bringen könnte. In diesem Falle bestünde zwischen sozialem und staatlichem Strafen eher ein gradueller als ein kategorialer Unterschied. Zwar stimmt es, dass, wie oben erwähnt, Gefühle und Einstellungen in sozialen Strafen sehr viel *unverstellter* zum Ausdruck kommen als in staatlichen Strafen. Aber möglicherweise ist dies nur deswegen der Fall, weil staatlichem Strafen genau die negativen Gefühle und Haltungen gegenüber einem Normbruch, die auch in sozialen Strafen kundgetan werden, zugrunde liegen, aber aufgrund zivilisatorischer Überformungen weniger leicht als Grundlage des Strafens zu identifizieren sind als im Falle sozialer Strafen. So etwa drängt sich der Verdacht auf, dass beim Vollzug der staatlichen Todesstrafe in den USA – filmisch eindrücklich dargestellt z. B. in dem Spielfilm *Dead Man Walking*[19] – unter der Oberfläche penibler rechtsstaatlicher Verfahrensregeln für den Vollzug der Strafe genau die Gefühle des Hasses und der Verachtung des Täters wirksam werden, die auch in nicht staatlich institutionalisierten sozialen Strafen, wenngleich sehr viel direkter und unabhängig von staatlichen Reglementierungen, zum Ausdruck kommen. Staatliche Strafen unterscheiden sich dann nicht grundsätzlich von sozialen Strafen, sondern nur durch das Ausmaß an Offenheit, mit dem Emotionen wie Hass und Wut durch die Strafhandlungen kenntlich gemacht werden. Es sind vor allem zwei Theorien der Strafrechtfertigung, denen diese Vermutung zugrunde liegt: die Expressionstheorie der Strafe und eine bestimmte Variante eines emotionsbasierten Retributivismus. Erstere sieht staatliches Strafen als Mittel an, eine Haltung der Missbilligung gegenüber einer Tat oder einem Täter auszudrücken, und nähert staatliches Strafen damit sozialem Strafen an. Letztere fasst staatliches Strafen als Ausdruck „retributiver Emotionen" wie Hass und Übelnehmen auf und interpretiert es damit ebenfalls so, dass es nicht kategorial verschieden von sozialen Strafen, sondern diesen strukturgleich ist. Von diesen beiden Straftheorien wird in den Kapiteln III und V dieser Arbeit die Rede sein.

3 Zum Begriff der Rechtfertigung

Da im Zentrum der philosophischen Auseinandersetzung mit Strafe die Rechtfertigungsfrage steht, gilt es an dieser Stelle auch, den Rechtfertigungsbegriff und die verschiedenen Weisen einer möglichen Strafrechtfertigung zu klären. Rechtfertigen ist etwas Defensives, ein Verteidigungsschritt (vgl. Stemmer 2010, 112). Man rechtfertigt eine Handlung gegen den Verdacht eines Normverstoßes, indem man zu zeigen versucht, dass sie – entgegen dem Verdacht, der die Rechtfertigungsfrage aufkommen lässt – nicht mit einer akzeptierten moralischen oder nicht-moralischen Norm kollidiert. Rechtfertigung setzt also einen prima facie begründeten Vorwurf eines Normverstoßes voraus, gegen den man die Handlung „in Schutz nehmen" möchte. Im Falle des Strafens ist klar, um welchen Vorwurf es sich handelt: um den Vorwurf, gegen die moralische Norm zu verstoßen, die eine beabsichtigte Leidenszufügung verbietet.

Eine Handlung zu rechtfertigen heißt also, sie gegen den Vorwurf eines Normverstoßes zu verteidigen. Eine Rechtfertigung stellt eine bestimmte Art der Verteidigung gegen diesen Vorwurf dar. Diese geht über eine Verteidigung hinaus, die in dem bloßen Nachweis besteht, dass keine Kollision mit der Norm vorlag, weil die Handlung nicht unter diejenigen Handlungen zu subsumieren ist, die von der Norm verboten werden. Gegen den Vorwurf, eine Tötungshandlung begangen zu haben, könnte sich jemand verteidigen, indem er nachweist, dass das, was er getan hat, keine Tötungshandlung war, weil das vermeintliche Opfer der Tat gar nicht zu Tode gekommen ist. Mit dieser Verteidigung würde er seine Handlung aber noch nicht rechtfertigen. Er hätte damit noch keine Gründe angeführt, die für seine Handlung sprechen. Jemand rechtfertigt eine Handlung nicht schon dann, wenn er zeigt, dass sie nicht mit der fraglichen Norm kollidiert, sondern erst dann, wenn er Gründe dafür anführt, dass es *richtig* war, die Handlung auszuführen. Ein Polizeibeamter könnte eine Folterhandlung – die prima facie dem Vorwurf ausgesetzt ist, gegen die moralische Norm des Folterverbots zu verstoßen – dadurch rechtfertigen, dass er zwar konzediert, dass es sich tatsächlich um eine Folterhandlung handelte, aber auch darauf verweist, dass die Handlung notwendig war, um das Leben eines unschuldigen Kindes zu retten. Wird die Rechtfertigung als solche akzeptiert, heißt das, dass die Norm, dass eine Folterhandlung *immer* verboten ist, modifiziert wird. Sie gilt dann nicht mehr in dieser Allgemeinheit, sondern nur noch mit Ausnahmen. Wer die Rechtfertigung akzeptiert, wird dann der Meinung sein, dass Folterhandlungen außer in den spezifizierten Fällen, in denen sie als gerechtfertigt gelten, verboten sind. Und entsprechend gilt: Die Rechtfertigung von Strafhandlungen wird darin bestehen, Gründe für eine Modifikation der Norm anzuführen, die eine absichtliche Leidenszufügung verbietet, also zu zeigen, dass und warum es manchmal richtig ist, gegen diese Norm zu handeln. Zwischen „rechtfertigen" und „begründen" besteht daher kein Gegensatz, wie dies Stemmer (2010, 114) nahelegt. Auch Rechtfertigungen bestehen in Begründungen einer bestimmten Art. Sie bestehen in der Angabe rechtfertigender Gründe.

Rechtfertigende Gründe sind dabei von erklärenden Gründen zu unterscheiden. Rechtfertigende Gründe sind Gründe, die für eine Handlung – dafür, dass die Handlung erlaubt oder sogar geboten ist – sprechen, Erklärungsgründe sind solche, die eine Handlung verstehbar machen, aber nicht in dem Sinne für sie sprechen, wie es rechtfertigende Gründe tun. Ein Angeklagter könnte auf die Frage, warum er eine Vergewaltigung begangen hat, mit dem Hinweis auf ödipale Konflikte und Ambivalenzen in seiner Mutterbindung reagieren. Damit würde er möglicherweise einen überzeugenden Erklärungsgrund für seine Handlung anführen, da der Normverstoß vielleicht tatsächlich auf diese Weise erklärt werden kann. Es würde sich aber nicht um einen überzeugenden Rechtfertigungsgrund handeln. Dementsprechend ist ein die Strafe rechtfertigender Grund von einem die Strafe erklärenden Grund zu unterscheiden. Insbesondere der Hinweis auf Motive des Strafens, etwa Vergeltungswünsche, liefert zwar einen Erklärungsgrund für Strafen und macht verständlich, warum Menschen strafen, aber er stellt deswegen noch keinen Rechtfertigungsgrund für Strafen dar. Vielmehr gilt, dass die Rechtfertigungsfrage auch in Bezug auf Strafmotive selbst, die ihrerseits Erklärungsgründe für Strafhandlungen sind, gestellt werden kann: Wir können fragen, ob wir gerechtfertigt darin sind, aus Motiven wie Vergeltungswünschen heraus zu strafen.

Da die im Folgenden zu entwickelnde Idee einer Strafrechtfertigung wesentlich auf der Idee einer nicht-moralischen Rechtfertigung des Strafens beruht, ist an dieser Stelle zu betonen, dass der Begriff der Rechtfertigung nicht per se ein moralischer Begriff ist. Eine rechtfertigende Begründung kann moralischer oder nicht-moralischer Natur sein. Ob eine Rechtfertigung moralischer oder nicht-moralischer Natur ist, ist *nicht* dadurch festgelegt, ob die Rechtfertigung auf einen angenommenen Verstoß gegen eine moralische oder gegen eine nicht-moralische Norm reagiert. Es ist, mit anderen Worten, möglich, einen Verstoß gegen eine nicht-moralische Norm moralisch zu rechtfertigen. Es ist aber auch möglich, einen Verstoß gegen eine moralische Norm nicht-moralisch zu rechtfertigen. Dass die erstgenannte Möglichkeit besteht, ist recht evident und unstrittig. So kann der Verstoß gegen eine Etikettennorm, also eine nicht-moralische Norm, moralisch gerechtfertigt werden. Wer z. B. in nachlässiger Kleidung auf einem Abendempfang erscheint, verstößt damit möglicherweise gegen eine Norm der Etikette, also eine nicht-moralische Norm, ist darin aber gerechtfertigt, wenn dies ein Ausdruck des moralischen Protests gegen die Apartheitspolitik derer ist, die den Empfang veranstalten. Dass aber auch die Möglichkeit besteht, einen Verstoß gegen eine moralische Norm nicht-moralisch zu rechtfertigen, ist weniger evident. Wenn jemandem vorgehalten wird, gegen eine moralische Norm verstoßen zu haben, wird er seine Handlungsweise *manchmal* moralisch rechtfertigen. Der Arzt, der die körperliche Integrität des Patienten verletzt, also prima facie gegen eine moralische Norm verstößt, die die Respektierung körperlicher Integrität gebietet, kann dies unschwer durch das ebenfalls moralische Gebot der Leidensvermeidung rechtfertigen. Der Verstoß gegen eine moralische Norm kann aber manchmal auch nicht-moralisch gerechtfertigt werden. Hierfür hat Williams das berühmte Beispiel des (etwas stilisierten) Malers Gauguin ins Feld geführt, der seine Frau und seine Kinder verlässt, um sich auf Tahiti einem Künstlerleben zu widmen (Williams 1976, 22–26). Indem er seine Familie verlässt, verstößt Williams' Gauguin gegen eine moralische Norm, nämlich diejenige, die Loyalität gegenüber Familienangehörigen fordert. Seine Rechtfertigung dieses Verstoßes besteht aber im von Williams entworfenen Szenario gerade *nicht* in der Berufung auf eine andere moralische Norm.[20] Vielmehr beruft er sich auf sein Künstlertum und seine Ambitionen als Maler, also auf Ziele und Werte, die hochgradig persönlicher Natur und durchaus *nicht* moralischer Art sind. Es handelt sich um eine *rational justification*, die einer *moral justification* gerade entgegengesetzt ist (vgl. Williams 1993, 256f.).[21] Eine *rational justification* besteht nicht in der Berufung auf zu realisierende moralische Werte oder zu beachtende moralische Normen. Sie besteht vielmehr in der Berufung auf die Tatsache, dass eine Handlung zweckrational relativ zu einem nicht-moralischen Ziel ist. Gauguin würde das Verlassen seiner Familie, mit dem er gegen eine moralische Norm verstößt, mit dem persönlichen Ziel der Realisierung seiner künstlerischen Ambitionen rechtfertigen. Da „rechtfertigen" kein Erfolgsverb ist, heißt das natürlich nicht, dass man diese Rechtfertigung auch als solche akzeptieren müsste. Man mag Gauguins Rechtfertigungsversuch als einen erfolglosen kritisieren. Aber dies ändert nichts daran, dass er mit der Bezugnahme auf sein Künstlertum einen nicht-moralischen *Grund* dafür anführt, gegen die moralische Norm verstoßen zu haben, etwas, was (aus seiner Sicht) dafür spricht, gegen diese moralische Norm zu verstoßen.

Das Übersehen der Möglichkeit, einen Verstoß gegen eine moralische Norm auf nicht-moralische Weise zu rechtfertigen, mag verantwortlich dafür sein, dass in der Literatur das Problem der Strafrechtfertigung fast durchweg als Problem der moralischen Strafrechtfertigung konzipiert wird. Da Strafhandlungen prima facie einen Verstoß gegen eine *moralische* Norm darstellen, nämlich gegen das moralische Verbot, jemandem absichtlich Leiden zuzufügen, wird angenommen, dass auch die Strafrechtfertigung moralischer Natur sein müsse. Aber das ist nicht der Fall. Ähnlich wie in Williams' Gauguin-Fall kann der Verstoß gegen die moralische Norm, die es verbietet, eine Leidenszufügung zu beabsichtigen, auch auf nicht-moralische Weise gerechtfertigt werden – wobei offen ist, ob diese Rechtfertigung auch als solche akzeptiert wird, also erfolgreich ist. Die Frage der Strafrechtfertigung ist also keinesfalls mit der Frage der moralischen Strafrechtfertigung zu identifizieren.

4 Moralische und nicht-moralische Rechtfertigungsgründe

Im Hauptteil dieser Abhandlung wird für die auf den ersten Blick befremdlich anmutende These argumentiert werden, dass es gute nicht-moralische Rechtfertigungsgründe für Strafen gibt, hingegen gleichermaßen gute moralische Gründe nicht als positive Gründe für Strafen in Anschlag gebracht werden können. Vielmehr sprechen moralische Gründe *gegen* das Strafen, und diese moralischen Gründe müssen, wenn wir strafen, den nicht-moralischen Gründen für das Strafen untergeordnet werden. Die Differenzierung zwischen moralischen und nicht-moralischen Strafrechtfertigungen ist also für die folgende Argumentation von einiger Wichtigkeit. Wie aber lassen sich moralische und nicht-moralische Rechtfertigungsgründe voneinander unterscheiden?

Zur Erläuterung dieser Unterscheidung bietet sich der Rückgang auf das von Kant genannte Definitionsmerkmal der *Kategorizität* moralischer gegenüber nicht-moralischen Urteilen an.[22] Bekanntlich unterscheidet Kant in der *Grundlegung zur Metaphysik der Sitten* zwischen kategorischen und hypothetischen Imperativen, wobei letztere „die praktische Notwendigkeit einer möglichen Handlung als Mittel zu etwas anderem, was man will (oder doch möglich ist, dass man es wolle), zu gelangen [vorstellen]", der kategorische Imperativ hingegen „der sein [würde], welcher eine Handlung als für sich selbst, ohne Beziehung auf einen anderen Zweck, als objektiv notwendig vorstellte" (GMS [AA IV, 414]). Ein hypothetischer Imperativ würde z. B. in Form einer Klugheitsregel den Verzicht auf Nikotingenuss als notwendig für den Erhalt der eigenen Gesundheit – etwas, was man im Allgemeinen will, aber keinesfalls notwendig wollen muss – vorschreiben, während ein kategorischer Imperativ gemäß Kants Definition nicht relativ auf solche kontingenten Zwecke wäre.

Legt man diese Unterscheidung zugrunde, heißt die Institution des Strafens auf nichtmoralische Weise zu rechtfertigen nichts anderes als nachzuweisen, dass diese Institution geeignet ist, bestimmte kontingente Zwecke zu realisieren, dass also ihre Implementierung von hypothetischen Imperativen geboten ist. Gelänge eine solche Rechtfertigung, wären damit normative Sätze wie „Strafen ist geboten" oder „Man soll Normverstöße bestrafen" begründet. Diese normativen Sätze wären jedoch ebenso als nicht-moralische Sätze aufzufassen wie z. B. der Sollenssatz „Man soll auf Nikotin verzichten". So wie dieser Satz als implizit konditional aufzufassen ist und auszubuchstabieren ist als „Man soll auf Nikotin verzichten, wenn man gesund bleiben will", wäre auch „Man soll Normverstöße bestrafen" als impliziter Konditionalsatz aufzufassen. Der Satz könnte – nimmt man an, dass sich Strafen, wie noch ausführlich zu zeigen sein wird, durch den Präventionsgedanken begründen lassen – ausbuchstabiert besagen: „Man soll Normverstöße bestrafen, sofern man zukünftige Normverstöße minimieren will". Damit würde ein Zweck benannt, auf den der Sollenssatz relativiert ist und den man zwar realisieren wollen kann, aber keineswegs realisieren wollen muss.

Was aber heißt es, die moralischen Gründe gegen das Strafen als *moralische* Gründe zu klassifizieren? Hält man sich an die oben genannte Unterscheidung zwischen hypothetischen und kategorischen Imperativen, lautet die Antwort hierauf: Es handelt sich um moralische Gründe, weil das Verbot, eine Leidenszufügung zu beabsichtigen, kein hypothetisches, sondern ein kategorisches ist. Es ist nicht relativiert auf kontingente Zwecksetzungen individueller Akteure, sondern unabhängig davon. Allerdings sieht sich diese Antwort mit dem Einwand konfrontiert, dass die Vorstellung eines *nicht* auf kontingente Zwecksetzungen individueller Akteure relativierten Imperativs dunkel bleibt. Die Unterscheidung zwischen hypothetischen und kategorischen Imperativen ist viel und mit guten Argumenten kritisiert worden, insbesondere mit dem Hinweis darauf, dass auch die vorgeblich kategorischen Imperative durchaus relativ auf ein Wollen, auf einen durch die Handlung angestrebten Zweck, und damit verkappt hypothetisch sind.[23]

Die Einsicht in die (verkappte) Hypothetizität moralischer Urteile muss jedoch nicht dazu nötigen, die Idee der Kategorizität moralischer Urteile aufzugeben. Diese kann so rekonstruiert werden, dass zwar auch moralische Urteile relativ auf ein Wollen, auf angestrebte Zwecke sind, allerdings nicht auf in der

Weise kontingente und den Zwecksetzungen individueller Akteure anheimgestellte Zwecke, wie es z. B. bei Klugheitsregeln der Fall ist. So argumentiert z. B. Peter Stemmer, dass die Kategorizität moralischer Urteile mit ihrer Hypothetizität vereinbar sei, weil zwar auch moralische Urteile wollensrelativ und insofern relativ auf angestrebte Zwecke seien, sie aber relativ auf ein Wollen seien, das allen Menschen zukäme, und auf Zwecke, die von allen Menschen angestrebt würden – etwa darauf, dass niemand verletzt, getötet oder gedemütigt werden möchte (vgl. Stemmer 2000, 11, 207f.; Stemmer 2008, 297f., 314f.). Die Idee der Kategorizität wird hier also dadurch eingefangen, dass das Wollen, auf das moralische Urteile relativ sind, als anthropologisch konstantes Wollen, als ein, wie Stemmer sagt, „eingerammtes Wollen", das allen Menschen zukommt, markiert wird (vgl. Stemmer 2000, 194–198; Stemmer 2016, 42f., 107–112). Es ist gleichsam Teil der *conditio humana*. Der Wunsch, nicht zu leiden, auf den das moralische Urteil, dass Strafen als beabsichtigte Leidenszufügungen prima facie moralisch verboten sind, relativiert ist, ist Ausdruck eines solchen anthropologisch konstanten Wollens, das allen Menschen zugeschrieben werden kann und das nicht zur Disposition gestellt werden kann. Versteht man die Idee der Kategorizität so, dass das Wollen, auf das moralische Urteile relativ sind, als ein solches anthropologisch konstantes Wollen qualifiziert werden kann, besteht zwischen Kategorizität und Hypothetizität moralischer Urteile kein Widerspruch. Moralische Urteile können auf der Grundlage dieses Verständnisses von Kategorizität abgegrenzt werden von Klugheitsurteilen, die relativ auf Zwecke sind, die nicht allen Menschen zugeschrieben werden können und deren Realisierung zu wollen nicht – wie die Realisierung des Zweckes, nicht getötet oder nicht gedemütigt zu werden – eine anthropologische Konstante ist. Der Erhalt der eigenen Gesundheit, der den Verzicht auf Nikotin gebietet, ist ein Zweck, dessen Verfolgung nicht allen Menschen zugeschrieben werden kann; er ist nicht Teil der *conditio humana*, und es fällt uns nicht schwer, uns Menschen vorzustellen, die diesen Zweck nicht verfolgen. Auch die Reduktion zukünftiger Normverstöße, die unter bestimmten Zusatzprämissen die Etablierung der Institution des Strafens gebietet, ist ein Zweck, dessen Verfolgung nicht allen Menschen zugeschrieben werden kann. Es fällt uns auch hier nicht schwer, uns Menschen (z. B. Anarchisten) vorzustellen, die diesen Zweck nicht verfolgen. Nicht-moralische Urteile sind also in dem Sinne nicht-kategorisch, dass sie relativ auf Zwecke sind, die von kontingenten Interessen und Zielsetzungen der jeweiligen Akteure abhängen; moralische Urteile sind zwar ebenfalls relativ auf Zwecke, aber nicht relativ auf kontingente und von den individuellen Interessen und Zielsetzungen der jeweiligen Akteure abhängige Zwecke. Somit lässt sich am Definitionsmerkmal der Kategorizität zur Abgrenzung moralischer gegenüber nicht-moralischen Urteilen festhalten. Durch den Rekurs auf dieses Differenzierungsmerkmal lässt sich die Unterscheidung zwischen moralischen prima-facie-Gründen *gegen* das Strafen und nicht-moralischen Rechtfertigungsgründen *für* die Institution des Strafens präzisieren.

II Prävention als Strafrechtfertigung?

Im vorhergehenden Kapitel wurde hervorgehoben, dass der Rechtfertigungsbegriff nicht von vorneherein auf den einer moralischen Rechtfertigung eingeschränkt werden sollte. Dies wird im folgenden Kapitel, in dem es um Präventionstheorien geht, eine wesentliche Rolle spielen, denn es soll gezeigt werden, dass eine Präventionstheorie zwar als Theorie der nicht-moralischen (zweckrationalen) Strafrechtfertigung überzeugend ist, hingegen gravierenden Einwänden ausgesetzt ist, wenn sie als ethische Theorie, also mit dem Anspruch auftritt, eine moralische Strafrechtfertigung liefern zu können. Nach einer einleitenden Charakterisierung der Präventionstheorie (1) wird zunächst die Frage erörtert, ob es plausibel ist anzunehmen, dass Strafen einen Präventionseffekt haben (2). Sodann werden einige Überlegungen angeführt, die für eine Präventionstheorie sprechen (3), um dann ausführlich die Probleme zu erörtern, mit denen sie sich konfrontiert sieht (4). Es zeigt sich, dass der Instrumentalisierungseinwand nicht überzeugt (4.1), hingegen die Einwände, dass eine Präventionstheorie die Bestrafung Unschuldiger für legitim erklären müsse (4.2) und dass sie dem Prinzip der Verhältnismäßigkeit von Schuld und Strafe nicht gerecht werden könne (4.3), durchaus schlagkräftig sind. Diesen letztgenannten Einwänden kann, so die Hauptthese dieses Kapitels, ein Präventionstheoretiker nur entgegnen, indem er Strafrechtfertigung als nicht-moralische Rechtfertigung konzipiert. Abschließend werden Reichweite und Grenzen der Präventionstheorie genannt (5).[24]

1 Eine Charakterisierung der Präventionstheorie

Präventionstheorien sind Theorien der (dem Anspruch nach: moralischen) Straf*rechtfertigung*. Ihre Kernthese ist, dass der Rechtfertigungsgrund der Strafe ihre präventive Wirkung ist, also das Ausmaß, in dem sie geeignet ist, Normverstöße zu verhüten oder jedenfalls unwahrscheinlich zu machen. Die mit der Strafe im Allgemeinen verbundene Leidenszufügung ist demnach kein Selbstzweck, sondern ein in Kauf zu nehmendes Übel zur Erreichung eines Präventionseffektes.

Üblicherweise werden Spezial- und Generalpräventionstheorien der Strafe voneinander unterschieden. Erstere behaupten, dass die Rechtfertigung der Strafe darin liegt, dass damit der Bestrafte selbst von weiteren Normverstößen abgehalten wird; letztere hingegen sehen die Rechtfertigung der Strafe darin, dass dadurch beliebige potentielle Akteure davon abgehalten werden, weitere

Normverstöße zu begehen. Dieser Unterschied ist für Rechtfertigungsfragen wichtig, denn dass eine Strafe eine geringe spezialpräventive Wirkung hat, schließt nicht aus, dass sie eine hohe generalpräventive Wirkung hat und hierdurch gerechtfertigt werden kann. So mag die hohe Rückfallquote von Sexualstraftätern Zweifel an der spezialpräventiven Wirkung der Bestrafung dieser Tätergruppe hervorrufen; dies schließt aber nicht aus, dass ihre Bestrafung geeignet ist, andere potentielle Täter von Sexualstraftaten abzuhalten, also generalpräventiv gerechtfertigt werden kann. Der angestrebte spezial- oder generalpräventive Effekt kann dabei einer Präventionstheorie zufolge entweder *positiv*, d. h. auf dem Wege der Stärkung der Normakzeptanz – des Rechtsbewusstseins im Falle staatlichen Strafens, der Akzeptanz und Internalisierung einer sozialen Norm im Falle sozialen Strafens – oder *negativ* auf dem Wege der Abschreckung, im Falle der Spezialprävention zudem durch die *Verhinderung* von Straftaten mittels des Vollzugs der Strafe erreicht werden. Dementsprechend kann man eine Theorie (i) der positiven Spezialprävention (Verhütung zukünftiger Normbrüche des Normbrechers selbst durch Einwirkung auf seine Einstellungen und sein Bewusstsein), (ii) der negativen Spezialprävention (Verhütung zukünftiger Normbrüche des Normbrechers durch Abschreckung), (iii) der positiven Generalprävention (Verhütung zukünftiger Normbrüche beliebiger potentieller Akteure durch Einwirkung auf ihre Einstellungen) und (iv) der negativen Generalprävention (Verhütung zukünftiger Normbrüche beliebiger potentieller Akteure durch Abschreckung) vertreten. Im Fall der Spezialprävention ist neben positiver und negativer Spezialprävention (v) eine „Verhinderungstheorie" zu nennen, der zufolge der spezialpräventive Effekt durch den Vollzug bestimmter Strafen wie einer Gefängnis- oder einer Todesstrafe bewirkt wird.[25]

Die wohl meistdiskutierte Variante einer Präventionstheorie ist diejenige der negativen Generalprävention. Ihr zufolge stellt die generalpräventive Wirkung, die unmittelbar durch die *Androhung* der Strafe, mittelbar aber auch durch den *Vollzug* der Strafe, der die Glaubwürdigkeit der Strafandrohung bekräftigt, die Rechtfertigungsgrundlage der Strafe dar. Als erster Vertreter dieser Variante wird in der deutschen Rechtswissenschaft im Allgemeinen der Jurist Anselm von Feuerbach (1775–1833) genannt;[26] schon der italienische Aufklärungsphilosoph Cesare Beccaria (1738–1794) vertritt jedoch eine sich auf die allgemeine Abschreckungswirkung der Strafe berufende Theorie der Strafrechtfertigung.[27] Eine Theorie der negativen Spezialprävention kann als logische Implikation der Theorie der negativen Generalprävention aufgefasst werden, denn wenn die Strafandrohung, mit der ein Abschreckungseffekt erzielt werden soll, an *alle* potentiellen Normbrecher adressiert ist, ist sie auch an jeden einzelnen von ihnen adressiert. Eine Theorie der positiven Generalprävention zielt zunächst auf Normschutz und sieht die Rechtfertigung des Strafens in der als Folge der Stärkung des Normbewusstseins und der Normgeltung erzielten Präventionswirkung. Sie wird in neuerer Zeit z. B. von Reinhard Merkel (2008, 124–133) vertreten. Als erster bedeutender Vertreter einer Theorie der positiven Spezialprävention (in Kombination mit anderen Theorieansätzen) gilt der deutsche Kriminalwissenschaftler Franz von Liszt (1851–1919), der in konsequenter Abwendung vom Vergeltungsgedanken in seinem für die spätere Strafrechtswissenschaft grundlegenden „Marburger Programm" von 1882 eine Theorie der positiven Spezialprävention mit einer Theorie der negativen Spezialprävention und einer „Verhinderungstheorie" verbindet, wenn er die Rechtfertigung der Strafe in der „Besserung, Abschreckung, Unschädlichmachung" (Liszt 1882, 164)[28] des Täters sieht.[29] In jüngerer Zeit wird eine Theorie der positiven Spezialprävention – in Kombination mit einer Theorie der positiven Generalprävention – z. B. von Jean Hampton in Form einer „Erziehungstheorie" der Strafe vertreten, der zufolge die Rechtfertigungsgrundlage der Strafe in ihrer positiven erzieherischen Wirkung auf den Gestraften liegt (Hampton 1984).

Präventionstheorien sind in allen genannten Varianten *konsequentialistische* Theorien, da sie bestimmte Folgen einer Strafhandlung als deren Rechtfertigungsgrund ansehen. Dabei handelt es sich um diejenigen Folgen, die in der Auswirkung des Strafens auf die Interessen der davon Betroffenen bestehen – genauer: auf die (durch die Strafhandlung frustrierten) Interessen des Gestraften, nicht gestraft zu werden, und auf die Interessen anderer (z. B. potentieller weiterer Opfer des Normbruchs), zukünftige Normverstöße dieser Art zu verhindern. Präventionstheorien sind also *interessenbasiert*. Hinsichtlich ihrer Zuordnung zu normativen Theorien sind sie einem der beiden Theoriestränge einer interessenfundierten Ethik zuzuordnen, dem Utilitarismus oder dem Kontraktualismus. Dem Utilitarismus zufolge liegt – grob gesprochen – der Wert einer Handlung in dem Ausmaß, in dem sie, unparteilich betrachtet, Glück zu maximieren und Leiden zu minimieren geeignet ist; dies kann man in einer bestimmten (nämlich präferenzutilitaristischen) Variante des Utilitarismus als „unparteiliche Befriedigung von Interessen" fassen. Strafen ist auf der Grundlage dieser Theorie die Zufügung eines Leidens, das aufgrund seiner Präventionswirkung als Mittel zum Zweck der Vermeidung eines größeren Leidens gerechtfertigt sein kann. Der Begründer des Utilitarismus, Jeremy Bentham, drückt dies in einem Plädoyer für eine Theorie der Generalprävention wie folgt aus:

> General prevention ought to be the chief end of punishment as it is its real justification. If we could consider an offence that has been committed as an isolated fact, the like of which would never recur, punishment would be useless. It would be only adding one evil

> to another. But when we consider that an unpunished crime leaves the path of crime open not only to the same delinquent, but also to all those who may have the same motives and opportunities for entering upon it, we perceive that punishment inflicted on the individual becomes a source of security to all. That punishment, which, considered in itself, appeared base and repugnant to all generous sentiments, is elevated to the first rank of benefits, when it is regarded not as an act of wrath or of vengeance against a guilty or unfortunate individual who has given way to mischievous inclinations, but as an indispensible sacrifice to the common safety. (Bentham 1830, 62 [chap. III]; vgl. zu diesem Passus auch Honderich 2006, 75f.)

Ebenso wie der Utilitarismus ist auch der Kontraktualismus interessenzentriert; anders als jener beinhaltet er jedoch kein Universalisierungsprinzip, sondern bezieht sich auf *individuelle* Interessen. Aus kontraktualistischer Perspektive kann z. B. staatliches Strafen gerechtfertigt sein, weil die damit verbundene Präventionswirkung im rationalen Interesse jedes einzelnen Bürgers liegt. Diese Theorie der Strafrechtfertigung wird bereits von Thomas Hobbes, dem Begründer des Kontraktualismus in der politischen Philosophie, vertreten. Er bettet sie in eine politische Theorie ein, deren Grundidee ist, dass Individuen zur Sicherung ihrer Selbsterhaltung und zum Schutz gegen Übergriffe anderer einen Vertrag schließen, zu dessen Durchsetzung es eines Souveräns bedarf; dieser bringt die Individuen mittels Strafandrohung dazu, sich an ihr im Urzustand gegebenes Versprechen der Befolgung des Vertrags auch zu halten. Die Strafandrohung dient hier also dazu, die Individuen von Normverstößen abzuhalten; sie ist ein Mittel zur Durchsetzung und Aufrechterhaltung eines Systems, dessen Etablierung im Eigeninteresse eines jeden rationalen Egoisten liegt (Hobbes 1651, 353–363 [chap. 28]). In neuerer Zeit wird eine Präventionstheorie der Strafe in der Traditionslinie der neuzeitlichen Vertragstheorien z. B. von Norbert Hoerster verteidigt.[30]

Diese Charakterisierung von Präventionstheorien dürfte weitgehend unumstritten sein. Das im Folgenden zugrundegelegte Verständnis von Präventionstheorien der Strafe weicht jedoch in einer wichtigen Hinsicht von dem in der Literatur vorherrschenden ab. Üblicherweise werden nämlich Präventionstheorien so aufgefasst, dass sie eine normative These *und* eine empirische Behauptung umfassen, nämlich die normative These, dass Strafen bei Vorliegen einer Präventionswirkung gerechtfertigt sind, und die (zumindest dem ersten Anschein nach) empirische These, dass sie tatsächlich eine solche Präventionswirkung zeitigen.[31] Im Gegensatz hierzu gehe ich im Folgenden davon aus, dass Präventionstheorien *nur* durch die genannte normative These charakterisiert sind. Hinsichtlich der Frage, ob eine Präventionswirkung tatsächlich vorliegt oder nicht, sind sie demnach neutral, und dass Strafen einen Präventionseffekt zeitigen, ist *nicht* als Definitionsmerkmal einer Präventionstheorie aufzufassen.

Es gibt mindestens zwei Gründe dafür, Präventionstheorien so zu verstehen. Der erste Grund ist, dass andernfalls ein *Entscheidbarkeitsproblem* entsteht. Nimmt man die These, dass Strafen de facto eine Präventionswirkung haben, in die Definition von Präventionstheorien auf, ist die Frage, ob eine Präventionstheorie korrekt ist oder nicht, ebenso schwer entscheidbar wie diejenige, ob Strafen einen Präventionseffekt zeitigen oder nicht. Wie im nächsten Abschnitt gezeigt werden soll, sieht sich der Versuch, die letztgenannte Frage zu beantworten, gravierenden methodischen Schwierigkeiten ausgesetzt. Es ist außerordentlich schwer, eine verlässliche Aussage darüber zu treffen, ob Strafen eine Abschreckungswirkung haben oder nicht. Diese Ungewissheit würde sich dann auf die Beurteilung der Präventionstheorie als ganzer übertragen, über deren Wahrheit oder Falschheit zu entscheiden genauso schwer wäre wie über die Wahrheit oder Falschheit der Behauptung eines Präventionseffektes durch Strafen zu entscheiden. Der zweite Grund dafür, dass man die These, dass Strafen einen Präventionseffekt zeitigen, nicht als Definitionsmerkmal einer Präventionstheorie auffassen sollte, ist, dass dann auch ein *Kontingenzproblem* entstünde: Die Korrektheit der Theorie würde abhängig gemacht von kontingenten empirischen Fakten. Angenommen, in einer Gesellschaft G1 hat die Bestrafung eines bestimmten Delikttyps einen signifikanten Abschreckungseffekt, in einer Gesellschaft G2 hingegen, aus welchen Gründen auch immer, nicht. Die Differenz zwischen G1 und G2 wäre dann nicht nur so zu beschreiben, dass die Bestrafung dieses Delikttyps in beiden Gesellschaften unterschiedliche Abschreckungswirkungen hat, sondern auch so, dass in G1 die Präventionstheorie zuträfe und in G2 nicht. Ob sie zuträfe, wäre dann ja auch von der Wahrheit von Behauptungen über Präventionswirkungen abhängig, und die Wahrheit dieser Behauptungen würde kultur- und gesellschaftsabhängig variieren. Diese Konsequenz wäre schwer akzeptabel. Es wäre misslich, sich schon mit der Definition der Präventionstheorie einem Relativismus zu verschreiben, dem zufolge die Korrektheit dieser Theorie kultur- und kontextabhängig ist.

Daher ist es anzuraten, Präventionstheorien so aufzufassen, dass sie zwar behaupten, dass Präventionswirkungen das Kriterium der Strafrechtfertigung sind, aber die Frage offenlassen, ob dieses Kriterium auch erfüllt ist. Sie sagen zu dieser Frage nichts. Eine Präventionstheorie ist demnach mit einem Abolitionismus – also der These, dass Strafen niemals gerechtfertigt sind und daher nach Möglichkeit abgeschafft werden sollten – durchaus kompatibel. Sie lässt die Möglichkeit offen, dass eine Strafe niemals gerechtfertigt ist, weil sie die Möglichkeit offenlässt, dass das von ihr verteidigte Rechtfertigungskriterium für Strafen niemals erfüllt ist.

2 Haben Strafen einen Präventionseffekt?

Nach dem zugrundegelegten Verständnis von Präventionstheorien hängt deren Akzeptabilität nicht von der Beantwortung der Frage ab, ob Strafen tatsächlich eine Abschreckungswirkung zeitigen oder nicht. Das heißt nicht, dass die Beantwortung dieser Frage für die Einschätzung von Präventionstheorien irrelevant wäre. Von ihrer Beantwortung hängt zwar nicht ab, ob eine Präventionstheorie korrekt ist, wohl aber, ob, *wenn* sie korrekt ist, Strafen als gerechtfertigt gelten können. Die Beantwortung dieser Frage ist daher von Wichtigkeit für die Einschätzung der Folgen und der Anwendbarkeit einer Präventionstheorie.

Der Nachweis eines Präventionseffektes durch Strafen sieht sich erheblichen methodischen Problemen ausgesetzt.[32] Zwei zentrale Probleme seien hier genannt. Das erste betrifft die Nachweisbarkeit der kausalen Wirksamkeit von Strafen. Wenn eine Person, die für einen Normbruch bestraft wurde, nach dieser Bestrafung Normbrüche dieser Art nicht mehr begeht, dann ist nicht gesagt, dass sie diese nicht mehr begeht, *weil* sie bestraft wurde. Möglicherweise sind dafür ganz andere Faktoren als die Strafe, z. B. die sittliche Reifung der Person oder eine unabhängig von der Strafe erfolgende Einsicht in die Gültigkeit der Norm, verantwortlich. Und wenn jemand, ohne bestraft worden zu sein, einen bestimmten Normverstoß, der mit Strafe bedroht ist, nicht begeht, ist offensichtlich ebenfalls nicht gesagt, dass er diesen Normverstoß nicht begeht, *weil* er mit Strafe bedroht ist – vielleicht hat er ohnehin keine Neigung dazu. Die meisten Menschen, die niemals in ihrem Leben eine Vergewaltigung begehen, tun dies nicht deswegen nicht, weil Vergewaltigung mit Strafe bedroht ist, sondern weil sie ohnehin keine Neigung zu dieser Straftat haben. Und natürlich ist auch nicht gesagt, dass jemand, der einen Normbruch nicht begeht, ihn deswegen nicht begeht, weil andere bereits für diesen Normbruch bestraft wurden und er sich von deren Bestrafung abschrecken lässt. Auch ist zu berücksichtigen, dass Korrelationen noch keine Kausalitäten sind, allenfalls auf die Möglichkeit von Kausalitäten verweisen. Wenn z. B. die Schaffung von Umweltdelikten und die Kriminalisierung der Schädigungen natürlicher Ressourcen mit einer Abnahme dieser Deliktarten korreliert, zeigt dies allenfalls, dass die eingeführte Strafnorm eine abschreckende Wirkung haben *könnte*, beweist diese abschreckende Wirkung aber keinesfalls, da für die Abnahme dieser Delikte auch andere Faktoren, etwa ein allgemein gestiegenes Umweltbewusstsein, ursächlich sein könnten.

Das zweite methodische Problem betrifft die fehlende empirische Überprüfbarkeit von Aussagen über Normverstöße, die, wie angenommen wird, stattgefunden hätten, wenn sie *nicht* mit Strafe bedroht wären. Die Behauptung, dass jemand einen Mord begangen *hätte*, wenn dieser nicht mit der Todesstrafe bedroht gewesen *wäre*, ist nicht empirisch überprüfbar, ebenso wenig diejenige, dass jemand einen Diebstahl begehen *würde*, wenn dieser nicht bestraft *würde*. Die Normverstöße, von denen hier die Rede ist, sind kontrafaktische, also nicht nachweisbar. Aussagen über Präventionseffekte implizieren logisch solche Aussagen in der Form kontrafaktischer Konditionale. Die Wahrheit kontrafaktischer Konditionale aber entzieht sich einer empirischen Überprüfbarkeit. Die Frage nach dem Bestehen oder Nichtbestehen von Präventionseffekten ist daher nicht empirisch beantwortbar.[33]

Was aber zeigen diese methodischen Probleme? Zweifellos nötigen sie denjenigen, der behauptet, dass Strafen einen Präventionseffekt haben, zu epistemischer Bescheidenheit und dem Eingeständnis, dass er diese Aussage niemals mit einem Wissensanspruch wird vertreten können. Da niemals ausgeschlossen werden kann, dass für die Unterlassung eines Normverstoßes ein anderer Faktor als die Strafandrohung kausal wirksam ist, wird jemand, der die Strafandrohung für kausal wirksam für die Unterlassung des Normverstoßes hält, redlicherweise einzugestehen haben, dass er hierfür nicht mehr als Plausibilitätserwägungen anführen kann. Ergibt z. B. der Vergleich der Gesellschaft G1, in der die Todesstrafe bei Mord verhängt wird, mit einer Gesellschaft G2, in der es keine Todesstrafe gibt, dass in G1 signifikant weniger Mordtaten auftreten als in G2, ist damit nicht ausgeschlossen, dass andere Faktoren als die zwischen G1 und G2 bestehende Differenz der Strafandrohung für diesen Unterschied kausal verantwortlich sind – etwa kulturelle Unterschiede, unterschiedliche ökonomische Bedingungen in beiden Gesellschaften oder grundsätzlich differierende Einstellungen zu Leben, Tod und Tötung. Wer angesichts dessen eine abschreckende Wirkung der Todesstrafe behauptet, kann für diese Behauptung allenfalls Plausibilitätsargumente, keine „zwingenden Gründe" anführen.

Die genannten methodischen Probleme zeigen jedoch nicht, dass es unplausibel wäre, einen Präventionseffekt von Strafen anzunehmen. Der Hinweis auf diese methodischen Probleme zeigt weder, dass ein solcher Präventionseffekt besteht, noch, dass er nicht besteht. Verfehlt wäre es daher, aus der Tatsache, dass wir nicht wissen, ob Strafen einen Präventionseffekt haben, zu folgern, dass wir wüssten, dass sie keinen Präventionseffekt haben. Wir wissen weder das eine noch das andere. Es wäre also unangebracht, auf die genannten methodischen Probleme zu verweisen, um zu zeigen, dass Strafen keine abschreckende Wirkung haben. Es mag sein, dass es ungeachtet dieser methodischen Probleme gute Plausibilitätsgründe für die Annahme eines Präventionseffektes durch Strafen gibt.

Um zu entscheiden, ob die Annahme, dass Strafen einen Präventionseffekt zeitigen, plausibel ist oder nicht, sollte man zunächst klären, was genau jemand behauptet, der einen solchen Präventionseffekt für plausibel hält. Die Behauptung, dass ein Präventionseffekt besteht, lässt sich leicht kritisieren, wenn man die Bedingungen für das Bestehen eines solchen Präventionseffektes unangemessen anspruchsvoll formuliert, was von Seiten der Gegner einer solchen Behauptung häufig getan wird.[34] Auf seiten derer, die diesen Präventionseffekt abstreiten, besteht die Tendenz, ihren Opponenten Thesen zuzuschreiben, die diese nicht vertreten würden oder jedenfalls nicht vertreten sollten. Wer behauptet, dass ein solcher Präventionseffekt besteht, wird, wenn er gut beraten ist, insbesondere folgende Behauptungen *nicht* aufstellen:

(1) Jeder einzelne Strafakt hat eine präventive Wirkung.
(2) Wenn die Bestrafung eines bestimmten Normbruches präventive Wirksamkeit hat, dann hat sie auf alle potentiellen Normbrecher gleichermaßen diese Wirksamkeit.
(3) Wenn eine Strafandrohung auf ein Individuum eine abschreckende Wirkung hat, hat sie es zu allen Phasen ihres Lebens gleichermaßen.

Alle drei Behauptungen sind offensichtlich falsch. Natürlich hat nicht jeder Strafakt eine präventive Wirkung – viele Normbrecher lassen sich, wie z. B. die hohe Rückfallquote bei Sexualstrafdelikten zeigt, durch einmalige Bestrafung nicht von weiteren Straftaten abhalten, d. h. es besteht keine spezialpräventive Wirkung, und es wäre auch verfehlt anzunehmen, dass jede einzelne Bestrafung eine generalpräventive Wirksamkeit entfaltet. Und natürlich hat die Androhung einer Bestrafung für den Bruch einer bestimmten Norm nicht auf alle potentiell diese Norm Brechenden gleichermaßen eine abschreckende Wirkung. Von der Strafandrohung für Steuerhinterziehung werden sich möglicherweise einige, aber bestimmt nicht alle potentiellen Steuerhinterzieher abschrecken lassen. Und natürlich besteht auch bei einem Individuum der Präventionseffekt nicht konstant über alle Phasen des Lebens hinweg. Von bestimmten Strafandrohungen mag man sich als 25jähriger abschrecken lassen, als 50jähriger hingegen nicht oder umgekehrt. Die recht offensichtliche Falschheit der Behauptungen (1), (2) und (3) muss man aber keinesfalls bestreiten, wenn man es für plausibel hält, dass das Strafsystem insgesamt eine abschreckende Wirkung hat. Behauptet wird damit nur, dass Strafakte *in summa*, d. h. als Straf*system*, eine abschreckende Wirkung haben, dass ein staatliches Strafsystem diese Wirkung auf einige, nicht auf alle potentiellen Normbrecher ausüben wird und dass es dies zu bestimmten Zeiten, nicht aber notwendig immer tut. Diese Behauptung wird durch den Nachweis der Falschheit der drei genannten Behauptungen nicht in Frage gestellt.

Die Falschheit der zweiten Behauptung ist auch in anderer Hinsicht relevant. Häufig wird gegen die Annahme eines Präventionseffekts staatlichen Strafens angeführt, diese beruhe auf einem unrealistischen Bild eines potentiellen Normbrechers als eines rationalen, Vor- und Nachteile eines Normbruchs bei der Tatbegehung nüchtern abwägenden Akteurs.[35] Eine solche Unterstellung einer durchgängigen Rationalität potentieller Normbrecher wäre aber sicherlich falsch. Viele Straftäter gehen z. B. in unangebrachtem Optimismus davon aus, dass ihr Normbruch nicht entdeckt werden wird. Zum Zeitpunkt der Tatbegehung machen sie sich über deren Konsequenzen häufig keine Gedanken oder diskontieren diese, da die Strafe eine in der Zukunft liegende, häufig als unwahrscheinlich eingestufte Möglichkeit ist, während der aus der Straftat resultierende Gewinn oft sehr unmittelbar und greifbar ist. Daher neigen viele Täter tatsächlich dazu, sich von der Strafandrohung nicht beeindrucken zu lassen. Dies zuzugestehen heißt aber nicht, dass es nicht auch einige potentielle Täter gibt, die sich sehr wohl von der Strafandrohung beeindrucken lassen. Es ist richtig, dass potentielle Normbrecher keine vollständig rational kalkulierenden Wesen sind, aber es ist auch richtig, dass sie nicht durchweg irrational sind und einige potentielle Normbrecher durchaus rationalen Erwägungen zugänglich sind. Ebenso falsch wie die Unterstellung durchgängiger Rationalität ist diejenige durchgängiger Irrationalität potentieller Normbrecher. Wer z. B. in einem Strafsystem, in dem auf Mord die Todesstrafe steht, einen Raubüberfall begeht und dabei absichtlich keine echten Waffen, sondern nur Attrappen mit sich führt, um sich die Möglichkeit zu nehmen, andere zu töten und damit auch dem Risiko seiner Hinrichtung zu entgehen, der agiert durchaus rational; er lässt sich von der Strafandrohung für den Fall eines Mordes abschrecken.[36] Auch ist es keinesfalls abwegig anzunehmen, dass die Aussicht auf ein fühlbares Strafübel *einige* potentielle Steuerhinterzieher an der Begehung der Tat hindert. Analoges gilt auch im Bereich sozialer Strafen: Die Aussicht darauf, von der Partnerin geschnitten zu werden, muss nicht, kann aber ein Motiv für das Unterlassen eines Seitensprunges sein. Insbesondere bei Taten, die keine Affekttaten sind, sondern nüchtern kalkulierendes Planen verlangen, ist die Annahme, dass sich *einige* potentielle Normbrecher von diesen Taten durch Strafandrohung abschrecken lassen, keinesfalls abwegig. Sie scheitert jedenfalls nicht an dem unbestreitbaren Befund, dass potentielle Normbrecher nicht durchweg rational sind.

Kann also die Behauptung, dass ein staatliches Strafsystem als Ganzes eine abschreckende Wirkung entfaltet, für sich Plausibilität in Anspruch nehmen? Das ist der Fall, und zwar aus mindestens drei Gründen. Erstens ist der Hinweis auf das Bestehen oder Nichtbestehen eines staatlichen Strafsystems häufig eine plausiblere Erklärung für das Vorkommen oder die Häufigkeit bestimmter Delikte oder Deliktsarten als die in Frage kommenden Alternativerklärungen. Statt zu fragen, ob Präventionseffekte „bestehen" oder nicht, scheint es häufig sinnvoller zu fragen, ob die Annahme eines Präventionseffektes eine plausible Erklärung für andere Phänomene, die sich empirisch verifizieren lassen, ist. Das Argument für einen solchen Effekt ist dann kein empirisches, sondern ein Argument der besten Erklärung für empirisch beobachtbare Phänomene. Dass, wie z. B. im Irak zu Beginn des 21. Jahrhunderts zu beobachten war, der Zusammenbruch eines staatlichen Strafsystems häufig mit einer Zunahme von Straftaten korreliert, ist durch das Fehlen des Strafsystems plausibler erklärbar als durch alternative Erklärungen, etwa eine die etablierte Moral und vorhandene Normbindungen schlagartig erodierende Wirkung politischer Veränderungen. Dass einige Ärzte in den Niederlanden aktive Sterbehilfe leisten, dies in Deutschland aber nicht der Fall ist, ist plausiblerweise auch damit zu erklären, dass aktive Sterbehilfe in Deutschland unter Strafe steht, in den Niederlanden aber nicht, und nicht mit dem Mentalitätsunterschied zwischen niederländischen und deutschen Ärzten. Dass in der früheren DDR prozentual mehr Abtreibungen vorgenommen wurden als in Westdeutschland ist plausibler als durch andere Annahmen mit den unterschiedlichen Gesetzeslagen und der unterschiedlichen Strafbedrohtheit der Abtreibung in West- und Ostdeutschland zu erklären. Die Annahme, dass ein staatliches Strafsystem einen Präventionseffekt zeitigt, hat eine starke explanatorische Kraft.

Zweitens: Kaum eine Annahme scheint in Bezug auf Strafen so sehr unserem vorphilosophischen Alltagsverständnis und dem „gesunden Menschenverstand" zu entsprechen wie diejenige, dass Strafen eine Präventionswirkung haben. Dass der Vollzug vieler Strafen, insbesondere der Vollzug von Freiheitsstrafen, diese Prävention dadurch bewirkt, dass er für die Dauer eines Strafvollzugs die Begehung weiterer Straftaten verunmöglicht, also im Sinne einer Verhinderung von Straftaten für die Dauer des Strafvollzugs spezialpräventiv wirksam ist, ist so evident, dass es keiner weiteren Erläuterung bedarf. Aber auch sonst pflegen wir nicht selten auf Strafandrohungen zu verweisen, um zu begründen, dass wir Handlungen unterlassen – und zwar insbesondere dann, wenn wir nicht schon eine innerliche Bindung an die Norm, die diese Handlung verbietet, haben, sondern das durch Sanktionsandrohung gestützte Verbot für unbegründet halten, es aber dennoch befolgen. Geschwindigkeitsbegrenzungen mag man auch dann aufgrund der mit Geschwindigkeitsüberschreitungen verbundenen Strafen befolgen, wenn man sie für unsinnig hält; das Inzestverbot mögen einige für einen abwegigen Anachronismus halten und dennoch befolgen, weil sie Strafe im Falle von Zuwiderhandlung befürchten; in totalitären

Regimen befolgen Menschen viele Normen, weil ihre Durchsetzung durch Strafandrohung gestützt ist, auch dann, wenn sie diese für falsch oder sogar unmoralisch halten. Viele Ärzte in Deutschland werden glaubhaft erklären, keine aktive Sterbehilfe zu leisten, weil dies mit Strafe bedroht ist; viele Menschen geben zu, nur deswegen keine Steuern zu hinterziehen, weil Steuerhinterziehung mit Strafe bedroht ist; viele Studenten, die der Versuchung, ihre Abschlussarbeiten zu plagiieren, widerstehen, tun dies eingestandenermaßen deswegen, weil sie die Exmatrikulation als Strafmaßnahme bei Aufdeckung des Plagiats befürchten. Was spricht dagegen, die Bekundungen von Menschen, dass sie bestimmte Handlungsweisen unterlassen, weil sie von Strafe bedroht sind, als glaubhaft und zutreffend zu akzeptieren? Mir scheint: Nichts.

Drittens schließlich ist Folgendes zu bedenken.[37] Viele Normen befolgen wir selbstverständlich und gleichsam automatisiert. Viele Menschen kommen beim Gang durch das Kaufhaus gar nicht auf den Gedanken zu stehlen; es kommt ihnen nicht in den Sinn, andere bei Geschäften zu betrügen oder Steuern zu hinterziehen. Es ist sehr plausibel anzunehmen, dass diese selbstverständliche und unreflektierte Normbefolgung, die große Teile unseres alltäglichen Verhaltens durchzieht, *auch* auf die Tatsache zurückzuführen ist, dass bestimmte Verhaltensweisen mit Strafen bedroht sind. Der Verweis auf eine „innere Normbindung" als eine Alternative zur Erklärung der Normkonformität durch Strafandrohung greift hier zu kurz, denn diese innere Normbindung fällt nicht vom Himmel, sondern dürfte zumindest teilweise dadurch erklärbar sein, dass diese Handlungsweisen mit Strafe belegt sind. Dass wir im Allgemeinen überhaupt keine Neigung haben, einen Kaufhausdiebstahl zu begehen, dürfte nicht nur dadurch zu erklären sein, dass uns antisoziale Neigungen gänzlich fremd sind und wir per se eine „innere Bindung" an das Diebstahlverbot haben, sondern (auch) dadurch, dass wir wissen, dass diese Handlungsweise mit Strafe bedroht ist. Wir wachsen mit diesem Wissen auf, und dies dürfte in Kombination mit der angenommenen Entdeckungswahrscheinlichkeit eines Deliktes ein wesentlicher Grund dafür sein, dass wir uns die Überzeugung aneignen, dass „man so etwas nicht tut", und auch gar keine Neigung entwickeln, es zu tun. Wer also sagt, dass Normkonformität statt durch den Präventionseffekt von Strafen durch innere Normbindung zu erklären sei, konstruiert damit eine falsche Alternative und übersieht, dass diese innere Normbindung häufig gerade – zumindest teilweise – infolge einer Strafandrohung entsteht. Die Strafe wirkt dann indirekt über die Herstellung von Norminternalisierung und Normakzeptanz.

Obwohl sich also der Versuch, Präventionswirkungen festzustellen, erheblichen methodischen Schwierigkeiten gegenübersieht, gibt es einige Argumente dafür, dass es sehr plausibel ist anzunehmen, dass ein staatliches Strafsystem eine solche Präventionswirkung entfaltet. Damit ist nichts darüber gesagt, *wie* es diese Präventionswirkung entfaltet. Hierzu sind abschließend zwei Bemerkungen am Platz, die das hier naheliegende Missverständnis abwehren sollen, dass wir, wenn ein staatliches Sanktionssystem eine Abschreckungswirkung hat, das Ausmaß dieser Abschreckungswirkung über die Stärke der staatlichen Sanktionen regulieren könnten. Zum einen: Für die Erreichung eines Präventionseffektes ist vermutlich die Wahrscheinlichkeit des Strafeintritts sehr viel wichtiger als die Sanktionsstärke (vgl. von Hirsch et al. 1999, 5f.; Meier 2016, 283f.; Kunz/Singelnstein 2016, 146f., 288f.). Es gilt nicht „Je stärker die Sanktion, desto stärker die Abschreckungswirkung", sondern vielmehr „Je wahrscheinlicher die Sanktionsverhängung, desto stärker die Abschreckungswirkung". Gilt die Verhängung einer Strafe einem potentiellen Normbrecher als sicher und nicht nur als vage theoretische Möglichkeit, die er zum Zeitpunkt der Tatbegehung diskontieren kann, ist für die Erreichung des Präventionseffektes möglicherweise sekundär, welche Sanktionen ihm angedroht werden.[38] Und zweitens: Wenn eine Abschreckungswirkung besteht, hängt sie vorwiegend von subjektiven Faktoren ab, die als solche nicht – wie die Stärke einer Sanktion – messbar und objektivierbar sind.[39] Entscheidend für ihre Erreichung ist, wie ein potentieller Täter eine drohende Sanktion *empfindet*. Dies gilt in Bezug auf die Eintrittswahrscheinlichkeit wie in Bezug auf die Schwere der Sanktion. Die in Kapitel I als kennzeichnend für soziale Strafen hervorgehobene Abhängigkeit der Wirkung einer Strafmaßnahme von der Rezeptivität des Adressaten der Strafandrohung besteht, wenngleich weniger offensichtlich, auch im Falle staatlichen Strafens. Ob z. B. die Androhung einer Geldstrafe auf einen potentiellen Normbrecher abschreckend wirkt oder nicht, hängt zum einen davon ab, für wie wahrscheinlich er die Verhängung dieser Strafe hält, zum anderen davon, ob er eine Geldstrafe als belastend empfindet oder mit achselzuckender Gleichgültigkeit hinnimmt. Geht er davon aus, eine solche Strafe vermeiden zu können oder empfindet er sie als gleichgültig, wird auch eine Erhöhung der angedrohten Geldstrafe keine Verstärkung des Präventionseffektes nach sich ziehen. Mill konnte widerspruchsfrei für die Todesstrafe mit dem Argument eintreten, dass der Tod zwar de facto ein geringeres Übel als lebenslanger Freiheitsentzug sei – was in Bezug auf Freiheitsentzug in Gefängnissen im viktorianischen England gestimmt haben dürfte –, aber doch als ein gravierenderes Übel *wahrgenommen* werde, so dass die Androhung des Todes eine stärkere Abschreckungswirkung verspreche als die des lebenslangen Freiheitsentzuges (Mill 1868). Auch diese Abhängigkeit der Abschreckungswirkung von subjektiven Faktoren zeigt, dass es verfehlt wäre zu glauben, wir könnten die Abschreckungswirkung der Strafe über die Stärke der verhängten Sanktion regulieren.

3 Was spricht für eine Präventionstheorie?

Wenn es stimmt, dass Strafen einen Präventionseffekt haben, bedeutet dies, dass es plausibel ist anzunehmen, dass, *wenn* eine Präventionstheorie korrekt ist, Strafen manchmal auch gerechtfertigt sind. Aber ist sie korrekt? Bevor die Probleme, mit denen sich eine Präventionstheorie konfrontiert sieht, erörtert werden, seien zunächst drei Überlegungen zu ihren Gunsten genannt.

Zugunsten einer Präventionstheorie lässt sich zunächst die intuitive Plausibilität der Annahme anführen, dass der Rechtfertigungsgrund für die intendierte Leidenszufügung durch die Strafe darin besteht, dass durch sie ein größeres Leiden verhindert wird. Nicht nur die Annahme, dass Strafen de facto eine Präventionswirkung haben, sondern auch die normative These, dass ein solcher Präventionseffekt, wenn er vorliegt, eine Strafe rechtfertigt, ist von Verteidigern der Präventionstheorie – etwa Schopenhauer, einem der wichtigsten klassischen Vertreter einer Theorie der negativen Generalprävention – immer wieder mit Recht als „allgemein anerkannte, ja, von selbst einleuchtende Wahrheit" (Schopenhauer 1859, ZA II, 434) reklamiert worden. Tatsächlich deckt sich die Annahme, dass die Rechtfertigung des mit Strafen verbundenen Leidens in der Verhinderung größeren Leidens liegt, das ansonsten durch weitere Normbrüche bewirkt würde, weitgehend mit *common sense* und „gesundem Menschenverstand". Natürlich hat diese Übereinstimmung mit unseren vorphilosophischen Intuitionen keinen Beweiswert, sie kann aber als Plausibilitätsargument für eine Präventionstheorie ins Feld geführt werden.

Zweitens ist eine Präventionstheorie – anders als die konkurrierenden retributivistischen Theorieangebote, von denen noch die Rede sein wird – mit dem in Kapitel I genannten Eingangsbefund des Problems der Strafrechtfertigung, dass eine beabsichtigte Leidenszufügung als solche, d. h. isoliert von ihren Folgen betrachtet, moralisch schlecht ist, problemlos verträglich. Anhängern einer Präventionstheorie zufolge stellt der Einsatz von Strafe zur Erreichung eines Präventionseffekts ein zu bedauerndes „moralisches Opfer" dar. Damit ist ein Präventionstheoretiker, wiederum im Gegensatz zu vielen Retributivisten, der Notwendigkeit enthoben, die moralische Fragwürdigkeit beabsichtigter Leidenszufügungen im Falle des Strafens in etwas moralisch Wertvolles oder gar Gebotenes umzuinterpretieren. Er ist nicht auf die problematische Annahme festgelegt, dass die Leidenszufügung durch die Strafe (z. B. als Vergeltung eines Übels) *intrinsisch* gut sei. Hierin liegt ein argumentationsstrategischer Vorteil der Präventionstheorie.

Drittens lässt sich folgender Vorteil einer Präventionstheorie nennen: Eine Präventionstheorie ist sehr sparsam in der Inanspruchnahme umstrittener Zusatzannahmen. Sie muss nicht – wie einige Varianten einer Retributionstheorie es tun – eine Art von „Passungsverhältnis" zwischen Strafe und zu bestrafendem Normverstoß annehmen, um die Strafe als gerechtfertigt anzusehen, und sie ist vor allem nicht auf die durchaus umstrittene Annahme menschlicher Willensfreiheit als Voraussetzung für gerechtfertigtes Strafen festgelegt. Ist, wie Retributionstheorien annehmen, eine Strafe nur dann gerechtfertigt, wenn sie verdient ist, so wird die Rechtfertigung der Strafe daran gekoppelt, dass der Normbruch aus freiem Willen begangen wurde, denn jemand verdient eine Strafe für eine Handlung nur dann, wenn er diese freiwillig begangen hat.[40] Setzt man hingegen eine Präventionstheorie voraus, ist die Legitimität von Strafen nicht von menschlicher Willensfreiheit abhängig. Zwar muss auch dann angenommen werden, dass der Bestrafte frei gehandelt hat, aber erforderlich ist hier Freiheit nicht im Sinne von Willensfreiheit, also der Fähigkeit, den eigenen Willen frei zu bilden, sondern Freiheit im Sinne von Handlungsfreiheit, also der Abwesenheit äußerer Hindernisse.[41] Nimmt man also an, dass Strafen überhaupt manchmal gerechtfertigt sein können, muss ein Präventionstheoretiker zur Erklärung dieser Annahme weniger kontroverse Prämissen in Anspruch nehmen als konkurrierende Theorieangebote. Auch hierin liegt ein Vorteil der Präventionstheorie.

4 Einwände gegen eine Präventionstheorie

4.1 Instrumentalisierung

Ein häufig aus der Perspektive retributivistischer Straftheoretiker, manchmal auch aus der Perspektive abolitionistischer Theorien gegen Präventionstheorien vorgebrachter Einwand lautet, dass ihnen zufolge die Strafe eine „Instrumentalisierung" des Normbrechers darstelle.[42] Dies geht häufig einher mit dem Vorwurf des Verstoßes gegen die Menschenwürde, der in eben dieser Instrumentalisierung erblickt wird. Dieser Einwand wird insbesondere gegen Präventionstheorien utilitaristischer Provenienz vorgebracht und zielt häufig allgemein auf den Utilitarismus. Dieser mache – so etwa der Vorwurf von John Rawls in *A Theory of Justice* – das Individuum zu einem bloßen Funktionsträger der Nutzenmaximierung; er respektiere nicht die Individualität von Personen und sei indifferent gegenüber Gerechtigkeitsfragen (Rawls 1971, Kap. 5, 6 und 30). Eine solche Instrumentalisierung liege, so der Vorwurf, nicht nur dann vor, wenn Unschuldige, sondern auch dann, wenn Schuldige zum Zwecke der Erzielung eines Präventionseffektes bestraft würden, da auch deren Menschenwürde zu respektieren sei und sie nicht zum Mittel zur Erreichung eines gesamtgesellschaftlichen Zweckes gemacht werden dürften (vgl. Golash 2005, 44f.). Retributionstheorien setzen dem häufig die Vorstellung entgegen, dass mit der Strafe der Würde des Normbrechers Genüge getan wird, da er als Person, die Strafe verdient, ernstgenommen und nicht als bloßes Mittel der gesamtgesellschaftlichen Nutzenmaximierung behandelt werde.

Um diesen Vorwurf zu prüfen, ist zu fragen, was genau hier mit dem Instrumentalisierungsvorwurf gemeint ist (vgl. hierzu z. B. Hoerster 2011, 13–22). Der Begriff der Instrumentalisierung kann auf drei Weisen verstanden werden. Zum einen könnte man sagen, dass eine Instrumentalisierung von B durch A immer dann vorliegt, wenn A den B veranlasst, As Zwecke und Interessen zu fördern. Aber offensichtlich ist damit der Instrumentalisierungsbegriff zu weit gefasst, als dass sich sagen ließe, dass jede Instrumentalisierung verboten ist. Wer sich mit Freunden trifft, würde diese demnach zur Befriedigung des eigenen Bedürfnisses nach sozialen Kontakten instrumentalisieren, und wer in einem Geschäft zu fairen Bedingungen etwas kauft, würde damit den Anbieter der Ware instrumentalisieren, um diese zu erhalten. Da aber in diesen Fällen die Handlungen nicht gegen den Willen des Instrumentalisierten zustande kommen, gibt es keinen Grund zu der Annahme, dass sie moralisch verboten seien.

Naheliegender ist es daher – dies ist die zweite Interpretation des Instrumentalisierungsbegriffes –, unter einer Instrumentalisierung nur eine solche Behandlung einer Person zu verstehen, mit der sie dazu veranlasst wird, die Zwecke und Interessen einer anderen Person gegen ihren eigenen Willen zu fördern. Kantisch gesprochen: Das Instrumentalisierungsverbot verbietet es zwar nicht, einen anderen als Mittel, wohl aber, ihn *bloß* als Mittel zu behandeln. So etwa behandeln wir jemanden bloß als Mittel, wenn wir ihn betrügen oder gegen ihn intrigieren, um einen Vorteil zu erlangen, oder ihn foltern, um an Informationen zu gelangen. Aber auch in diesem Fall gilt: Dass eine so verstandene Instrumentalisierung immer verboten sei, ist zunächst einmal eine trockene Behauptung und muss weiter begründet werden. Zweifellos gibt es Handlungen, die eine Instrumentalisierung in dem Sinne darstellen, dass wir jemanden bloß als Mittel zu einem Zweck behandeln, die uns aber durchaus nicht moralisch verwerflich erscheinen. Wenn etwa – dies ein Beispiel Hoersters – ein Kind zu ertrinken droht und nur gerettet werden kann, wenn jemand mit Bs Boot auf den See hinausfährt, B dieses Boot aber nicht zur Verfügung stellen will und A dem B daher den Schlüssel für das Boot mit Gewalt entwendet, um sich Zugang zum Boot zu verschaffen und das Kind zu retten, so stellt dieses Verhalten sicherlich im genannten Sinne eine Instrumentalisierung Bs durch A dar – dennoch würde man kaum zweifeln, dass es legitim und auch moralisch vertretbar, vermutlich sogar moralisch geboten ist (vgl. Hoerster 2011, 15). Auch strafende Handlungen stellen aus der Sicht der Präventionstheorie instrumentalisierende Handlungen in dem Sinne dar, dass jemand als bloßes Mittel zur Erreichung eines sozial erwünschten Zustandes behandelt wird, können aber nicht allein deswegen als nicht gerechtfertigt verworfen werden. Zweifellos instrumentalisieren wir den Mörder, wenn wir ihn zur Verhinderung weiterer Straftaten inhaftieren, aber dies allein ist kein überzeugendes Argument gegen die Inhaftierung.

Man könnte daher – drittens – vorschlagen, das Instrumentalisierungsverbot so zu fassen, dass es moralisch illegitime Instrumentalisierungen und nur diese verbietet. Man würde dann also innerhalb des Bereichs der instrumentalisierenden Handlungen moralisch legitime und moralisch illegitime Instrumentalisierungen voneinander unterscheiden. Aber in diesem Fall wäre eine Handlung nicht deswegen ablehnungswürdig, weil sie eine Instrumentalisierung darstellt, sondern weil sie moralisch illegitim ist, und es müssten dann weitere moralische Gründe für die Verurteilungswürdigkeit der Handlung angeführt werden, die vom Gedanken der Instrumentalisierung ganz unabhängig sind. Der Begriff der Instrumentalisierung hätte dann also keine Begründungsfunktion mehr, und es wäre nicht gezeigt, dass die Instrumentalisierung eines Normbrechers durch seine Bestrafung, allein weil es sich um eine Instrumentalisierung handelt, auch illegitim ist. Wie auch immer man also das Instrumentalisierungsverbot inhaltlich zu füllen versucht, einen überzeugenden Einwand gegen die Legitimation der Strafe durch Generalprävention stellt es nicht dar.

Dennoch verweist der Instrumentalisierungsvorwurf auf ein tatsächliches Defizit präventionstheoretischer Ansätze: Die Präventionstheorie wird dem *personalen Charakter* der Strafe nicht gerecht, der dann ersichtlich wird, wenn man sich nicht mehr auf die Institution des Strafens als ganze, sondern auf einzelne Strafakte – nicht mehr auf *das* Strafen, sondern auf *die* (konkreten) Strafen – bezieht: In solchen konkreten Strafakten begegnen wir einander als *Personen* und sehen uns gerade nicht als Instrumente der auf individuelle Interessen bezogenen oder gesamtgesellschaftlichen Nutzenmaximierung. Wir betrachten den Gestraften dann nicht nur als Mittel der sozialen Steuerung im Sinne der Förderung sozial erwünschten Verhaltens – und dies gilt selbst dann, wenn das Rechtfertigungskriterium für Strafen darin liegt, dass sie diese Steuerungswirkung entfalten. Eine auf Vollständigkeit Anspruch erhebende Straftheorie müsste diesem Befund gerecht werden und sie in eine Rechtfertigungstheorie einbauen. In den Kapiteln VIII und IX dieser Arbeit wird zu zeigen sein, dass und wie der von der Präventionstheorie nicht erfasste personale Charakter von Strafhandlungen einen Grund dafür darstellt, bei Fragen der Strafrechtfertigung über den Präventionsgedanken hinauszugehen.

4.2 Die Bestrafung Unschuldiger

Ein weiterer zentraler Vorwurf gegen eine Präventionstheorie besagt, dass diese manchmal auch eine Bestrafung Unschuldiger für legitim erklären müsse, nämlich dann, wenn dadurch eine maximale Abschreckungswirkung erzielt würde.[43] Ein Beispiel hierfür ist die abschreckende Wirkung von Kollektivbestrafung: Wenn der Urheber eines Normbruchs nicht identifiziert werden kann, aber unstrittig ist, welcher Gruppe oder Gemeinschaft er angehört, scheint es unter präventionstheoretischen Gesichtspunkten angebracht, jedes Mitglied der Gruppe (also auch die unschuldigen Mitglieder) zu bestrafen, um eine maximale Abschreckungswirkung zu erzielen. Es ist sehr plausibel anzunehmen, dass sich viele potentielle Straftäter von ihren Taten abschrecken lassen würden, wenn sie wüssten, dass im Falle ihrer Nichtergreifung z. B. ihre Familienangehörigen bestraft würden. Zudem dürfte häufig eine erhebliche Abschreckungswirkung erzielt werden, wenn eine Person, die nur möglicherweise einen Normbruch begangen hat, bestraft wird, denn für die Abschreckungswirkung einer Strafe auf potentielle zukünftige Täter kommt es nicht darauf an, ob der Bestrafte nachgewiesenermaßen oder nur möglicherweise schuldig ist; vermutlich ist die Präventionswirkung sogar höher, wenn potentielle Täter befürchten müssen, schon dann bestraft zu werden, wenn sie ohne Nachweis ihrer Schuld für schuldig gehalten werden. Der Schüler, der weiß, dass er vom Lehrer schon dann bestraft wird, wenn er nur in den Verdacht kommt, beim Nachbarn abzuschreiben, wird sich sehr bemühen, nicht nur nicht abzuschreiben, sondern nicht einmal den Anschein zu erwecken, dies zu tun, und die zuverlässigste Methode, auch nur den Verdacht zu vermeiden, einen Normbruch begangen zu haben, ist, ihn nicht zu begehen. Wissen wir also, dass wir schon beim Verdacht eines Normverstoßes bestraft werden, wird uns das motivieren, diesen nicht zu begehen, also eine nicht unerhebliche Präventionswirkung haben. Wie kann ein Anhänger der Präventionstheorie hierauf reagieren? Im Folgenden werden vier mögliche Strategien zur Abwehr dieses Vorwurfes genannt. Nur die vierte von ihnen, so wird ausgeführt, ist erfolgversprechend.

(1) *Begriffliche Ausgrenzung*: Eine erste Strategie wäre zu bestreiten, dass es sich bei der vorgeblichen Bestrafung Unschuldiger überhaupt um eine Bestrafung handelt. Man könnte Maßnahmen, die zwecks Erzielung einer Präventionswirkung gegen die Unschuldigen getroffen werden, per Definitionsentscheid aus dem Bereich der Strafen ausschließen. Trifft eine Maßnahme jemanden, von dem nicht angenommen wird, dass ihm der Normverstoß im Sinne persönlicher Schuld zugeschrieben werden kann, dann, so könnte man sagen, handelt es sich nicht um eine Strafe, sondern um eine „sozialhygienische Maßnahme".[44]

Diese Strategie ist jedoch nicht erfolgversprechend. Zum einen nämlich würde der genannte Einwand der Sache nach nicht durch den Hinweis darauf entkräftet, dass man Maßnahmen, mit denen Unschuldige zu Mitteln von Abschreckungsmaßnahmen werden, nicht als Strafen bezeichnen kann, denn es bliebe ja das Problem bestehen, dass neben Strafen dann auch andere Maßnahmen wie die eben genannten „sozialhygienischen" als legitime Mittel der Abschreckung anerkannt werden müssten.[45] Der Vorwurf würde dann eben nicht lauten, dass ein Präventionstheoretiker die Bestrafung Unschuldiger gutheißen müsse, sondern dass er außer Bestrafungsmaßnahmen andere Maßnahmen, mit denen ein Unschuldiger zum Opfer sozialpräventiver Maßnahmen wird, als legitim anerkennen müsste. Zum anderen und vor allem stimmt es schlicht nicht, dass man solche Maßnahmen nicht als Strafen bezeichnen könnte. Dies ist durchaus möglich, und zwar aus zwei Gründen. Erstens: In Kapitel I wurde betont, dass es zwar keine begriffliche Bedingung für Strafen ist, dass nur die Schuldigen bestraft werden können, wohl aber, dass nur diejenigen bestraft werden können, die für schuldig gehalten werden. Diese Bedingung des Für-Schuldig-Gehalten-Werdens ist aber in den oben genannten Beispielen durchaus erfüllt. Zwar werden die bestraften Individuen, die den Normverstoß *nicht* begangen haben, nicht für *moralisch* schuldig gehalten. Wohl aber werden sie in einem noch zu präzisierenden anderen Sinne von „schuldig", der nichts mit „moralisch schuldig" zu tun hat, für schuldig gehalten. (Zur Präzisierung dieses Sinnes von „schuldig" vgl. Kap. VI 1.) Der zweite Grund dafür, dass man hier durchaus von Strafen sprechen kann, nimmt Bezug auf die in Kapitel I vorgenommene Differenzierung zwischen „strafen für" und „strafen aufgrund von". Wie dort betont wurde, ist es keineswegs in den Straf*begriff* eingeschrieben, dass man jemanden nur, ihm den Normbruch zuschreibend, *für* einen angenommenen Normverstoß bestrafen kann; man kann ihn auch *aufgrund* des angenommenen Normverstoßes bestrafen. Liegt kein „Strafen für", sondern ein „Strafen aufgrund von" vor, muss der Gestrafte nicht der Normbrecher sein; er muss nicht einmal vom Strafenden für den Normbrecher gehalten werden. Auch denjenigen, der nicht gegen die Norm verstoßen hat, kann man aufgrund des angenommenen Normverstoßes eines anderen strafen. Darum ist es auch nicht in den Strafbegriff eingeschrieben, dass man nur die (moralisch) Schuldigen bestrafen kann. Auch die Bestrafungen (moralisch) Unschuldiger aufgrund des angenommenen Normverstoßes anderer können durchaus als Strafen gelten.[46] Es lässt sich nicht als begriffliche Wahrheit reklamieren, dass man diejenigen, die man nicht für moralisch schuldig hält, nicht strafen kann.

(2) *Integration des Schuldprinzips*: Eine zweite Strategie, den Einwand der Bestrafung Unschuldiger abzuwehren, besteht darin, dass Verteidiger der Prä-

ventionstheorie nach Wegen suchen, das Prinzip, dass man nur die (moralisch) Schuldigen strafen darf, in ihre Theorie zu integrieren. Die Strategie des Präventionstheoretikers wird dabei in dem Versuch bestehen nachzuweisen, dass das Schuldprinzip selbst als ein interessenbasiertes Prinzip aufzufassen ist. Er wird also (aus utilitaristischer Perspektive) versuchen zu zeigen, dass die Befolgung des Prinzips universell nutzenmaximierend ist, bzw. (aus kontraktualistischer Perspektive), dass es im Interesse des Individuums liegt, ein solches Prinzip gutzuheißen und zu befolgen.

Hierfür könnte er folgende Überlegung vorbringen: Der Verzicht auf das Schuldprinzip würde bedeuten, dass für eine (strafrechtliche oder soziale) Sanktionierung eines Verhaltens kein Beweis eines schuldhaften Handelns im Sinne eines absichtlichen Fehlverhaltens nötig ist. Im Bereich des Strafrechts fände diese Praxis Ausdruck im Prinzip der „strengen Erfolgshaftung" (*strict liability*), dem zufolge ein Straftäter ohne Ansehen seines subjektiven Zustandes, z. B. seiner Zurechnungs- und Steuerungsfähigkeit, für den von ihm verursachten Schaden haftbar gemacht würde. Wer z. B. sexuellen Kontakt mit einer Minderjährigen hat, muss diesem Prinzip zufolge auch dann mit Strafe rechnen, wenn er diese nach bestem Wissen und Gewissen für volljährig hält; wer im Straßenverkehr die Tötung einer Person bewirkt, kann auch dann bestraft werden, wenn er diese Tötung weder absichtlich noch auch nur fahrlässig herbeigeführt hat. Auch im Bereich des sozialen Strafens würde dann vom subjektiven Zustand des Gestraften abgesehen. So wäre jemand für einen unabsichtlich im Straßenverkehr bewirkten Schaden nicht nur strafrechtlich, sondern auch sozial, z. B. durch Vorwürfe, Anklagen und moralischen Tadel, zu sanktionieren – ungeachtet dessen, dass er den Schaden nicht absichtlich herbeigeführt hat.

Wie wäre aus interessentheoretischer Perspektive ein solches Strafsystem einzuschätzen? Einerseits ist vorgebracht worden, dass es durchaus mit einer erhöhten Abschreckungswirkung verbunden wäre (vgl. Hart 1959, 19f.; Hart 1962, 176f.). Die Eliminierung des Schuldprinzips würde es z. B. im Bereich des Strafrechts unmöglich machen, sich vor Gericht auf Faktoren wie fehlende Erinnerung und Unzurechnungsfähigkeit zu berufen, um eine Strafminderung zu bewirken. Faktoren dieser Art können von schauspielerisch begabten Angeklagten simuliert werden. Da aber, gälte ein Prinzip der Erfolgshaftung, das Vorliegen dieser Faktoren sich nicht mehr strafmindernd auswirken würde, wäre es auch nutzlos, sie vor Gericht simulieren zu wollen. Da potentielle Straftäter auch voraussehen würden, dass sie sich nicht auf diese Weise einer Strafe entziehen oder diese abmildern könnten, würde die Wahrscheinlichkeit steigen, dass sie sich von Straftaten durch ein Prinzip der *strict liability* abschrecken ließen. Auch im Bereich sozialen Strafens wäre es häufig plausibel anzunehmen, dass wir uns von Normverstößen abhalten ließen, wenn wir wüssten, dass wir für diese ungeachtet unseres subjektiven Zustandes und ohne Berücksichtigung von Faktoren wie Absichtlichkeit etc. mit negativen Konsequenzen rechnen müssten. Zu wissen, dass das Zerstören der wertvollen Vase im Hause des Gastgebers einem auch dann böse Blicke und vorwurfsvolle Bemerkungen eintragen wird, wenn man dieses nicht beabsichtigt hat, wird durchaus zu besonderer Vorsicht motivieren und somit die Wahrscheinlichkeit, dass die Vase zerstört wird, verringern. Insofern hätte der Verzicht auf ein Schuldprinzip eine abschreckende Wirkung.

Andererseits aber – so das zentrale präventionstheoretische Argument für die Beibehaltung des Schuldprinzips – wäre ein Strafsystem, das auf ein Schuldprinzip verzichtet, für die davon Betroffenen unberechenbar und würde damit sowohl den individuellen Interessen rationaler Individuen als auch universalisierten Interessen zuwiderlaufen. Dafür wird folgender Grund angeführt: Wir können unter normalen Umständen mit großer Sicherheit und Zuverlässigkeit ausschließen, dass wir absichtlich eine bestimmte Straftat begehen oder einen Schaden einer bestimmten Art herbeiführen werden. Aber wir können nicht mit gleicher Sicherheit ausschließen, dass wir dies unabsichtlich, also ohne unser eigenes Verschulden, tun werden. So können wir zuversichtlich voraussagen, dass wir niemals absichtlich im Straßenverkehr jemandem Schaden zufügen oder vorsätzlich ein wertvolles Kunstwerk zerstören werden, können aber nicht mit gleicher Zuverlässigkeit die Möglichkeit ausschließen, dass wir gegen unseren Willen ein plötzlich vor das Auto laufendes Kind töten oder das Kunstwerk aus Ungeschicklichkeit beschädigen werden. Bei Aufgabe des Schuldprinzips würden wir jedoch mit dem ständigen Risiko leben müssen, für solche unabsichtlich bewirkten Schädigungen bestraft zu werden. Es wäre, so scheint es, keine Möglichkeit gegeben, die negativen Konsequenzen unseres Tuns vorauszuberechnen und uns darauf einzustellen.[47] Jeder könnte – ohne dies durch seine Absichten und Handlungsplanungen beeinflussen zu können – „Opfer" eines solchen Strafsystems werden und Bestrafungen auf sich ziehen. Offensichtlich wäre dies aus der Perspektive einer interessenbasierten Ethik nicht wünschenswert. Es ist nicht im Interesse eines rationalen Individuums, ein Strafsystem zu etablieren, das es dem Risiko der Bestrafung für unabsichtlich begangene Taten aussetzt. Auch aus utilitaristischer Perspektive wären die Auswirkungen eines solchen Strafsystems auf die Gesamtbilanz der Interessenbefriedigung als negativ anzusehen, da damit das Interesse aller Bürger an einem planbaren und vorausberechenbaren Strafsystem frustriert würde.

Ob ein System der strengen Erfolgshaftung es dem Bürger tatsächlich unmöglich machen würde, die negativen Konsequenzen seines Tuns durch eigene

Handlungsplanungen und Absichten zu steuern, ist, wie sich zeigen wird, bestreitbar (vgl. Kap. VI 2.1). Selbst wenn man aber demonstrandi causa die Wahrheit dieser Behauptung unterstellt, trägt der Versuch, das Schuldprinzip auf der Basis interessentheoretischer Überlegungen in eine Präventionstheorie zu integrieren, nur sehr begrenzt. Interessentheoretische Erwägungen können nämlich allenfalls begründen, dass es nicht in unserem Interesse ist, auf das Schuldprinzip *komplett* zu verzichten. Dies zu tun, also die Bestrafung Unschuldiger bei Vorliegen einer Präventionswirkung *immer* für legitim zu halten, würde aus den soeben genannten Gründen in der Tat aufgeklärten Individualinteressen und universalisierten Interessen widersprechen. Aber aus interessentheoretischer Perspektive kann es sehr wohl *manchmal* angebracht sein, Unschuldige zu bestrafen. Wann ist das der Fall?

In Bezug auf Individualinteressen gilt: Sicherlich wäre es nicht im rationalen Interesse eines Egoisten, wenn auf das Schuldprinzip komplett verzichtet würde und er die Konsequenzen seines Tuns überhaupt nicht mehr vorausberechnen könnte. Aber es kann in seinem Interesse sein, wenn das Schuldprinzip *in bestimmten Fällen* suspendiert wird – nämlich in Fällen, in denen die Strafschwere relativ gering ist, aber durch die zu erwartende Präventionswirkung ein vergleichsweise hochrangiges Gut geschützt wird. Denkbar wäre z. B., dass ein Lehrer, die Bestrafung Unschuldiger in Kauf nehmend, die gesamte Klasse aufgrund des Fehlverhaltens eines Einzelnen mit einer vergleichsweise geringfügigen Strafe belegt, um zu bewirken, dass ein vergleichsweise gravierendes Fehlverhalten in Zukunft verhindert wird. Dieses Vorgehen kann durchaus im aufgeklärten Individualinteresse auch derer sein, die als Unschuldige bestraft werden. Wenn z. B. die Kollektivbestrafung darin besteht, dass alle Schüler eine Stunde nachsitzen müssen (was unangenehm, aber zu ertragen ist), und das Delikt, das es zu verhindern gilt, darin besteht, dass einer aus der Klasse das Klassenzimmer auf unerträgliche Weise verunreinigt, dann kann diese Praxis der Kollektivbestrafung im Interesse eines jeden Einzelnen in der Klasse sein. Es ist rational, für die Realisierung des eigenen Interesses an einem sauberen Klassenzimmer den Nachteil der (gelegentlichen oder nur einmaligen) Bestrafung als Unschuldiger durch Nachsitzen auf sich zu nehmen. Man kann – ohne zu wollen, dass das Schuldprinzip komplett aufgegeben wird – rationalerweise wollen, dass *in solchen Fällen* Unschuldige auf diese Weise bestraft werden. Die Möglichkeit, selbst als Unschuldiger bestraft zu werden, wäre in solchen Fällen rationalerweise als notwendiges Übel zur Erreichung eines größeren Gutes hinzunehmen. Sie wäre aber nicht nur im aufgeklärten Individualinteresse, sondern auch im universellen Interesse, auf das sich der Utilitarist beziehen würde. Eine unparteiliche Abwägung der involvierten Interessen würde dazu führen, dass die Nachteile des Nachsitzens als Unschuldiger durch den Vorteil der Verhinderung der Verunreinigung des Klassenraums mehr als kompensiert würden, zumal dann die aggregierten Interessen aller Beteiligten, in Zukunft eine Verunreinigung des Klassenzimmers zu verhindern, einzubeziehen wären, die die aggregierten Interessen aller Beteiligten, nicht nachsitzen zu müssen, an Stärke deutlich überwiegen würden. Zudem würde sich in der Gruppe dann sehr viel stärker die Tendenz ausbilden, den Übeltäter durch die anderen Gruppenmitglieder zu identifizieren und an seinem Tun zu hindern, da die nicht schuldigen Mitglieder der Gruppe natürlich *auch* ein Interesse daran haben, nicht unschuldig bestraft zu werden. Auch dies – den Übeltäter zu identifizieren, um nicht selbst bestraft zu werden – wird sowohl im aufgeklärten Interesse des Einzelnen als auch im universalisierten Interesse sein.

Ebenso wäre es im Bereich der Kriminalstrafe manchmal sowohl im rationalen Eigeninteresse als auch unparteilich nutzenmaximierend, die Bestrafung Unschuldiger als notwendiges Übel hinzunehmen, um zur Verhinderung zukünftiger Straftaten beizutragen. Sicherlich wäre die Tendenz, eigene Verwandte von Straftaten abzuhalten und sie ggf. für begangene Straftaten anzuzeigen, sehr viel stärker, wenn befürchtet werden müsste, dass man selbst auch als Unschuldiger bestraft würde, wenn ein Verwandter die Straftat begeht, aber dieser Verwandte nicht als Täter identifiziert werden kann. Wenn das durch die Verhinderung der Straftat zu schützende Gut sehr hochrangig und die Schwere der Strafe für die Unschuldigen vergleichsweise gering ist, spräche auch hier interessenbasiert vieles für die Inkaufnahme der Bestrafung Unschuldiger. So wäre es aus interessenbasierter Perspektive durchaus rational, ein Prinzip gutzuheißen, das es gestattet, nicht nur Vergewaltiger selbst zu bestrafen, sondern auch ihre unschuldigen Angehörigen mit einer fühlbaren Geldstrafe zu belegen, da dies die Tendenz verstärken würde, dass die Angehörigen potentieller Vergewaltiger diese von ihrem Tun auch aus Eigeninteresse nach Möglichkeit abhalten würden. Da in diesem Fall das durch die Präventionswirkung zu schützende Gut (körperliche und seelische Unversehrtheit der Opfer) sehr hochrangig, die Einschränkung für die unschuldig Bestraften (Geldstrafe) hingegen vergleichsweise gering wäre, wäre es auch hier durchaus im rationalen Eigeninteresse sowie im universalisierten Gesamtinteresse, ein Prinzip gutzuheißen, das die Bestrafung Unschuldiger in solchen Fällen erlaubt. Insgesamt scheitert daher die Integrationsstrategie: Das Prinzip, dass nur die Schuldigen bestraft werden dürfen, lässt sich nicht auf der Basis interessentheoretischer Überlegungen begründen.[48]

(3) *Abschwächung des Schuldprinzips*: Das Scheitern der Integrationsstrategie könnte ein Präventionstheoretiker zum Anlass nehmen, dem Problem der

Bestrafung Unschuldiger mit einer Abschwächung des Schuldprinzips zu begegnen. Das Schuldprinzip, so könnte man sagen, ist eben nicht sakrosankt, sondern muss manchmal suspendiert werden.[49] Demnach sollten wir das Schuldprinzip als ein Prinzip beibehalten, das besagt, dass *im Allgemeinen* die Schuldigen bestraft werden sollten, *manchmal* aber auch die Unschuldigen zu bestrafen legitim ist – denn nur diese Fassung des Schuldprinzips lässt sich auf interessenbasierter Grundlage verteidigen. Ein Präventionstheoretiker könnte sich also darauf zurückziehen, nur diese abgeschwächte Variante des Schuldprinzips verteidigen zu wollen.

Damit würde das Schuldprinzip nur noch cum grano salis gelten und könnte suspendiert werden, wenn Nutzenerwägungen dies gestatten. Ein so porös gewordenes Schuldprinzip aber verliert seinen Witz. Es leistet gerade nicht mehr, was es nun einmal leisten soll: festzulegen, dass die Unschuldigen *niemals* bestraft werden dürfen. Es besagt nur noch, dass die Unschuldigen nicht bestraft werden dürfen, sofern nicht interessenbasierte Gründe dagegen sprechen. Das ist ungefähr so hilfreich wie zu sagen, dass die Menschenwürde respektiert werden sollte, außer in Fällen, in denen es in Ordnung ist, die Menschenwürde nicht zu respektieren. Natürlich ist es möglich, das Schuldprinzip umzudefinieren und schlicht festzulegen, dass es in eben diesem schwächeren Sinne verstanden werden sollte; berechtigt wäre auch der Hinweis darauf, dass sich ein unbedingtes handlungsleitendes Prinzip auf der Grundlage interessenbasierter Erwägungen ohnehin *niemals* begründen lässt. Dieser Hinweis wäre dann aber gleichbedeutend mit dem Eingeständnis, dass das Schuldprinzip sich in dem starken Sinne, in dem es üblicherweise verstanden wird, nicht auf der Grundlage interessenbasierter Erwägungen begründen lässt.

Dieses Problem lässt sich auch nicht durch den beschwichtigenden Hinweis darauf aus der Welt räumen, dass de facto – so wie die Welt nun einmal ist – sehr selten interessentheoretische Gründe für eine Suspension des Schuldprinzips sprechen würden.[50] Erstens nämlich ist alles andere als klar, dass dies tatsächlich der Fall ist. Es mag durchaus viele Fälle der eben genannten Art geben, in denen die Strafschwere relativ gering, das zu schützende Gut aber hochrangig ist, so dass eine Bestrafung Unschuldiger aus präventionstheoretischer Perspektive angezeigt ist. Und zweitens: Selbst wenn das Schuldprinzip nur sehr selten aus interessentheoretischen Erwägungen heraus suspendiert werden müsste, wäre der Hinweis auf diese seltenen Fälle völlig ausreichend, um zu zeigen, dass es auf interessentheoretischer Basis nicht als Prinzip begründet werden kann, dem zufolge die Unschuldigen *niemals* bestraft werden dürfen. Aus interessentheoretischer Perspektive ließe sich dann allenfalls die These verteidigen, dass es besonderer Gründe (in Form des Nachweises von Nutzengewinnen) bedarf, um die Bestrafung Unschuldiger zu rechtfertigen. Nimmt man das Schuldprinzip ernst und versteht es als das Prinzip, dem zufolge es *niemals* gerechtfertigt ist, Unschuldige zu bestrafen, gelingt es nicht, es interessentheoretisch zu fundieren.[51] Es gelingt nicht, das Schuldprinzip in diesem starken Sinne mit Rückgriff auf die Annahmen, die einem Präventionstheoretiker zur Verfügung stehen, zu begründen.

(4) *Entmoralisierung des Rechtfertigungsbegriffes*: Angesichts des Scheiterns der bisher erörterten Strategien zur Abwehr des Vorwurfs der Bestrafung Unschuldiger gibt es für einen Präventionstheoretiker noch eine – von den Anhängern einer Präventionstheorie erstaunlicherweise allerdings durchweg ignorierte – Möglichkeit, diesen Vorwurf abzuwehren: Er kann den Rechtfertigungsbegriff entmoralisieren. Damit ist Folgendes gemeint. Ein Präventionstheoretiker könnte, wie es bereits Bentham tat,[52] schlicht zugestehen, dass seiner Theorie zufolge die Bestrafung Unschuldiger gerechtfertigt sein kann. Denn es ist möglich, dass das Kriterium der Präventionswirkung erfüllt ist, wenn Unschuldige bestraft werden. Und er könnte hinzufügen: Die Rechtfertigung, von der hier die Rede ist, ist eine nicht-moralische Rechtfertigung. Damit würde er sich von dem Erfordernis entlasten, eine moralische Strafrechtfertigung liefern zu können. Der Vorwurf, die Bestrafung Unschuldiger für rechtfertigbar erklären zu müssen, ist für eine Präventionstheorie fatal, *wenn* sie, wie dies üblicherweise geschieht, mit dem Anspruch auftritt, als *ethische* Theorie überzeugend zu sein, also ein Kriterium der *moralischen* Strafrechtfertigung zu liefern. Gibt sie aber diesen Anspruch auf und tritt von vorneherein als Theorie der technisch-rationalen Strafrechtfertigung auf, geht dieser Vorwurf ins Leere. Die Strafe wird dann als eine rein instrumentelle Handlung gerechtfertigt, die geeignet ist, sozial erwünschte Zwecke zu fördern. Sie kann dann gerechtfertigt sein im Sinne einer *rational justification*, nicht aber im Sinne einer *moral justification*.[53] Gegeben den zu erreichenden Zweck der Reduktion von Normverstößen, kann Strafe ein effizientes, vermutlich sogar notwendiges Mittel sein, um eben diesen Zweck zu erreichen. Und sie kann dann in einem nicht-moralischen Sinne von „rechtfertigen" gerechtfertigt sein.

Dabei ist Folgendes in Erinnerung zu rufen. Wirft man dem Präventionstheoretiker vor, das Schuldprinzip nicht begründen zu können, so wirft man ihm vor, ein *moralisches* Prinzip nicht begründen zu können. Das Schuldprinzip besagt, dass man nur die Schuldigen bestrafen darf, und „schuldig" wird dabei im Sinne von „moralisch schuldig" aufgefasst. Wie in Kapitel I ausgeführt wurde, kann aber der Verstoß gegen eine moralische Norm auch auf nicht-moralische Weise gerechtfertigt werden. Ein Präventionstheoretiker ist also, wenn ihm vorgehalten wird, einen Verstoß gegen eine moralische Norm für gerechtfertigt halten zu müssen, keinesfalls darauf festgelegt, hierauf mit einer *moralischen* Rechtfertigung des angenommenen Normverstoßes zu reagieren. Er kann auch mit einer nicht-moralischen Rechtfertigung im Sinne einer *rational justification*, also eines Nachweises der Zweckrationalität der Handlung reagieren. Und angesichts des Scheiterns der übrigen Verteidigungsstrategien ist er gut damit beraten, eben dies zu tun.

Eine Strafe als „rational begründbar" im Sinne von „zweckrational" einzustufen heißt nichts anderes als dass sie als Mittel geeignet ist, einen bestimmten Zweck, nämlich die angestrebte Präventionswirkung, zu erreichen. Von kognitiver Rationalität oder anderen Formen der Rationalität jenseits instrumenteller Rationalität ist hier also nicht die Rede.[54] Dabei ist festzuhalten, dass die Einstufung einer Handlung als zweckrational nicht durch eine moralische Kritik dieser Handlung außer Kraft gesetzt werden kann. Ob eine Handlung zweckrational ist oder nicht, bemisst sich *ausschließlich* daran, ob sie geeignet ist, einen bestimmten Zweck zu erreichen oder nicht. Es bemisst sich *nicht* daran, ob dieser Zweck in moralischer Hinsicht wünschenswert ist oder erreicht werden sollte. Es bemisst sich auch nicht daran, ob die Mittel, die eingesetzt werden, um diesen Zweck zu erreichen, dafür in anderer als in zweckrationaler, insbesondere in moralischer Hinsicht, angemessen erscheinen. Die Einstufung einer Handlung als zweckrational ist also kompatibel mit allen nur möglichen moralischen Bewertungen dieser Handlung. So z. B. gilt: Relativ zu dem Zweck, eine Gesellschaft zu etablieren, in der niemand mehr Kaugummis auf die Straße spuckt, ist es – gegeben die Wahrheit der empirischen Annahme, dass eine solche Strafandrohung tatsächlich zur Erreichung eben dieses Zwecks geeignet ist – rational, das Kaugummispucken auf die Straße mit härtesten Sanktionen wie der Todesstrafe zu belegen. Es wäre verfehlt, gegen die Behauptung der Zweckrationalität dieser Strafandrohung einzuwenden, dass wir eine Gesellschaft, in der kaugummifreie Straßen mit der Angst vor Todesstrafe im Falle von Zuwiderhandlung erkauft sind, nicht wünschen würden. Natürlich würden wir das nicht, und natürlich wäre ein solches Strafsystem moralisch völlig unakzeptabel. Aber das heißt nicht, dass eine solche Strafandrohung nicht rational im Sinne von „zweckrational" sei. Relativ zum gegebenen Ziel einer von Kaugummispuckern nachhaltig befreiten Gesellschaft ist sie es durchaus. Dass die Rechtfertigung einer Handlung als zweckrational eine nicht-moralische Rechtfertigung ist, heißt auch, dass diese Rechtfertigung nichts über die moralische Qualität der gerechtfertigten Handlung besagt. Sie als *in diesem Sinne* gerechtfertigt einzustufen ist damit kompatibel, sie als in moralischer Hinsicht inakzeptabel anzusehen.

Die Rede von Zweckrationalität lässt dabei offen, auf welche Art von Zwecken man sich bezieht. Strafen als zweckrational einzustufen kann bedeuten, sie als zweckrational in Bezug auf ein gesamtgesellschaftlich nützliches Ziel wie die Erzielung eines Präventionseffektes anzusehen, aber auch, sie als zweckrational in Bezug auf die Ausübung von Machtinteressen oder die Befriedigung sadistischer Bedürfnisse einzustufen. Eine Strafe kann zweckrational sein, um Normverstöße zu reduzieren, aber auch um – wie in der „schwarzen Pädagogik" – den Zweck zu erfüllen, mittels Strafe jemanden zu erniedrigen und zu demütigen. Präventionstheorien verstehen sich jedoch als Theorien, die sich von vorneherein nur auf *bestimmte* durch die Strafe zu erreichende Zwecke beziehen, nämlich eben die Zwecke der Prävention. Sie behaupten, dass die Erreichung dieser *und nur dieser* Zwecke Strafen rechtfertigt. Wie lässt sich diese Einschränkung auf bestimmte Zwecke begründen?

Die meisten Präventionstheoretiker würden diese Einschränkung vermutlich damit begründen, dass sie die Ziele, zu deren Erreichung Strafhandlungen eingesetzt werden sollen, selbst als moralische Ziele qualifizieren. Sie würden auf der Grundlage der jeweils von ihnen favorisierten normativen Theorie Argumente dafür zu mobilisieren versuchen, dass das zu erreichende Ziel der Prävention selbst ein moralisches Ziel ist. So werden Utilitaristen dafür plädieren, dass es *moralisch* geboten ist, Leiden unparteilich zu minimieren und dass dieses moralische Ziel bei Vorliegen eines Präventionseffektes durch Strafen erreicht wird, da damit das mögliche Leiden zukünftiger Opfer des Gestraften abgewendet wird. Auch Kontraktualisten werden das Ziel der Prävention als moralisches qualifizieren, indem sie darauf verweisen, dass die Erreichung dieses Ziels im aufgeklärten Interesse eines jeden rationalen Individuums liegt. Auf diese Weise werden Präventionstheoretiker dann Strafen, die auf moralische Zwecke abzielen, von solchen, die auf nicht-moralische oder sogar unmoralische Zwecke abzielen, abgrenzen.

Solange für diese Einstufung eines Präventionseffektes als eines moralischen Zieles keine überzeugenden Argumente angeführt werden, die nicht schon die Korrektheit der in Anspruch genommenen normativen Theorie voraussetzen, bleibt sie allerdings eine trockene Behauptung. Wie in Kapitel I ausgeführt wurde, ist die Reduktion zukünftiger Normverstöße ein kontingenter Zweck, dessen Herbeiführung zwar für diejenigen, die diesen Zweck haben, durch eine Klugheitsregel geboten ist, aber nicht als kategorisch geboten gelten kann (vgl. Kap. I 4). (Anarchisten z. B. würden diesen Zweck nicht verfolgen.) Daher ist es plausibel, die Rechtfertigung von Strafen als Mittel zur Herbeiführung eines Präventionseffektes als eine Rechtfertigung einer Handlung durch den Hinweis auf ihre Zweckrationalität zur Erreichung eines nicht-moralischen

Ziels aufzufassen. Statt den Ausdruck „moralisch" als Joker einzusetzen, um zwischen moralischen und nicht-moralischen Strafzielen unterscheiden und der unangenehmen Konsequenz ausweichen zu können, dass Strafhandlungen in dem gleichen Sinne von „rechtfertigen", in dem sie als Mittel zur Erreichung eines gesamtgesellschaftlich nützlichen Zieles gerechtfertigt sein können, auch als Mittel zur Erreichung anderer Zwecke, etwa der Befriedigung sadistischer Impulse, gerechtfertigt sein können, sollte man diese Konsequenz akzeptieren. Um die Einschränkung auf das Präventionsziel als Strafrechtfertigungskriterium zu begründen, sollte man sich redlicherweise mit dem Hinweis darauf bescheiden, dass das Präventionsziel weitgehend als sozialer Zweck von Strafhandlungen anerkannt wird und dass es als solchen zu unterstellen sehr plausibel ist. Diesen Zweck zu verfolgen ist keinesfalls notwendig, aber er wird de facto weitgehend verfolgt. Unterstellt man diesen Zweck, ist seine Herbeiführung durch dafür geeignete Mittel rational. Strafen sind ein geeignetes Mittel zur Herbeiführung dieses Zweckes. Also ist der Einsatz von Strafen zur Erreichung dieses Zweckes dann rational. Strafen durch den Hinweis hierauf zu rechtfertigen heißt, sie auf nicht-moralische Weise zu rechtfertigen.

Zudem ist in Bezug auf die Einstufung des Präventionszieles als eines moralischen Zieles anzumerken: Der Status einer Handlung als einer zweckrationalen Handlung ändert sich nicht dadurch, dass die Ziele, zu deren Erreichung die Handlung dient, selbst als moralische qualifiziert werden. Selbst wenn man also demonstrandi causa das zu erreichende Ziel eines Präventionseffektes als ein moralisches Ziel qualifiziert, überträgt sich dies nicht auf die Moralität der dazu eingesetzten Mittel. Es bedeutet nicht, dass die Mittel zur Erreichung dieses Zieles ebenfalls moralisch gerechtfertigt sind. Wenn Prävention als ein moralisches Ziel qualifiziert wird, heißt das z. B. nicht, dass auch eine Folterung oder eine Bestrafung Unschuldiger zur Erreichung eben dieses Ziels als moralisch gerechtfertigt zu gelten hätte. Strafhandlungen wären dann im Rahmen einer Präventionstheorie als Mittel zur Erreichung von als moralisch qualifizierten Zielen anzusehen; sie würden aber nicht selbst schon allein dadurch moralisch gerechtfertigt, dass die Ziele, zu deren Herbeiführung sie eingesetzt werden, als moralische angesehen werden. Die Einstufung des Ziels der Prävention von Normverstößen als moralisches Ziel würde nichts daran ändern, dass die Normen, die die Herbeiführung dieses Ziels regulieren, als technische Normen aufzufassen sind. Es wären dann technische Normen für die Herbeiführung moralischer Ziele.[55] Auch bei einer Einstufung des Präventionsziels als eines moralischen Ziels wäre also ein Präventionstheoretiker gut damit beraten, die Rechtfertigung der Mittel zur Erreichung des Präventionsziels als nicht-moralische Rechtfertigung aufzufassen, also den Rechtfertigungsbegriff zu entmoralisieren.

4.3 Das Verhältnismäßigkeitsprinzip

Ein weiterer Einwand gegen eine Präventionstheorie – insbesondere, insofern diese als eine Theorie der negativen Generalprävention vorgebracht wird – lautet, dass diese dem Prinzip der Verhältnismäßigkeit von Strafen nicht gerecht werden könne, d. h. dem Prinzip, dass die Schwere der Strafe der Schwere des Normverstoßes zu entsprechen hat.[56] Dem von Generalpräventionstheorien formulierten Kriterium der Strafrechtfertigung zufolge müssten – so der Einwand – gerade Bagatelldelikte mit besonders drakonischen Strafen belegt werden, während Kapitalverbrechen verhältnismäßig milde zu bestrafen wären. Dies sei so, weil härtere Strafen bei Bagatelldelikten eine größere Abschreckungswirkung versprechen als bei schwereren Delikten.[57] Ob kaltblütige Mörder sich von ihren Taten durch die Androhung schwerer Strafen effektiv abschrecken lassen, mag man bezweifeln. Mörder, so könnte man vermuten, sind häufig psychisch labile Persönlichkeiten, die rationalen Erwägungen, auch solchen prudentieller Natur, nicht zugänglich sind und die sich auch von drastischen Strafandrohungen nicht von ihrem Tun werden abbringen lassen. Hingegen ist die Annahme sehr plausibel, dass z. B. das Delikt des Schwarzfahrens erheblich reduziert würde, wenn es mit einer langjährigen Haftstrafe geahndet würde, denn für die vergleichsweise geringe Freude einmaligen Schwarzfahrens würde wohl niemand das Risiko einer solchen Strafe auf sich nehmen. Müssten also nicht der Präventionstheorie zufolge solche Taten besonders hart bestraft werden?

Ein Präventionstheoretiker könnte auf diesen Einwand mit der bereits erwähnten „Integrationsstrategie" reagieren, also versuchen, das Verhältnismäßigkeitsprinzip auf der Basis interessentheoretischer Überlegungen in seine Theorie einzubauen. Wie genau er dieses Ziel zu erreichen versucht, wird davon abhängen, ob er der utilitaristischen oder der vertragstheoretischen Theorietradition zuzurechnen ist. Als Vertragstheoretiker kann man gegen den genannten Einwand vorbringen, dass es nicht im Interesse eines rationalen Individuums liegt, ein Strafsystem zu etablieren, das auf einen Verhältnismäßigkeitsgrundsatz verzichtet (vgl. Baurmann 1990, 141–152; Hoerster 2012, 101f.). Hierfür lässt sich folgende Überlegung anführen: Bagatelldelikte unterlaufen einem leichter als Schwerverbrechen. Wir können normalerweise ziemlich sicher sein, keinen Mord zu begehen, aber wir können uns nicht so sicher sein, dass wir nicht einmal versehentlich vergessen, vor Besteigen des Zuges eine Fahrkarte zu kaufen. Der Verzicht auf einen Verhältnismäßigkeitsgrundsatz würde also bedeuten, dass wir das Risiko akzeptieren müssten, drakonische Strafen für relativ geringfügige Delikte, die uns leicht passieren können, zu erleiden – und dieses Risiko würde kein rationales Individuum in Kauf nehmen wollen. Selbst wenn aber jemand sich sehr sicher wäre, dass er selbst Bagatelldelikte wie Schwarzfahren vermeiden könnte, wäre damit nicht gezeigt, dass er ein Interesse an der Etablierung eines Strafsystems ohne einen Verhältnismäßigkeitsgrundsatz hätte, denn er kann nicht sicher sein, dass nicht andere, an deren Wohl ihm gelegen ist (wie Freunde oder Verwandte), Bagatelldelikte begehen würden, die entsprechend hart bestraft würden. Selbst wenn ich mir sicher bin, nie einen Ladendiebstahl zu begehen, kann ich mir nicht sicher sein, dass nicht mein Bruder einen solchen begehen würde, und es liegt – vorausgesetzt, dass mir am Wohlergehen meines Bruders gelegen ist – in meinem Interesse, dass er hierfür nicht unverhältnismäßig bestraft wird. Insofern liegt es auch im individuellen Interesse, auf ein Verhältnismäßigkeitsprinzip nicht zu verzichten.

Als Utilitarist – also als Anhänger einer interessenbasierten Ethik mit einem Universalisierungspostulat – wird man wie folgt argumentieren: Der Verzicht auf ein Verhältnismäßigkeitsprinzip wäre auch aus utilitaristischer Perspektive nicht geboten, weil damit die Gesamtsumme des Glücks (der befriedigten Interessen) nicht erhöht, sondern vermindert würde (vgl. Häyry 1992, 140–142). Zum einen nämlich würde – wenn man weiterhin voraussetzt, dass Bagatelldelikte leichter versehentlich begangen werden können als Schwerstverbrechen – die Angst der Bürger vor Strafen wachsen, da jeder Bürger leicht Opfer eines solchen Strafsystems werden könnte. Zum anderen würde eine drakonische Bestrafung von Bagatelldelikten eine Beunruhigung auch der anderen, d. h. der nicht gestraften Bürger bedeuten, die sich in ihrem Rechts- und Moralempfinden erheblich gestört fühlen würden. Eine Bestrafung des Schwarzfahrens mit zweijähriger Gefängnisstrafe z. B. würde, ganz unabhängig von ihrer Präventionswirkung, eine erhebliche Irritation des faktischen Rechtsempfindens der Bürger bedeuten. Drittens würden sich, wenn weiterhin Bagatelldelikte begangen würden, die gesamtgesellschaftlichen Kosten des Strafsystems für die Aufrechterhaltung des Gerichtswesens und den Unterhalt von Gefängnissen erhöhen. Damit zusammenhängend würde – viertens – auch der Aufwand zunehmen, der für die Überwachung des normkonformen Verhaltens der Bürger notwendig wäre. Und fünftens: Selbst wenn man annähme, dass der Verzicht auf einen Verhältnismäßigkeitsgrundsatz zumindest auf die Dauer bedeuten würde, dass Bagatelldelikte wie Schwarzfahren aus Angst vor Strafen überhaupt nicht mehr begangen würden, bliebe es eine offene Frage, ob eine in dieser Weise aseptische, von jedem Normverstoß bereinigte Gesellschaft auch aus utilitaristischer Perspektive wünschenswert wäre – denn was für eine Gesellschaft wäre das? Vermutlich eine solche, in der auch in anderen Sektoren ein hohes Maß an Überwachung stattfände und die durch die Einschränkung elementarer Freiheiten gekennzeichnet wäre. Zudem wäre ein erhöhter bürokratischer, finanzieller und organisatorischer Aufwand für die Durchsetzung dieser Maßnahmen zu erwarten. Es wäre ein Überwachungsstaat zu befürchten, in dem die Normkonformität der Bürger mit Unfreiheit und Angst, zudem der Gefahr des Aufruhrs und der Revolte, erkauft wäre, und dies wäre nicht nutzenmaximierend. Daher wäre der Verzicht auf ein Verhältnismäßigkeitsprinzip auch aus utilitaristischer Perspektive nicht geboten, ja nicht einmal wünschenswert.

Sowohl Kontraktualisten als auch Utilitaristen würden also mit guten Gründen dafür plädieren, ein Verhältnismäßigkeitsprinzip als ein interessenbasiertes Prinzip in ihre Theorie einzubauen. Gelegentlich ist eingewandt worden, eine solche Integration eines Verhältnismäßigkeitsprinzips stelle für interessenbasierte Ethiken einen „Verlust der Theorieidentität" dar (Pawlik 2004, 27, Anm. 26). Dieser Vorwurf greift jedoch zu kurz. Differenzierte Formen des Utilitarismus bemühen sich auch in anderen Kontexten, auf einer untergeordneten Ebene des moralischen Denkens nicht-utilitaristische Prinzipien und deontologische Intuitionen in einen Utilitarismus zu integrieren.[58] Diese nicht-utilitaristischen Prinzipien können ihrerseits utilitaristisch begründet sein; so kann es aus utilitaristischen Gründen geboten sein, nicht-utilitaristische Intuitionen in Bezug auf den Lebensschutz zu kultivieren und handlungswirksam werden zu lassen. Ebenso kann es aus utilitaristischen Überlegungen heraus angezeigt sein, Abschreckungsgesichtspunkte, die für das Gesamtsystem der Strafe gelten, bei einzelnen Akten der Strafverhängung durch ein Verhältnismäßigkeitsprinzip zu qualifizieren. Und auch aus kontraktualistischer, also auf individuelle Interessen bezogener Perspektive widerspricht man den Prämissen einer interessenbasierten Ethik nicht, wenn man behauptet, dass das Individuum zwar in Bezug auf das gesamte Strafsystem ein Interesse daran hat, dass dieses unter Präventionsgesichtspunkten eingerichtet wird, aber auch ein Interesse daran, dass das Präventionsprinzip in Bezug auf einzelne Akte der Strafverhängung durch ein Verhältnismäßigkeitsprinzip, dem zufolge die Schwere der einzelnen Strafe der Schwere des Normverstoßes entsprechen muss, qualifiziert wird.

Es bleibt hier jedoch ein anderes Problem bestehen. Es reicht nicht, sich als Utilitarist oder Kontraktualist auf die (zutreffende) These zurückzuziehen, dass die Integration eines Verhältnismäßigkeitsprinzips nicht zu theoretischen Inkonsistenzen führt. Es reicht auch nicht zu zeigen, dass der Verzicht auf ein

Verhältnismäßigkeitsprinzip nicht im aufgeklärten Individualinteresse oder im utilitaristischen Gesamtinteresse liegen würde. Es muss vielmehr gezeigt werden, dass auch aus interessentheoretischer Sicht die Schwere der Strafe sich an der Schwere der (moralischen) Schuld des Normbrechers zu bemessen hat. Dass Mord ein schwereres und also schwerer zu bestrafendes Vergehen als Schwarzfahren ist, liegt nach allgemein geteiltem intuitivem Vorverständnis nicht nur daran, dass mit dem ersten Delikt ein höheres Rechtsgut (Leben) gefährdet wird als mit dem zweiten, sondern auch daran, dass die Schuld des Mörders größer ist als die des Schwarzfahrers. Erfordert ist daher der Nachweis *interessenbasierter* Gründe für die Proportionalität von Schuld und Strafe. Wie lässt sich ein solcher Nachweis führen?

Zwei Wege sind denkbar. Zum einen kann man versuchen zu zeigen, dass, je größer jemandes Schuld ist, desto bedeutender auch die Interessen sind, die durch seine Handlungen verletzt werden (vgl. Baurmann 1990, 148–152). Eine schwere Schuld, so ist gesagt worden, bedeute die Verletzung eines hochrangigen Gutes, eine nur geringe Schuld hingegen die Verletzung eines vergleichsweise unbedeutenden Gutes. Mit zunehmender Schuld gelte es also, bedeutendere Interessen bzw. Rechtsgüter durch die Strafe zu schützen; daher lohne bei größerer Schuld auch ein entsprechend größerer Strafaufwand. Zudem würde der Bürger durch eine Person, die vorsätzlich seine Interessen verletzen wolle, mehr bedroht als durch eine Person, die seine Interessen nur fahrlässig oder im Zustand verminderter oder aufgehobener Zurechnungsfähigkeit gefährden würde. Daher würde durch ein System, das die erste Person signifikant härteren Strafen aussetzt als die zweite, auch eine bedeutendere Gefahr abgewendet. Der ökonomische Grundsatz der Verhältnismäßigkeit von Kosten und Nutzen würde damit zu einer Proportionalität zwischen Strafe und Schuld führen.

Diese Argumentation überzeugt jedoch nicht. Zum einen kann auch im Falle nur geringer oder ganz fehlender individueller Schuld das verletzte Rechtsgut sehr hochrangig sein. Wer aufgrund einer psychischen Krankheit, also im Zustand verminderter oder fehlender Schuldfähigkeit, Amok läuft, verletzt damit ein sehr hohes Gut; wer im Zustand der Unzurechnungsfähigkeit, etwa im Affekt, einen anderen tötet, tut es ebenfalls, und eine Vergewaltigung wird nicht dadurch weniger schwerwiegend, dass der Täter psychisch krank und daher nicht schuldfähig ist. Zum anderen ist auch die Behauptung nicht einleuchtend, dass der Bürger durch den seine Interessen vorsätzlich Bedrohenden stärker gefährdet sei als durch den seine Interessen nur fahrlässig oder im Zustand verminderter Schuldfähigkeit Gefährdenden. Auch der Schuldunfähige kann als äußerst bedrohlicher Angreifer empfunden werden. Ebenso, wie man sich durch einen angreifenden Kampfhund bedroht fühlen kann, ohne das Tier, das ja nur seinen Instinkten folgt, deswegen für „persönlich" schuldig zu halten, kann man sich z. B. auch durch einen geisteskranken Täter massiv bedroht fühlen, ohne ihn für persönlich schuldig zu halten. Kein potentielles Opfer einer Vergewaltigung würde sich durch den Hinweis beruhigen lassen, es habe deswegen nur wenig von seinem Vergewaltiger zu befürchten, weil dieser einsichtsunfähig und damit schuldunfähig sei.

Richtig ist sicherlich, dass jemand, der Interessen unabsichtlich verletzt, dieses – im Gegensatz zu demjenigen, der es absichtlich tut – vermutlich nicht noch einmal tun wird und insofern in Bezug auf zukünftige zu erwartende Straftaten in der Tat als geringere Gefährdung anzusehen ist als derjenige, der Interessen absichtlich verletzt. Aber dies ändert nichts daran, dass die erste Begehung einer Straftat beim unabsichtlich Handelnden genauso desaströse Folgen haben kann wie beim absichtlich Handelnden. Insofern also durch die harte Bestrafung eines Täters, der einmal unabsichtlich Interessen verletzt hat, andere daran gehindert werden können, dies erstmalig zu tun, spricht aus generalpräventionstheoretischer Perspektive auch nichts dagegen, dies zu tun. Wer z. B. versehentlich durch unsachgemäßen Umgang mit Silvesterfeuerwerk bewirkt, dass jemand das Augenlicht verliert, wird dies in Zukunft sicherlich nicht noch einmal tun und ist insofern deutlich weniger gefährlich als jemand, der absichtlich Feuerwerkskörper in die Menge wirft. Aber wenn durch eine harte, ihrer Schuld nicht mehr entsprechende Bestrafung der erstgenannten Person andere Menschen dazu angeleitet werden, besonders vorsichtig im Umgang mit Feuerwerkskörpern zu sein, weil sie eine entsprechende Strafe fürchten – warum sollte dies nicht unter präventionstheoretischen Gesichtspunkten angebracht sein? In vielen Fällen müsste der Präventionstheoretiker eine schwere Strafe für angebracht erklären, obwohl keine Absichtlichkeit, kein Vorsatz und keine sehr schwere Schuld vorliegt.

Der zweite Weg einer interessenbasierten Begründung der Proportionalität von Schuld und Strafe wird erstmals von Bentham eingeschlagen.[59] Er besteht im Hinweis darauf, dass die Effizienz von Präventionsmaßnahmen geringer ist, wenn diese sich gegen nicht schuldige, z. B. im Zustand verminderter Steuerungsfähigkeit handelnde Täter richten. In solchen Fällen sei die Androhung von Strafe nicht sinnvoll, da sie einen Täter nicht von der Tat abzuhalten geeignet sei. Der Kleptomane oder der geistig gestörte Triebtäter handeln, so das Argument, zwanghaft und können daher nicht durch Strafandrohung abgeschreckt werden. Da also im Falle unzurechnungsfähiger Täter die Präventionswirkung der Strafe abnehme, sei hier auch nur eine geringe Strafandrohung angezeigt.

Hierauf ist ein von Hart (1958a, 40–44; 1958b, 75–77) formuliertes trockenes Gegenargument angebracht:[60] Im Falle geistig kranker Täter ist zwar die Androhung von Strafe nicht effektiv, aber ihre faktische Vollstreckung sehr wohl. In Bezug auf die spezialpräventive Wirkung der Strafe nämlich gilt: Es mag sein, dass wir einen psychisch kranken Triebtäter nicht durch die Androhung von Strafe davon abhalten können, eine Straftat erneut zu begehen, und auch nicht auf sein Rechtsbewusstsein einwirken können, dass also die Strafe sowohl im Sinne negativer als auch im Sinne positiver Spezialprävention wirkungslos ist. Aber wir können ihn sehr wohl durch die Vollstreckung der Strafe – zumindest für die Dauer der Strafvollstreckung – im Sinne der Verhinderung von Straftaten (also der dritten Form der Spezialprävention neben negativer und positiver Spezialprävention) daran hindern, die Tat ein zweites Mal zu begehen. Eine Gefängnisstrafe ist ein sehr effektives Mittel, die Begehung einer Straftat für die Dauer der Strafe zu verhindern; die Todesstrafe ist eine noch nachhaltigere Verhinderung zukünftiger Straftaten des Gestraften. Und in Bezug auf die generalpräventive Wirksamkeit der Strafe gilt: Es mag sein, dass die an nur eingeschränkt oder gar nicht schuldfähige Täter adressierte Androhung der Strafe kein effektives Mittel ist, um diese Gruppe potentieller Täter – die nur eingeschränkt oder gar nicht schuldfähigen potentiellen Täter – von ihrem Tun abzuhalten. Das schließt aber nicht aus, dass die faktische Vollstreckung einer solchen Strafe sehr wohl ein effektives Mittel ist, *andere* potentielle Täter als die nur eingeschränkt oder gar nicht Schuldfähigen von ihren Taten abzuhalten. Es mag sein, dass der psychisch kranke potentielle Täter A sich nicht von einer gegen den ebenfalls psychisch kranken potentiellen Täter B gerichteten Strafandrohung abschrecken lässt, dass aber sehr wohl der psychisch gesunde potentielle Täter C sich von der an B vollstreckten Strafe abschrecken lässt. Die Bestrafung psychisch kranker Vergewaltiger wird vermutlich andere psychisch kranke potentielle Vergewaltiger nicht von ihrem Tun abhalten; sie wird aber möglicherweise eine Abschreckungswirkung auf psychisch gesunde potentielle Vergewaltiger haben, zumal diese dann wissen, dass sie nicht einmal dann, wenn sie andere (durch geschickte Manipulation oder Täuschung) von der Zwanghaftigkeit ihres Tuns überzeugen können, der Strafe entgehen werden. Ein generalpräventiver Effekt kann also durch die Bestrafung As herbeigeführt werden, obwohl A, weil geistig krank, als nicht schuldfähig zu gelten hat. Das bedeutet, dass auch hier nicht ersichtlich ist, wie man als Präventionstheoretiker der Folgerung entgehen soll, dass eine Bestrafung, wenn sie sich an Präventionsgesichtspunkten orientiert, gerade *nicht* an der Schuld des Täters orientiert ist.

Es zeigt sich also: Das Prinzip, dem zufolge Schuld der Maßstab für einzelne Akte der Strafverhängung ist und wir den uneingeschränkt Schuldigen mehr bestrafen sollten als den nur eingeschränkt Schuldigen, lässt sich rein interessenbasiert nicht begründen. Es gibt keine „prästabilierte Harmonie" zwischen der Schuld eines Täters und der sozialen oder auf individuelle Interessen bezogenen Nützlichkeit seiner Bestrafung – weder in der Weise, dass mit zunehmender Schuld die gefährdeten Güter höherrangiger würden und daher größerer Strafaufwand zu ihrem Schutz gerechtfertigt wäre, noch in der Weise, dass die Effizienz der Strafmaßnahmen proportional zur Schuld des Täters wäre. Das Prinzip der Proportionalität von Schuld und Strafe kann nicht über Interessenerwägungen eingeführt und gerechtfertigt werden.

Dieser Befund lässt sich noch wie folgt präzisieren: Die Ausrichtung der Schwere der Strafe an der Schwere der Schuld ist aus interessentheoretischer Sicht immer dann, aber auch *nur* dann angemessen, wenn die Schwere der subjektiven Schuld der Hochrangigkeit des durch den Normbruch verletzten Gutes entspricht. So hat auch ein Präventionstheoretiker keine Schwierigkeiten zu begründen, dass wir Mord mit einer schwereren Strafe belegen sollten als Schwarzfahren. Dies ist der Fall, weil hier *beides* der Fall ist: Mord ist schuldhafter als Schwarzfahren, *und* durch Mord wird ein höherwertiges Gut, nämlich Leben, als durch Schwarzfahren gefährdet. Die Schwere der subjektiven Schuld korreliert hier also mit der Schwere der Interessensverletzung. Die Ausrichtung der Strafe an der Schuld dient daher in solchen Fällen dem Schutz eines hochrangigen Gutes und der Verhinderung gravierender Interessensverletzungen. Sobald aber – was häufig der Fall sein wird – beide Beurteilungsdimensionen in der Weise auseinanderklaffen, dass trotz geringer oder ganz fehlender subjektiver Schuld ein hohes Rechtsgut gefährdet wird, wie im Falle einer Tötungshandlung durch einen psychisch kranken, also schuldunfähigen Täter, kann eine Präventionstheorie das Verhältnismäßigkeitsprinzip nicht mehr einfangen. In diesem Fall ist aus der Perspektive einer interessenbasierten Ethik eine schwere Bestrafung ungeachtet einer nur geringen Schuld angezeigt.

Die Integration des Verhältnismäßigkeitsprinzips in eine interessenbasierte Theorie gelingt also ebenso wenig wie die Integration des Schuldprinzips. In Bezug auf das Schuldprinzip war festgestellt worden: Interessentheoretisch lässt sich allenfalls begründen, dass es *im Allgemeinen* im aufgeklärten Individualinteresse oder im utilitaristischen Gesamtinteresse liegt, nur die moralisch Schuldigen zu bestrafen. Und in Bezug auf das Verhältnismäßigkeitsprinzip zeigt sich: Interessenbasierte Argumente vermögen allenfalls zu zeigen, dass es *manchmal* im aufgeklärten Individualinteresse bzw. im utilitaristisch verstandenen Gesamtinteresse ist, die Schwere der Strafe an der Schwere der Schuld auszurichten. Das reicht aber nicht für die Begründung des Verhältnismäßigkeitsprinzips.

Angesichts dieses Befundes liegt es nahe, auch in Bezug auf das Verhältnismäßigkeitsprinzip die bereits in Bezug auf das Schuldprinzip als beste Option für einen Präventionstheoretiker empfohlene Strategie zu wählen und den Rechtfertigungsbegriff zu entmoralisieren. Ein Präventionstheoretiker sollte schlicht zugestehen, dass das Verhältnismäßigkeitsprinzip nicht in eine Präventionstheorie integriert werden kann. Und er sollte seine Theorie gegen den Vorwurf, dass sie eben hierzu nicht in der Lage ist, verteidigen, indem er darauf hinweist, dass die Präventionstheorie sich von vorneherein nicht als eine Theorie der moralischen, sondern der rationalen Strafrechtfertigung versteht. Das Verhältnismäßigkeitsprinzip ist aber ein moralisches Prinzip. Der Vorwurf, es nicht integrieren zu können, zielt also darauf, dass die Präventionstheorie auf der Grundlage der ihr zur Verfügung stehenden Prämissen nicht in der Lage sei, ein zentrales moralisches Prinzip zu begründen. Beansprucht die Präventionstheorie aber gar nicht, Strafen moralisch zu rechtfertigen, trifft dieser Vorwurf sie auch nicht. Sie kann sich dann darauf zurückziehen, dass zwar Strafen selbst prima facie einen Verstoß gegen eine moralische Norm darstellen, dass aber nichts dagegen spricht, diesen Normverstoß mit nicht-moralischen Gründen zu rechtfertigen, und dass die Präventionstheorie ein überzeugendes Rechtfertigungskriterium für eine solche nicht-moralische Rechtfertigung von Strafen liefern kann.

5 Präventionstheorien des Strafens – Reichweite und Grenzen

Es zeigt sich, dass eine Präventionstheorie ein plausibles Rechtfertigungsangebot für Strafen unterbreitet, *wenn* sie sich von vorneherein als eine Theorie der rein zweckrationalen Strafrechtfertigung versteht. Lässt man sich als Präventionstheoretiker auf eine Abschwächung des Theorieanspruchs durch Entmoralisierung des Rechtfertigungsbegriffes ein, dann kann man sogar behaupten, gezeigt zu haben, dass eine Präventionswirkung notwendig *und hinreichend* für eine Strafrechtfertigung ist. Ohne einen solchen Präventionseffekt kann Strafe dann nicht gerechtfertigt werden, d. h. dieser Effekt ist für Strafrechtfertigung notwendig, aber er ist auch hinreichend, d. h. zusätzlich zum Nachweis eines Präventionseffektes muss für die Strafrechtfertigung nichts gezeigt werden. Lässt man sich hingegen nicht auf eine solche Abschwächung des Theorieanspruchs ein und hält am Erfordernis einer *moralischen* Strafrechtfertigung fest, ist der Befund, dass die Präventionstheorie weder Schuldprinzip noch Verhältnismäßigkeitsprinzip integrieren kann, gravierend, ja fatal für die Präventionstheorie, weil er zeigt, dass die Präventionstheorie basale moralische Prinzipien, deren Beachtung für eine moralische Strafrechtfertigung zu fordern ist, nicht integrieren kann. Statt also auf den häufig gegen Präventionstheorien erhobenen Vorwurf, sie würden moralisches auf technisch-zweckrationales Handeln reduzieren,[61] mit dem verschreckten Versuch zu reagieren, um jeden Preis den Status als *ethische* Theorie zu verteidigen und basale moralische Prinzipien (Schuld- und Verhältnismäßigkeitsprinzip) in die eigene Theorie einzubauen, empfiehlt es sich für einen Präventionstheoretiker, auf diesen Vorwurf gelassen zu reagieren und offen zuzugestehen, dass das Rechtfertigungsangebot, das er unterbreitet, eines der technisch-rationalen Rechtfertigung ist.

Festzuhalten bleibt aber auch (und dies war der wahre Kern des Instrumentalisierungseinwandes): Eine Präventionstheorie kann, da sie Strafen ausschließlich als Mittel der Verhaltenssteuerung auffasst, dem personalen Charakter der Strafe – der Tatsache, dass wir den Gestraften eben nicht nur als Objekt der sozialen Verhaltensregulierung ansehen – nicht gerecht werden. Selbst wenn man ihr mit den oben genannten Einschränkungen attestiert, ein überzeugendes Rechtfertigungskriterium für Strafen (im nicht-moralischen Sinne von „Rechtfertigung") formuliert zu haben, muss man ihr auch attestieren, dass sie die fundamentalere Frage, was Strafen eigentlich sind, und vor allem diejenige, wie wir Strafen verstehen, nicht beantwortet. Sie ist unterkomplex in Bezug auf die deskriptive Frage nach der Natur des Strafens als eines personalen Strafaktes. In den Kapiteln IV und VIII wird für die These argumentiert werden, dass dieser personale Charakter der Strafe besser als durch die Präventionstheorie durch den Rückgriff auf retributivistische Elemente erhellt werden kann.

III Expression, Kommunikation, Resozialisierung

Ebenso wie Präventionstheorien beziehen sich auch die drei im Folgenden zu untersuchenden Straftheorien auf Folgen des Strafens als auf dessen Rechtfertigung. Sie vermögen, wie sich zeigen wird, als Strafrechtfertigungstheorien nicht oder nur mit erheblichen Einschränkungen zu überzeugen, können aber in manchem als Erweiterung und Ergänzung der Präventionstheorien aufgefasst werden. Die Expressionstheorie ergänzt die Theorie der negativen Generalprävention und kann in Bezug auf einen bestimmten Teilbereich von Strafhandlungen als Rechtfertigungstheorie akzeptiert werden (1). Die Kommunikationstheorie kann so interpretiert werden, dass sie mit einer Theorie der positiven Spezialprävention zusammenfällt (2), und auch die Resozialisierungstheorie ergänzt den Präventionsgedanken (3).

1 Expression

Die Expressionstheorie kann als eine *deskriptive* oder als eine *normative* Theorie vertreten werden.[62] Als deskriptive Theorie behauptet sie, dass eine Strafe de facto durch ihre expressive Funktion gekennzeichnet ist, d. h. dadurch, dass mit ihr eine Missbilligung oder Verurteilung der bestraften Tat kundgetan wird. Steuerhinterziehung mit Geldstrafe oder Freiheitsentzug zu bestrafen z. B. bedeutet demnach (auch), dass der Staat damit öffentlich die Verurteilung von Steuerhinterziehung bekundet. Ähnlich verhält es sich in Bezug auf soziale Strafen: Jemanden, der eine rassistische Bemerkung auf einer Abendgesellschaft gemacht hat, mit der Kundgabe von Verachtung oder der Aufkündigung der gewohnten sozialen Umgangsformen zu bestrafen bedeutet der Expressionstheorie zufolge auch, durch die Strafe die Missbilligung von Rassismus zu signalisieren. Als normative Theorie behauptet die Expressionstheorie, dass diese expressive Funktion auch ein Strafrechtfertigungskriterium ist, dass also eine Strafe dann gerechtfertigt ist, wenn durch sie eine Haltung der Missbilligung ausgedrückt wird.

Der Rechtsphilosoph Joel Feinberg, der als wichtigster Vertreter der Expressionstheorie gilt, erläutert den expressiven Charakter der Strafe wie folgt:

> Punishment is a conventional device for the expression of attitudes of resentment and indignation, and of judgments of disapproval and reprobation, on the part either of the punishing authority himself or of those "in whose name" the punishment is inflicted. Punishment, in short, has a *symbolic significance* largely missing from other kinds of penalties. (Feinberg 1965a, 98)

Feinberg grenzt also genuine Strafen (*punishments*) durch diese expressive Funktion von nicht-strafenden Sanktionsmaßnahmen (*penalties*) ab. Was ist der Unterschied zwischen Strafen und den von Feinberg genannten „other kinds of penalties", die keine Strafen sind? Wenn A und B einen Vertrag abschließen, der A dazu verpflichtet, bis zum Ende des Monats eine bestimmte Dienstleistung zu erbringen, und festlegt, dass A, falls er die Dienstleistung nicht bis zum verabredeten Zeitpunkt erbringt, jeden zusätzlichen Tag der Verzögerung einen bestimmten Geldbetrag an B zu zahlen hat, dann handelt es sich bei dem im Falle der Verzögerung fällig werdenden Geldbetrag nicht um eine Strafe, sondern um eine *penalty*. Eine solche *penalty* ist eine negative Konsequenz einer bestimmten Handlungsweise, die auf einer Art von Arrangement beruht, in dessen Rahmen jemand aufgefordert wird, etwas zu tun oder, falls er es nicht tut, eine bestimmte negative Konsequenz in Kauf zu nehmen – also z. B. bis zum Monatsende eine Dienstleistung zu erbringen oder, falls er dies nicht tut, die Konsequenz einer zusätzlichen Zahlung in Kauf zu nehmen.[63]

Ob eine negative Konsequenz einer Handlungsweise eine nicht-strafende *penalty* oder eine Strafe ist, wird nicht immer leicht zu entscheiden sein. Ist z. B. in einem Fußballspiel ein Elfmeter – im Englischen würde durchweg von *penalty* gesprochen, im Deutschen von „Elfmeter" oder von „Strafstoß" – tatsächlich ein *Straf*stoß oder nicht? Offenbar ist nicht jeder Elfmeter ein Strafstoß, sondern nur ein solcher, der als Reaktion auf einen angenommenen Normverstoß verhängt wird. (Das „Elfmeterschießen" zur Herbeiführung einer Spielentscheidung wird auch von größten Fussball-Laien nicht als „Strafstoßschießen" bezeichnet.) Foult ein Spieler einen anderen und verursacht dadurch einen Elfmeter, kann man plausibel annehmen, dass der Elfmeter tatsächlich eine Strafe darstellt, denn im Hintergrund steht hier die Norm, dass man andere Spieler nicht foulen soll. Gegen diese Norm hat der Spieler verstoßen, und dafür wird er mit einem Strafstoß gegen seine Mannschaft bestraft. Benutzt hingegen ein Feldspieler die Hand, um den Ball abzuwehren und im letzten Moment ein sonst sicheres Tor der Gegenmannschaft zu verhindern, und nimmt dafür die Verhängung des Elfmeters gegen seine Mannschaft in Kauf, ist es – zumindest aus der Sicht dieses Spielers selbst – plausibler, die Situation so zu interpretieren, dass der Elfmeter zwar eine *penalty*, aber keine Strafe ist: Es gibt eine Art Arrangement, dass jemand, der als Feldspieler zur Verhinderung eines Gegentores die Hand benutzt, in Kauf nehmen muss, dass ein Elfmeter gegen seine Mannschaft verhängt wird. Wer in solchen Situationen als Feldspieler die Hand einsetzt, wird keinen Tadel der Mitspieler befürchten müssen und selbst weder Bedauern noch Scham empfinden; er hat einfach rational gehandelt. Er hat für den Vorteil der Verhinderung eines Gegentores mit dem Preis der Verhängung eines Elfmeters gegen seine Mannschaft – der daher genau genommen nicht als „Strafstoß" bezeichnet werden sollte – bezahlt.

Penalties, die keine Strafen sind, können also auch als bloße „Kaufpreise" angesehen werden. Wer sich eine Verzögerung einer zugesagten Leistungserbringung erlaubt, muss dafür den Preis eines finanziellen Verlustes für den zusätzlich zur Leistungserbringung in Anspruch genommenen Zeitraum zahlen. Wer als Feldspieler das Tor der Gegenmannschaft in letzter Sekunde verhindert, muss dafür den Preis eines gegen seine Mannschaft verhängten Elfmeters zahlen. Zwar würden wir auch hier von „Sanktionen" sprechen und z. B. sagen, dass das Handspiel des Feldspielers durch den Elfmeter für die Gegenmannschaft „sanktioniert" wird, aber es sind keine strafenden Sanktionen.[64] Es liegt nahe, solche Fälle so zu beschreiben, dass ein Verhalten nicht bestraft, sondern mit einer negativen Konsequenz *geahndet* wird, so wie eine Ordnungswidrigkeit wie Falschparken mit einem Bußgeld, das mancher Falschparker als Preis für bequemes Parken ohne Murren zu zahlen bereit ist, nicht bestraft, sondern geahndet wird. Für dessen Verhängung und Eintreibung sind nicht Strafverfolgungsbehörden, sondern Verwaltungsbehörden zuständig. Solche *penalties* sind auch deswegen nicht als Strafen aufzufassen, weil es sich um Maßnahmen handelt, mit denen auf ein Verhalten reagiert wird, das nicht als Normverstoß interpretiert werden *muss*. Zwar sind auch diese Maßnahmen durch eine Norm gestützt, aber es liegt nahe, eine solche Norm als eine disjunktive Norm der Art „Unterlasse H *oder* tue H *und* nimm dann die Sanktion S in Kauf!" zu interpretieren. Gegen eine solche Norm verstößt nicht, wer sich für das zweite Disjunkt entscheidet und die Sanktionierung als Kaufpreis zu zahlen bereit ist. Wer als Feldspieler mit der Norm konfrontiert ist „Unterlasse Handspiel oder spiele mit der Hand und nimm dann die Sanktion eines Elfmeters in Kauf!" und sich dafür entscheidet, den Elfmeter als Kaufpreis zu zahlen, verstößt nicht gegen die Norm – und also wird er nicht bestraft, denn eine Strafe besteht bekanntlich in einer beabsichtigten Leidenszufügung in Reaktion auf einen angenommenen Normverstoß.

Expressionstheorien machen zu Recht auf den Unterschied zwischen Strafen und solchen *penalties*, die keine Strafen sind und als bloße Kaufpreise interpretiert werden können, aufmerksam. Erstere sind Reaktionen auf angenommene Normverstöße und im Gegensatz zu letzteren mit einem Ausdruck der Missbilligung verbunden. Diese Aussage kann sogar als eine analytisch wahre Aussage reklamiert werden, denn dass Strafen mit einem Ausdruck der Missbilligung verbunden sind, ist letztlich eine analytische Ausbuchstabierung der Tatsache, dass sie auf einen angenommenen Normverstoß reagieren. Als deskriptive Theorie ist die Expressionstheorie daher durchaus überzeugend. Strafen *sind* mit einem solchen Expressionsakt, einem Ausdruck der Missbilligung, verbunden. Sie haben daher immer auch einen Vorwurfscharakter. Einen Dieb wegen seiner Tat zu einer Freiheitsstrafe zu verurteilen heißt auch, damit die Missbilligung von Diebstahl kundzutun. Den Kontakt zu jemandem abzubrechen, weil er beim letzten Geschäftsessen betrunken war, heißt auch, durch diesen Kontaktabbruch die Missbilligung alkoholisierten Auftretens bei Geschäftsessen auszudrücken. Dabei kann der Vorwurfscharakter der Strafe in einer Weise spezifiziert werden, dass der Expressivismus einen retributivistischen Charakter annimmt. Dies ist der Fall, wenn die durch die Strafe ausgedrückten Haltungen und Emotionen inhaltlich als *retributive* Haltungen und Emotionen, also so bestimmt werden, dass sie einen vergeltenden Charakter haben,[65] oder wenn angenommen wird, dass der Ausdruck der Missbilligung selbst eine „Wiedergutmachung an der Gesellschaft" darstellt.[66]

Eine über die Frage, ob Strafen einen expressiven Charakter haben, noch hinausgehende Frage ist diejenige, ob sie auch mit einer „Signalwirkung" – Feinberg spricht im obigen Zitat von der „symbolic significance" von Strafen – verbunden sind. Eine Strafe kann expressiv sein, ohne eine Signalwirkung zu entfalten, denn ein Expressionsakt kann grundsätzlich auch ohne einen Adressaten ausgeführt werden, der die Expression als Signal verstehen würde. Ein herzhafter Fluch kann ein Ausdruck des Missmuts sein, ohne notwendig an jemanden adressiert zu sein, und man kann Traurigkeit durch einen einsamen Seufzer, der keinen Adressaten hat, ausdrücken. Während der Expressionscharakter als ein analytisches Element des Strafbegriffes reklamiert werden kann, ist die Signalwirkung einer Strafe nicht als Definitionselement des Strafbegriffes anzusehen, denn man kann auch ohne eine solche Signalwirkung strafen. Eine fernab der Öffentlichkeit vollstreckte Todesstrafe, vollzogen an jemandem, der diese Strafe selbst nicht mehr als solche wahrnehmen kann, wäre immer noch ein Ausdruck der Missbilligung, hätte aber keinerlei Signalwirkung mehr.

Als Rechtfertigung der Strafe kann der Expressionsakt aber nur dann ernsthaft in Betracht kommen, wenn er eine solche Signalwirkung hat, und dies ist nur dann der Fall, wenn es einen Adressaten des Expressionsaktes gibt, der diesen *als Signal* versteht oder zumindest verstehen *kann*. Eine Strafe kann nur *gegenüber* jemandem (der mit dem Gestraften identisch sein kann, es aber nicht sein muss) gerechtfertigt werden; soll also der Expressionsakt eine Rechtfertigung der Strafe darstellen, muss er auch verstanden werden können und eine Signalwirkung entfalten. Je nachdem, an wen die durch die Strafe ausgedrückte Missbilligung der Tat adressiert sein soll, lassen sich – in Analogie zur Unterscheidung zwischen Spezial- und Generalprävention – *spezialexpressive* und *generalexpressive* Varianten einer Expressionstheorie voneinander unterscheiden. Erstere gehen davon aus, dass die durch die Strafe ausgedrückte Missbilligung der Tat an den Täter selbst adressiert ist. Letztere hingegen sehen als Adressaten des Expressionsaktes nicht den Täter selbst, sondern die Öffentlichkeit an, an welche die Botschaft gerichtet ist: Ihr wird durch die Strafe kommuniziert, dass die bestrafte Handlung missbilligt wird.[67] Ebenso wie eine Strafe generalpräventiv wirksam sein kann, ohne spezialpräventiv wirksam zu sein, kann sie auch generalexpressiv wirksam sein, ohne spezialexpressiv wirksam zu sein. Es kann sein, dass der Täter selbst die an ihn gerichtete Botschaft der Missbilligung, die durch die Strafe ausgedrückt wird, nicht (mehr) vernimmt, z. B. weil er während der Verbüßung einer Haftstrafe dement geworden ist, diese Botschaft aber sehr wohl von der allgemeinen Öffentlichkeit aufgenommen wird.

Insofern Strafen spezialexpressiv wirksam sind, also eine Signalwirkung auf den gestraften Täter selbst entfalten, bedeutet dies im Allgemeinen, dass sie mit einem Leiden verbunden sind, das noch zu demjenigen hinzukommt, dessen Zufügung durch die Sanktionsmaßnahme beabsichtigt wird, nämlich dem nicht gering zu schätzenden Leiden infolge der Stigmatisierung durch die Strafe. Infolge der Expressionswirkung der Strafe wird der Gestrafte – jedenfalls sofern die Strafe öffentlich ist – auch öffentlich als jemand, der gegen eine Norm verstoßen hat, bloßgestellt und damit stigmatisiert. Wenn der Täter selbst als Adressat des Expressionsaktes die dadurch ausgedrückte Botschaft der Missbilligung seiner Tat erfasst, wird er normalerweise unter dieser Stigmatisierung leiden, sie als Schande empfinden und darauf mit Scham reagieren. („Normalerweise", weil wir uns auch einen Adressaten des Expressionsaktes vorstellen können, der diesen zwar versteht, aber nur als Ausdruck der Feindseligkeit der Gesellschaft empfindet, ohne Schamgefühle zu haben oder unter der Stigmatisierung zu leiden.) Das Stigmatisierungsleiden kann sogar mit dem durch die Strafe intendierten Leiden zusammenfallen, etwa in den *shame sanctions* in den USA, bei denen Straftäter dazu verpflichtet werden, z. B. ein T-Shirt mit der auffälligen Aufschrift des begangenen Delikts zu tragen, oder wenn Namen und Adressen von entlassenen Sexualstraftätern zur Gefahrenabwehr in frei einsehbaren Verzeichnissen eingetragen werden (vgl. Kunz/Singelnstein 2016, 322–325). Auch im Bereich sozialer Strafen kann die Bestrafung eines Normverstoßes mit der öffentlichen Bloßstellung und Stigmatisierung eines Normbrechers, etwa in sozialen Netzwerken wie Facebook, zusammenfallen (vgl. Radzik 2020, 48–52).

Dieses Stigmatisierungsleiden, das durch die spezialexpressive Wirkung der Strafe bewirkt wird, kann – als antizipiertes Leiden – die Abschreckungswirkung der Strafe verstärken. Wer einen Normbruch erwägt, wird, wenn er rational ist, nicht nur das Leiden antizipieren, das durch die Sanktionsmaßnahme bewirkt wird, sondern auch das damit einhergehende Stigmatisierungsleiden. Diese Antizipation wird häufig ein Zusatzmotiv, möglicherweise sogar das einzige Motiv zur Unterlassung des Normbruchs sein. Von der Verlockung zu einem Normbruch in Form der Plagiierung einer Doktorarbeit wird man sich z. B. nicht nur durch die Aussicht auf das Leiden abhalten lassen, das mit einer eventuellen Bestrafung selbst, etwa in Form des Entzugs des Doktortitels, verbunden ist, sondern auch durch das antizipierte Gefühl der Beschämung und der Schande, die darin besteht, öffentlich als Lügner und Betrüger dazustehen. Der Hinweis darauf, dass Strafen mit einem solchen Stigmatisierungsleiden verbunden sind, verleiht also der Annahme, dass Strafen eine Präventionswirkung haben, zusätzliche Plausibilität. Insofern ein Anhänger einer Präventionstheorie nicht nur behauptet, dass die Präventionswirkung ein Kriterium der Strafrechtfertigung ist, sondern auch, dass Strafen tatsächlich eine Präventionswirkung haben, kann daher eine Expressionstheorie als Ergänzung einer Theorie der negativen Generalprävention angesehen werden.[68]

Während also eine Expressionstheorie als deskriptive Theorie sehr plausibel ist, sieht sie sich als Strafrechtfertigungstheorie mindestens fünf Einwänden ausgesetzt.[69] Erstens hat sie ironischerweise als normative Theorie gerade deswegen einen schweren Stand, weil sie als deskriptive Theorie überzeugend ist. Das Ausgangsproblem der Strafrechtfertigung besteht in der Notwendigkeit, das mit Strafen einhergehende Leiden zu rechtfertigen. Wenn aber die Expressionstheorie als deskriptive Theorie berechtigt ist, tritt zu dem Leiden, das durch die Strafsanktion bewirkt wird, im Allgemeinen noch das beachtliche Leiden hinzu, das durch die Stigmatisierung als Folge der Strafe bewirkt wird. Das bedeutet, dass sich das Ausgangsproblem der Strafrechtfertigung noch verschärft. Zu rechtfertigen ist dann das Leiden der Strafe *plus* das Stigmatisierungsleiden infolge der Expressionswirkung – und das heißt, dass der expressive Charakter der Strafe das Rechtfertigungsproblem prima facie verschärft, statt es zu lösen.

Zweitens: Für die mit der Strafe im Allgemeinen verbundene und oft erhebliche Leidenszufügung scheint die Expressionswirkung der Strafe eine zu schwache Rechtfertigungsgrundlage. So wird durch eine lebenslange Freiheitsstrafe für Mord zweifellos expressiv die Missbilligung dieses Deliktes kundgetan. Aber reicht diese Expressionswirkung, um die Zufügung des erheblichen Leidens zu rechtfertigen, die mit lebenslanger Freiheitsstrafe verbunden ist? Wohl kaum. Während ein Präventionstheoretiker sich immerhin darauf berufen kann, dass, wenn das Strafrechtfertigungskriterium der Präventionswirkung erfüllt ist, ein erheblicher Nutzengewinn in Form der Verhinderung zukünftiger Morde zu verzeichnen ist, kann der Expressionstheoretiker nicht in gleicher

Manier darauf verweisen, dass, wenn das Strafrechtfertigungskriterium der Expression erfüllt ist, ein solcher erheblicher Nutzengewinn zu verzeichnen ist. Der Gewinn, der durch die Expressionswirkung *allein* erzielt würde, scheint zu gering, um ihn als Strafrechtfertigungsgrund in die Waagschale zu legen.

Drittens ist nicht einleuchtend, warum der Expressionseffekt ausgerechnet durch Strafe und nicht durch etwas anderes erzielt werden sollte. Es dürfte zur Erreichung dieses Ziels häufig Alternativen zur Strafe geben, die nicht mit beabsichtigter Leidenszufügung verbunden sind. Es bedürfte z. B. nicht der Verurteilung des Mörders zu lebenslangem Freiheitsentzug, um die Missbilligung des Mordes zu dokumentieren. Man könnte diese Missbilligung auch auf andere Weise ausdrücken – z. B. durch Lichterketten, symbolische öffentliche Verurteilungen der Tat, durch Gedenkstätten oder öffentliche Solidarisierungen mit den Opfern. Es bedürfte der Strafe für den Expressionsakt nicht. Auch hier hat der Expressionstheoretiker einen schlechteren Stand als der Präventionstheoretiker: Während letzterer sich mit einiger Plausibilität darauf berufen kann, dass die Strafe ein *notwendiges* Übel zur Herbeiführung des Zustandes der Minimierung von Straftaten ist, dessen Erreichung die Strafe rechtfertigt, können Expressionstheorien sich nicht auf die Notwendigkeit der Strafe für die Erreichung der Expressionswirkung berufen.[70]

In Entgegnung auf diesen Einwand pflegen Expressionstheoretiker darauf zu verweisen, dass die Leidenszufügung durch Strafe und deren Expressionswirkung miteinander verknüpft seien, da der Ausdruck der Missbilligung des Normverstoßes nur dann glaubhaft sei, wenn er mit dem Strafübel einhergehe (vgl. Wringe 2016, 85–87; von Hirsch 2017, 36–43). Allerdings sind bisher keine überzeugenden Argumente für die These vorgelegt worden, dass die Leidenszufügung durch Strafe tatsächlich *notwendig* für den glaubhaften Vollzug des Expressionsaktes sei. Zwar stellt eine Strafe *eine Form* des Ausdrucks der Missbilligung der Tat dar, aber offensichtlich ist es auch möglich, glaubhaft eine Missbilligung auszudrücken, ohne zu strafen. Wenn gesagt wird, dass die Leidenszufügung durch Strafe nötig sei, um die Missbilligung der Tat „effizient" zu kommunizieren (Wringe 2016, 85), wird mit „effizient" eine Verschiebung vom Expressions- auf ein anderes Kriterium der Strafrechtfertigung angezeigt, denn eine Ausdruckshandlung kann nicht *als solche* „effizient" sein – sie gelingt eben als Ausdruckshandlung, oder sie gelingt nicht –, sondern nur in Bezug auf ein dadurch zu erreichendes Ziel. Wird dieses Ziel als die angestrebte Reduktion von Straftaten spezifiziert, sind es offenbar primär die *Strafen selbst*, nicht der Expressionsakt, von denen gesagt werden kann, dass sie zur Erreichung dieses Ziels „effizient" sein können. Zu sagen, dass der Expressionsakt an Strafen gebunden sein müsse, um „effizient" zu sein, wäre dann eine Art *hysteron-pro-*

teron-Fehlschluss, eine Verwechslung des Früheren mit dem Späteren; der Expressionsakt kann nur aufgrund des damit verbundenen Stigmatisierungsleidens *zusätzlich* die Effizienz von Strafen zur Erreichung des Präventionseffektes verstärken. Wird das Ziel des Expressionsaktes hingegen in der Bekräftigung der Normgeltung gesehen (vgl. Wringe 2016, 85), kann zwar gesagt werden, dass der Expressionsakt zur Erreichung dieses Ziels „effizient" sein kann, aber es ist ebenfalls nicht ersichtlich, warum er dafür an Strafen gebunden sein müsste. In diesem Fall wird durch den Expressionsakt die Tatsache bekräftigt, dass Normen an negative Reaktionen im Falle von Normbrüchen gebunden sind; das heißt aber nicht, dass der Expressionsakt selbst an solche negativen Reaktionen gekoppelt sein müsste, um als ernsthafte Bekräftigung der Normgeltung gelten zu können. Auch ohne Strafen kann eine Normgeltung bekräftigt werden. Es bleibt also dabei, dass nicht erkennbar ist, wieso Strafen für den Vollzug des Expressionsaktes notwendig sein sollten.

Viertens: Wenn gesagt wird, staatliches Strafen sei ein Ausdruck der Missbilligung der gestraften Handlung „durch die Gesellschaft", die damit ihre „Haltung der Ablehnung" zum Ausdruck bringen würde, dann wird damit eine einheitliche gesellschaftliche Haltung unterstellt, die in vielen Fällen so nicht besteht (vgl. Hart 1962, 71). Man denke an umstrittene bioethische oder sozialethische Fragen: Man kann kaum sagen, dass das Verbot der Stammzellforschung oder die strafrechtliche Regelung der Abtreibung in § 218 und § 219 StGB oder das Verbot aktiver Sterbehilfe oder das Inzestverbot Ausdruck einer einheitlichen Haltung sind, die „die Gesellschaft" gegenüber diesen Handlungsweisen einnimmt. Eine solche einheitliche Haltung gibt es nicht. Es gibt nicht immer eine uniforme „Einstellung" der Gesellschaft gegenüber einem Normverstoß, der durch die Strafe ausgedrückt werden könnte. Es wäre auch nicht plausibel, die Legitimität von Strafen an eine solche einheitliche Haltung zu binden, denn Regelungsbedarf besteht auch und gerade in Bezug auf diejenigen Handlungsweisen, zu denen es keine einheitliche „Einstellung der Gesellschaft" gibt.

Und fünftens: Wenn es einheitliche gesellschaftliche Einstellungen gegenüber bestimmten Arten von Normbrüchen gibt, ist es immer noch eine offene Frage, ob diese in staatliches Strafen transformiert werden sollten. Angenommen, es herrscht eine sozial etablierte Einstellung, dass Kinderschänder mit dem Tod bestraft werden sollten. Sollte eine staatliche Strafe diese Einstellung ausdrücken? Vermutlich nicht, und auf jeden Fall wäre es unbefriedigend, schlicht darauf zu verweisen, dass diese Einstellung besteht, um zu begründen, dass das Strafrecht sie ausdrücken sollte, denn aus dem bloßen Vorhandensein dieser Einstellung folgt nicht ihre Berechtigung. Vom einen auf das andere zu schließen wäre eine krasse Form des Sein-Sollen-Fehlschlusses.

Ein Anhänger der Expressionstheorie kann auf den vierten und fünften dieser Einwände recht leicht durch den folgenden Hinweis reagieren: Natürlich ist nicht *jeder* Expressionsakt durch die Strafe eine Strafrechtfertigung. Der Expressionsakt muss zusätzlich qualifiziert werden. Zu den zu erfüllenden Zusatzbedingungen dürfte gehören, dass die durch den Expressionsakt ausgedrückte Einstellung bestimmten Rationalitätskriterien entspricht, dass sie z. B. formalen Kriterien der Kohärenz und der Universalisierbarkeit, aber auch inhaltlichen moralischen Kriterien – der Forderung etwa, nicht mit anderen basalen moralischen Überzeugungen in Konflikt zu geraten – genügt. Nur dann, wenn die durch den Expressionsakt ausgedrückte Einstellung diesen Zusatzkriterien genügt, ist der Expressionsakt Grundlage der Strafrechtfertigung. Es bleiben aber die vorher genannten drei Einwände bestehen. Selbst wenn der durch die Strafe ausgedrückte Expressionsakt entsprechend qualifiziert ist und die ihm zugrunde liegende Einstellung den genannten formalen und inhaltlichen Kriterien genügt, bleibt er, zumal angesichts des damit einhergehenden Stigmatisierungsleidens und der Option, die Expressionswirkung auf andere Weise als durch Strafe herbeizuführen, eine zu schwache Rechtfertigungsgrundlage für die Strafe.

Diese Einwände richten sich gegen eine Expressionstheorie, die als eine *allgemeine* Theorie der Strafrechtfertigung vertreten wird, deren Anspruch also ist, ein grundsätzlich auf *alle* Strafhandlungen anwendbares Kriterium der Strafrechtfertigung zu formulieren. Ein Anhänger der Expressionstheorie kann jedoch auf diese Einwände reagieren, indem er die Reichweite der Expressionstheorie als Strafrechtfertigungstheorie auf bestimmte Fälle von Strafhandlungen einschränkt. Er kann sie, genauer gesagt, auf diejenigen Fälle einschränken, in denen durch eine Strafe *kein* Leiden bewirkt wird. Wie in Kapitel I ausgeführt wurde, besteht Strafen in einer *beabsichtigten* Leidenszufügung in Reaktion auf einen angenommenen Normverstoß, aber nicht notwendig in einer tatsächlichen Leidenszufügung (vgl. Kap. I 1). Die Differenz zwischen „ein Leiden zufügen" und „die Zufügung eines Leidens beabsichtigen" ist hier zentral. Nicht alle Absichten werden realisiert, auch die Absicht, Leiden zuzufügen, wird nicht immer realisiert. Strafe geht daher typischer- und üblicher-, aber keineswegs notwendigerweise mit einer faktischen Leidenszufügung einher. Das Fehlen einer faktischen Leidenszufügung hebt, sofern deren Zufügung in Reaktion auf einen angenommenen Normverstoß beabsichtigt wurde, den Strafcharakter nicht auf.[71] In Bezug auf diese Teilklasse von Strafhandlungen, die de facto nicht mit Leidenszufügung verbunden sind, gehen die ersten beiden der oben gegen eine Expressionstheorie als allgemeine Theorie der Strafrechtfertigung vorgebrachten Einwände ins Leere. Diese Einwände zielten darauf ab, dass der Expressionscharakter der Strafe eine zu schwache Rechtfertigungsgrundlage für das durch die Strafe zugefügte Leiden ist. Bei den genannten Strafhandlungen handelt es sich aber um solche, mit denen *kein* Leiden zugefügt wird. Auch der dritte Einwand, der besagte, dass es andere Möglichkeiten als Strafe zur Erreichung der Expressionswirkung gibt, greift dann nicht mehr. Es ist zwar weiterhin richtig, dass die Strafe nur eine von vielen Möglichkeiten ist, die Missbilligung einer Tat auszudrücken (neben Kundgebungen, Manifestationen etc.), aber weil sie in den hier in Frage stehenden Fällen nicht mit einer Leidenszufügung verbunden ist, ist sie auch nicht bedenklicher als andere Formen des Ausdrucks der Verurteilung der Tat. Sie ist diesen normativ gleichrangig. Der vierte und fünfte Einwand bleiben bestehen; ihr Zutreffen schließt allerdings nicht aus, dass *in einigen Fällen* eine einheitliche gesellschaftliche Haltung der Missbilligung gegenüber Normbrüchen besteht und diese auch ausgedrückt werden sollte.

Zwei Beispiele für eine mögliche Rechtfertigung der Strafe durch ihre Expressionswirkung im Falle von Strafhandlungen, die *nicht* mit einer faktischen Zufügung von Leiden einhergehen, seien genannt. Zum einen ist argumentiert worden, dass die Bestrafung Dementer aus generalexpressivistischen Gründen gerechtfertigt sei, sofern sichergestellt ist, dass deren medizinische und soziale Versorgung innerhalb von Gefängnissen nicht schlechter ist als außerhalb von Gefängnissen.[72] Da Demente infolge ihrer krankheitsbedingten kognitiven Einschränkungen ihre Bestrafung nicht mehr verstehend auf ihre früheren Taten beziehen können, entsteht ihnen durch die Strafe, sofern die Bedingung der adäquaten medizinischen und sozialen Versorgung in der Haft sichergestellt ist, kein zusätzliches, d. h. zum Leiden durch die Demenz hinzukommendes Leiden. Besteht eine Strafe nicht begriffsnotwendig in der Zufügung von Leiden, sondern nur in der Absicht, Leiden zuzufügen, hebt dies den Strafcharakter einer Inhaftierung Dementer nicht auf, da es nicht ausschließt, dass damit die Zufügung von Leiden in Reaktion auf einen angenommenen Normverstoß beabsichtigt wird. Daher ist zu erwägen, ob für die Bestrafung Dementer die Expressionswirkung der Strafe ein hinreichendes Rechtfertigungskriterium ist. Demnach wären z. B. zu langjährigen Haftstrafen verurteilte Kriegsverbrecher ungeachtet der Tatsache, dass sie während ihrer Haftzeit dement wurden, legitimerweise in Haft zu halten, da damit – nicht ihnen selbst, die sie diese Botschaft nicht mehr vernehmen können, aber der Öffentlichkeit – die Botschaft einer anhaltenden Verurteilung ihrer Taten kommuniziert würde.

Ein weiteres Beispiel für eine mögliche Rechtfertigung der Strafe durch ihre Expressionswirkung ist folgendes. Der frühere KZ-Wachmann John Demjanjuk wurde 2009 im Alter von 89 Jahren aus den USA nach Deutschland ausgeliefert, dort für seine Tätigkeit im Vernichtungslager Sobibor vor Gericht gestellt und 2011 zu einer Gesamtfreiheitsstrafe von über fünf Jahren wegen Beihilfe zum Mord in mehr als 28.000 Fällen verurteilt. Das Urteil wurde jedoch nicht rechtskräftig, denn Demjanjuk starb zehn Monate später, bevor der Bundesgerichtshof über die sowohl von Demjanjuk selbst als auch von der Staatsanwaltschaft eingelegte Revision entschieden hatte. Da das Urteil nicht rechtskräftig wurde, galt Demjanjuk bis zu seinem Tod formalrechtlich als unschuldig.[73] Einschlägig für die mit dem Tod Demjanjuks erfolgende Einstellung des Verfahrens war ein Beschluss des Bundesgerichtshofes vom 8.6.1999 (BGH 4 StR 595/97), dem zufolge der Tod des Angeklagten zwar nicht automatisch zur Beendigung des Verfahrens führt, aber als „Verfahrenshindernis" nur noch die förmliche Einstellung des Verfahrens zulässt. Dass, wie es dort heißt, der Tod des Angeklagten „ein Umstand [ist], der dem Verfahren in seiner Gesamtheit entgegensteht" (BGH 4 StR 595/97, 2), ist auf frappierende Weise einleuchtend; dass er nur noch die Einstellung des Verfahrens zulasse, ist es hingegen keineswegs. Ein Anhänger der Expressionstheorie könnte zu Recht darauf verweisen, dass diese zweitgenannte Annahme erstens hochgradig begründungsbedürftig und zweitens sogar falsch ist. Gerade im Fall Demjanjuk wäre es nämlich durchaus denkbar gewesen, dass der Tod des Angeklagten nicht zur Einstellung des Verfahrens geführt hätte, und es hätten gute expressionstheoretische Gründe dafür gesprochen, auf den Tod des Angeklagten nicht mit der Einstellung des Verfahrens zu reagieren. Angenommen, das Revisionsverfahren wäre trotz des Todes des Angeklagten fortgeführt worden, und die in erster Instanz verhängte Gefängnisstrafe wäre vom BGH bestätigt worden. In diesem Fall wäre Demjanjuk post mortem rechtskräftig verurteilt worden. Die Strafe wäre dann offenbar nicht mit einer Leidenszufügung verbunden gewesen. Erstens nämlich hätte sie keine spezialexpressive Wirksamkeit entfaltet, also auch kein Stigmatisierungsleiden verursacht, denn den Toten hätte die Botschaft der Verurteilung seiner früheren Taten nicht mehr erreichen können. Zweitens hätte sie auch kein über das Stigmatisierungsleiden hinausgehendes Leiden verursacht, denn es hätte niemanden mehr gegeben, der die Strafe anzutreten und unter ihr zu leiden gehabt hätte. Die mit der Strafe (begriffslogisch) verbundene Absicht, Leiden zuzufügen, wäre in diesem Fall rein symbolischer Natur gewesen; es wäre eine Absicht gewesen, die man im Bewusstsein dessen hat, dass sie sich nicht wird realisieren lassen. Wohl aber hätte diese post-mortem-Strafe eine generalexpressive Wirksamkeit entfaltet. Sie wäre ein an die Öffentlichkeit gerichtetes soziales Signal gewesen, dass die NS-Verbrechen nicht verjähren, dass Deutschland sich von den geschehenen Verbrechen distanziert und sich mit deren Opfern solidarisiert. Eben diese generalexpressive Wirksamkeit hätte mit einiger

Plausibilität als Rechtfertigungsgrund der post-mortem-Strafe fungieren können. In Abwesenheit eines durch die Strafe bewirkten Leidens wäre diese Expressionswirkung *hinreichend* gewesen, um die Strafe zu rechtfertigen.

Eine Expressionstheorie vermag also als *allgemeine* Strafrechtfertigungstheorie nicht zu überzeugen; das sollte aber nicht dazu veranlassen, sie als Strafrechtfertigungstheorie gänzlich über Bord zu werfen. Sie kann in Bezug auf einen bestimmten, eng umgrenzten Bereich von Strafhandlungen – nämlich in Bezug auf die Strafhandlungen, mit denen faktisch kein Leiden zugefügt wird – verteidigt werden. In Bezug auf diese Strafhandlungen gilt, dass der Expressionscharakter der Strafe ein Strafrechtfertigungskriterium im Sinne einer hinreichenden Bedingung der Strafrechtfertigung sein kann.

2 Kommunikation

Bei einem meiner Aufenthalte in der JVA Essen verblüffte mich ein Gefangener im Anschluss an eine intensive Diskussion um Strafen und Schuld mit der folgenden Einlassung: Er sitze jetzt über 20 Jahre für verschiedene Delikte im Gefängnis, könne aber das Gejammer seiner Mithäftlinge über ihre Strafen nicht mehr ertragen und habe dafür kein Verständnis. Er akzeptiere, dass jede Aktion von ihm eine Reaktion auf Seiten des Staates hervorrufe. Natürlich habe er gehofft, die Konsequenz eines Gefängnisaufenthaltes für seine Taten zu vermeiden, das habe nun aber leider nicht geklappt. Was er getan habe, habe er in dem Wissen getan, dass es diese Konsequenz haben könne, und damit müsse er leben. Er habe daher keinen Grund, sich darüber zu beschweren, dass der Staat auf genau die Weise auf seine Handlungen reagiert habe, wie er es angekündigt habe. Ihm sei immer bewusst gewesen, dass diese Konsequenz sich einstellen könnte. – Was mich frappierte war die Konsequenz, mit der der Inhaftierte seine Strafe als Kaufpreis, den er für eine Straftat zu zahlen bereit sein müsse, interpretierte. Er interpretierte die Sanktion, die ihm zuteilwurde, als *penalty*, als eine vorher in Form eines sozialen Arrangements angekündigte mögliche negative Konsequenz im Falle eines Normverstoßes. Dabei war ihm völlig bewusst, dass „die andere Seite" das nicht so sah und mit seiner Bestrafung eine Missbilligung seiner Tat ausdrücken wollte. Er unterlag keinesfalls der irrigen Annahme, der Staat habe ihn mit der Androhung einer Strafe lediglich freundlicherweise darüber informieren wollen, dass er auch für die nächste Vergewaltigung mit einigen Jahren Gefängnis zu zahlen habe. Er identifizierte den Expressionsakt der „anderen Seite" völlig korrekt, übernahm aber nicht deren Perspektive. Es kam keine Kommunikation zwischen ihm und der strafenden Instanz zustande. Während die Expressivität der Strafe vom Strafenden ausgeht, ist Kommunikation ein beidseitiger Prozess, und den gab es hier nicht.

Kommunikationstheorien der Strafe, die in neuerer Zeit vor allem von Robert Nozick und Antony Duff vertreten wurden,[74] betonen diese Zweiseitigkeit und konzipieren Strafe als ein Geschehen, dass einerseits eine Botschaft an den Gestraften (und die Gesellschaft) aussendet, andererseits aber auch darauf abzielt, diesen zu einer Entgegnung zu veranlassen, die dann Kommunikation herstellt. Die Grundidee der Theorie ist, dass die Strafe einen Aufforderungscharakter hat und den Gestraften zu einer Einsicht in die Falschheit des Normverstoßes auffordert, die dann ihrerseits zu einer Verhaltensänderung führen soll. Der wichtigste Vertreter der Kommunikationstheorie, Duff, erläutert dies wie folgt:

> A criminal trial is also a communicative enterprise in which a citizen is called to answer a charge of wrongdoing and to take part in the process by which that charge is tested. If he is convicted, his conviction communicates to him (and to others) the censure that he has been proved to deserve for his crime. He is expected (but not compelled) to understand and accept the censure as justified: to understand and accept that he committed a wrong for which the community now properly censures him. His trial and conviction thus address him and seek a response from him as a member of the political community who is both bound and protected by its laws.
>
> An important aspect of communication in both these contexts is that it aims not merely to secure present understanding and assent but to affect future conduct. In defining certain kinds of conduct as public wrongs, the law seeks to persuade citizens (those who need persuading) to refrain from such conduct. That aim is internal to the law insofar as it consists in such declarations and definitions of wrongs, since to declare certain kinds of conduct to be wrong is to urge those to whom the declarations are addressed to refrain from such conduct. [...] They communicate the censure that those wrongs deserve; internal to censure is the intention or hope that the person censured will accept it as justified; and to accept censure as justified is to accept that one did wrong, which entails repenting that wrong and seeing the need to avoid such wrongdoing in future. (Duff 2001, 80)

Bietet die Kommunikationstheorie mit ihrem Hinweis auf ein Kommunikationsgeschehen eine adäquate Beschreibung des Strafens? Ist sie also als deskriptive Theorie überzeugend? Sicherlich nur mit zwei Einschränkungen. Zum einen: Wenn man von „Kommunikation" nur dann spricht, wenn der Expressionsakt *und* eine Entgegnung von Seiten des Adressaten vorliegen, dann kommt – wie das soeben genannte Beispiel aus der JVA Essen deutlich machen sollte – der Kommunikationsakt nicht immer zustande, wenn eine Strafe vorliegt. Es kann sein, dass der Täter „verstockt" ist, auf die Aufforderung zur Einsicht in sein Fehlverhalten nicht reagiert, oder dass er durch den Expressionsakt infolge kognitiver Einschränkungen gar nicht mehr erreichbar ist. Die Strafe allein kann also Kommunikation nicht herstellen; allenfalls kann Strafe mit der *Absicht* zur Herstellung von Kommunikation verbunden sein. Auch in Bezug auf diese Absicht ist noch eine Einschränkung erforderlich: Zweifellos sind Strafen nicht immer, sondern nur manchmal – und in diesen Fällen sicherlich nicht begriffsnotwendig, sondern empirisch – mit dieser Intention zur Herstellung von Kommunikation verbunden. Offensichtlich ist es auch möglich, jemanden zu strafen, ohne eine Kommunikation, also eine Entgegnung seinerseits, zu intendieren. Die soziale Strafe, die in der Kundgabe von Verachtung und Abwendung besteht, geht kaum mit der Intention einher, den Adressaten dieser Strafe zu einer Entgegnung aufzufordern; vielmehr ist Verachtung üblicherweise mit Abwendungsverhalten und Kommunikationsabbruch verbunden. Auch eine Todesstrafe ist schwerlich als eine Aufforderung zur Kommunikation zu verstehen, weil es dem Delinquenten notorisch schwerfällt, sich nach einem Vollzug der Todesstrafe noch zu ihr zu verhalten. Man kann hier nichts Verbindlicheres sagen als: *Manchmal* gehen Strafen mit der Intention einher, ihren Adressaten zu einer Entgegnung in Form einer Einsicht in den Unrechtcharakter des eigenen Tuns zu veranlassen. Aber sicher nicht immer.

Wie steht es um die Kommunikationstheorie als eine Rechtfertigungstheorie der Strafe? Auch als Rechtfertigungsgrundlage für Strafen kommt sicherlich nicht der Kommunikationsakt selbst – wiederum verstanden als Expression plus darauf reagierende Entgegnung des Adressaten des Expressionsaktes – in Frage, sondern allenfalls die Intention, einen solchen Kommunikationsakt herzustellen. Andernfalls nämlich – wenn die Kommunikation selbst Rechtfertigungsgrundlage der Strafe sein sollte – ließe sich jeder Strafe die Rechtfertigungsgrundlage einfach durch Verweigerung der Kommunikation entziehen. Jeder Adressat der Strafe kann ja problemlos den Kommunikationsprozess, der dadurch in Gang gesetzt werden soll, sabotieren, indem er *nicht* auf die Aufforderung, den Unrechtcharakter des eigenen Tuns einzusehen, reagiert, sich „verstockt" zeigt und die Strafe ausschließlich als Ausdruck einer feindlichen Gesinnung interpretiert. Sollte Kommunikation selbst die Rechtfertigungsgrundlage der Strafe sein, könnte also jeder Adressat einer Strafe diese durch Kommunikationsverweigerung zu einer nicht gerechtfertigten machen – was eine merkwürdige Folgerung wäre.[75]

Wenn nicht die Kommunikation selbst, sondern die Absicht, Kommunikation herzustellen, Rechtfertigungsgrundlage der Strafe ist, bedeutet dies, dass bestimmte Strafhandlungen von vorneherein als solche ausscheiden, die gerechtfertigt sein können, nämlich diejenigen, die *nicht* mit der Absicht verbunden sind, eine Kommunikation herzustellen, etwa die soziale Strafe, die in der Kundgabe von Verachtung und Abwendung besteht, oder die staatliche Todesstrafe. Ein Anhänger der Kommunikationstheorie könnte diese Konsequenz zweifellos gelassen akzeptieren. So ließe sich plausibel argumentieren, dass die Todesstrafe tatsächlich nicht gerechtfertigt ist, weil sie eine Kommunikation gerade ausschließt. Zwar ist die Inaussichtstellung der Todesstrafe noch mit der Möglichkeit der Kommunikation insofern verbunden, als sie Reue und Läuterung möglich macht, nicht aber ihr faktischer Vollzug. Auf diesen kann nicht mehr reagiert werden. Weil sie zwar einen Expressionsakt darstellt, aber die Vollstreckung der Strafe nicht mit der Intention verbunden ist, eine Entgegnung hervorzurufen, lässt sie sich aus kommunikationstheoretischer Perspektive nicht rechtfertigen.

Stellt es also einen Rechtfertigungsgrund für Strafe dar, wenn sie mit einem Kommunikationsangebot verbunden ist? Diese Frage kann sicherlich nur mit zwei recht weitreichenden Einschränkungen bejahend beantwortet werden. Zum einen muss die Natur des Kommunikationsangebotes qualifiziert werden. Nicht *jedes* Kommunikationsangebot wird einem Kommunikationstheoretiker als ein solches gelten, das die Strafe rechtfertigt. So wird in Orwells *1984* geschildert, dass O'Brien als Repräsentant der totalitär herrschenden Partei den sich gegen die Parteiherrschaft auflehnenden Winston Smith mit Folter und Gehirnwäsche bestraft. Diese Bestrafungshandlung wird aber eingebettet in einen zumindest prima facie durchaus als Kommunikationsgeschehen beschreibbaren Prozess: Der auch mit väterlichen Zügen versehene O'Brien legt Winston Gründe und Ziele der Bestrafung dar, und dieser gelangt infolge der Bestrafung dazu, sein eigenes, von der Parteilinie abweichendes Verhalten als falsch einzustufen und nachhaltig zu ändern.[76] Bekanntlich endet der Roman mit der Bekundung der durch die Gehirnwäsche hervorgerufenen unbedingten Loyalität Winstons zur Partei und dem „Großen Bruder". Damit sind die im obigen Zitat Duffs genannten Bedingungen für das Zustandekommen eines Kommunikationsprozesses durchaus erfüllt. Aber vermutlich würde ein Kommunikationstheoretiker sagen, dass Folter als Kommunikationsangebot durchaus nicht strafrechtfertigend ist. Es handelt sich, darf man mutmaßen, auch für einen Anhänger der Kommunikationstheorie nicht um ein Kommunikationsangebot der richtigen Art. Wenn aber die Natur des Kommunikationsangebotes auf diese Weise qualifiziert werden muss, um als strafrechtfertigend zu gelten, dann besteht das Strafrechtfertigungskriterium auch nicht darin, dass mit der Strafe ein Kommunikationsangebot simpliciter unterbreitet wird, sondern allenfalls darin, dass dieses auf eine bestimmte Weise, z. B. unter Beachtung der Menschenwürde, unterbreitet wird.

Zweitens muss nicht nur die Natur des Kommunikationsangebotes, sondern auch die Natur der Reaktion auf dieses Kommunikationsangebot von einer

Kommunikationstheorie näher qualifiziert werden. Nicht jede Reaktion auf ein Kommunikationsangebot konstituiert Kommunikation. Wer mit Wut, Rache, verstocktem Sich-Abwenden auf die Strafe reagiert, der reagiert zwar auf das Kommunikationsangebot, stellt damit aber keine Kommunikation her. Darum qualifiziert Duff im obigen Zitat die Arten der Reaktion auf ein Kommunikationsangebot, die in der Wahrnehmung dieses Angebotes bestehen, also Kommunikation herstellen, recht restriktiv: Es handelt sich um die Einsicht in eigenes Fehlverhalten und stabile Verhaltensänderung. Nur wenn *diese* Reaktionen vorliegen, kann man nach Duff vom Zustandekommen einer Kommunikation sprechen. Das mit der Strafe verbundene Kommunikationsangebot muss also darauf abzielen, eben diese Reaktionen der Einsicht in eigenes Fehlverhalten und der Verhaltensänderung hervorzurufen, um als strafrechtfertigend gelten zu können.

Wenn dies aber der Fall ist, ist nicht mehr recht ersichtlich, worin sich eine Kommunikationstheorie substantiell von einer Theorie der positiven Spezialprävention unterscheidet. Auch diese behauptet ja, dass das Rechtfertigungskriterium der Strafe ihre Geeignetheit ist, positiv auf den Gestraften in der Weise einzuwirken, dass sein Normbewusstsein gestärkt wird, was nichts anderes heißt, als dass er zur Einsicht in die Falschheit seines Tuns gebracht und auf diese Weise zu normkonformem Verhalten veranlasst wird. Auch für eine Theorie der positiven Spezialprävention ist dabei nicht die faktische spezialpräventive Wirkung (die als solche nie gewiss sein kann), sondern die als wahrscheinlich anzunehmende spezialpräventive Wirkung das Rechtfertigungskriterium für Strafe, so wie für die Kommunikationstheorie nicht die Kommunikation selbst, sondern das Kommunikationsangebot, über dessen Annahme oder Ablehnung zum Zeitpunkt der Strafe keine Gewissheit herrschen kann, das Rechtfertigungskriterium für Strafe darstellt. Wenn, um das Kommunikationsangebot als Strafrechtfertigungskriterium zu plausibilisieren, dieses Angebot selbst und die Wahrnehmung des Kommunikationsangebotes auf die soeben genannten Weisen qualifiziert werden müssen, scheinen Kommunikationstheorie und eine Theorie der positiven Spezialprävention im Wesentlichen zusammenzufallen.[77]

Wenn dies so ist, stellt sich die Frage, ob man den Kommunikationsbegriff verwenden *muss* und sollte, um die Grundidee der Kommunikationstheorie zum Ausdruck zu bringen, oder ob man es nicht von vorneherein dabei belassen sollte, eine Theorie der positiven Spezialprävention zu vertreten und auf die Verwendung des Kommunikationsbegriffes zu verzichten. Grundsätzlich scheint in Kontexten der Strafrechtfertigung eine gewisse Skepsis gegenüber der Kommunikationsrhetorik durchaus angebracht. „Kommunikation" suggeriert Beidseitigkeit, Symmetrie, Gleichberechtigung.[78] Der Kommunikationsbegriff ist daher bestens dazu geeignet, den Machtcharakter der Strafe zu verschleiern. Er lädt dazu ein, die beabsichtigte Leidenszufügung durch Strafe als freundliche Einladung zur Kommunikation zu präsentieren. Auch grausame Strafhandlungen, die auf die Demütigung und Unterdrückung des Gestraften abzielen, können auf diese Weise noch als gütige Angebote zur Kommunikation dargestellt werden. In Michael Hanekes Film *Das weiße Band* – einer eindringlichen Analyse des Zusammenhangs von Strafen und Gewalt – werden die brachialen Strafmaßnahmen dargestellt, die ein Dorfpastor und Lehrer an seinen Kindern vollzieht (Haneke 2009). Er fesselt seinen Sohn mit den Händen ans Bett, um ihn vor „unsittlichen Handlungen" zu bewahren, demütigt seine Tochter öffentlich für belanglose Regelverstöße und lässt seinen Kindern regelmäßig Prügelstrafen zuteilwerden. Diese Strafmaßnahmen sind aber begleitet von Bekundungen väterlichen Wohlwollens und des Willens, die Kinder zur Einsicht in ihr eigenes Fehlverhalten zu bringen und sie dadurch von Schlimmerem abzuhalten. Der Strafende drückt hier also durch die Strafe die Missbilligung der gestraften Handlung aus, versucht aber auch, die Gestraften zur Einsicht in den Unrechtcharakter ihres Tuns und damit zur Normkonformität zu veranlassen. In dem von Duff beschriebenen Sinne ist der Versuch, Kommunikation herzustellen, in Hanekes Film sogar erfolgreich, denn der gewünschte Effekt wird erzielt; die Kinder gelangen tatsächlich dazu, sich für ihre Handlungen zu schämen und sie nach Möglichkeit zu unterdrücken (was aber, das ist der Witz des Films, zu anderen Formen von Gewalthandlungen führt). Die Betonung des kommunikativen Charakters der Strafe ist hier aber ein Mittel, die wahre Motivlage des Strafenden – seine Lust an Leidenszufügung und seinen Wunsch nach Machtausübung und Demütigung – zu verschleiern. Sie dient zur Uminterpretation der Absicht, Leiden zuzufügen, indem sie diese als Resultat einer Erziehungsbemühung darstellt und mit dem Apell versieht, der Gestrafte möge zu seinem eigenen Wohl das Unrecht seines Handelns einsehen.

Es ist daher nur scheinbar paradox – weil der durch den Begriff der Kommunikation nahegelegten Vorstellung von Symmetrie und Beidseitigkeit entgegenstehend –, dass die Kommunikationstheorie einen dezidiert paternalistischen Charakter annehmen kann. Insbesondere Herbert Morris hat eine paternalistische Straftheorie ausdrücklich als eine Form der Kommunikationstheorie vertreten (Morris 1983).[79] Deren Grundidee, die sich bereits in Platons *Gorgias* (476a–479e) ausgedrückt findet, ist, dass dem Gestraften durch die Strafe Gutes, und zwar *für ihn selbst* Gutes, widerfährt, da er dadurch, wenngleich nur durch Zwang und die bittere Medizin der Strafe, „auf den rechten Weg gebracht" und (idealiter) zur Einsicht in die Gültigkeit einer Norm genötigt wird. Die wertmäßige Ambivalenz des Paternalismusbegriffes, der sowohl den positiv konnotierten Aspekt der Fürsorge als auch den negativ konnotierten Aspekt der Bevormundung umfasst, zeigt sich in einer solchen paternalistischen Variante der Kommunikationstheorie sehr deutlich: Strafe steht einerseits dem Willen des Gestraften entgegen, gilt aber andererseits als Maßnahme zur Förderung seines Wohles. Der Kommunikationsbegriff selbst ist bestens dazu geeignet, das zweitgenannte Element hervorzuheben und das erstgenannte, den Zwangscharakter der Strafe, auf problematische Weise in den Hintergrund treten zu lassen.[80] Er kann daher zur Verdeckung der wahren Motivlage des Strafenden eingesetzt werden. Dies sollte Anlass dazu sein, ihn zurückhaltend zu verwenden und auf die Verwendung des Ausdrucks „Kommunikation" in strafrechtfertigungstheoretischen Zusammenhängen zu verzichten, wenn sie verzichtbar ist. Und wenn, wie oben angedeutet wurde, die Grundidee der Kommunikationstheorie auch durch eine Theorie der positiven Spezialprävention ausgedrückt werden kann, dann ist es tatsächlich der Fall, dass auf die Verwendung des Ausdrucks „Kommunikation" schadlos verzichtet werden kann.

3 Resozialisierung

Wie die Expressions- und die Kommunikationstheorie verweist auch die Resozialisierungstheorie auf Folgen einer Strafhandlung. Versteht man sie als Strafrechtfertigungstheorie, besagt sie: Strafe ist genau dann gerechtfertigt, wenn sie zu einer Resozialisierung des Normbrechers führt, also zu seiner Wiedereingliederung in die Gesellschaft und dazu, dass er die Verhaltensdisposition ausbilden wird, in Zukunft normkonform zu handeln. Resozialisierungstheorien, mittlerweile etwas aus der Mode gekommen,[81] wurden vor allem in den 70er und 80er Jahren des 20. Jahrhunderts vertreten und betonen, dass Normbrecher nicht primär als Täter, sondern als Opfer gesellschaftlicher Einflüsse zu sehen sind, die eher der Hilfe als der Bestrafung bedürftig sind. Ein Normbrecher wird als jemand aufgefasst, der sich nicht anders zu helfen weiß, als in Reaktion auf gesellschaftliche Ungleichheiten und Diskriminierungen einen Normbruch zu begehen, so dass die Gesellschaft aufgefordert ist, diese Ungleichheiten und Diskriminierungen zu beseitigen, wie es der lange Zeit führende Vertreter der Resozialisierungstheorie, der amerikanische Psychiater Karl Menninger, ausdrückt:

> Now we, the designated representatives of the society which has failed to integrate this man, which has failed him in some way, hurt him and been hurt by him, should take over. It is *our* move. [...] With knowledge comes power, and with power there is no need for the frightened vengeance of the old penology. In its place should go a quiet, dignified, thera-

peutic program for the rehabilitation of the disorganized one [...] and his guided return to useful citizenship, as soon as this can be effected. (Menninger 1959, 64)

Offensichtlich ist die Resozialisierungstheorie der Theorie der positiven Spezialprävention (also auch der Kommunikationstheorie in der Lesart, in der sie mit der Theorie der positiven Spezialprävention zusammenfällt) sehr ähnlich. Beide Theorien lassen sich jedoch wie folgt voneinander unterscheiden: Während die positive Spezialpräventionstheorie die Rechtfertigung des Strafens, vermittelt über das veränderte Rechtsbewusstsein des Normbrechers, in der Prävention von konkreten Normbrüchen sieht, zielt die Resozialisierungstheorie auf die Besserung des Normbrechers in einem umfassenderen Sinne ab. Ihr zufolge sollte es beim Strafen nicht nur um die Verhinderung zukünftiger Normbrüche gehen, sondern auch umfassender um den Charakter des Täters, der von einem marginalisierten zu einem „nützlichen Mitglied der Gesellschaft" gemacht werden soll.

Es wäre unangemessen, der Resozialisierungstheorie zum Vorwurf zu machen, dass staatliches Strafen de facto nicht die erhofften Resozialisierungswirkungen zeitigt. Ebenso, wie die Plausibilität der Präventionstheorie nicht von der Wahrheit von Annahmen über faktische Präventionswirkungen abhängt, hängt auch die Plausibilität der Resozialisierungstheorie nicht von der Wahrheit von Annahmen über faktische Resozialisierungswirkungen ab. Aufgabe einer Strafrechtfertigungstheorie ist es, ein überzeugendes *Kriterium* der Strafrechtfertigung zu formulieren, nicht zu zeigen, dass Strafen gerechtfertigt sind. Es kann sein, dass das vorgeschlagene Kriterium der Strafrechtfertigung niemals erfüllt ist, aber *als Kriterium* gerechtfertigt ist. Daher ist prinzipiell jede Strafrechtfertigungstheorie mit der Behauptung vereinbar, dass es de facto keine Rechtfertigungsgründe für Strafe gibt, weil das von der Theorie vorgeschlagene Rechtfertigungskriterium niemals erfüllt ist. Wenn eine Resozialisierungstheorie ebenfalls zu diesem Ergebnis führt, spricht das nicht gegen sie; vielmehr sind Resozialisierungstheoretiker tendenziell geneigt, dieser Konsequenz ausdrücklich zuzustimmen.

Insofern Resozialisierungstheoretiker der These zustimmen, dass Strafen *nicht* zur Resozialisierung führen, werden sie die Resozialisierungstheorie mit einem Abolitionismus, also der These kombinieren, dass, da Strafen niemals gerechtfertigt sind, die Institution staatlichen Strafens abgeschafft und durch andere Institutionen ersetzt werden sollte.[82] Aus zwei Gründen liegt es nahe, dies zu tun. Zum einen ist die Annahme, dass Strafen de facto zur „Wiedergutwerdung" der Normbrecher führen, zumindest in Bezug auf staatliches Strafen empirisch nicht sehr plausibel. Während diejenigen Verteidiger einer Theorie der negativen Generalprävention, die die Präventionswirkung von Strafen nicht nur als Strafrechtfertigungskriterium ansehen, sondern zudem auch meinen, dass Strafen tatsächlich eine Präventionswirkung zeitigen, ins Feld führen können, dass es empirisch plausibel ist anzunehmen, dass Strafandrohungen tatsächlich in einigen Fällen zur Unterlassung von Normbrüchen führen werden, ist die Annahme, dass staatliches Strafen eine resozialisierende Wirkung haben sollte, nicht gleichermaßen plausibel. Wer sich – wie der Verfasser dieses Textes – einmal in einer JVA für Jugendstrafvollzug von den dort inhaftierten Jugendlichen hat vorschwärmen lassen, in welchem Ausmaß sie doch während der Zeit ihrer Inhaftierung mit Methoden der effektiven Begehung von Straftaten vertraut gemacht worden seien, die ihnen vorher komplett fremd gewesen seien, der wird erhebliche Zweifel an der resozialisierungsfördernden Wirkung staatlichen Strafens haben.[83] Zum anderen leuchtet nicht recht ein, warum gerade eine staatliche Strafe der Königsweg zu einer Resozialisierung des Täters sein sollte. Um das Ziel der Resozialisierung zu erreichen, scheinen andere Methoden naheliegender. Warum sollten wir jemanden, um ihn in die Gesellschaft zu integrieren, aus dieser ausgrenzen, indem wir ihm eine Freiheitsstrafe oder eine Geldstrafe zumuten und ihn durch Strafe stigmatisieren? Zielführender erschienen hier Maßnahmen, die auf die Integration des Täters in die Gesellschaft abzielen, also Sozialprogramme oder Maßnahmen zur Verbesserung der sozialen Bedingungen, unter denen Täter leben, um möglichst schon im Vorfeld der möglichen Begehung einer Straftat dafür zu sorgen, dass deren tatsächliche Begehung unwahrscheinlicher wird. Naheliegend wäre es auch, auf geschehene Taten mit Resozialisierungsprogrammen statt mit Strafen zu reagieren. Dass die Absicht, jemandem Leiden zuzufügen, die adäquate Reaktion auf einen geschehenen Normverstoß als Mittel zur Resozialisierung des Täters sein soll, scheint geradezu abwegig. Victor Hugo schildert in *Les Misérables*, dass ein Bischof den Straftäter Jean Valjean gerade durch den Verzicht auf Strafe, durch Verzeihen und in ihn gesetztes Vertrauen, zu einem besseren Menschen macht (Hugo 1862, 128–132 [Buch II, Kap. XII]). Mag diesem literarischen Szenario auch ein gutes Maß an sozialromantischer Verklärung des Werts des Verzeihens innewohnen, so ist doch die Annahme, dass Verzeihen jemanden zu einem besseren Menschen macht, nicht wirklichkeitsferner als diejenige, dass seine Besserung durch eine langjährige Gefängnisstrafe erreicht werden kann.

Es liegt daher nahe, Resozialisierungstheorien als Theorien aufzufassen, die die Institution staatlichen Strafens nicht verteidigen, sondern sie kritisieren und die *an Stelle* staatlichen Strafens die Resozialisierung des Täters zu setzen vorschlagen. Sie sind dann Straf*alternativ*theorien. Statt der staatlichen Strafe, so würde dann die These lauten, bedarf es der Resozialisierung; diese, nicht Strafen, wird dann auch dazu führen, dass in der Zukunft Straftaten unwahrscheinlicher und zukünftige Normverstöße minimiert werden. In dieser Lesart sieht sich die Resozialisierungstheorie jedoch mit mindestens fünf Problemen konfrontiert.

Erstens kommt sie in den Verdacht, überoptimistisch zu sein, wenn sie meint, dass die positiven Wirkungen von Strafhandlungen, die diese unter präventionstheoretischen Gesichtspunkten rechtfertigen könnten, *vollständig* statt durch die Abschreckungswirkung der Strafandrohung durch Resozialisierung herbeigeführt werden könnten. Zwar verweisen Vertreter von Strafalternativtheorien zu Recht gegen Theorien der negativen Generalprävention darauf, dass, selbst wenn Strafen eine Abschreckungswirkung haben, diese nur dann als Rechtfertigungskriterium für Strafen gelten kann, wenn zusätzlich gezeigt wird, dass die positiven Effekte in Form eines Präventionseffektes nicht auf andere Weise als durch Strafen herbeigeführt werden können (vgl. Golash 2005, 38–43). Die Annahme, dass wir auf Strafen gänzlich verzichten könnten und ausschließlich durch prophylaktische Maßnahmen oder Resozialisierung von Tätern eine Reduktion von Straftaten, also die erwünschten positiven Folgen, erreichen könnten, scheint allerdings illusionär. Dass die Bestrafung eines Steuerhinterziehers abschreckende Wirkungen hat und dadurch geeignet ist, andere von Steuerhinterziehung abzuhalten, scheint eine plausiblere Annahme als diejenige, dass sich Steuerhinterziehungen durch Resozialisierungsprogramme verhindern lassen. Viele Steuerhinterzieher sind zudem bereits bestens in die Gesellschaft integriert. Sie bedürfen keiner Resozialisierung.

Zweitens geht mit diesem Überoptimismus die Neigung einiger Autoren einher, alle Täter zu Opfern gesellschaftlicher Deformationen zu verklären. Das sind sie nicht. Nicht alle Straftaten sind plausibel als Ausdruck gesellschaftlicher Benachteiligung zu sehen. Der typische Steuerhinterzieher ist nicht der in sozial depravierten Verhältnissen aufgewachsene und der Hilfe und Unterstützung Bedürftige, der von der Gesellschaft an den Rand gedrängt wurde. Er hinterzieht nicht Millionen Euro Steuergelder, weil ihm die Gesellschaft herzloserweise das ihm zustehende Maß an sozialer Gerechtigkeit und an Ressourcen verweigert hätte.

Drittens: Auch Resozialisierungstheorien gestehen die Notwendigkeit von Freiheitseinschränkungen im Falle von Tätern zu, die eine Gefährdung für die Allgemeinheit darstellen. Diese Freiheitseinschränkungen werden aber als Maßregelvollzug und damit als von Strafen unabhängige Mittel zur Herbeiführung eines Zustandes minimierter Normverstöße aufgefasst. Sie werden so interpretiert, dass sie Sicherungsverwahrungen, also Maßnahmen zum Schutz der Öffentlichkeit, aber keine Strafen sind. Es fällt jedoch schwer, deutlich zu machen, worin sich diese Maßnahmen von Strafen unterscheiden sollen, und nach der in Kapitel I entwickelten Terminologie wären sie auch fraglos als Strafen zu bezeichnen. Sie so zu bezeichnen benimmt einem nicht die Möglichkeit, sie weiterhin von *Vergeltungs*strafen abzugrenzen,[84] also offenzuhalten, ob diese Strafen auch als verdient interpretiert werden sollten. Es wirkt aber der Tendenz entgegen zu suggerieren, strafende Maßnahmen seien normativ weniger problematisch, wenn man sie nicht Strafen nennt. Es ist nicht überzeugend, die Institution des Strafens zu kritisieren und für die Ersetzung von Strafen durch Resozialisierungsmaßnahmen zu plädieren, indem man Maßnahmen, die de facto Strafen sind, einfach in resozialisierende Maßnahmen umbenennt. Eine Resozialisierungstheorie gerät in den Verdacht der Doppelzüngigkeit, wenn sie einerseits für die Abschaffung von Strafen plädiert, aber andererseits Maßnahmen gutheißt, die faktisch Strafen sind.[85]

Viertens muss sich die Resozialisierungstheorie grundsätzlich vorhalten lassen, auf provokante Weise täterzentriert zu sein und die Bedürfnisse und Ansprüche der Opfer auszublenden. Welche Maßnahmen als Reaktion auf einen Normverstoß angezeigt sind, hängt eben nicht nur davon ab, ob sie zur Besserung des Täters beitragen. Zu berücksichtigen sind auch die Wünsche und Gefühle der Opfer, und diese könnten geeignet sein, die Institution des Strafens ungeachtet der Tatsache zu rechtfertigen, dass Resozialisierung ein besserer Weg zur Wiedereingliederung des Täters in die Gesellschaft wäre als Strafe. Abgesehen davon kann aus retributivistischer Perspektive darauf verwiesen werden, dass Gerechtigkeitserfordernisse einen von Folgenerwägungen ganz unabhängigen Rechtfertigungsgrund für Strafen darstellen könnten. Es kann nicht einfach postuliert werden, dass einzig die Auswirkungen der Strafe auf den Täter Strafrechtfertigungsgrund sind.

Fünftens schließlich trägt eine als Strafalternativtheorie verstandene Resozialisierungstheorie, wenn sie wirklich durch Argumente untermauert werden soll, eine erhebliche Begründungslast. Sie muss zeigen, dass *alle* anderen Strafrechtfertigungstheorien scheitern, und zwar in dem Sinne, dass entweder das von alternativen Theorieangeboten vorgeschlagene Kriterium der Strafrechtfertigung nicht überzeugend ist oder dass dieses Kriterium zwar überzeugend ist, aber niemals erfüllt sein kann und Strafe deswegen niemals gerechtfertigt sein kann. Entweder muss z. B. Vergeltung als Strafrechtfertigungskriterium zu verwerfen sein oder es muss der Fall sein, dass Vergeltung zwar ein überzeugendes Strafrechtfertigungskriterium ist, aber dieses niemals erfüllt sein kann – und das muss mutatis mutandis auch in Bezug auf alle anderen Theorien gezeigt werden. Damit hat ein Anhänger der Resozialisierungstheorie viel zu tun, aber nur, wenn er dies bewerkstelligt, hat er seine Position überzeugend begründet.

Angesichts dieser Schwierigkeiten bietet es sich an, die Resozialisierungstheorie in einer vergleichsweise harmlosen Variante, in der sie sich als kritikresistent erweist, zu vertreten. Man kann Resozialisierung, statt sie als Strafrechtfertigungskriterium aufzufassen oder an die Stelle der Strafe setzen zu wollen, als ein ebenfalls anzustrebendes Ziel der Behandlung von Tätern der Strafe an die Seite stellen.[86] Niemand wird ernsthaft in Frage stellen, dass die Resozialisierung von Tätern ein wünschenswertes Ziel darstellt. Keine Strafrechtfertigungstheorie fasst Strafe per se als etwas Erfreuliches auf – auch eine retributivistische nicht, die nur behauptet, dass *wenn* ein Normverstoß vorliegt, die Strafe notwendig und geboten ist, aber nicht abstreiten würde, dass es besser wäre, wenn diese Notwendigkeit angesichts des Fehlens eines Normverstoßes gar nicht entstünde. Idealiter aber würde die Resozialisierung eines Täters jede weitere Strafe überflüssig machen. Darum hat niemand, egal, welche Straftheorie er favorisiert, Anlass, der These zu widersprechen, dass jede Strafe, die dies nicht ihrer Natur nach ausschließt (wie z. B. die Todesstrafe), mit dem Bemühen um die Resozialisierung des Täters vereinbar sein sollte; ist sie dies nicht, ist sie kritikwürdig, weil sie einem Ziel zuwider läuft, das man, ganz unabhängig von Strafrechtfertigungsgründen, gutheißen wird. Das Resozialisierungsbemühen qualifiziert insofern die Weise der Straf*vollstreckung*: Wenn eine Strafhandlung, auf der Grundlage welcher rechtfertigungstheoretischen Argumente auch immer, *als Strafhandlung* als gerechtfertigt gilt, schließt dies nicht aus, dass es Seitenbedingungen gibt, die beim Vollzug der Handlung zu beachten sind. Zu diesen gehört, dass die Strafvollstreckung die Möglichkeit der Resozialisierung nicht unterminiert. Die Resozialisierungstheorie hat also in dieser Lesart durchaus ein Verdienst: Sie verweist darauf, dass die Strafvollstreckung Resozialisierungsbemühungen nicht entgegenlaufen darf.

IV Strafe als Vergeltung

Den in Kapitel II untersuchten Präventionstheorien sowie den ebenfalls auf die Folgen von Strafhandlungen bezogenen Expressions-, Kommunikations- und Resozialisierungstheorien, von denen in Kapitel III die Rede war, werden üblicherweise Vergeltungstheorien der Strafe, von denen in den folgenden beiden Kapiteln die Rede sein soll, entgegengesetzt. Am Ende des folgenden Kapitels wird die These stehen, dass diese Entgegensetzung kategorial falsch ist. In ihrer plausibelsten Lesart, so die These, ist die Vergeltungstheorie kein Konkurrenzangebot zur Präventionstheorie, sondern ihre Ergänzung. Sie sollte nicht als Strafrechtfertigungstheorie, sondern als Theorie des Strafverstehens aufgefasst werden, die als solche mit jeder Rechtfertigungstheorie kompatibel ist. Zunächst wird die Vergeltungstheorie vorläufig charakterisiert (1), um dann drei Versuche, sie als Strafrechtfertigungstheorie zu verteidigen, nämlich durch die Bezugnahme auf das Talionsprinzip (2.1), auf den Begriff des Verdienstes (2.2) oder den der Angemessenheit (2.3), zu erörtern und als ungenügend zurückzuweisen. Im Folgenden wird diskutiert, inwiefern Vergeltung als ästhetische Kategorie (3) oder als hermeneutische Kategorie (4) verstanden werden kann. Dabei wird die Grundidee eines hermeneutischen Retributivismus skizziert (4.1), in deren Licht das Verhältnis von Vergeltung und Prävention bestimmt (4.2) und die sinnkonstituierende Funktion des Verstehens von Strafen als Vergeltungsstrafen deutlich gemacht wird (4.3).

1 Eine Charakterisierung der Vergeltungstheorie

Es ist üblich, Vergeltungstheorien dem deontologischen Theoriestrang in der normativen Ethik zuzuordnen und sie als solche den konsequentialistischen Strafrechtfertigungstheorien, zu denen die in den beiden vorhergehenden Kapiteln untersuchten Theorien gezählt werden, gegenüberzustellen. Aber abgesehen davon, dass diese Entgegensetzung die grundsätzlichen Schwierigkeiten der Unterscheidung zwischen Deontologie und Konsequentialismus, der Differenzierung zwischen einer „Handlung an sich" und den „Handlungsfolgen", mit sich führt (vgl. Bennett 1995, 189–195), ist auch die Koppelung zwischen Vergeltungstheorie und Deontologie keinesfalls zwingend.[87] Eine Vergeltungstheorie, welche die Vergeltung eines Normbruchs in der Befriedigung von Vergeltungsbedürfnissen erblickt, hat deutlich konsequentialistischen Charakter. Sie sieht das Strafrechtfertigungskriterium in bestimmten Handlungsfolgen, nämlich der durch die Strafhandlung bewirkten Befriedigung der als „Vergeltungsbedürfnisse" bezeichneten Präferenzen und Interessen. Aus eben diesem Grund greift auch die gängige Gegenüberstellung von „rückwärtsgewandten", ausschließlich auf die vergangene Tat selbst bezogenen Retributionstheorien und „vorwärtsgewandten", auf die Folgen der Strafhandlung bezogenen Präventionstheorien zu kurz. Zumindest einige, nämlich die auf Vergeltungsbedürfnisse bezogenen Varianten der Retributionstheorie, sind durchaus „vorwärtsgewandt".[88] Sie werden in Kapitel V behandelt werden. Im gegenwärtigen Kapitel hingegen soll von nicht-konsequentialistischen Varianten des Retributivismus die Rede sein.[89]

Nicht-konsequentialistische Varianten eines Retributivismus sind in negativer Hinsicht dadurch gekennzeichnet, dass ihnen zufolge die Folgen einer Strafhandlung *nicht* relevant für deren Rechtfertigung sind. Als wichtigster Vertreter einer solchen retributivistischen Theorie gilt Kant, der in der *Metaphysik der Sitten* schreibt:

> *Richterliche Strafe* [...] kann niemals bloß als Mittel, ein anderes Gute zu befördern, für den Verbrecher selbst, oder für die bürgerliche Gesellschaft, sondern muß jederzeit nur darum wider ihn verhängt werden, *weil er verbrochen hat*; denn der Mensch kann nie bloß als Mittel zu den Absichten eines anderen gehandhabt und unter die Gegenstände des Sachenrechts gemengt werden, wowider ihn seine angeborne Persönlichkeit schützt, ob er gleich die bürgerliche einzubüßen gar wohl verurteilt werden kann. Er muss vorher *strafbar* befunden sein, ehe noch daran gedacht wird, aus dieser Strafe einigen Nutzen für ihn selbst oder seine Mitbürger zu ziehen. Das Strafgesetz ist ein kategorischer Imperativ, und, wehe dem! welcher die Schlangenwindungen der Glückseligkeitslehre durchkriecht, um etwas aufzufinden, was durch den Vorteil, den es verspricht, ihn von der Strafe, oder auch nur einem Grade derselben entbinde, nach dem pharisäischen Wahlspruch: „es ist besser, daß ein Mensch sterbe, als daß das ganze Volk verderbe"; denn, wenn die Gerechtigkeit untergeht, so hat es keinen Wert mehr, daß Menschen auf Erden leben. (MS A196f. [AA VI, 331f.])

Die Passage ist nicht sehr klar. Die Forderung, richterliche Strafe dürfe niemals „bloß als Mittel" zur Beförderung eines anderen Guten fungieren, lässt offen, dass sie *auch* als ein solches Mittel verwendet, also zur Förderung von Präventionseffekten, eingesetzt werden darf und dass ihre Rechtfertigbarkeit *auch* davon abhängt, dass sie geeignet ist, diese Präventionseffekte zu zeitigen. Die unmittelbar folgende Formulierung, Strafe müsse jederzeit „nur darum" verhängt werden, weil jemand „verbrochen", also gegen eine Norm verstoßen hat, legt hingegen nahe, dass die Folgen der Strafhandlung für die Rechtfertigung der Strafverhängung überhaupt keine Rolle spielen dürfen. Der ersten Behauptung könnte problemlos auch ein Präventionstheoretiker zustimmen, der ja ebenfalls nicht behaupten würde, dass der durch die Strafe erzielte Präventionseffekt hinreichend für ihre Rechtfertigung ist, sondern darauf hinweisen würde, dass zusätzlich gilt, das nur die Schuldigen bestraft werden dürfen; der zweiten Behauptung, die Präventionseffekte als auch nur notwendige Bedingung für Strafrechtfertigung ausschließt, müsste er hingegen seine Zustimmung verweigern. Einer ähnlichen Mehrdeutigkeit unterliegen die folgenden Sätze. Während es nahe liegt, die unklare „vorher ... ehe noch"-Konstruktion im folgenden Satz so aufzufassen, dass, wenn der Normbrecher für „strafbar" befunden wurde, aber auch erst dann, die Präventionswirkung bei der Strafzumessung eine Rolle spielen darf, was wiederum einen Präventionstheoretiker nicht zum Widerspruch provozieren müsste, weist der folgende, auf die Kategorizität des Strafgesetzes verweisende Satz eher in die Richtung, dass die durch die „Glückseligkeitslehre" zu ermittelnden positiven oder negativen Folgen des Strafens überhaupt keine Rolle für die Frage nach der Legitimität von Strafe spielen dürften, da man andernfalls, Gerechtigkeitserfordernisse ignorierend, von einer Strafe mit Hinweis auf ihren fehlenden Nutzen absehen könnte. Der Passus erlaubt also verschiedene Lesarten; eine davon ist, dass Kant die Folgen einer Strafhandlung als für die Frage nach der Legitimität dieser Strafhandlung gänzlich irrelevant betrachtet.

Was aber, wenn nicht die Folgen einer Strafhandlung, vermag diese zu rechtfertigen? Kants Aussagen, jemand sei zu strafen, „nur darum [...] weil er verbrochen hat" oder weil er für „strafbar" befunden sei, sind nicht sehr hilfreich. Was heißt: „strafbar sein" oder „verbrochen haben"? Der schlichte Hinweis auf die Tatsache eines Normverstoßes hat hier weder einen Erklärungswert noch wäre er als Verweis auf eine Rechtfertigungsgrundlage für Strafe erhellend, da man ja gerade wissen möchte, *warum* auf den Normverstoß eine Strafe zu folgen hat. Eine naheliegende Lesart der Formulierung ist: Dem nicht-konsequentialistischen Retributivismus zufolge legitimiert die im Normbruch zum Ausdruck kommende *moralische Schuld* des Normbrechers die Strafe. Präziser: Die moralische Schuld des Normbrechers ist dieser Position zufolge ein hinreichender Grund für die Strafe. Mit dieser Aussage wird auch die Differenz zwischen dem (nicht-konsequentialistischen) Retributivismus und der Präventionstheorie markiert. Diese besteht nicht etwa darin, dass dem Retributivismus zufolge nur die Schuldigen bestraft werden dürften, der Präventionstheorie zufolge hingegen nicht. Der Aussage, dass nur die Schuldigen bestraft werden dürfen, würden vielmehr beide, sowohl Retributions- als auch Präventionstheoretiker zustimmen. (Dass die Präventionstheorie ihrem eigenen Anspruch, das Schuldprinzip zu integrieren, allerdings nicht gerecht werden kann, wurde bereits gezeigt.) Die Differenz besteht vielmehr darin, dass die Schuld des Normbrechers für den Präventionstheoretiker eine *notwendige* Bedingung der Strafrechtfertigung ist (zu der die Präventionswirkung als weitere notwendige

Bedingung hinzukommen muss), für den Retributionstheoretiker hingegen eine nicht nur notwendige, sondern zugleich auch *hinreichende* Bedingung. Sie ist alles, was nötig ist, um die Strafe zu rechtfertigen. Liegt sie vor, ist eine Strafe gerechtfertigt, und zwar in dem Sinne, dass es – wie Kant sehr deutlich macht, wenn er betont, dass die Strafe vollstreckt werden „muss" – nicht nur erlaubt, sondern sogar eine Pflicht ist zu strafen.[90]

2 Begründungen des nicht-konsequentialistischen Retributivismus

Ein Retributionstheoretiker behauptet also, dass die moralische Schuld eines Normbrechers ein hinreichender Rechtfertigungsgrund für seine Bestrafung ist. Man wüsste allerdings gerne, warum dies so ist. Wie lässt sich der prima facie durchaus rätselhafte Übergang von

(1) „P hat schuldhaft gegen eine Norm verstoßen" zu
(2) „P ist zu bestrafen"

begründen? Es taucht das Problem auf, dass der Übergang nicht zu bewerkstelligen ist, wenn (1) als rein deskriptiver Satz aufgefasst wird, denn in diesem Fall folgt aus der deskriptiven Feststellung, dass jemand moralisch schuldig ist, nicht die normative Aussage, dass er zu bestrafen ist. Wird aber (1) nicht als rein deskriptiv, sondern als präskriptiv aufgefasst, dann ist das zu begründende normative Element bereits in den Schuldbegriff eingeschrieben, so dass die Begründung zirkulär zu werden droht. Die Frage ist dann, warum der Schuldbegriff in einem normativen Sinne derart zu verstehen ist, dass jemanden moralisch schuldig zu nennen eo ipso heißt, dass er bestraft werden sollte.

Es bedarf also offensichtlich einer weiteren Prämisse, um den Übergang von (1) zu (2) zu begründen. Wenig hilfreich ist es, sich hier auf ein Postulat der Gerechtigkeit zu berufen, also zu sagen, dass die Bestrafung derer, die schuldhaft gegen eine Norm verstoßen haben, geboten ist, weil eine solche Bestrafung gerecht ist. Damit ist nicht viel gesagt, solange nicht deutlich ist, welches Verständnis von „Gerechtigkeit" hier vorausgesetzt wird. Geht man von einem allgemeinen Verständnis von Gerechtigkeit aus, dem zufolge Gerechtigkeit darin besteht, „jedem das Seine" zukommen zu lassen, fragt sich immer noch, worin „das Seine" besteht.[91] Und warum kommt dem moralisch Schuldigen „das Seine" zu, wenn er bestraft wird? Je nachdem, wie hier der Ausdruck „das Seine" inhaltlich gefüllt wird, haben Retributionstheoretiker verschiedene Prinzipien in Anschlag gebracht, um den Übergang von (1) zu (2) als Gerechtigkeitspostulat zu begründen.[92] Dass jemand, der gestraft wird, „das Seine" erhält, wenn er schuldhaft gegen eine Norm verstößt, könnte bedeuten, dass er mit der Strafe

(i) etwas erhält, was dem Normbruch *gleich* ist;
(ii) etwas erhält, was er *verdient*;
(iii) etwas erhält, was dem Normbruch *angemessen* ist.

Diesen drei Lesarten von „das Seine" entsprechen drei straflegitimierende Prinzipien – das Prinzip, dass Gleiches mit Gleichem zu vergelten ist, das Prinzip, dass der Normbrecher erhalten sollte, was er verdient, und das Prinzip, dass der Normbrecher erhalten sollte, was dem Normbruch angemessen ist –, die im Folgenden diskutiert werden sollen. Diese Prinzipien können als „Brückenprinzipien" aufgefasst werden, die den Übergang von (1) zu (2) legitimieren sollen. Offensichtlich sind aber solche Brückenprinzipien selbst einer Begründung bedürftig.[93] Wie könnten sich also die genannten drei Prinzipien begründen lassen?

2.1 Auge um Auge, Zahn um Zahn – das Talionsprinzip

Das erste der soeben genannten drei Prinzipien wird von Kant verteidigt: das Talionsprinzip, das, allgemein gesprochen, besagt, dass Gleiches mit Gleichem zu vergelten sei. Dem Normbrecher soll demnach genau das zugefügt werden, was er, den Normbruch bewirkend, getan hat. Dadurch wird der Normbruch auf eine Weise ausgeglichen, die über einen bloßen Schadensersatz (sofern dieser überhaupt möglich ist) hinausgeht: Ausgeglichen wird nicht nur der Schaden, der mit dem Normbruch bewirkt wird,[94] sondern auch die moralische Schuld des Normbrechers, für den die Strafe die Funktion einer Buße hat, deren Ableistung bedeutet, dass die Schuld getilgt und in diesem Sinne der Normbruch „ausgeglichen" wird.

Diese Position, der zufolge Gleiches mit Gleichem zu vergelten ist, wird von Kant ausdrücklich als ein Postulat der Gerechtigkeit eingeführt:

> Nur das *Wiedervergeltungsrecht* (ius talionis) [...] kann die Qualität und Quantität der Strafe bestimmt angeben; alle andere sind hin und her schwankend, und können [...] keine Angemessenheit mit dem Spruch der reinen und strengen Gerechtigkeit enthalten. (MS A197f. [AA VI, 332])

Kant nennt hier *zwei* Parameter, an denen sich die Gleichheit von Normbruch und Strafe bemessen soll: die Qualität, also die Art der Strafe, und die Quantität, also die Strafschwere, worunter Kant das Ausmaß versteht, in dem die Strafe den Gestraften leiden lässt. Qualitativ gleichwertig sind Strafe und Normverstoß nach Kants Verständnis offenbar dann, wenn die Strafhandlung den gleichen Handlungstypus repräsentiert wie der Normverstoß; quantitativ gleichwertig sind sie dann, wenn die Strafe das gleiche Ausmaß an Leiden bewirkt wie der Normverstoß. Dass die quantitative Gleichwertigkeit von Normverstoß und Strafe sich an diesem hedonistischen Maß bemisst, heißt natürlich nicht, dass auch die Tatschwere selbst bei Kant nach einem hedonistischen Maß bemessen würde – ein leidensfreier Giftmord ist für Kant sicherlich ein schwereres Verbrechen als eine schwere Körperverletzung mit nachhaltigen Leidensfolgen. Qualitative Gleichwertigkeit von Normverstoß und Strafe wird von Kant in den Fällen als hinreichender Strafrechtfertigungsgrund veranschlagt, in denen es *möglich* ist, dass die Strafhandlung dem gleichen Handlungstypus zugehört wie die Handlung des Normbruchs. So ist es möglich, auf Tötungshandlungen mit Tötungshandlungen zu reagieren, weswegen Kant die Todesstrafe als mit der begangenen Tat qualitativ gleichwertig verteidigt:

> Hat er aber gemordet, so muss er *sterben*. Es giebt hier kein Surrogat zur Befriedigung der Gerechtigkeit. Es ist keine *Gleichartigkeit* zwischen einem noch so kummervollen Leben und dem Tode, also auch keine Gleichheit des Verbrechens und der Wiedervergeltung, als durch den am Thäter gerichtlich vollzogenen [...] Tod. (MS A199 [AA VI, 333])

Offensichtlich ist aber, dass, wie natürlich auch Kant sieht, die Strafhandlung mit dem Normbruch nicht immer qualitativ identisch sein *kann*. Genau genommen liegt, da zwei Situationen niemals identisch sind, völlige qualitative Gleichheit sogar niemals vor: Selbst im Falle der Todesstrafe kann argumentiert werden, dass der Normverstoß (grob gesprochen) dem Handlungstypus „jemanden ohne zureichenden Grund töten", die Strafhandlung hingegen einem anderen Handlungstypus, nämlich dem Handlungstypus „jemanden in Reaktion auf eine von ihm vorgenommene Tötungshandlung bestrafen" zuzuordnen ist. In anderen Fällen ist die Unmöglichkeit einer dem Normbruch qualitativ gleichwertigen Strafhandlung noch viel offensichtlicher. Wenn A die Tochter Bs tötet, kann man A vermutlich nicht bestrafen, indem man seine Tochter tötet, denn vielleicht hat er keine. Wenn A B beleidigt, kann man A möglicherweise nicht bestrafen, indem man ihn beleidigt, denn vielleicht prallen alle Beleidigungsversuche an ihm ab. Auch wenn jemand die Nationalhymne verunglimpft oder Kinderhandel betreibt, ist schwer zu sehen, wie man ihm eine qualitativ gleichwertige Strafe angedeihen lassen könnte. In solchen Fällen ist laut Kant dem Talionsprinzip Genüge getan, wenn Normverstoß und Strafhandlung quantitativ gleichwertig sind, also die Gleichheit zwar nicht „nach dem Buchstaben", aber doch „der Wirkung nach, respective auf die Empfindungsart" der Betroffenen besteht (MS A198 [AA VI, 332]), also, so wird man Kant verstehen dürfen, die Strafe das gleiche Ausmaß an Leiden bewirkt wie der Normbruch. So etwa sei eine Beleidigung durch eine Kränkung zu bestrafen, die derjenigen der Beleidigung gleichkäme, etwa indem der Beleidigende zu öffentlicher Abbitte und Demuts- und Unterwerfungsgesten gezwungen würde. Im Falle der Vergewaltigung hält Kant Kastration, im Falle der Unzucht mit Tieren Ausstoß aus der bürgerlichen Gesellschaft als quantitativ gleichwertige, also ein gleiches Leidensquantum bewirkende Strafen für angemessen (MS B171 [AA VI, 363]).

Diese Konzeption sieht sich, schon was die Anwendung des Talionsprinzips angeht, einigen Schwierigkeiten ausgesetzt. Zum einen erweist sich die Annahme, dass bei Unmöglichkeit qualitativer Gleichheit dem Talionsprinzip einfach durch quantitative Gleichheit von Normbruch und Strafe Genüge getan werden könnte, als problematisch. Es ist fraglich, ob die von Kant für den Fall einer Unmöglichkeit qualitativer Gleichheit von Normbruch und Strafe vorgeschlagenen „Ersatzstrafen" tatsächlich quantitativ, also hinsichtlich des Leidensquantums, dem Normverstoß gleichzusetzen sind. Dass eine Kastration das gleiche Ausmaß an Leiden bewirkt wie eine Vergewaltigung, der Ausstoß aus der bürgerlichen Gesellschaft das gleiche Ausmaß an Leiden für den Täter wie dieser der Gesellschaft durch Unzucht mit Tieren zugefügt hat, scheint eine durch nichts weiter begründete Vermutung. Aufgrund der Abhängigkeit der Strafschwere von der Rezeptivität des Adressaten für die jeweilige Sanktionsmaßnahme ist nicht zu sehen, wie sich objektiv bestimmen lassen könnte, welcher Straftypus das gleiche Ausmaß an Leiden bewirkt wie ein bestimmter Normbruch. Dem einen mag durch eine Geldstrafe das gleiche Ausmaß an Leiden zugefügt werden wie dem anderen durch Führerscheinentzug. Selbst unter der Voraussetzung, dass das durch Normbrüche bewirkte Leiden messbar ist, gilt: Strafen lassen sich nicht quantitativ bestimmten Normbrüchen in der Weise zuordnen, dass die Strafe immer gleich viel Leiden bewirkt wie der Normbruch.

Damit hängt folgendes Problem zusammen: Die beiden von Kant angesetzten Gleichheitsparameter „Quantität" und „Qualität" können miteinander unvereinbar sein. Es kann sein, dass eine qualitative Gleichheit von Normbruch und Strafe deren quantitative Gleichheit gerade ausschließt. Wenn A dem B durch Diebstahl eines Geldbetrages ein bestimmtes Ausmaß an Leid zugefügt hat, bedeutet das nicht, dass A eben dieses Ausmaß an Leid durch eine qualitativ gleichwertige Strafe, also eine Geldstrafe, erfahren würde; möglicherweise ist ihm der Verlust von Geld egal. Entsprechend kann die quantitative Gleichheit von Normbruch und Strafe gerade qualitative Unterschiedlichkeit fordern. Auch dies ist eine Folge dessen, dass verschiedene Adressaten unterschiedlich auf Sanktionsmaßnahmen reagieren. Selbst in Bezug auf die Todesstrafe, die Kant als der damit vergoltenen Tötungshandlung qualitativ gleichwertig ansieht, gilt: Der Tod (und die Aussicht darauf) mag für den einen ein Grauen, für den anderen eine Erlösung sein. Die Strafschwere ist also nicht die gleiche, nur weil die Strafhandlung gleicher Art ist wie der Normbruch. Um quantitative Gleichheit zwischen Mord und Strafe zu erreichen, könnte es sein, dass man den einen Mörder zum Tod, den anderen zu Zwangsarbeit und den dritten zu einer empfindlichen Geldstrafe verurteilen muss.

Man muss sich also entscheiden, ob man sich an den Gleichheitsparameter der Qualität *oder* an den der Quantität halten will. Hält man sich aber an den der Qualität, können zwei qualitativ dem Normbruch gleichwertige Strafen ein so dermaßen unterschiedliches Ausmaß an Leiden bewirken, dass man in Bezug auf diese dem Normbruch qualitativ gleichen Strafen nicht mehr davon sprechen wollen wird, dass durch sie „Gleiches mit Gleichem" vergolten wird. Wenn ein Mord erhebliches Leiden verursacht, die Verurteilung zum Tode aber dem einen Mörder ein Grauen, dem anderen eine Erleichterung ist, wird zumindest in Bezug auf den zweitgenannten Mörder die Todesstrafe nicht bedeuten, dass „Gleiches mit Gleichem vergolten" wird. Hält man sich hingegen an die Bemessungsgrundlage der quantitativen Gleichheit von Normbruch und Strafe, können die erforderlichen Strafmaßnahmen von der Art des Normbruchs vollkommen verschieden sein und müssen nicht mehr dem gleichen Handlungstypus angehören wie dieser; auch dann würde man in vielen Fällen nicht mehr davon sprechen wollen, dass durch die Strafe, die dann eben einem ganz anderen Handlungstypus angehört als der Normbruch, „Gleiches mit Gleichem vergolten" wird. Wenn dem Mörder seine Hinrichtung egal ist, ihm aber durch Führerscheinentzug so viel Leiden zugefügt wird, wie er seinem Opfer zugefügt hat, würde man nicht sagen, dass durch die Bestrafung des Mordes mit Führerscheinentzug „Gleiches mit Gleichem vergolten wird". Entweder würde uns die qualitative Differenz zwischen Normbruch und Strafe oder die quantitative Differenz zwischen dem durch den Normbruch bewirkten und dem durch die Strafe bewirkten Leiden daran hindern zu sagen, dass durch eine Strafmaßnahme das Prinzip „Gleiches ist mit Gleichem zu vergelten" umgesetzt wird.[95]

Diese Probleme der Anwendung des Talionsprinzips lassen sich auch dann nicht lösen, wenn man den Ausdruck „Quantität" der Strafe nicht, wie bisher in Übereinstimmung mit dem Wortlaut des Kantischen Textes geschehen, auf die Strafschwere, also das durch die Strafe bewirkte Leiden, sondern auf die Quantität der verhängten Sanktionen selbst bezieht. Hält man sich an dieses Verständnis von „Quantität", würde z. B. eine dreijährige Gefängnisstrafe quantitativ eine zweijährige überwiegen, selbst dann, wenn beide Strafmaßnahmen bei einem Strafadressaten das gleiche Ausmaß an Leiden bewirken. Eine Strafe könnte dann als quantitativ gleich nur mit einer anderen Strafe eingestuft werden. Eine zweijährige Gefängnisstrafe wäre trivialerweise einer zweijährigen Gefängnisstrafe quantitativ gleich. Eine Strafe könnte dann aber nicht mehr dem durch den Normbruch bewirkten Leiden quantitativ gleich sein. Die Rede davon, dass durch die Strafe „Gleiches mit Gleichem vergolten wird", die sich auf die Relation der Gleichheit zwischen Strafe und Normbruch bezieht, würde dann also ihren Sinn verlieren. Gleichheit könnte nur noch als Gleichheit zwischen einzelnen Strafmaßnahmen, nicht mehr als Gleichheit zwischen Strafe und Normbruch postuliert werden.

Selbst wenn man aber von den bisher genannten Problemen absieht oder deren Lösbarkeit unterstellt, bleibt die Frage offen, warum eine Gleichheit von Normverstoß und Strafe der Grund dafür sein soll, dass auf diesen Normverstoß mit Strafe zu reagieren ist. Es ist dann immer noch nicht ersichtlich, was eine Strafe von bloßem Imitationsverhalten unterscheidet. Wieso sollte eine Gleichheit zwischen Normverstoß und Strafe, wie auch immer diese auszubuchstabieren sein mag, etwas sein, was eine Strafe von der bloßen beabsichtigten Zufügung von Leiden unterscheidet und sie damit rechtfertigt? Es ist auch kaum mehr als Rhetorik, hier einfach zu behaupten, dass das Talionsprinzip eine „Forderung der Gerechtigkeit" sei; denn wenn Gerechtigkeit darin besteht, „jedem das Seine" zukommen zu lassen, gilt es hier ja gerade die Frage zu beantworten, warum „das Seine" in dem besteht, was dem Normbruch – qualitativ und/oder quantitativ – gleich ist. Solange diese Frage unbeantwortet bleibt, hängt das Talionsprinzip als ein Prinzip, das Strafe ohne Bezugnahme auf Folgen von Strafhandlungen rechtfertigen soll, begründungstheoretisch in der Luft.

Man kann auch ein im Begriff der Gleichheit liegendes Problem darin sehen, dass das Prinzip, dass die Strafe, soweit möglich, qualitativ der bestraften Handlung gleich sein soll, konsequenterweise fordern müsste, dass sie dieser auch hinsichtlich ihrer *moralischen* Qualität entsprechen sollte. So müsste z. B. ein Vergeltungstheoretiker in der hier betrachteten Variante Mord nicht einfach durch die Tötung des Mörders, sondern durch Mord vergelten, denn nur dann wäre Gleiches mit Gleichem vergolten. Mord aber ist durch Mordmerkmale wie niedrige Beweggründe (z. B. Mordlust oder Befriedigung des Geschlechtstriebs) oder eine besonders verwerfliche Begehungsweise (z. B. Heimtücke oder Grausamkeit) definiert; also müsste, um dem Gleichheitspostulat zu genügen, wer gemordet hat, auch in einer Weise getötet werden, die durch eines dieser Mord definierenden Merkmale gekennzeichnet ist. Wer z. B. einen anderen auf grausame Weise zu Tode gebracht hat, müsste auf ebenso grausame Weise oder heimtückisch oder auf andere einen Mord kennzeichnende Weise zu Tode gebracht werden. Die negative moralische Qualität des Normbruchs würde sich also auf die Strafhandlung übertragen, was dem Anspruch des Talionsprinzips, die Strafe als moralisch gerechtfertigt auszuweisen, entgegenliefe.

Die genannten Schwierigkeiten sowohl in Bezug auf die Anwendung des Talionsprinzips als auch in Bezug auf seine Rechtfertigung lassen sich auch am Beispiel sozialer Strafen demonstrieren. Angenommen, Herr A betrügt seine Ehefrau Frau B. Frau B wird mit Gefühlen der Gekränktheit und Empörung reagieren. Was aber wäre unter Zugrundelegung des Talionsprinzips die angemessene soziale Strafe? Qualitativ ist der Normverstoß als Ehebruch zu qualifizieren. Will Frau B also qualitativ Gleiches mit Gleichem vergelten, müsste sie sich aufmachen, schnellstmöglich ihrerseits einen Ehebruch zu begehen. Aber es ist keineswegs gesagt, dass diese qualitative Gleichheit einer quantitativen entspräche. Vielleicht ist Herr A gegenüber Ehebrüchen indifferent und reagiert darauf mit achselzuckender Gleichgültigkeit. In diesem Fall würde der Ehebruch als Reaktion auf Ehebruch gerade nicht Gleiches mit Gleichem vergelten. Hält sich Frau B hingegen an die Interpretation von „Gleichheit" im Sinne quantitativer Gleichheit, müsste sie in diesem Fall zu anderen Maßnahmen als zu Ehebruch greifen, um Gleiches mit Gleichem zu vergelten, d. h. um Herrn A genauso sehr leiden zu lassen, wie sie unter seinem Ehebruch gelitten hat. Diese Maßnahmen – ob sie nun in konsequenter Abwendung, Einreichung eines Scheidungsantrages oder in offen aggressivem Verhalten bestehen – können aber vom Ehebruch As qualitativ dermaßen verschieden sein, dass man auch hier nicht mehr davon sprechen würde, dass „Gleiches mit Gleichem vergolten", also das Talionsprinzip angewendet wird. Und auch hier tauchen die genannten Probleme in Bezug auf die Begründung des Talionsprinzips auf: Selbst wenn es Frau B gelingt, Gleiches mit Gleichem zu vergelten, etwa indem sie Herrn A durch ihren Ehebruch so viel Leiden zufügt wie ihr durch den seinen zugefügt wurde, bleibt die Frage, was ihr Verhalten von bloßem Imitationsverhalten unterscheidet, immer noch eine offene Frage. Wieso wird Frau Bs Ehebruch aufgrund der Tatsache, dass sie dadurch Gleiches mit Gleichem vergilt, richtig?

Insgesamt zeigt sich: Das Talionsprinzip wirft sowohl hinsichtlich seiner Anwendung als auch hinsichtlich seiner Rechtfertigung unlösbare Probleme auf. Weder ist ersichtlich, wie die Parameter der qualitativen und der quantitativen Gleichwertigkeit von Normverstoß und Strafe miteinander in Einklang gebracht werden sollen, noch ist ein Argument dafür in Sicht, dass das Prinzip geeignet ist, Strafen zu rechtfertigen. Der grimmigen Einschätzung Schopenhauers, Kants Verteidigung des Talionsprinzips sei „sinnleer" und bringe eine „völlig grundlose und verkehrte Ansicht" (Schopenhauer 1859, ZA II, 433) zum Ausdruck, mag man die Zustimmung kaum verweigern.

2.2 Verdienst als Rechtfertigungsgrund für Strafe?

Das Talionsprinzip wurde als ein „Brückenprinzip" aufgefasst, das den Übergang von der Aussage, dass jemand moralisch schuldhaft gehandelt hat, zu derjenigen, dass er zu bestrafen ist, begründen soll. Eine weitere Möglichkeit, diesen Übergang zu begründen, besteht darin, dass man als Brückenprinzip das Prinzip ansetzt, dass jemand, der schuldig ist, Strafe *verdient*. Der Verdienstbegriff steht im Zentrum zahlreicher Retributionstheorien.[96] Häufig wird die Grundidee der Retributionstheorie durch die schlichte These wiedergegeben, dass ein Normbrecher (also jemand, der moralisch schuldhaft gegen eine Norm verstoßen hat), bestraft werden sollte, *weil* er Strafe verdient und aus keinem anderen Grund.[97]

Diese Begründung setzt sich allerdings dem Verdacht der Zirkularität aus. Zirkulär wird sie dann, wenn „Verdienst" als normativer Ausdruck aufgefasst wird, so dass „Er verdient Strafe" gar nichts anderes bedeutet als „Er sollte gestraft werden" oder „Es ist richtig, dass er gestraft wird". Häufig verwenden wir den Ausdruck „verdienen" in einem solchen normativen Sinne. Zu sagen, dass jemand etwas verdient, ist dann gleichbedeutend damit, dass er es erhalten sollte. „Er verdient das" heißt häufig nichts anderes als: „Das geschieht ihm recht" oder: „Es ist richtig, dass er es erhält". Verwenden wir den Verdienstbegriff auf diese Weise, wird mit „Es ist richtig, ihn zu strafen, weil er Strafe verdient" nichts Anderes gesagt als „Es ist richtig, ihn zu strafen, weil es richtig ist, ihn zu strafen". In diesem Fall wird also die Handlungsvorschrift, die der Begründung gerade bedarf und die durch Hinweis auf das Verdienst des Normbrechers begründet wird, bereits in den Verdienstbegriff eingeschrieben. Wer eine retributivistische Theorie damit begründen will, dass Strafe verdient ist, und den Verdienstbegriff selbst als normativ auffasst, der vertritt einen zirkulären, mithin unbefriedigenden Retributivismus.[98]

Um einen solchen zirkulären Retributivismus zu vermeiden, könnte der Retributivist den Verdienstbegriff so auffassen, dass er nicht normativ ist, sondern eine *evaluative* Eigenschaft bezeichnet, also auf etwas verweist, was ein Ding wert macht, an dem teilzuhaben oder das zu bekommen, was es verdient.[99] „Etwas verdienen" hieße dann: es wert oder würdig sein, das, was man verdient, zu bekommen. „Er verdient den Preis für die beste Bachelorarbeit" z. B.

hieße dann „Die Bachelorarbeit (und damit auch er als ihr Verfasser) besitzt eine Werteigenschaft, die ihn würdig macht, den Preis zu erhalten", „Der Mörder verdient für den Mord lebenslange Freiheitsstrafe" hieße: „Der Mord (und damit auch der Mörder) hat eine negative Werteigenschaft, aufgrund derer der Mörder es wert ist, mit lebenslangem Freiheitsentzug bestraft zu werden". Auch in diesem Fall überzeugt es aber nicht, mit dem Hinweis auf ein Verdienst begründen zu wollen, dass jemand gestraft werden sollte, denn von einem evaluativen Urteil kann nicht ohne weiteres auf ein normatives Urteil übergegangen werden. Werteigenschaften sind nicht intrinsisch normativ; das Gute ist nicht eo ipso das Gesollte.[100] Eine Strafrechtfertigung würde aber für den Retributivismus den Nachweis erfordern, dass Strafe nicht nur eine evaluative, sondern eine deontische Qualität hat, nämlich die des Gebotenseins. Diese deontische Aussage würde aber durch den Hinweis auf die Werteigenschaft des Verdienstes nicht begründet.

Eine dritte Möglichkeit besteht darin, den Verdienstbegriff nicht als normativ und nicht als evaluativ, sondern als *askriptiv* aufzufassen. Fasst man den Verdienstbegriff askriptiv auf, ist die Aussage „A verdient X für Y" als eine emphatische Form der Zuschreibung zu verstehen. Mit ihr wird das, wofür jemand etwas verdient – die *Verdienstbasis* – der Person, die es verdient, als etwas, was *sie* getan hat, zugeschrieben. Wer sagt „Er verdient den Preis für die beste Bachelorarbeit" drückt mit der Verwendung des Ausdrucks „verdient" eine bestimmte Relation zwischen der Verdienstbasis und dem Verdienenden aus: Es war wirklich *seine* Bachelorarbeit; sie war kein Zufallsprodukt und nicht plagiiert; er hat sie hervorgebracht und ist daher für sie (im positiven Sinne) verantwortlich. Und in „Der Mörder verdient für den Mord lebenslange Haft" wird mit „verdient" ausgedrückt: Es war wirklich er, der Mörder, der die Tat begangen hat und dem sie zuzuschreiben ist. Es war kein Widerfahrnis, kein Zufall, kein bloßes Geschehen. Für dieses Verständnis des Verdienstbegriffes als eines askriptiven Begriffes spricht, dass es ermöglicht, zwanglos zu erklären, dass wir in den Kontexten, zu denen Preisverleihungen und Strafen gehören, bestimmte Eigenschaften als Verdienstbasis zulassen und andere nicht. Dass jemand eine exzellente Bachelorarbeit verfasst hat, ist eine mögliche Verdienstbasis dafür, dass er den Preis für die beste Bachelorarbeit erhält, dass er aus einer angesehenen Wissenschaftlerfamilie kommt, ist es hingegen nicht. Dies ist der Fall, weil aus einer angesehenen Wissenschaftlerfamilie zu kommen nichts ist, was der Person in dem Sinne zugeschrieben werden kann, in dem ihr zugeschrieben werden kann, eine exzellente Bachelorarbeit verfasst zu haben. Letzteres ist etwas, was die Person getan hat, dessen Urheber und Autor sie ist, ersteres etwas, was der Person widerfahren ist, nichts, was sie getan hat. Darum würden wir die erstgenannte Eigenschaft nicht als Verdienstbasis für die Verleihung eines Preises auffassen.[101]

Fasst man den Verdienstbegriff in diesem Sinne als Zuschreibungsbegriff auf, vermeidet man einen zirkulären Retributivismus, weil dann nicht schon in den Verdienstbegriff eingeschrieben ist, dass man das Verdiente auch erhalten sollte. Man vermeidet zudem das Problem, dass aus evaluativen Eigenschaften kein Gebotensein folgt. Allerdings reicht auch dann der Hinweis auf ein Verdienst als Strafrechtfertigungsgrundlage nicht aus. Dies hat mindestens zwei Gründe. Zum einen lässt die Tatsache, dass die Verdienstbasis der Person, die etwas verdient, in dem soeben erläuterten Sinne zugeschrieben werden kann, völlig offen, *was* die Person verdient. Wenn durch den Ausdruck „verdienen" ausschließlich eine Relation zwischen dem Verdienenden und der Verdienstbasis hergestellt wird, ist damit nichts über das dritte Relatum der Verdienstrelation, also das Verdiente, gesagt. Warum sollte jemand für eine Bachelorarbeit einen Preis und nicht bloß Schulterklopfen und Lob verdienen? Warum sollte jemand für einen Mord Strafe und nicht irgendetwas anderes verdienen? Ein askriptiver Verdienstbegriff kann diese Fragen nicht beantworten. Zum anderen – und mit dem soeben genannten Punkt zusammenhängend – gilt: Dass jemand eine Strafe verdient, kann auch bei einem Verständnis des Verdienstbegriffes als eines askriptiven Begriffes allenfalls eine notwendige, keine hinreichende Bedingung dafür sein, dass er diese erhalten sollte. Aus „P verdient X für Y" folgt nicht „P sollte X erhalten". So folgt aus „P verdient den Preis für die beste Bachelorarbeit" nicht „P sollte den Preis für die beste Bachelorarbeit erhalten". Man kann widerspruchsfrei dem ersten Satz zustimmen und dem zweiten die Zustimmung verweigern, nämlich weil man glaubt, dass man den Preis nach von Verdienst ganz unabhängigen Kriterien vergeben sollte. Hat ein Kandidat, der den Preis nicht verdient, seinen Suizid für den Fall angekündigt, dass er den Preis nicht erhält, und erachtet man die Verhinderung eines Suizids für wichtiger als Verdiensterwägungen, kann man finden, dass jemand, der den Preis nicht verdient, ihn erhalten sollte. Und genauso kann man widerspruchsfrei glauben, dass jemand Strafe verdient, aber nicht bestraft werden sollte. Die Kriterien des Sollens können von denen des Verdienstes ganz unabhängig sein.[102]

Man könnte daher vermuten, dass der Verdienstbegriff begründungstheoretisch überflüssig ist und dass man auf ihn, da er für die Frage der Strafbegründung keine Funktion erfüllt, verzichten sollte. Warum sollte man das Urteil, dass jemand etwas erhalten sollte, nicht direkt mit dem Hinweis auf die Verdienstbasis begründen, ohne den Verdienstbegriff selbst als Begründungsgrundlage in Anspruch zu nehmen? Statt umständlich zu sagen: „Er sollte den

Preis erhalten, weil er ihn verdient, denn er hat eine exzellente Arbeit geschrieben" kann man auch knapper sagen: „Er sollte den Preis erhalten, weil er eine exzellente Arbeit geschrieben hat"; statt zu sagen „Er sollte eine lebenslange Freiheitsstrafe erhalten, weil er diese Strafe verdient" und auf die Nachfrage nach der Verdienstbasis hinzuzufügen: „Er verdient die Strafe für den von ihm begangenen Mord" können wir gleich sagen: „Er sollte mit lebenslanger Freiheitsstrafe bestraft werden, weil er einen Mord begangen hat". Der Verdienstbegriff scheint für eine Strafbegründung schlicht redundant.

Diese Folgerung wäre jedoch vorschnell. Zwar stimmt es, dass der Hinweis auf ein Verdienst die Strafe nicht rechtfertigend begründen kann. Wohl aber gilt in bestimmten Kontexten, dass der Hinweis auf ein *fehlendes* Verdienst eine angenommene Rechtfertigungsgrundlage für Strafen unterminieren kann. Dass der Person, von der gesagt wird, dass sie etwas (z. B. Strafe) verdient, das, wofür sie etwas verdient, zugeschrieben werden kann, ist kein Rechtfertigungsgrund für Strafen, aber das Fehlen dieser Zuschreibungsmöglichkeit kann manchmal einen Grund dafür darstellen, dass sie diese Strafe *nicht* erhalten sollte.[103] So kann man der Meinung sein, dass Kinder und Jugendliche, weil sie aufgrund ihrer beschränkten Einsichtsfähigkeit bestimmte Strafen *nicht* verdienen, diese auch nicht erhalten sollten, ohne aber der Meinung zu sein, dass sie, hätten sie diese Einsichtsfähigkeit, die Strafe erhalten sollten.[104] Verdienst liefert also keinen Rechtfertigungsgrund für Strafen, aber der Hinweis auf das Fehlen dieses Verdienstes kann einen Anfechtungsgrund für die Behauptung darstellen, dass jemand gestraft werden sollte. Dies wird in den Kapiteln VIII und IX auszuführen sein, in denen es wesentlich darum gehen wird zu zeigen, dass fehlende Willentlichkeit oder fehlende Absichtlichkeit Entschuldigungsgründe darstellen können, die die Annahme, dass jemand Strafen verdient, unterminieren können.

2.3 Angemessenheit der Strafe als Rechtfertigungsgrund?

Will man als Retributivist die Schwierigkeiten des Verdienstbegriffes umgehen, liegt es nahe, auf den Begriff der Angemessenheit Bezug zu nehmen, um den Übergang von „P hat moralisch schuldhaft gegen eine Norm verstoßen" zu „P sollte bestraft werden" zu begründen.[105] Als Brückenprinzip wäre dann also anzusetzen, dass eine Strafe einem moralisch schuldhaften Normverstoß angemessen ist. Dabei ist der Begriff der Angemessenheit von dem der Proportionalität bzw. Verhältnismäßigkeit zu unterscheiden, der bei der Diskussion der Präventionstheorien verwendet wurde. Bei der Diskussion des Verhältnismäßigkeitsprinzips ging es darum, dass die Schwere einer Strafe der Schwere des Normverstoßes entsprechen muss, weswegen z. B. Mord schwerer zu bestrafen ist als Schwarzfahren. Im Folgenden hingegen ist die Rede davon, dass die Strafe selbst dem schuldhaften Normverstoß angemessen sein müsse. Die reklamierte Angemessenheitsrelation ist dann also keine zwischen der Schwere des Normverstoßes und der Schwere der Strafe, sondern zwischen Normverstoß und Strafe simpliciter.

Die Aussage, dass jemand zu bestrafen ist, weil die Strafe seinem Normverstoß angemessen ist, gerät zunächst ebenso in Zirkularitätsverdacht wie diejenige, dass er zu bestrafen ist, weil er eine Strafe verdient. Auch „angemessen" wird häufig als normativer Ausdruck verwendet. Zu sagen, dass etwas angemessen ist, heißt dann nichts anderes, als dass es richtig ist. In diesem Fall kann der Hinweis auf Angemessenheit offenbar keine Begründungsgrundlage für ein Richtigkeitsurteil darstellen.[106] Zu sagen, dass es richtig ist, jemanden für einen Normverstoß zu bestrafen, weil die Strafe dem Normverstoß angemessen ist, hieße dann wiederum nichts anderes als zu sagen, dass es richtig ist, den Normverstoß zu bestrafen, weil es richtig ist. Um Zirkularität dieser Art zu vermeiden, muss man auch hier den Ausdruck „Angemessenheit" so auffassen, dass er nicht *rein* normativ ist. Was also, außer dass die Strafe richtig ist, kann es heißen, die Strafe als dem Normverstoß angemessen zu bezeichnen? Zwei allgemeine Vorüberlegungen zu Angemessenheitsaussagen sind hier am Platz.

Erstens: Angemessenheit ist eine mindestens zweistellige Relation. Etwas ist etwas angemessen. Die Benotung ist der Qualität der Seminararbeit, eine Zurechtweisung einem Fehlverhalten angemessen, eine Entschuldigungsgeste ist einem vorhergehenden Fehltritt, ein defensives Fahrverhalten einer bestimmten Verkehrslage angemessen, und ein bestimmter Lohn ist einer Arbeit angemessen. Aussagen der Art „X ist angemessen" sind daher elliptische Rede. Über ihre Wahrheit oder Falschheit befinden zu wollen, ohne das zweite Relatum der Angemessenheitsrelation explizit zu machen, wäre ein vergebliches Unterfangen. Wir können nicht sagen, ob ein Preis, ein Lohn, eine Strafe, eine Note, eine Entschuldigungsgeste simpliciter „angemessen sind". Vorher müssen wir festlegen, was das zweite Relatum der Angemessenheitsrelation ist. Je nachdem, wie dieses Relatum festgelegt wird, kann die Wahrheit oder Falschheit eines Angemessenheitsurteils variieren. Fragen wir z. B., ob ein Lohn einer Arbeit angemessen ist, müssen wir fragen, was genau hier mit „Arbeit" gemeint ist. Ist die Frage z. B., ob der Lohn der subjektiven Mühe, die in die Arbeit eingeflossen ist, oder ob er dem Wert des Produkts angemessen ist, das aus der Arbeit entstanden ist? Je nachdem, welches Relatum man ansetzt, kann die Angemessenheitsaussage einen anderen Wahrheitswert annehmen, denn natürlich ist es möglich, dass eine Arbeit zwar ein hohes Maß an subjektiver Mühe bedeutet, aber der Wert des Produkts recht gering ist (und umgekehrt). Ebenso gilt in Bezug auf die Aussage, dass die Strafe einem Normbruch angemessen ist, dass man hier präzisieren muss, was mit „Normbruch" gemeint ist, ehe man über die Wahrheit der Angemessenheitsaussage entscheiden kann. Je nachdem, wie man sich hier entscheidet – insbesondere abhängig davon, ob man sich auf die subjektive Schuld des Normbrechers oder auf den von ihm bewirkten Schaden bezieht –, kann die Angemessenheitsaussage einen anderen Wahrheitswert erhalten.

Zweitens ist Folgendes zu beachten. Einige, wenngleich nicht alle Angemessenheitsurteile drücken eine Äquivalenz aus. Mit ihnen wird die Gleichwertigkeit beider Relata behauptet.[107] Wird z. B. gesagt, dass ein Arbeitslohn der Anstrengung des Arbeitenden oder dem Wert des hergestellten Produkts angemessen ist, wird eine solche Gleichwertigkeit behauptet. Um solche Äquivalenzaussagen als wahr oder falsch einstufen zu können, bedarf es des Bezugs auf eine gemeinsame Bemessungseinheit, mittels derer Gleichwertigkeit festgestellt wird. So etwa ist „Der Arbeitslohn ist der Anstrengung des Arbeitenden angemessen" oder „Der Arbeitslohn ist dem Wert des Produkts angemessen" nur dann als wahr oder falsch einzustufen, wenn Arbeitslohn und Anstrengung bzw. Produktwert sich in einer gemeinsamen Bemessungseinheit darstellen lassen. Es muss vorausgesetzt werden, dass beide (z. B.) in monetären Einheiten messbar sind, d. h. dass der Wert der Anstrengung des Arbeitenden bzw. der Wert des Produktes sich monetär darstellen lassen. Auch die Angemessenheitsurteile eines nicht-konsequentialistischen Retributivisten sind plausiblerweise als solche Äquivalenzbehauptungen aufzufassen. Behauptet ein Retributivist, dass eine Strafe einem Normbruch angemessen sei, behauptet er eine Gleichwertigkeit von Strafe und Normbruch. Auch in Bezug auf solche Äquivalenzbehauptungen gilt also, dass über ihre Wahrheit oder Falschheit nur entschieden werden kann, wenn es eine gemeinsame Bemessungsgrundlage gibt, mittels derer über die Gleichwertigkeit der beiden Relata der Angemessenheitsrelation entschieden werden kann.

Zunächst also ist in Bezug auf die Aussage, dass eine Strafe einem Normbruch angemessen ist, zu fragen, was genau hier mit dem zweiten Relatum, also mit „Normbruch", gemeint ist. Zwei Kandidaten zur Präzisierung dieses Ausdrucks kommen in Betracht. Zum einen könnte gemeint sein, dass die Strafe der moralischen *Schuld* des Normbrechers angemessen ist. Zum anderen könnte gemeint sein, dass sie dem *Schaden*, der durch den Normbruch hervorgerufen wurde, angemessen ist. Zur ersten Möglichkeit ist Folgendes zu bemerken. Sagt man, dass eine Strafe der moralischen Schuld des Normbrechers angemessen ist, taucht hier das Problem der Inkommensurabilität auf.[108] Die Äquivalenzbehauptung „Strafe ist der moralischen Schuld des Normbrechers angemessen" kann nicht als wahr oder falsch eingestuft werden, da es keine gemeinsame Bemessungseinheit für Strafe und Schuld gibt, mit Bezug auf die die Äquivalenzbehauptung überprüft werden könnte. Schuld lässt sich nicht in der gleichen Einheit messen wie Strafe. Das Ausmaß der Schuld des Handelnden – wobei die Rede hier ausschließlich von moralischer Schuld ist – bemisst sich, wie noch ausführlich zu zeigen sein wird, am Grad der Freiwilligkeit oder Absichtlichkeit seines Tuns und dem Ausmaß, in dem Entschuldigungsgründe vorliegen. Es ist aber schlicht nicht verständlich zu machen, wie dieser Grad der Freiwilligkeit oder Absichtlichkeit mit der Strafe so verrechnet werden soll, dass die entsprechende Äquivalenzaussage überprüft werden kann. Das Inkommensurabilitätsproblem ist nicht lösbar.

Nicht in gleicher Weise aussichtslos ist hingegen der Versuch, nicht die Schuldhaftigkeit, sondern den durch den Normbruch bewirkten Schaden auf die Strafe als angemessen – im Sinne von: „äquivalent" – zu beziehen. Dabei ist noch offen, worin genau man den durch den Normbruch bewirkten Schaden erblickt. Man kann ihn in der dadurch bewirkten Interessenverletzung erblicken; in diesem Fall ist die Strafe dem Normbruch äquivalent, wenn sie beim Gestraften ein gleiches Ausmaß an Interessenverletzung bewirkt wie dieser durch den Normbruch bewirkt hat.[109] Man kann den Schaden z. B. auch in einer Negation von Rechten durch den Normbrecher sehen; die Strafe ist dann dieser Negation von Rechten äquivalent als eine Restituierung der vom Normbrecher verneinten Rechte. Diese These steht im Zentrum der Straftheorie Hegels (1820, 195–199 [§ 99]). In diesem Fall bemisst sich die Angemessenheit von Normbruch und Strafe an dem Ausmaß, in dem Rechte durch den Normbrecher negiert bzw. durch die Strafe affirmiert werden (wie auch immer die Rede von der Negation oder Affirmierung von Rechten – die sich sowohl auf die Abstreitung dieser Rechte als auch auf deren Verletzung beziehen kann – hier genau auszubuchstabieren sein mag). Oder man kann den Schaden z. B. in einer Vorteilsnahme durch den Normbrecher sehen, der die Strafe insofern äquivalent ist, als sie den Normbrecher Nachteilen aussetzt, die denen äquivalent sind, die er selbst, die Norm brechend, anderen zugemutet hat.[110] In diesem Fall bemisst sich die Äquivalenz von Normbruch und Strafe an der Größe der Vorteile, die sich der Normbrecher durch den Normbruch verschafft, und der Nachteile, die er durch die Strafe erleidet (wobei vereinfachend vorausgesetzt werden muss, dass „Vorteile" und „Nachteile" einheitlich gemessen werden können).

Bezieht man die Angemessenheitsbehauptung auf eine Äquivalenz zwischen Strafe und dem durch den Normbruch bewirkten Schaden, taucht das

Inkommensurabilitätsproblem nicht mehr auf. Es entsteht dann jedoch das Problem, dass die Theorie ihren retributivistischen Charakter verliert. Sieht man nämlich konsequent von der Schuld des Täters ab und betrachtet nur die Äquivalenz von Schaden und Strafe, muss es als gleichgültig gelten, ob der Schaden absichtlich oder unabsichtlich, freiwillig oder unfreiwillig, von einer kompetenten oder einer nicht zurechnungsfähigen Person herbeigeführt wurde. Damit aber geht die Grundidee des Retributivismus verloren, dass moralische Schuld eine notwendige und hinreichende Bedingung für Strafe ist. Zählt als Schaden die Interessenverletzung, die, ob schuldhaft oder nicht, herbeigeführt wurde, ist jemand ungeachtet seiner Schuld für die von ihm bewirkte Interessenverletzung zu bestrafen. Schuldunabhängig hat die Bestrafung auch zu sein, wenn man annimmt, dass der Schaden in einer Negation von Rechten besteht und diese auch dann bewirkt wird, wenn jemand ohne Schuld handelt, oder wenn man annimmt, dass der Normbruch schuldunabhängig eine Vorteilsnahme darstellt. In all diesen Fällen kann zwar die Behauptung der Angemessenheit von Normbruch und Strafe durch Bezug auf eine gemeinsame Bemessungseinheit entschieden werden, aber die Behauptung, dass die Strafe dem Normbruch, d. h. dem Schaden angemessen ist, fängt dann nicht mehr die retributivistische Grundidee ein, dass moralische Schuld eine hinreichende Bedingung für Strafe ist.

Zudem wird unter dieser Interpretation von Angemessenheitsaussagen nicht ersichtlich, ob und wie eine Strafe über einen bloßen Schadensausgleich hinausgeht. Eine der bewirkten Schadenszufügung äquivalente Schädigung des Normbrechers wäre dem Normbruch zwar reziprok; schon Aristoteles betont aber, dass eine Strafe über bloße Reziprozität hinausgeht, da in der Bestimmung der Strafe im Sinne ausgleichender Gerechtigkeit noch andere Faktoren als der bewirkte Schaden, insbesondere die Freiwilligkeit oder Unfreiwilligkeit der Handlung, zu berücksichtigen seien (*Nikomachische Ethik* 1132b [V 8, Abschn. 1]). Wenn etwa – gemäß der ersten der oben unterschiedenen drei Möglichkeiten, den durch den Normbruch bewirkten Schaden zu spezifizieren (Interessenverletzung, Verneinung von Rechten, Vorteilsnahme) – eine Strafe dem Normbruch dann angemessen ist, wenn die Strafe die Interessen des Täters in dem Ausmaß frustriert, in dem er durch den Normbruch die Interessen des Opfers frustriert hat, kann man zwar von einer Gleichwertigkeit von Schaden und Strafe sprechen und sagen, dass die Strafe dem Schaden angemessen ist, aber es wird nicht deutlich, was das „Plus" der Strafe gegenüber einer bloßen Wiedergutmachung darstellt. Es muss nicht, kann aber sein, dass jemandem, der 100 Euro gestohlen hat, soviel Leiden, wie er durch den Diebstahl bewirkt hat, durch die Rückerstattung der 100 Euro an den Geschädigten entsteht. Die Strafe für einen Diebstahl von 100 Euro besteht aber nicht darin, dass der Dieb die 100 Euro zurückgeben muss, sondern in etwas darüber Hinausgehendem. Wenn aber die Gleichwertigkeit von Schaden und Strafe darin besteht, dass eine Äquivalenz zwischen dem Schaden, der durch den Normbruch zugefügt wird, und demjenigen, der dem Normbrecher durch die Strafe zugefügt wird, besteht, wird nicht deutlich, worin dieses „Mehr" der Strafe besteht.

3 Symmetrie des Leidens – Vergeltung als ästhetische Kategorie?

Die vorhergehenden Abschnitte haben gezeigt, dass sich Vergeltung schwerlich als Rechtfertigungsgrundlage für Strafen verteidigen lässt. Wie aber lässt sich der Vergeltungsgedanke dann verstehen? Von Retributionstheoretikern werden in Rechtfertigungskontexten häufig Ausdrücke wie „Gleichheit", „Ausgleich", „Wiederherstellung einer gestörten moralischen Ordnung" und „Wiederherstellen eines Gleichgewichts", an deren metaphorischen Charakter zu erinnern sich lohnt, verwendet. Ausdrücke dieser Art legen die Vermutung nahe, dass der Vergeltungsgedanke (zumindest: auch) eine ästhetische Dimension hat. Retributionstheoretiker erwecken häufig – ungeachtet der Tatsache, dass sie diese Vermutung vehement zurückweisen würden, da sie die Idee des Ausgleichs als Postulat der Gerechtigkeit, also gerade *nicht* als ästhetische Kategorie auffassen – den Eindruck, dass der Forderung nach Gerechtigkeit letztlich ein rein ästhetisches Wohlgefallen an der Wahrnehmung von Symmetrien und dem Gleichgewicht des durch den Täter zugefügten und des ihm durch die Strafe zuteilwerdenden Leidens zugrunde liegt. Man betrachte z. B. die die Grundidee des Retributivismus gut zusammenfassenden Worte des früheren Papstes Pius XII.:

> Die Strafe ist die von Recht und Gerechtigkeit verlangte Reaktion auf die Schuld. Die beiden verhalten sich wie Stoß und Gegenstoß. Die durch die Schuld-Tat verletzte Ordnung verlangt Wiederherstellung und Wiederaufrichtung des gestörten Gleichgewichts. Es ist die wesentliche Aufgabe von Recht und Gerechtigkeit, die Übereinstimmung zwischen dem Sollen auf der einen und dem Recht auf der anderen Seite zu hüten und zu wahren, oder, wenn sie verletzt worden ist, wiederherzustellen. (Pius XII. 1954/55, 221)[111]

Gerade wenn man hinsichtlich der Rechtfertigungsfunktion des Retributionsgedankens skeptisch ist, liegt der Verdacht nahe, dass mit „Gleichgewicht" und „Übereinstimmung" hier primär ästhetische, nicht moralische Kategorien bezeichnet sind. Fragt man, warum der Retributivismus trotz seiner Defizite als Begründungstheorie so enorm wirkmächtig ist und immer wieder neue Anhänger findet, hat jedenfalls die Annahme, dass dies auf ein als solches nicht bewusstes oder nicht kenntlich gemachtes ästhetisches Wohlgefallen an einem Gleichgewicht zwischen dem durch die Tat hervorgerufenen und dem durch die Strafe bewirkten Leiden zurückzuführen ist, eine erhebliche explanatorische Kraft. Die Gestaltpsychologie belehrt uns darüber, dass in vielen Kontexten die Wahrnehmung von Symmetrien ein Gefühl von Wohlwollen hervorruft;[112] das Gefallen an einer Leidenssymmetrie mag nur ein Beispiel mehr hierfür sein. Die Wahrnehmung dieser Symmetrie ist der Wahrnehmung von Schönheit, Harmonie, Eleganz, Ausgeglichenheit und Stimmigkeit in anderen Bereichen, etwa bei der Wahrnehmung eines Kunstwerkes, zumindest nicht unähnlich. Dass der Mörder mit dem Tode bestraft wird, hinterlässt bei einigen Menschen eine Befriedigung, die durchaus nicht als moralische interpretiert werden muss, sondern, aller Gerechtigkeitsrhetorik zum Trotz, eher auf die ästhetische Freude an der (vermeintlichen) Gleichgewichtigkeit dessen, was jemand getan hat, mit dem, was ihm widerfährt, also an der damit erreichten Symmetrie des Leidens, zurückgeführt werden kann.[113] Eine gestörte Ordnung ist wiederhergestellt, ein Gleichgewicht erreicht worden. Dass auch die Strafvollstreckung selbst – im Sinne von Nietzsches „Strafe als Fest" (GM, 2. Abhandl., Abschn. 6 [KSA V, 300–302]) – den Charakter einer ästhetischen Inszenierung, eines Strafschauspiels annehmen kann und, glaubt man Foucault, diesen Charakter bis zum Ende des 18. Jahrhunderts auch typischerweise hatte (vgl. Foucault 1975, insbes. Kap. 2 [44–90]), mag man hierzu in Beziehung setzen. Man kann mutmaßen, dass die von Foucault geschilderten „Strafschauspiele" in der Strafpraxis des 16. und 17. Jahrhunderts in unverstellter und veräußerlichter Weise den ästhetischen Charakter des Vergeltungsgedankens zum Ausdruck brachten, der auch modernen Retributionstheorien noch in sublimierter, weitgehend von Gerechtigkeitsrhetorik verdeckter Form zugrunde liegt.

Wenn dem Vergeltungsgedanken ein primär ästhetisches Wohlgefallen an einer „Symmetrie des Leidens" zugrunde liegt, könnte man hieraus in Bezug auf Fragen der Strafrechtfertigung zwei Arten von Konsequenzen ziehen. Zum einen kann man den Hinweis auf ein ästhetisches Wohlgefallen an der Symmetrie des Leidens so auffassen, dass dieses Wohlgefallen die Wirkmächtigkeit der Retributionstheorie *erklärt*, diese Erklärung aber neutral in Bezug auf Rechtfertigungsfragen ist. Die Genese einer Theorie lässt keine Rückschlüsse auf ihre Geltung zu; dass eine Vergeltungstheorie auf ein ästhetisches Wohlgefallen an einer Leidenssymmetrie zurückgeht, lässt also keine Rückschlüsse auf ihre Wahrheit oder Falschheit zu. Zum anderen könnte man aber auch – gemäß Nietzsches Diktum in der *Geburt der Tragödie*, „dass nur als ästhetisches Phänomen das Dasein der Welt *gerechtfertigt* ist" (GT, Vorrede, Abschn. 5 [KSA I, 17]) – den primär ästhetischen Charakter des Vergeltungsgedankens zum Anlass nehmen, eine ästhetische Strafrechtfertigung in den Blick zu nehmen. Man würde sich damit zur ästhetischen Grundlage des Vergeltungsgedankens bekennen und diese als nicht-moralischen Rechtfertigungsgrund für Strafen interpretieren. Etwas überpointiert formuliert: Strafe ist nicht gerecht, aber schön, und Schönheit kann Gerechtigkeit übergeordnet werden. So wie man in Williams' Gauguin-Beispiel den ästhetischen Wert der Werke Gauguins so hoch ansetzen mag, dass dessen Realisierung es rechtfertigt, dass Gauguin zur Produktion dieser Werke seine Familie verließ und damit gegen eine moralische Norm verstieß, mag man auch den ästhetischen Wert der wahrgenommenen Leidenssymmetrie so hoch ansetzen, dass dessen Realisierung die Leidenszufügung durch Strafe und den damit verbundenen Verstoß gegen die moralische Norm, die die absichtliche Zufügung von Leiden verbietet, rechtfertigt. Die Verteidigung der These, dass Strafen ästhetisch gerechtfertigt werden kann, würde also den Nachweis erfordern, dass ästhetische Gründe moralische Gründe überwiegen können. Es müsste, mit anderen Worten, gezeigt werden, dass moralische Gründe nicht notwendig nicht-moralische, z. B. ästhetische Gründe, dominieren (vgl. hierzu ausführlich Kap. X 2). Wohl weil dieser Nachweis schwer zu leisten ist und der verbreiteten Annahme der *overridingness* moralischer Urteile entgegensteht, ist eine Theorie der ästhetischen Strafrechtfertigung anscheinend bisher noch nicht ernsthaft verteidigt worden. Einen Versuch wäre es aber wert.

4 Strafe *als* Vergeltung – Plädoyer für einen hermeneutischen Retributivismus

Sieht man einmal von dem eher exzentrischen Versuch ab, Vergeltung als ästhetische Kategorie zur Rechtfertigungsgrundlage für Strafe zu machen, steht es schlecht um das Bemühen, die Vergeltungskategorie zur Rechtfertigungsgrundlage für Strafen zu machen. Weder das Talionsprinzip noch der Rekurs auf Verdienst oder Angemessenheit von Strafen erweisen sich als geeignete Begründungsgrundlage. Das heißt allerdings nicht, dass der Begriff der Vergeltung für Strafrechtfertigungsfragen keine Rolle spielen würde. Es wäre merkwürdig, wenn eine so wirkmächtige und verbreitete Theorie wie der Retributivismus nicht irgendeinen wahren Kern enthielte. Dieser wahre Kern, so die im Folgenden zu begründende These, besteht darin, dass „Vergeltung" als *hermeneutische Kategorie* verstanden werden kann. Vergeltung ist keine Rechtfertigungsgrundlage für Strafe, bezeichnet aber eine Weise, wie wir Strafen verstehen können. So verstanden ist die Kategorie der Vergeltung auch dann für Fragen der Strafrechtfertigung zentral, wenn sich der Retributivismus als Theorie der Strafrechtfertigung als unhaltbar erweist.

4.1 Was heißt „hermeneutischer Retributivismus"?

Was heißt es, Vergeltung als hermeneutische Kategorie zu verstehen? Zur Erläuterung der Bezeichnung „hermeneutischer Retributivismus" ist die Besinnung auf ein sehr simples sprachliches Datum hilfreich. Wir können von Strafe *als* Vergeltung sprechen, während es sprachlich verfehlt wäre, von Strafe *als* Prävention zu sprechen. Zwar können wir sagen, dass Strafe als ein *Mittel* zur Bewirkung eines Präventionseffektes aufzufassen ist, aber nicht, dass Strafe selbst als Prävention aufzufassen sei. Sprechen wir von Strafe *als* Vergeltung, verwenden wir das „hermeneutische „als"".[114] Formulierungen, in denen wir das hermeneutische „als" verwenden, bestehen, anders als prädikative Aussagen, nicht darin, einem Subjekt mittels eines Prädikates eine Eigenschaft zuzuschreiben. Sie verweisen vielmehr auf die Struktur des Etwas-als-etwas-Verstehens. Das hermeneutische „als" zeigt an, wie wir etwas verstehen, was sein Sinn ist. Man kann das Vorkommen einer Lautfolge *als* Äußerung eines Satzes, einen Holzstab mit Eisenstück *als* Hammer, eine Reihe von Körperbewegungen *als* einen Tanz, eine Kopfbewegung *als* Demutsgeste und die Welt *als* Wille und Vorstellung verstehen. Ebenso können wir eine Strafe *als* Vergeltung verstehen. Und so wie Körperbewegungen, die als Tanz verstanden werden, eine Teilklasse von Körperbewegungen sind, und Lautfolgen, die als Äußerung eines Satzes verstanden werden, eine Teilklasse von Lautfolgen sind, sind Strafen, die als Vergeltungsstrafen verstanden werden, eine Teilklasse von Strafen. Alle Vergeltungsstrafen sind also (trivialerweise) Strafen, aber nicht alle Strafen sind Vergeltungsstrafen. Das heißt: Nicht alle Strafen werden als Vergeltungsstrafen verstanden.

Nicht als Vergeltungsstrafen verstanden werden z. B. (normalerweise) die Bestrafungen von Tieren. Auch Tiere können durchaus Adressaten von normativen Erwartungen sein und gestraft werden. So z. B. kann man einen Hund strafen, wenn man ihn zur Stubenreinheit erzieht. Aber die Strafen, die wir ihm zuteilwerden lassen, werden wir sicherlich nicht als Vergeltungsstrafen verstehen. Wir machen das Tier nicht persönlich für sein Fehlverhalten verantwortlich. Wir strafen es – wenn wir die die Alltagssprache präzisierende Unterscheidung zwischen „strafen für" und „strafen aufgrund von" ernstnehmen – *aufgrund* eines angenommenen Normverstoßes, aber nicht da*für*. Wir nehmen nicht an, dass wir mit der Strafe ein Fehlverhalten vergelten. Auch *strict-*

liability-Bestrafungen, bei denen von Faktoren wie Absichtlichkeit und Freiheit des Handelns gerade abgesehen wird, sind Strafen, die *nicht* als Vergeltungsstrafen verstanden werden. Sie setzen kausale Verantwortlichkeit voraus, gehen aber nicht mit der Zuschreibung moralischer Verantwortlichkeit einher. Wir strafen auch in diesem Fall *aufgrund* eines angenommenen Normverstoßes, aber nicht da*für*.

Grundidee eines hermeneutischen Retributivismus ist also, dass mit dem Ausdruck „Vergeltungsstrafe" nicht eine Strafe bezeichnet wird, die durch Vergeltung gerechtfertigt ist,[115] sondern vielmehr eine Strafe, die *als* Vergeltung *verstanden* wird. Setzt man ein solches Verständnis des Retributivismus voraus, wird man die gängige Entgegensetzung von Präventionstheorien und Vergeltungstheorien als grundsätzlich verfehlt ansehen. Sie ist dies aus folgendem Grund. Eine Präventionstheorie ist eine *Rechtfertigungstheorie* der Strafe. Sie offeriert mit dem Hinweis auf Präventionswirkungen ein Rechtfertigungskriterium für Strafen. Ein hermeneutischer Retributivismus aber ist keine Rechtfertigungstheorie der Strafe, sondern eine *Theorie des Strafverstehens*. Sie macht eine Aussage darüber, wie wir Strafen verstehen (können). Eine solche Theorie des Strafverstehens ist aber grundsätzlich mit jeder Theorie der Strafrechtfertigung kompatibel, also auch mit einer Präventionstheorie. Es ist problemlos möglich zu glauben, dass Strafen als Vergeltungsstrafen verstanden werden können, und gleichzeitig zu glauben, dass das Rechtfertigungskriterium für diese Strafen in ihrer Präventionswirkung liegt. Die Entgegensetzung von Präventions- und Retributionstheorien ist daher kategorial falsch.

Ich plädiere also dafür, den Retributivismus als Theorie des Strafverstehens aufzufassen. Ein solches Verständnis wäre geeignet, einige der in der Literatur zur Strafrechtfertigung anzutreffenden Konfusionen aufzulösen. So wird häufig ein Rechtfertigungsretributivismus auf der Grundlage von Argumenten verteidigt, die geeignet wären, einen hermeneutischen Retributivismus zu verteidigen. Der Retributivist M. Moore z. B. argumentiert, dass der Retributivismus als Theorie der Strafrechtfertigung die beste Erklärungsgrundlage für unsere spontanen emotionalen Reaktionen auf schwerste und grausame Verbrechen sei, denn wir würden auch unabhängig von Folgenerwägungen und Präventionsaspekten die Bestrafung von Tätern, die sich grausamer Verbrechen schuldig gemacht hätten, für verdient halten.[116] Die von Moore beschriebenen emotionalen Reaktionen auf grausame Verbrechen zeigen aber nur, dass wir bestimmte Strafen unabhängig von ihren Präventionswirkungen als verdient *verstehen*; sie zeigen nicht, dass wir Verdienst auch als Rechtfertigungsgrundlage für diese Strafen ansehen. Wenn aber das Explanandum ist, dass wir Strafen als verdient verstehen, ist als Explanans ein hermeneutischer Retributivismus sehr viel plausibler als ein Rechtfertigungsretributivismus. Dafür, dass wir bestimmte Strafen folgenunabhängig für verdient *halten*, ist die beste Erklärung nicht, wie Moore, einen moralischen Realismus verteidigend, meint, dass „A verdient X" wahrheitswertfähig ist und mit „Verdienst" auf eine eigene Entität als Wahrmacher dieses Satzes Bezug genommen wird, sondern vielmehr, dass wir (einige) Strafen als Vergeltung *verstehen*. Eben dies drückt der hermeneutische Retributivismus aus.

Eine zweite, mit der soeben genannten zusammenhängende Konfusion, die durch das Verständnis des Retributivismus als eines hermeneutischen Retributivismus abgewehrt werden kann, betrifft die Verwendung von Beispielfällen, die Retributivisten mit Vorliebe ins Feld führen, um Präventionstheorien zu kritisieren. Es handelt sich um Fälle, mit denen Retributivisten an die Intuition appellieren möchten, dass Strafen durch Vergeltung zu rechtfertigen sind. So wird gelegentlich auf den im vorhergehenden Kapitel dargestellten Fall des ehemaligen KZ-Aufsehers Demjanjuk verwiesen, der zeige, dass es gerechtfertigt sei, jemanden ungeachtet der Folgen der Strafhandlung, allein aufgrund der Schuldhaftigkeit der von ihm begangenen Taten, zu bestrafen. Ähnlich gelagert war der Fall des ehemaligen SS-Unterscharführers Oskar Gröning, der 2015 im Alter von 95 Jahren vom Landgericht Lüneburg in einem 2016 vom Bundesgerichtshof bestätigten Urteil wegen Beihilfe zum Mord in 300.000 Fällen zu vier Jahren Haft verurteilt wurde.[117] Fälle dieser Art werden häufig von Anhängern einer Retributionstheorie angeführt, um zu zeigen, dass manchmal die Schwere der Schuld allein die Strafe rechtfertige. Eindeutig sei, dass in solchen Fällen der Bestrafung greiser ehemaliger Kriegsverbrecher keine spezialpräventive Wirkung mehr zu erwarten und eine solche herbeiführen zu wollen auch gar nicht nötig sei, da die Bestraften keine Gefahr mehr für die Allgemeinheit darstellten. Zudem sei auch keine generalpräventive Wirkung durch die Strafe zu erwarten und herbeizuführen nötig, da aufgrund der Einmaligkeit der historischen Situation, in der die Taten geschahen, niemand von NS-Verbrechen abgeschreckt werden müsse. Dennoch sei einen ehemaligen KZ-Aufseher zu bestrafen gerechtfertigt, und zwar einzig, weil er schwere Schuld auf sich geladen habe und weil er, unabhängig von den Folgen der Strafhandlung, die Strafe *verdiene*.

Zu solchen Fällen ist zunächst zu sagen, dass sie keinesfalls dazu geeignet sind, Präventionstheorien zu widerlegen.[118] Erstens ist eine Präventionstheorie als Theorie der Strafrechtfertigung gar nicht auf empirische Annahmen über faktisch bestehende oder nicht bestehende Präventionswirkungen angewiesen, wenn man sie, wie in Kapitel II vorgeschlagen, nur durch die normative These charakterisiert, dass eine Präventionswirkung ein Rechtfertigungskriterium für

Strafen ist. Zweitens muss sie nicht behaupten, dass jeder einzelne Strafverhängungsakt durch eine Präventionswirkung gerechtfertigt wird, sondern nur, dass das Strafsystem als Ganzes bei Vorliegen einer solchen Präventionswirkung gerechtfertigt ist. Drittens und vor allem kann sie in Bezug auf die genannten Fälle behaupten, dass die Bestrafung greiser ehemaliger Kriegsverbrecher sehr wohl einen Beitrag zur generalpräventiven Wirkung eines Strafsystems leisten, also auch unter präventionstheoretischen Gesichtspunkten gerechtfertigt sein kann, denn durch die Bestrafung der Täter werden möglicherweise – auch wenn sich die historische Situation, in der die Taten begangen wurden, nicht wiederholen wird – andere potentielle Mörder von ihren Taten, die sie ansonsten unter anderen historischen Umständen begehen würden, abgehalten. Man sollte daher auf solche Fälle nicht verweisen, um gegen Präventionstheorien zu polemisieren. Sie zeigen auch keinesfalls, dass der Retributivismus als Rechtfertigungstheorie korrekt ist.

Wohl aber kann man auf solche Fälle verweisen, um wesentliche Elemente unseres Alltags*verständnisses* von Strafen offenzulegen. Solche Fälle zeigen, dass wir Strafen (zumindest häufig) gerade nicht als Mittel der Verhaltenssteuerung, sondern als Vergeltung verstehen. Wir würden in Fällen der Bestrafung greiser Kriegsverbrecher, in denen nicht unmittelbar ersichtlich ist, welche positiven Folgen in Form von Präventionswirkungen eine Strafhandlung haben sollte, die Bestrafung als Reaktion auf die Schuld der Täter *und sonst als nichts* verstehen. Ganz unabhängig davon, welche Rechtfertigungsgrundlagen wir für Strafen in solchen Fällen annehmen, interpretieren wir sie nicht als Mittel der sozialen Regulation. Sie zeigen also, dass der Retributivismus ein wesentliches Element unseres Alltagsverständnisses moralisch gerechtfertigter Strafen einfängt. Um dieses Verstehenselement deutlich zu machen – nicht aber, um sie gegen eine Präventionstheorie zu mobilisieren –, sollten Retributionstheoretiker auf solche Fälle aufmerksam machen.

Ähnliches gilt in Bezug auf soziale Strafen. Zwar sind auch diese zweifellos mit einer Präventionswirkung verbunden: Jemanden, der ein geliehenes Buch nicht zurückgegeben hat, Missfallen spüren zu lassen, wird ihn, wenn er für diese soziale Sanktion empfänglich ist, im Allgemeinen dazu veranlassen, geliehene Bücher in Zukunft zurückzugeben. Auch mag diese Missfallensbekundung unter bestimmten Umständen andere dazu veranlassen, in Zukunft die Norm zu befolgen, dass geliehenes Eigentum zurückzugeben ist. Auch in Bezug auf soziale Strafen kann man diese Präventionswirkung als Rechtfertigungsgrundlage des Strafens ansehen. Aber wir *verstehen* soziale Strafen im Allgemeinen nicht oder zumindest nur sekundär als Mittel zur Herbeiführung einer Präventionswirkung. Unsere „Standardeinstellung" im Verständnis solcher

Strafen ist, dass wir sie als Maßnahmen interpretieren, die jemand aufgrund dessen, was er getan hat, und aus sonst keinem Grund, *verdient*. Dies ist Teil dessen, dass wir uns als Personen und nicht als Objekte sozialer Steuerungsmaßnahmen begegnen (vgl. hierzu ausführlich Kap. VIII 1). Wir empören uns über etwas, weil wir es für empörens*wert* halten, tadeln eine Verhaltensweise, weil wir sie für tadelns*wert* halten. Wer seinem Partner Untreue vorwirft und ihn mit Verachtung oder Abwendung straft, wird als primären Grund dafür nicht angeben, dass er seinen Partner damit zur Treue motivieren will (möglicherweise ist ihm sein zukünftiges Verhalten sogar egal), sondern dass Untreue moralisch schlecht ist und daher entsprechende negative Reaktionen darauf angemessen sind. Fehlte dieses Element komplett und würde die Empörung ausschließlich aus Gründen der Verhaltenssteuerung geäußert, würden wir argwöhnen, dass jemand gar nicht wirklich sozial straft, sondern dies zu tun nur vorgibt – so wie Eltern sich manchmal aus pädagogischen Gründen über das Verhalten ihrer Kinder, um dieses zu steuern oder zu korrigieren, zu empören vorgeben, es aber nicht wirklich tun. Aus der distanzierten Außenperspektive können Strafen (vermutlich zutreffend) als Mittel der Verhaltenssteuerung beschrieben werden, aus der Binnenperspektive des Strafenden werden sie aber im Allgemeinen als Reaktionen auf ein Verhalten, das eben diese Reaktion verdient, verstanden.

Schließlich würde ein hermeneutischer Retributivismus auch dazu beitragen, die Grenze zwischen Untersuchungshaft und Sicherungsverwahrung auf der einen Seite und Strafhaft auf der anderen Seite auf adäquate Weise zu ziehen: Diese Grenze verläuft *nicht*, wie allgemein angenommen wird, zwischen Strafen und Präventionsmaßnahmen, die keine Strafen sind, sondern zwischen Strafen, die als Vergeltungsstrafen verstanden werden, und Strafen, die nicht als Vergeltungsstrafen verstanden werden. Bereits in Kapitel I wurde dafür plädiert, sowohl die Inhaftierung eines Untersuchungshäftlings als auch Sicherungsverwahrung – in Abweichung von der in der Rechtswissenschaft gängigen Terminologie, aber in Übereinstimmung mit einem verbreiteten vorphilosophischen Verständnis – als Strafe aufzufassen und auch so zu bezeichnen.[119] Auch der Untersuchungshäftling wird gestraft. Aber da der Untersuchungshäftling noch als unschuldig gilt, handelt es sich nicht um eine Vergeltungsstrafe, d. h. nicht um eine Strafe, die wir als eine Vergeltung für die begangene Tat verstehen. Das ist erst der Fall, *nachdem* er rechtskräftig verurteilt wurde. Dann, aber auch erst dann, wird seine Strafe als Vergeltung verstanden. Auch der Täter in Sicherungsverwahrung wird gestraft. Er wird aufgrund der Tatsache, dass er (z. B.) einen Mord begangen hat, aber nicht (mehr) *für* diesen Mord gestraft. Er hat, würden wir sagen, für diesen Mord „gebüßt", aber er muss weiter in Unfreiheit gehalten werden, weil die Allgemeinheit vor ihm geschützt werden muss. Seine Strafe wird nicht mehr als Vergeltungsstrafe verstanden.

Die Ersetzung der Unterscheidung zwischen Strafen und nicht-strafenden Präventionsmaßnahmen durch diejenige zwischen Strafen, die als Vergeltungsstrafen verstanden werden, und solchen, die nicht als Vergeltungsstrafen verstanden werden, ist nicht nur Ausdruck terminologischer Ordnungsliebe, sondern von inhaltlicher Relevanz. Zum einen wird dadurch der Tatsache Rechnung getragen, dass Maßregeln und Untersuchungshaft im Wesentlichen die gleichen Ziele des Schutzes der Öffentlichkeit verfolgen wie (andere) Strafen. Dies lässt sich am besten dadurch kenntlich machen, dass man all diese Maßnahmen konsequenterweise auch als Strafen bezeichnet.[120] Zum anderen wird damit der Gefahr vorgebeugt, dass man Maßnahmen, die de facto Strafen sind, *nicht* als Strafen bezeichnet, um damit zu suggerieren, dass sie nicht einer entsprechenden Legitimationsnotwendigkeit unterworfen seien. Es ist schlicht Augenwischerei und kann Ausdruck intellektueller Unredlichkeit sein, einen Freiheitsentzug aufgrund eines angenommenen Normverstoßes aus dem Bereich von Strafen herauszudefinieren, indem man ihn als „Maßregel" oder „therapeutische Maßnahme" etikettiert und damit nahelegt, dass diese Maßnahme weniger problematisch und rechtfertigungsbedürftig sei als eine Strafe.[121] Diesen Vorwurf müssen sich insbesondere einige Vertreter einer Resozialisierungstheorie gefallen lassen. Diese neigen gelegentlich dazu, unter dem Slogan „Therapie statt Strafe" freiheitsentziehende Maßnahmen, sofern diese von therapeutischen Zielen begleitet sind, als nicht strafend darzustellen und zu insinuieren, dass damit ein humanitärer Fortschritt erzielt sei.[122] Aber wir machen Maßnahmen nicht dadurch weniger problematisch, dass wir aufhören, sie Strafen zu nennen. Deshalb sollten wir solche Maßnahmen redlicherweise auch als Strafen bezeichnen. Der hermeneutische Retributivismus macht es möglich, dies zu tun und hinzuzufügen, dass es sich nicht um *Vergeltungs*strafen handelt. Damit können sie gegenüber *anderen* Strafen abgegrenzt werden, ohne dass man die Tatsache verschleiern würde, dass es sich um Strafen handelt.

4.2 Vergeltung und Prävention

Versteht man Vergeltung als hermeneutische Kategorie, ist dies, wie erwähnt, mit jeder Rechtfertigungstheorie der Strafe kompatibel. Es schließt nicht aus, dass Strafen nur gerechtfertigt werden können, wenn sie Präventionswirkungen zeitigen, dass also das von Präventionstheorien vorgeschlagene Rechtfertigungskriterium korrekt ist. Es schließt auch nicht aus, dass dieses Rechtfertigungskriterium manchmal erfüllt ist, also Strafen tatsächlich manchmal eine Präventionswirkung haben und dadurch gerechtfertigt sein können. Mehr noch: Es ist sehr plausibel anzunehmen, dass gerade *wenn* wir Strafen als Vergeltung verstehen, dies den Präventionseffekt, der durch Strafen hervorgerufen wird, noch verstärkt. Zwar wäre es nicht einleuchtend zu behaupten, dass eine Strafandrohung, wenn die Strafe *nicht* als Vergeltung verstanden wird, *überhaupt* keine Präventionswirkung zeitigen würde. Auch in diesem Fall hat sie eine Präventionswirkung. Aber es ist durchaus plausibel zu behaupten, dass eine Strafandrohung eine *stabile* Präventionswirkung nur dann entfaltet, *wenn* die Strafe als Vergeltung verstanden wird. Diese These sei im Folgenden erläutert.

Nehmen wir an, eine Strafe wird angedroht, aber *nicht* als Vergeltungsstrafe verstanden. In diesem Fall ist die Strafe nichts als eine in Aussicht gestellte negative Konsequenz, die mit einer bestimmten Handlungsweise verknüpft wird. Jemandem kann z. B. in Aussicht gestellt werden, dass er, wenn er Steuern in einer bestimmten Höhe hinterzieht, eine Haftstrafe zu gewärtigen haben wird. In diesem Fall wird die Strafandrohung durchaus ein Motiv dafür generieren, die fragliche Handlungsweise zu unterlassen. Dieses Motiv wäre offensichtlich der Wunsch, die Strafe zu vermeiden.[123] Jemand würde, wenn er die in Aussicht gestellte Strafe vermeiden wollen würde, auf Steuerhinterziehung verzichten müssen.[124] Aber das Motiv der Sanktionsvermeidung würde – und das ist in diesem Zusammenhang entscheidend – nur als ein sekundäres Motiv, als eine Art „Reservemotiv" wirksam,[125] d. h. es würde nur wirksam, wenn ein anderes, primäres Motiv nicht wirksam würde. Dieses primäre Motiv wäre es nämlich, *den Sanktionsmechanismus außer Kraft zu setzen*. Erst wenn dieses nicht wirksam werden könnte, würde das sekundäre Motiv greifen, die Strafe zu vermeiden, indem man die mit Strafe bedrohte Handlungsweise unterlässt. Daher wäre in diesem Fall die von der Strafandrohung ausgehende Abschreckungswirkung nicht stabil. Sie hinge von der Unmöglichkeit ab, das von der Strafandrohung generierte primäre Motiv, den Sanktionsmechanismus außer Kraft zu setzen, handlungswirksam werden zu lassen. Wenn der potentielle Steuerhinterzieher die ihm angedrohte Strafe als *nichts anderes* ansieht denn als eine negative Konsequenz, die mit der Handlung des Steuerhinterziehens verknüpft ist, wird er das primäre Motiv haben, den Sanktionsmechanismus außer Kraft zu setzen oder (z. B. durch Steuerflucht) zu umgehen. Sollte sich herausstellen, dass dieses primäre Motiv aus kontingenten Gründen nicht handlungswirksam werden kann (z. B. weil es keine Möglichkeit der Steuerflucht gibt), dann, aber auch *erst dann* wird das sekundäre Motiv handlungswirksam werden, die Strafe durch Steuerzahlung zu vermeiden.

Dies lässt sich wie folgt veranschaulichen. Angenommen, eine in moralischer (und rechtlicher) Hinsicht völlig neutrale Handlungsweise würde mit einer negativen Konsequenz verknüpft. Angenommen z. B., jemandem würde jeden Morgen ein Stromschlag verabreicht, wenn er mit dem rechten Fuß zuerst aufsteht, während ihm dies für den Fall erspart bliebe, dass er mit dem linken Fuß zuerst aufsteht. In diesem Fall würde die Androhung der negativen Konsequenz zweifellos ein Motiv dafür generieren, nicht mit dem rechten Fuß zuerst aufzustehen. Die Person würde, um den Stromschlag zu vermeiden, nicht mit dem rechten Fuß zuerst aufstehen wollen. Aber dieses wäre im oben erläuterten Sinne ein sekundäres Motiv. Primär würde durch die Verknüpfung der Handlung mit der negativen Konsequenz das Motiv generiert, den Sanktionsmechanismus außer Kraft zu setzen. Die Person würde versuchen, den Zusammenhang zwischen der fraglichen Handlungsweise und der negativen Konsequenz des Stromschlages zu durchbrechen. Schließlich ist es ja nichts Falsches, mit dem rechten Fuß zuerst aufzustehen, also hätte die Person keinen Anlass, diese Handlungsweise unterlassen zu wollen, sofern es ihr gelingt, ihre Verknüpfung mit der negativen Konsequenz des Stromschlags zu durchbrechen. Noch deutlicher wird dies, wenn die Handlungsweise, mit der die negative Konsequenz verknüpft ist, nicht nur eine ist, die die Person nicht falsch findet, sondern eine solche, an deren Ausführung sie ein Interesse hat. Wenn jemand immer dann einen Stromschlag erhält, wenn er eine von ihm besonders geschätzte Beethoven-Sonate hört, wird dies ein Motiv generieren, die Beethoven-Sonate nicht zu hören. Aber natürlich wird die Person sich primär darum bemühen, die Verknüpfung zwischen dem Hören der Sonate und der negativen Konsequenz des Stromschlages außer Kraft zu setzen. Denn es ist nichts Falsches daran, die Sonate zu hören, und die Person hat ein Interesse daran, dies zu tun. Erst wenn ihr die Durchbrechung dieser Verknüpfung nicht gelingt, wird das sekundäre Motiv wirksam werden, das Hören der Sonate zu unterlassen. Ebenso wird die Androhung einer *nicht* als Vergeltung verstandenen Strafe nur sekundär das Motiv generieren, die Handlungsweise, die mit Strafe bedroht ist, zu unterlassen. Sie wird primär das Motiv generieren, den Sanktionsmechanismus außer Kraft zu setzen. Und wenn es sich um eine Handlung handelt, an der die Person ein Interesse hat, besteht für das Individuum ein starker Grund, den Sanktionsmechanismus nach Möglichkeit außer Kraft zu setzen, um die Handlungsweise ausführen zu können. Erst wenn sich dies als unmöglich erweist, entsteht für die Person das Motiv, die mit der Strafe bedrohte Handlung zu unterlassen.

Dieses Bild ändert sich jedoch, wenn die negative Konsequenz der Handlungsweise *als Vergeltung* für die fragliche Handlungsweise verstanden wird. In diesem Fall gilt die fragliche Handlungsweise als eine, für die der Handelnde die negative Konsequenz, mit der sie verknüpft ist, *verdient* oder der die negative Konsequenz, in welchem genaueren Sinne auch immer, *angemessen* ist. Eine Person, die die Strafe so versteht, wird ein stabiles Motiv haben, die Handlungsweise, die mit der Strafe verknüpft ist, zu vermeiden. Sie wird diese Handlungsweise für falsch halten, und zwar nicht nur in dem Sinne, dass sie prudentiell falsch ist, weil sie eine negative Konsequenz nach sich ziehen wird, sondern in dem Sinne, dass sie moralisch falsch ist. Glaubt jemand, dass es moralisch falsch ist, mit dem rechten Fuß zuerst aufzustehen oder eine Beethoven-Sonate zu hören, und dass diese Handlungsweise eine negative Reaktion nicht nur de facto nach sich zieht, sondern diese auch verdient, so wird die Person ein stabiles Motiv dafür haben, diese Handlungsweise zu unterlassen. Sie wird ein Motiv für die Unterlassung dieser Handlungsweise haben, dessen Handlungswirksamkeit nicht davon abhängig ist, dass es der Person nicht gelingt, den Zusammenhang zwischen der Handlungsweise und der negativen Konsequenz zu durchbrechen – denn sie wird diesen Zusammenhang dann ja gar nicht durchbrechen wollen. Zu sagen, dass diese Handlungsweise die negative Konsequenz als verdiente Konsequenz nach sich zieht, heißt ja gerade, dass die Abfolge zwischen der Handlungsweise und ihrer negativen Konsequenz eine ist, die in normativer Hinsicht als richtig, gut oder angemessen eingestuft wird. Glaubt also eine Person, dass die Handlungsweise die Strafe als verdiente Konsequenz nach sich zieht, wird sie keinen Anlass haben, den Sanktionsmechanismus, also den Zusammenhang zwischen der Handlung und der negativen Konsequenz, außer Kraft setzen zu wollen.

Der Vergeltungsgedanke hat also eine wichtige Funktion der Stabilisierung der Präventionswirkung der Strafe. Diese Funktion kann er ungeachtet der Tatsache erfüllen, dass er als Grundlage einer Strafrechtfertigung nicht geeignet ist. Wie Mackie, der hier von einem „Paradox des Retributivismus" spricht, in einem einflussreichen Beitrag festgestellt hat, gilt, dass der Retributivismus als Strafrechtfertigungstheorie scheitert, gleichwohl aber der Retributionsgedanke aus unserem Nachdenken über Strafen allem Anschein nach nicht eliminierbar ist (Mackie 1982). Man kann auf diese Nicht-Eliminierbarkeit retributivistischer Kategorien reagieren, indem man trotzig am Retributivismus als einer fundamentalen Rechtfertigungstheorie festhält und den Vergeltungsgedanken zu einer nicht weiter begründbaren, „inferentiell basalen" Rechtfertigungskategorie erklärt.[126] Man kann diese Nicht-Eliminierbarkeit auch als Beleg dafür ansehen, dass unsere aufgeklärten Alltagsurteile retributivistischer Natur sind und der Retributivismus als *default*-Position der Strafrechtfertigung anzusehen sei.[127] Eine andere – und von mir vorgeschlagene – Reaktion auf Mackies Befund ist es hingegen, den Retributivismus als Rechtfertigungstheorie zu verabschieden, aber an ihm als Theorie des Strafverstehens festzuhalten. Tut man dies, ist an Mackies Befund, dass der Retributivismus als Strafrechtfertigungstheorie scheitert, aber dennoch aus unserem Alltagsdenken nicht getilgt werden kann, nichts Paradoxes. Dieser Befund ist dann leicht dadurch erklärbar, dass die Möglichkeit, Strafen als Vergeltung zu verstehen, vereinbar damit ist, dass wir Strafen nicht durch den Vergeltungsgedanken rechtfertigen können. Fasst man Vergeltung von vorneherein als hermeneutische Kategorie auf, erhebt also gar nicht den Anspruch, Strafen damit rechtfertigen zu können, ist es auch kein Anlass zu Irritationen, dass der Versuch der Strafrechtfertigung durch den Vergeltungsgedanken misslingt. Das Paradox, das Mackie möglicherweise im Blick hatte – und das er durch den Hinweis auf die evolutionstheoretisch zu erklärende Funktion retributiver Emotionen aufzulösen versuchte (Mackie 1982, 7–9) – ist aber, wie im Vorhergehenden deutlich wurde, folgendes: Wir verstehen Strafen im Allgemeinen nicht als Mittel der Handlungssteuerung, sondern als Vergeltung. Und gerade weil wir sie *nicht* als Mittel der Handlungssteuerung, sondern als Vergeltung verstehen, *sind* sie ein sehr effektives Mittel der Handlungssteuerung.

4.3 Vergeltungsstrafen und Sinn

Kernidee des hermeneutischen Retributivismus ist es, den Retributivismus nicht als Rechtfertigungstheorie, sondern als Theorie des Straf*verstehens* aufzufassen. Gegenbegriff zu „Verstehen" ist „Sinn": Sinn ist das, was man erfasst, wenn man etwas versteht.[128] Eine sprachliche Äußerung zu verstehen z. B. heißt, ihren Sinn zu erfassen – etwa, indem der buchstäbliche Sinn der Äußerung, ihr propositionaler Gehalt oder die kommunikative Absicht des Sprechers verstanden wird. Eine Handlung zu verstehen heißt, ihren Sinn zu erfassen, etwa indem ein Kopfnicken als Grußgeste verstanden wird; eine Symphonie oder einen Roman zu verstehen heißt, den Sinngehalt dieser Werke zu erfassen.

Auch wenn wir davon sprechen, dass eine Strafe als Vergeltungsstrafe verstanden wird, ist „Sinn" Komplementärbegriff zu „Verstehen".[129] Ein Leiden, das man nicht versteht, als Vergeltungsstrafe zu verstehen heißt daher auch, diesem Leiden einen Sinn zuzuschreiben. Es heißt, es verstehbar zu machen. Es erscheint dann als rückführbar auf Handlungsplanungen und Absichten anderer Akteure und muss nicht mehr als rein kontingenter Schicksalsschlag aufgefasst werden. Ein Leiden als Vergeltungsstrafe zu interpretieren – etwa eine Heuschreckenplage als Vergeltungsstrafe Gottes für die Sünden eines Volkes aufzufassen – ist insofern eine Form von Kontingenzbewältigung. Es gilt dann nicht mehr als erratisch, als unverstehbares und naturhaftes Geschehen; vielmehr hat es damit dann insofern „seine Richtigkeit", als es als Teil eines größeren, kohärenten und sinnhaften Zusammenhangs aufgefasst werden kann. Auch mit dem eigenen Tod kann man sich arrangieren und ihn als sinnhaft verstehen, wenn man ihn als „der Sünde Sold" (Römer 6:23), also als Vergeltungsstrafe, auffasst. Ein Leidensgeschehen als Vergeltungsstrafe zu verstehen hat eine sinnkonstituierende Funktion.

Hierfür ein Beispiel aus der Literatur. Franz Kafka – der beabsichtigte, drei seiner Erzählungen unter dem Titel *Strafen* zu veröffentlichen – schildert zu Beginn seines *Prozess*-Romans, dass der Protagonist Josef K. mit einem für ihn rätselhaften und bedrohlichen Geschehen konfrontiert wird, das ihn aus allen gewohnten lebensweltlichen Bezügen reißt und alle Selbstverständlichkeiten und scheinbaren Sicherheiten mit einem Schlag zusammenbrechen lässt: Er wird verhaftet. „Jemand mußte Josef K. verleumdet haben, denn ohne daß er etwas Böses getan hätte, wurde er eines Morgens verhaftet", so der berühmte Eingangssatz des Romans (Kafka 1925, 9). Das Rätselhafte und Bedrohliche dieses Geschehens ergibt sich für Josef K. vor allem daraus, dass es nicht erklärbar ist. Er kann es nicht auf ein eigenes Tun, geschweige denn auf ein eigenes schuldhaftes Tun zurückführen – es geschieht „ohne daß er etwas Böses getan hätte".[130] Darum hat das Geschehen für ihn keinen Sinn. „Es ist ja sinnlos", sagt K., konfrontiert mit den drei ihn verhaftenden Beamten, und auf die Vorhaltung eines Aufsehers, mit dem Staatsanwalt zu telefonieren sei ihm zwar erlaubt, aber er, der Aufseher, wisse „nicht, welchen Sinn das haben sollte", reagiert er – „mehr bestürzt, als geärgert" – mit der Frage nach Sinn: „Welchen Sinn? [...] Wer sind Sie denn? Sie wollen einen Sinn und führen das Sinnloseste auf, was es gibt?" (ebd., 21).

Im Roman wird das Bemühen des armen Josef K. geschildert, dieses prima facie sinnlose Geschehen als sinnhaft begreifen zu können. Die Suche nach dem Sinn des Geschehens besteht dabei für K. in dem Bemühen, es als eine Vergeltungsstrafe für eigenes Fehlverhalten interpretieren zu können. Er versucht, es auf etwas, was er getan hat und was er schuldhaft getan hat, zu beziehen. Erwiese sich nämlich der einschränkende Konzessivsatz im Eingangssatz des Romans „ohne daß er etwas Böses getan hätte" als unzutreffend – könnte also Josef K. seine Verhaftung darauf zurückführen, dass er tatsächlich etwas Böses getan, Schuld auf sich geladen hat, auf die eine äußere Instanz mit seiner Verhaftung reagiert –, dann wäre dieses Geschehen für ihn verstehbar. Könnte er das Geschehene auf eine eigene Schuld beziehen, könnte er es einordnen und als logische Konsequenz eigenen Tuns begreifen. Daher versucht er, durch die verschiedenen Gerichtsinstanzen irrlichternd, eine solche Schuld zu ermitteln.

Irritiert stellt er fest, „daß ich angeklagt bin, aber nicht die geringste Schuld auffinden kann wegen deren man mich anklagen könnte" und fügt hinzu: „die Hauptfrage ist: von wem bin ich angeklagt? Welche Behörde führt das Verfahren?" (ebd., 20). Deutlich wird hier, dass K.s Versuch, dem Geschehen einen Sinn abzugewinnen, zweistufig ist: Er versucht zum einen, es auf die Intentionen einer externen Instanz – einer anklagenden und das Verfahren führenden Behörde – zurückzuführen, die mit der Verhaftung auf einen aus ihrer Sicht bestehenden Normverstoß K.s reagiert, aus deren Perspektive das Geschehen somit eine rationale Handlung wäre. Er versucht also zunächst, es als *Strafe* zu verstehen – denn eine Strafe ist ja, wie gezeigt, nichts anderes als eine beabsichtigte Leidenszufügung in Reaktion auf einen angenommenen Normverstoß. Darüber hinaus versucht er aber auch, das Geschehen auf eine Schuld von sich zu beziehen – es, in der oben erläuterten Terminologie, nicht nur als Strafe *aufgrund* eines angenommenen Normverstoßes, sondern als Strafe *für* einen angenommenen Normverstoß aufzufassen. Er versucht, es als Vergeltungsstrafe, als verdiente Reaktion auf einen von ihm schuldhaft begangenen Normverstoß aufzufassen, um es verstehen und einordnen zu können und nicht mehr als reinen Schicksalsschlag auffassen zu müssen. Noch dem größten Leiden kann man einen Sinn abgewinnen, wenn man es als vergeltende Strafe für ein eigenes schuldhaftes Tun auffasst.

Wissen möchte Josef K. also sowohl, wer ihn straft, als auch, was der Grund für diese Strafe ist. Beides gelingt ihm nicht. Die in Frageform formulierte hilflose Feststellung „Und über den Grund seiner Verhaftung und über deren Auftraggeber erfuhr er nichts?" (ebd., 21) hat Bestand bis zum Ende des Romans. K. erfährt nichts über die strafende Instanz und muss sich noch kurz vor seiner Hinrichtung fragen: „Wo war der Richter den er nie gesehen hatte? Wo war das hohe Gericht, bis zu dem er nie gekommen war?" (ebd., 241). Und es gelingt ihm auch nicht, seine Schuld zu identifizieren.[131] Daher bleibt ihm unklar, wofür er gestraft zu werden *verdient*. Der Versuch des Josef K., dem Geschehen einen Sinn abzugewinnen, indem er es als Vergeltungsstrafe interpretiert, scheitert auf der ganzen Linie. Darum bleibt das Machtgeschehen, dem er unterworfen wurde, für ihn rätselhaft, opak, unverstehbar bis zum Schluss.

Wenn es, wie hier an Kafkas *Prozess*-Roman demonstriert werden sollte, stimmt, dass eine Strafe als Vergeltungsstrafe zu verstehen eine Form der Sinnkonstituierung ist, weil damit ein Leidensgeschehen als sinnhaftes Geschehen gedeutet wird, dann hat dies auch Konsequenzen dafür, wie das Problem der Strafrechtfertigung zu verstehen ist. In Kapitel I wurde deutlich gemacht, dass Strafe einer Rechtfertigung bedürftig ist, weil sie mit einer beabsichtigten Leidenszufügung einhergeht. Diese Fassung des Rechtfertigungsproblems ist nun aber zu erweitern: Der Rechtfertigung bedarf die Strafe nicht nur aufgrund des damit (normalerweise) einhergehenden Leidens für den Gestraften, sondern auch aufgrund der Unterstellung einer Sinnhaftigkeit eines als Vergeltungsstrafe interpretierten Strafgeschehens. Wer eine ihm zuteilwerdende Strafe als Vergeltungsstrafe versteht, unterstellt damit, dass sie einen Sinn hat; wer jemanden straft und dem Gestraften kundtut, dass es sich dabei um eine Vergeltungsstrafe (und nicht nur um ein Mittel der Verhaltensregulierung) handele, der gibt damit dem Gestraften zu verstehen, dass diese Strafe sinnhaft sei. Sie gilt dann nicht als *bloße* Leidenszufügung, somit nicht als bloße Grausamkeit, sondern als eine sinnhafte, weil die Schuld des Normbruchs vergeltende und durch diese verdiente Leidenszufügung. Auch diese Unterstellung einer Sinnhaftigkeit von Vergeltungsstrafen bedarf einer Rechtfertigung. Die Frage nach der Rechtfertigbarkeit des Strafens muss daher auch ideologiekritisch – bezogen auf die Unterstellung von Sinn in Bezug auf Vergeltungsstrafen – gestellt werden. Die Rechtfertigungsfrage auf diese Weise zu erweitern ist ein wesentliches Merkmal der Strafkritik Friedrich Nietzsches, von der zu Beginn des folgenden Kapitels die Rede sein wird.

V Der emotionsbasierte Retributivismus

Im folgenden Kapitel soll eine Variante des Retributivismus untersucht werden, die die Grundlage des Vergeltungsgedankens in „retributiven Emotionen" sieht und diese Emotionen zur Grundlage einer Strafrechtfertigungstheorie macht. Die Diagnose, dass Strafen auf solchen retributiven Emotionen beruhen, wird im Rahmen einer grundsätzlichen Kritik des staatlichen (und sozialen) Strafens von Nietzsche formuliert, dessen Strafkritik daher eingangs erörtert wird (1). Von Nietzsches negativer Bewertung dieser Emotionen weichen zeitgenössische Vertreter eines emotionsbasierten Retributivismus ab, die sich um eine (partielle) Rehabilitierung dieser Emotionen bemühen (2). Auf dieser Grundlage können retributive Emotionen zur Strafrechtfertigung herangezogen werden (3), und zwar entweder in der Weise, dass die Befriedigung von Vergeltungswünschen als Rechtfertigungsgrundlage für Strafen gesehen wird (3.1), oder in der Weise, dass die Emotionsbasiertheit des Strafens als anthropologisches Datum aufgefasst wird und gerechtfertigte Strafen als angemessener Ausdruck dieser Emotionen angesehen werden (3.2). Beide Versuche vermögen jedoch nicht zu überzeugen.

1 Nietzsches Diagnose: Retributive Emotionen als Grundlage des Strafens

Nietzsche entwickelt seine Kritik des Strafens in Auseinandersetzung sowohl mit präventionstheoretischen als auch mit retributionstheoretischen Strafrechtfertigungen.[132] Die Kritik der Präventionstheorien basiert auf dem Hinweis auf die Differenz zwischen „Ursprung und Zweck der Strafe". Bei den Fragen nach Strafursprung und Strafzweck handele es sich, so schreibt Nietzsche in der *Genealogie der Moral*, um

> zwei Probleme, die auseinander fallen oder fallen sollten: leider wirft man sie gewöhnlich in Eins. Wie treiben es doch die bisherigen Moral-Genealogen in diesem Falle? Naiv, wie sie es immer getrieben haben –: sie machen irgend einen „Zweck" in der Strafe ausfindig, zum Beispiel Rache oder Abschreckung, setzen dann arglos diesen Zweck an den Anfang, als causa fiendi der Strafe, und – sind fertig. (GM, 2. Abhandl., Abschn. 12 [KSA V, 313])

Es ist nicht unmittelbar ersichtlich, inwiefern Nietzsches Hinweis auf die Differenz zwischen Strafzweck und Strafursprung eine überzeugende Kritik der Präventionstheorie darstellt. Da Präventionstheorien keine psychologischen Theorien über den Ursprung des Strafens, sondern Theorien der Strafrechtfertigung sind, verhalten sie sich zu Fragen nach den Motiven des Strafens neutral. Es scheint daher nicht plausibel, ihnen vorzuwerfen, dass sie Strafzweck und Strafursprung miteinander verwechseln würden.

Nietzsches Argument lässt sich jedoch wie folgt als ein Argument gegen die Präventionstheorie rekonstruieren. Nietzsche verweist darauf, dass die Frage, ob eine Strafe gerechtfertigt ist, auch „vom Ursprung der Strafe", also davon abhängt, aus welchen Motiven heraus gestraft wird. Eine Strafhandlung, die aus sadistischen Impulsen, etwa der Freude an dem Leiden, welches dem Gestraften zugefügt wird, vollzogen wird, wird man nicht nur hinsichtlich der moralischen Qualität des Handelnden und seiner Absichten, sondern auch hinsichtlich ihrer Rechtfertigbarkeit anders beurteilen als eine solche, die aus anderen Motiven – etwa der Absicht, eine Besserung des Täters oder eine Präventionswirkung herbeizuführen – vollzogen wird. So wie man Foltermaßnahmen vermutlich auch in den Fällen, in denen sie ein effizientes Mittel der Terrorismusbekämpfung darstellen, für falsch halten wird, weil sie – dies gilt qua Definition von „Folter" – aus dem Motiv heraus vollzogen werden, den Gefolterten in seiner Würde herabzusetzen, wird man auch Strafhandlungen ungeachtet ihrer positiven Wirkungen für falsch halten, wenn sie aus Motiven heraus vollzogen werden, deren moralischer Unwertcharakter die aus diesen Motiven hervorgehenden Handlungen insgesamt zu falschen Handlungen werden lässt. Von den Folgen einer Strafhandlung aber kann man, wie Nietzsche zu Recht betont, nicht auf deren Ursprünge rückschließen. Wenn wir nur wissen, welche Konsequenzen eine Strafhandlung hat oder welche Konsequenzen mit ihr intendiert werden, wissen wir noch nicht, aus welchen Motiven heraus sie vollzogen wurde, denn:

> Der „Zweck im Rechte" ist [...] zu allerletzt für die Entstehungsgeschichte des Rechts zu verwenden [...] [weil] die Ursache der Entstehung eines Dings und dessen schliessliche Nützlichkeit, dessen thatsächliche Verwendung und Einordnung in ein System von Zwecken toto coelo auseinander liegen [...]. (GM, 2. Abhandl., Abschn. 12 [KSA V, 313])

Den Präventionstheorien der Strafe aber wirft Nietzsche vor, eine Gleichsetzung von Strafhandlungszwecken und Motiven der Strafhandlung vorgenommen zu haben. Genauer: Er wirft ihnen vor, fälschlich zu glauben, die Frage nach den Motiven des Strafens überhaupt nicht stellen zu müssen, weil sie die Rechtfertigung der Straffolgen fälschlich als Rechtfertigung des Strafens ansehen. Die von Nietzsche kritisierte Gleichsetzung von Strafzwecken und Strafmotiven wird dadurch begünstigt, dass alltagssprachlich die Grenzen zwischen Motivzuschreibungen und Absichtszuschreibungen häufig nicht klar gezogen werden können. Wenn eine Person zum Kühlschrank geht, um sich ein Bier zu holen, können wir dies so beschreiben, dass ihr Motiv dafür, zum Kühlschrank zu gehen, darin besteht, dass sie ein Bier trinken möchte, aber auch so, dass der Zweck der Handlung, zum Kühlschrank zu gehen, darin besteht, das Trinken des Biers zu ermöglichen. Handlungszwecke und Handlungsmotive fallen jedoch keinesfalls immer zusammen; sie tun dies nur nur bei einem bestimmten Typus von Handlungen, nämlich rein zweckrationalen Handlungen, also solchen, die dadurch definiert sind, dass sie vollzogen werden, um ein bestimmtes Ziel zu erreichen.

Nietzsches Kritik der Präventionstheorie lässt sich daher in einer Weise pointieren, die sich im Wesentlichen mit dem Fazit deckt, das am Ende von Kapitel II über Präventionstheorien formuliert wurde, nämlich dass diese Strafen nur im Sinne einer *rational justification*, also als zweckrationale Handlungen, rechtfertigen können. Präventionstheorien, so lässt sich die Kritik zusammenfassen, ordnen Strafhandlungen ohne weitere Begründung diesem Typus rein zweckrationaler Handlungen zu und glauben daher zu Unrecht, die Differenz zwischen Motiven und Zwecken ignorieren zu dürfen. Sie fokussieren die Straffolgen und unterstellen zu Unrecht, mit deren Rechtfertigung auch die Strafe als ganze gerechtfertigt zu haben. Das aber ist, so das Argument Nietzsches, nicht der Fall, weil es für eine solche Rechtfertigung des Strafens einer Berücksichtigung der Motive, aus denen heraus gestraft wird, bedürfte.

Um welche Motive handelt es sich dabei? Diese Frage beantwortet Nietzsche in Auseinandersetzung mit der (klassischen) Retributionstheorie. Die für die Retributionstheorie zentrale Idee, dass gerechtfertigte Strafen verdient seien, beruht, so Nietzsche, auf der Annahme der Willensfreiheit, der zufolge die Strafe dem Täter persönlich zuzurechnen sei, weil er aus freiem Willen gehandelt hat. Diese Annahme sieht Nietzsche jedoch als eine bloße Fiktion an; er führt sie auf einen bei Strafhandlungen primär wirksamen „Instinkt des Strafen-Wollens" zurück, der durch die Zuschreibung von Verantwortlichkeit verschleiert werden soll. So heißt es in der *Götzen-Dämmerung*:

> Überall, wo Verantwortlichkeiten gesucht werden, pflegt es der Instinkt des *Strafen- und Richten-Wollens* zu sein, der da sucht. [...] Die Lehre vom Willen ist wesentlich erfunden zum Zweck der Strafe, das heißt des *Schuldig-finden-wollens*. Die ganze alte Psychologie, die Willens-Psychologie hat ihre Voraussetzung darin, dass deren Urheber [...] sich ein *Recht* schaffen wollen, Strafen zu verhängen [...]. (GD, „Die vier grossen Irrthümer", Abschn. 7 [KSA VI, 95])

Die Annahme der Willensfreiheit des Gestraften führt Nietzsche also auf den Versuch zurück, dem sich in der Strafe ausdrückenden Rachebedürfnis eine scheinbare Rechtfertigungsgrundlage zu geben. Nur zur ideologischen Verbrämung dieses Rachebedürfnisses, des Wunsches, jemandem Leiden zuzufügen, werde Willensfreiheit als Grundlage der Verantwortlichkeit postuliert. Auch die im Retributionsdenken zentralen Ideen des durch die Strafe hergestellten Ausgleichs und der Äquivalenz von Schuld und Strafe lassen sich nach Nietzsche darauf zurückführen, dass

> an Stelle eines gegen den Schaden direkt aufkommenden Vortheils (also an Stelle eines Ausgleichs in Geld, Land, Besitz irgend welcher Art) dem Gläubiger eine Art *Wohlgefühl* als Rückzahlung und Ausgleich zugestanden wird, – das Wohlgefühl, seine Macht an einem Machtlosen unbedenklich auslassen zu dürfen [...]. (GM, 2. Abhandl., Abschn. 5 [KSA V, 299f.])[133]

Man kann zwei Lesarten dieses Arguments gegen den Retributivismus voneinander unterscheiden. In der ersten Lesart behauptet Nietzsche, dass eine Strafe niemals retributiv gerechtfertigt werden kann, *weil* die Annahme von Verantwortlichkeit ihre psychologischen Grundlagen in einem Rachebedürfnis hat. Damit würde eine direkte Begründungsrelation zwischen der These über die psychologischen Grundlagen des Bedürfnisses zu strafen und der Annahme der fehlenden Straflegitimation hergestellt. In diesem Fall wäre Nietzsches Argument jedoch dem Vorwurf ausgesetzt, Genese und Geltung, Erklärungs- und Rechtfertigungszusammenhänge miteinander zu vermischen und den „genetischen Fehlschluss" zu begehen, da Nietzsche von Merkmalen der Entstehungsbedingungen einer Annahme fälschlich auf deren fehlende Begründbarkeit schließen würde.[134] Selbst wenn nämlich Nietzsches Thesen über die psychologischen Grundlagen des Vergeltungsdenkens korrekt sind, lassen sich hieraus keine Rückschlüsse auf die Wahrheit oder Falschheit einer Vergeltungstheorie ziehen. Ob ein Täter eine Strafe verdient oder nicht, hängt nicht davon ab, aus welchen Motiven heraus wir zu der Annahme gelangen, dass er sie verdient. Kants Auffassung, dass ein Mörder die Todesstrafe verdient, ist sicherlich kritikwürdig, scheitert aber nicht daran, dass die psychologische Grundlage dieser Auffassung in einem Rachebedürfnis liegt. Die Behauptung, dass die Schuld des Täters nach einer Vergeltung in Form einer Strafe verlangt, kann wahr sein ungeachtet der Tatsache, dass jemand, der diese Behauptung macht, dies aus einem Rachebedürfnis oder aus einem anderen wenig ehrenhaften Motiv heraus tut.

In einer zweiten Lesart ist Nietzsches Argument gegen den Retributivismus dem Vorwurf des genetischen Fehlschlusses nicht ausgesetzt. In dieser Lesart zielt der Hinweis auf die psychologischen Grundlagen des Strafbedürfnisses darauf ab, eine Überintellektualisierung zu kritisieren, die die emotionalen Grundlagen unseres Strafbedürfnisses übersieht. Nietzsche stellt demnach – wie im 20. Jahrhundert Strawson in „Freedom and Resentment"[135] – die Intuition in Frage, dass wir, wenn wir mit einem Normverstoß konfrontiert sind, *erst* feststellen würden, ob ein Normverstoß vorliegt, uns *dann* fragen würden, ob der Handelnde aus freiem Willen gehandelt hat und für seine Tat verantwortlich war, und *dann* schließlich, falls wir diese Fragen bejahen, diese Tat übelnehmen und eine Emotion wie Empörung empfinden würden. Demgegenüber ist nach Nietzsche die Zuschreibung von Verantwortlichkeit nur *auf der Grundlage* von retributiven Emotionen – also von Emotionen wie Übelnehmen, Groll und Hass – verständlich. Diese retributiven Emotionen sind, so Nietzsche, nicht etwa die Folge von Verantwortungszuschreibungen, sondern sie gehen diesen voraus. Um zu begründen, dass Strafhandlungen primär auf Emotionen, nicht auf abstrakten Erwägungen über das Verdienst des Täters beruhen, verweist Nietzsche darauf, dass wir auch ganz unabhängig von Verantwortungszuschreibungen strafen können:

> Es ist die längste Zeit der menschlichen Geschichte hindurch durchaus *nicht* gestraft worden, *weil* man den Übelanstifter für seine That verantwortlich machte, also *nicht* unter der Voraussetzung, dass nur der Schuldige zu strafen sei: – vielmehr, so wie jetzt noch Eltern ihre Kinder strafen, aus Zorn über einen erlittenen Schaden, der sich am Schädiger auslässt [...]. (GM, 2. Abhandl., Abschn. 4 [KSA V, 298])

Von einer Strafe als Reaktion auf einen Normverstoß kann man also nach Nietzsche durchaus auch dann sprechen, wenn diese nicht von einer Verantwortungszuschreibung – genauer: von der Zuschreibung moralischer Verantwortlichkeit – begleitet ist. Nietzsches Hinweis auf die emotionalen Grundlagen des Strafens lässt sich dann als Argument der besten Erklärung rekonstruieren: Wenn wir nicht strafen, weil wir den Täter für verantwortlich halten, ist die Annahme, dass wir strafen, weil wir damit retributive Emotionen zum Ausdruck bringen, die beste Erklärung dafür, dass es überhaupt eine Strafpraxis gibt. Diese retributiven Emotionen, nicht Erwägungen über Verdienst und Verantwortlichkeit, sind die Grundlage des Strafens.

2 Der Wert retributiver Emotionen

Den bloßen Befund aber, dass die psychosozialen Grundlagen des Strafens in retributiven Emotionen liegen, wird man nur dann als eine *Kritik* der Institution staatlichen Strafens akzeptieren können, wenn man auch eine negative Bewertung dieser Emotionen akzeptiert. Er impliziert als rein deskriptive Feststellung noch nichts Normatives. Es bedarf also, um daraus eine Kritik staatlichen Strafens abzuleiten, der Begründung einer Wertaussage oder einer normativen Aussage über diese Emotionen. Es muss gezeigt werden, dass wir von Handlungen

Abstand nehmen sollten, die aus diesen Emotionen entspringen. Welche Argumente hierfür hat Nietzsche zu bieten?

Ein Argument Nietzsches besagt, dass die Affekte des Übelnehmens eines starken Menschen unwürdig sind. Ein „vornehmer Mensch", wie ihn Nietzsche als Ideal propagiert, hat das Übelnehmen nicht nötig. Er wird Beleidigungen und Kränkungen einfach „abschütteln" und darauf nicht mit Übelnehmen, sondern mit Verachtung reagieren. „Ich will nicht anklagen, ich will nicht einmal die Ankläger anklagen. *Wegsehen* sei meine einzige Verneinung!", heißt es in der *Fröhlichen Wissenschaft* (FW, Buch IV, Abschn. 276 [KSA III, 521]). Im Gegensatz zu dieser Haltung souveräner Ignoranz lassen Vergeltungswünsche auf einen Impuls schließen, der ein charakterliches Defizit anzeigt: „Misstraut Allen, in welchen der Trieb, zu strafen, mächtig ist!", mahnt Zarathustra (Za, „Von den Taranteln" [KSA IV, 129]). Diese Aufforderung zur Indifferenz gegenüber Kränkungen und Beleidigungen sieht sich allerdings dem Vorwurf ausgesetzt, an unserer Lebenswirklichkeit vorbeizugehen. Menschen sind im Allgemeinen nicht konstituiert wie Nietzsches Zarathustra, sondern verletzliche Wesen, die mit Übelnehmen reagieren, wenn ihnen oder ihnen Nahestehenden ein Unrecht zugefügt wird. Und es gibt gute Gründe dafür, dass dies auch so sein sollte. Ganz abgesehen davon, dass sich hinter der Überlegenheitsattitüde dessen, der dem Unrecht indifferent gegenübertritt, nicht selten fehlende Sensibilität für den moralischen Unrechtcharakter dieser Handlung verbirgt, liegt der Wert persönlicher Beziehungen gerade darin, dass wir *nicht* indifferent gegenüber dem Übel sind, dass uns selbst oder anderen zugefügt wird. Jemandem etwas übelzunehmen ist auch ein Ausdruck der Ernsthaftigkeit und der Anerkennung der Wichtigkeit, die seine Haltungen und Handlungen für uns haben. Der berechtigten Mahnung Zarathustras, denjenigen zu misstrauen, in denen der Trieb zu strafen *stark* ist, ist daher hinzuzufügen, dass auch denjenigen gegenüber Misstrauen angebracht ist, in denen dieser Trieb *überhaupt nicht* ausgebildet ist.

Ein zweites Argument Nietzsches lautet, dass Emotionen des Übelnehmens eine „vergiftende Wirkung" entfalten. Nietzsche spricht vom „Bacillus der Rache", der durch das Strafbedürfnis in die Dinge getragen würde (*Nachgelassene Fragmente 1875–1879* [KSA VIII, 219]). Mit der Strafe würde nichts anderes als ein Rachegefühl ausgelebt und unter dem Deckmantel der Gerechtigkeit das Bedürfnis nach Grausamkeit befriedigt:

> Die „Strafe" ist auf dieser Stufe der Gesittung einfach das Abbild, der *Mimus* des normalen Verhaltens gegen den gehassten, wehrlos gemachten, niedergeworfnen Feind, der nicht nur jedes Rechtes und Schutzes, sondern auch jeder Gnade verlustig gegangen ist; also

das Kriegsrecht und Siegesfest des vae victis! in aller Schonungslosigkeit und Grausamkeit [...]." (GM, 2. Abhandl., Abschn. 9 [KSA V, 308])

Nietzsche nimmt also nicht nur an, dass in der Strafe retributive Emotionen zum Ausdruck kommen, sondern auch, dass diese dabei „in aller Schonungslosigkeit und Grausamkeit", d. h. ungezügelt zum Ausdruck kommen würden. Erst diese Annahme begründet die negative Bewertung retributiver Emotionen und die Zurückweisung des Vergeltungsdenkens. Dem ist aus der Perspektive einiger moderner Retributionstheoretiker entgegenzuhalten, dass Nietzsche hier wie oft über das Ziel hinaus schießt, weil staatliches Strafen diesen Emotionen keinesfalls „in aller Schonungslosigkeit und Grausamkeit" Ausdruck geben muss, sondern ihren Ausdruck zügeln und zivilisatorisch überformen kann. Häufig zitiert wird in diesem Zusammenhang die Bemerkung des englischen Strafrechtswissenschaftlers und Philosophen James Stephen, dass das Strafrecht sich zum Racheaffekt verhalte wie die Ehe zum Sexualtrieb, diesen also zivilisatorisch bändige und kanalisiere (Stephen 1963, 99).[136] Zwar verweist Nietzsche zu Recht darauf, dass retributive Emotionen, *wenn* man ihnen ungezügelt Raum gibt, destruktiv sind; sie neigen dann dazu, außer Kontrolle zu geraten und würden, legte man sie dem Strafrecht zugrunde, zu einer exzessiven und in der Tat barbarischen Strafpraxis führen. Dies schließt aber nicht aus, dass retributive Emotionen als „gebändigte Emotionen" legitim sind. Konsequenter, als Nietzsche es tut, sollte man zwischen der Frage, ob eine Emotion grundsätzlich rational ist, und derjenigen, ob es rational ist, sie eine bestimmte Rolle in unserem Leben spielen zu lassen, unterscheiden. Dass es irrational und kritikwürdig wäre, einer Emotion *immer* zu folgen und sie das eigene Leben *dominieren* zu lassen, heißt nicht, dass diese Emotion grundsätzlich irrational wäre.[137]

Retributive Emotionen sollten also nicht ohne weitere Begründung als Atavismen, die eines zivilisierten Menschen unwürdig sind, diskreditiert werden. Neuere Vertreter einer Retributionstheorie würden daher Nietzsches Hinweis auf Vergeltungswünsche als psychosoziale Grundlage des Strafens, verstanden als deskriptiven Befund, dankbar aufnehmen. Sie würden Nietzsche darin zustimmen, dass die retributiven Emotionen und das von Nietzsche diagnostizierte „Wohlgefühl" angesichts des Leidens des Bestraften die Grundlagen des Strafens darstellen. Sie würden allerdings Nietzsches negative Bewertung dieser retributiven Emotionen als tendenziös zurückweisen und darauf verweisen, dass seine Argumente allenfalls eine Position entkräften können, der zufolge diese Emotionen – wie von Nietzsche unterstellt, aber nicht begründet – den Gestraften „in aller Schonungslosigkeit und Grausamkeit" treffen müssten und sollten.[138] Zwar sind einige Äußerungen von Retributivisten durchaus geeignet, dem Vorurteil, sie würden einem ungezügelten Ausleben von Rachebedürfnissen das Wort reden, Vorschub zu leisten. Wenn etwa der Retributivist Kershnar allen Ernstes dafür argumentiert, dass für bestimmte Verbrechen nur die Todesstrafe plus eine vorhergehende Folterung angemessen sei (Kershnar 2001, 169–200 [chap. 8]), liegt diese Annahme durchaus nahe. Im Allgemeinen aber trifft dieses Vorurteil nicht zu. Unter den Anhängern der modernen Retributionstheorie herrscht weitgehend Einigkeit darüber, dass eine zentrale Aufgabe eines staatlichen Strafsystems gerade darin besteht, retributive Emotionen zu bändigen und ihrem ungezügelten Ausdruck entgegenzuwirken. Häufig wird darauf hingewiesen, dass gerade weil diese retributiven Emotionen in Gefahr sind, außer Kontrolle zu geraten, die Strafgewalt beim Staat liegt (vgl. Primoratz 1989, 83–85; Kleinig 2008, 202f.). Durch diese Bändigung und zivilisatorische Überformung retributiver Emotionen, deren erste literarische Gestaltung sich in der *Orestie* des Aischylos findet,[139] unterscheidet sich, so die These, Vergeltung von bloßer Rache. Nietzsches krude Gleichsetzung von Vergeltung und Rache, auf der seine Ablehnung der Retributionstheorien basiert, erweist sich daher als verfehlt, und seine Argumente sind nicht geeignet, eine Strafrechtfertigungstheorie, die sich auf den Wert und die Funktion retributiver Emotionen beruft, zu entkräften.[140]

Für den Wert dieser retributiven Emotionen lassen sich einige Argumente anführen. Erstens gilt, dass die Kundgabe dieser Emotionen, wie bereits in Kapitel I ausgeführt, eine soziale Strafe darstellen und insofern eine wichtige soziale Funktion als Element der Handlungssteuerung übernehmen kann (vgl. Kap. I 2). Sie ist als Sanktionsinstrument geeignet, sozial erwünschte Handlungen zu fördern und sozial unerwünschte zu unterdrücken.

Zweitens ist darauf hinzuweisen, dass diese retributiven Emotionen bzw. ihre Artikulation als legitimer Ausdruck der Distanzierung von einem zugefügten Übel und der Selbstachtung gelten können. Retributionstheoretiker machen darauf aufmerksam, dass wir nicht nur dazu verpflichtet sind, andere, sondern auch dazu, uns selbst zu achten, und dass retributive Emotionen auch dazu geeignet sind, den eigenen Wert zu affirmieren.[141] Wenn A dem B ein Unrecht antut und B hierauf mit der Artikulation retributiver Emotionen, also etwa mit der Kundgabe moralischer Empörung, reagiert, heißt das auch, dass B dieses ihm angetane Unrecht nicht akzeptiert, dass er die durch A herbeigeführte „Umkehrung der moralischen Ordnung" nicht hinnimmt und seinen eigenen Wert als Person bekräftigt. Er widerspricht damit der durch die Unrechtshandlung kommunizierten Botschaft, dass er nur von instrumentellem Wert, ein Mittel zur Befriedigung der Interessen anderer sei.[142] Er distanziert sich von einer Handlung, mit der sein Wert als Person bestritten wird. Wie wichtig diese

Distanzierungsfunktion retributiver Emotionen sein kann, betont z. B. Jan-Philipp Reemtsma in seinem Buch *Im Keller*, einer Schilderung und Aufarbeitung seiner eigenen Entführung. Reemtsma legt hier dar, dass eine der demütigendsten Erfahrungen der Entführungssituation für ihn gewesen sei, dass er stellenweise Gefahr gelaufen sei, die Distanz zu seinen Entführern zu verlieren, zu deren Aufrechterhaltung Gefühle des Übelnehmens von zentraler Wichtigkeit gewesen seien. Das „Gefühl der Sympathie mit den Verbrechern" sei

> nicht das Geringste [gewesen], was sie mir angetan haben. Es ist wie eine Schändung, und der Verlust der Fähigkeit, in eigener Sache hassen zu können, läuft auf eine psychische Deformation hinaus. (Reemtsma 1998, 187)

Drittens fungiert der Ausdruck dieser Emotionen in Fällen, in denen wir selbst nicht Opfer eines Normbruchs sind, als Ausdruck der Solidarität mit der moralischen Ordnung und, weniger abstrakt formuliert, mit den Opfern eines Unrechts.[143] Darum wird häufig erwartet, dass wir im Rahmen des als sozial adäquat Geltenden solche Emotionen artikulieren. Ist z. B. in einer Abendgesellschaft von den Untaten Anders Breivigs die Rede, wird erwartet werden, dass die Anwesenden im Rahmen dessen, was sozial opportun ist, moralische Empörung und Abscheu ausdrücken und sich damit von diesen Taten distanzieren. Die Kundgabe einer retributiven Emotion, etwa moralischen Abscheus, dient also nicht nur einem Opfer dazu, seinen eigenen Wert zu bekräftigen, sondern hat auch eine wichtige soziale Signalfunktion. Mit ihr grenzen wir uns gegen moralisches Unrecht ab. Wer diese Emotionen zu den passenden Gelegenheiten nicht zeigen würde – wer etwa auf die Schilderung der Taten Breivigs erheitert reagierte –, müsste seinerseits damit rechnen, sanktioniert zu werden. Er hätte es unterlassen, mittels der Kundgabe retributiver Emotionen seine Solidarität mit der moralischen Ordnung auszudrücken (vgl. Stemmer 2000, 155f.).

Damit hängt – viertens – eine weitere Funktion der Kundgabe retributiver Emotionen eng zusammen. Die Kundgabe dieser Emotionen hat auch eine sozial kohäsionsstiftende Wirkung, denn indem wir retributive Emotionen gegenüber einem Unrecht kundtun, versichern wir uns der Zugehörigkeit zu einer Wertegemeinschaft. Diese Funktion hat insbesondere der Soziologe und Ethnologe Emile Durkheim beschrieben. Wie Nietzsche meint Durkheim, dass Strafe „in der Tat, wenigstens zum Teil, ein Werk der Rache geblieben" (Durkheim 1893, 137) sei, sieht also ihre Grundlage in retributiven Emotionen. Gerächt wird mit der Strafe jedoch nach Durkheim nicht etwa eine einzelne Unrechtshandlung, sondern die Verletzung der Gesellschaft als ganzer und ihres „Kollektivbewusstseins" (ebd., 129); erst eine solche Verletzung nämlich mache eine

Handlung zu einer kriminellen und strafwürdigen.[144] Mit der Strafe wird entsprechend dieses kollektive Bewusstsein gemeinsamer Werte restituiert und gestärkt. Durkheim, der den Präventionseffekt der Strafe für gering hält, sieht daher die „wirkliche Funktion [der Strafe darin,] den sozialen Zusammenhang aufrechtzuerhalten, indem sie dem gemeinsamen Bewußtsein seine volle Lebensfähigkeit erhält" (ebd., 159), und fasst konsequenterweise die Strafe als nicht primär an die Normbrecher adressiert auf, sondern als „in erster Linie dafür bestimmt [...], auf die ehrenwerten Leute zu wirken" (ebd., 159).[145] Auch dieses Herstellen sozialer Kohäsion durch die Artikulation retributiver Emotionen – das man im Kleinen im Alltagsphänomen von Klatsch und Tratsch, dem wohltuenden kollektiven und gemeinschaftsstiftenden Lästern über Abwesende abgebildet sehen kann[146] – kann gegen Nietzsche und dessen extremen Individualismus als Argument zugunsten dieser Emotionen ins Feld geführt werden.

Fünftens schließlich lässt sich zugunsten retributiver Emotionen anführen, dass in ihnen Wünsche und Interessen zum Ausdruck kommen, die als solche ernstgenommen zu werden verdienen (vgl. Honderich 2006, 60). Dabei handelt es sich insbesondere um den Wunsch, dass jemand, der gegen eine Norm in gravierender Weise verstoßen hat, leiden möge. Ein solcher Wunsch – etwa der Wunsch der Angehörigen eines Mordopfers, dass der Mörder leiden möge – ist *als Wunsch* zur Kenntnis zu nehmen, und seine schlichte Existenz wirft die Frage auf, was dagegen spricht, ihn zu erfüllen, oder zumindest den Wunsch, dass er erfüllt werden möge, für legitim zu halten. Im Allgemeinen sehen wir Wünsche als – natürlich in vielen Fällen durch gegenläufige Gründe außer Kraft zu setzende – prima-facie-Gründe dafür an, dass die Erfüllung dieser Wünsche legitim ist. Die schlichte Tatsache, dass eine Person den exzentrischen Wunsch hat, möglichst viele Knöpfe zu sammeln oder drei Mal stündlich in die Hände zu klatschen, wenn niemand da ist, würde man zum Anlass nehmen zu glauben, dass die Erfüllung eines solchen Wunsches prima facie legitim ist. Es bedarf der Argumente um zu zeigen, dass dies bei Vergeltungswünschen, die sich in retributiven Emotionen wie Hass oder Übelwollen aussprechen, anders ist. Es wäre nicht mehr als die Bekräftigung eines Vorurteils und Ausdruck eines intellektuellen Snobismus, wenn man solche Vergeltungswünsche *von vornerherein* und ohne weitere Argumentation als Wünsche diskreditieren wollte, deren Erfüllung aufgrund ihres Inhaltes moralisch illegitim ist.

Ausgehend von dieser Rehabilitierung des Wertes retributiver Emotionen bieten sich nun zwei Möglichkeiten an, diese, ungeachtet der Kritik Nietzsches, zur Grundlage einer Strafrechtfertigung zu machen. Von ihnen soll in den folgenden beiden Abschnitten die Rede sein. Zum einen kann man, wie soeben angedeutet, retributive Emotionen als Ausdruck von Vergeltungs*wünschen* ansehen. Man kann dann erwägen, ob die Befriedigung dieser Wünsche ein Rechtfertigungsgrund für Strafhandlungen sein kann. Zum anderen kann man die Annahme, dass die Rechtfertigung des Strafens in der Befriedigung dieser Vergeltungswünsche liegt, zurückweisen, aber die Existenz dieser Vergeltungswünsche als anthropologisches Datum zur Kenntnis nehmen. Man kann dann fragen, inwiefern sich Strafen auf der Grundlage dieses anthropologischen Datums als *angemessener* oder *verdienter* Ausdruck retributiver Emotionen rechtfertigen lassen.

3 Retributive Emotionen und Strafrechtfertigung

3.1 Konsequentialistischer Retributivismus

Wer das Rechtfertigungskriterium für Strafen darin sieht, dass mit Strafhandlungen bestimmte Interessen und Wünsche, eben Vergeltungswünsche, befriedigt werden, vertritt einen konsequentialistischen Retributivismus. Dieser ist vom im vorhergehenden Kapitel untersuchten nicht-konsequentialistischen Retributivismus zu unterscheiden, der die Strafe als unabhängig von Straffolgen rechtfertigbar ansieht. Der konsequentialistische Retributivist wird, ebenso wie der nicht-konsequentialistische, eine gerechtfertigte Strafe als Vergeltung interpretieren, aber er sieht die Rechtfertigung der Strafe nicht in der Anwendung des Talionsprinzips oder im Verdienst des Täters oder der Angemessenheit von Normbruch und Strafe, sondern in *bestimmten* Folgen einer Strafhandlung, nämlich in der durch sie herbeigeführten Befriedigung von Vergeltungswünschen. Ebenso wie Präventionstheorien bezieht er sich also auf Folgen von Strafhandlungen, die in Interessenbefriedigungen bestehen. Während sich aber Präventionstheorien auf die universalisierten Interessen oder die aufgeklärten Individualinteressen an der Verhinderung zukünftiger Normbrüche beziehen, bezieht sich der konsequentialistische Retributivismus auf das Interesse daran, dass dem Normbrecher Leiden zugefügt werden möge. Dieses Interesse wird, wenn es befriedigt wird, durch die Strafhandlung selbst und das damit im Allgemeinen zugefügte Leid befriedigt, nicht aber durch weitere durch die Strafe gezeitigte Folgen, wie dies von den Interessen gilt, in deren Befriedigung Präventionstheoretiker eine Strafrechtfertigung sehen.

Es wäre, wie bereits erwähnt, verfehlt, diese Vergeltungswünsche von vornehrein als atavistische Relikte eines vorzivilisatorischen Rachebedürfnisses, um dessen Überwindung wir uns bemühen sollten, zu diskreditieren.[147] Dies ließe sich auch schwer damit in Einklang bringen, dass wir im Allgemeinen durchaus Verständnis für solche Vergeltungswünsche aufbringen. Wer wollte es den Eltern eines Mordopfers verdenken, dass sie den Mörder ihres Kindes leiden, sehr leiden sehen wollen? Wer wollte einem Vergewaltigungsopfer in pastoralem Tonfall vorhalten, dass es seine Hassgefühle auf den Vergewaltiger, die eines zivilisierten Menschen unwürdig seien, überwinden sollte? Wer wollte es jemandem versagen, dass er seiner Partnerin, die ihn kurz vor dem geplanten gemeinsamen Urlaub zugunsten eines Urlaubs mit seinem Nebenbuhler versetzt, von Herzen einen schlechten Urlaub wünscht? Wünsche dieser Art finden wir im Allgemeinen verständlich, und wir tun es in umso stärkerem Ausmaß, je gravierender die Normverstöße sind, als deren Vergeltung das Leiden des Normbrechers gewünscht wird. Die Vorstellung eines Adolf Eichmann, der seinen Lebensabend friedlich im Kreis von Freunden und bei abendlichem Rotwein in einer argentischen Hazienda genießt, ist schwer erträglich. Das von Wohlbefinden und Unberührtheit zeugende Grinsen des Massenmörders Breivig vor Gericht empört im Allgemeinen nicht nur als Ausdruck des Zynismus und der Respektlosigkeit gegenüber den Opfern, sondern auch, weil wir wünschen, dass es diesem Täter schlecht geht.

Auch wenn also der konsequentialistische Retributivismus nicht einfach durch Verweis auf das Vorurteil, dass Vergeltungswünsche per se schlecht sind, ad acta gelegt werden sollte, ist diese Position doch aus (mindestens) vier Gründen abzulehnen. Erstens bietet die Befriedigung von Vergeltungswünschen schlicht eine zu schwache Begründungsgrundlage für die beabsichtigte Leidenszufügung durch Strafe. So wie der Resozialisierungstheorie vorgeworfen werden kann, einseitig täterzentriert zu sein, kann dem konsequentialistischen Retributivismus vorgeworfen werden, einseitig opferzentriert zu sein und den Interessen der Opfer ein übertriebenes Gewicht beizumessen. Eine Straftheorie, die interessenzentriert ist, muss, um Strafen zu rechtfertigen, zeigen, dass es Interessen gibt, deren Erfüllung *gewichtiger* ist als die Erfüllung des plausiblerweise zu unterstellenden Interesses des Normbrechers daran, nicht gestraft zu werden. Eine Präventionstheorie kann zumindest prima facie darauf Anspruch erheben, diesem Desiderat gerecht zu werden, denn die Frustration des Interesses des Normbrechers daran, nicht gestraft zu werden, wird, so kann man annehmen, durch die Erfüllung des stärker wiegenden universalisierten Interesses der Gemeinschaft oder des aufgeklärten Individualinteresses rationaler Individuen daran, zukünftige Normverstöße zu verhindern, überwogen. Im Falle von Vergeltungswünschen aber ist das anders. Die Frustration des Interesses des Normbrechers, das ihm mit der Strafe zugefügte, oft erhebliche Leiden nicht erfahren zu müssen, ist im Allgemeinen als gewichtiger anzusehen als die Frustration von Vergeltungswünschen. Anders formuliert: Die Frustration von Vergeltungswünschen ist nicht gravierend genug, um die beabsichtigte Leidenszufügung durch Strafe rechtfertigen zu können. Wir können Menschen durchaus zumuten, auf die Befriedigung ihrer Vergeltungswünsche zu verzichten (oder diese indirekt, z. B. durch das Konsumieren dafür geeigneter Filme und Identifikation mit den rächenden Helden, zu befriedigen), wenn der Preis für deren Befriedigung in der Zufügung des häufig beträchtlichen Strafübels liegt. Vergeltungswünsche sind Wünsche, die als solche ernst zu nehmen, aber auch nicht sakrosankt sind.[148] Sie sind nicht mehr als subjektive Präferenzen, deren Erfüllung daher nicht kategorisch geboten ist. Irreführend ist daher auch die Rede von Vergeltungs*bedürfnissen*, die suggeriert, die Erfüllung von Vergeltungswünschen sei in gleicher Weise ein in der menschlichen Natur liegendes und zu respektierendes Bedürfnis wie das Bedürfnis nach Nahrung oder nach Gesellschaft.

Zweitens ist Folgendes zu bedenken. Häufig bekunden wir, wie soeben erwähnt, ein Verständnis für Vergeltungswünsche. Das heißt aber keinesfalls, dass wir deswegen auch diese Wünsche als unsere eigenen übernehmen würden. Das eine ist es, einen Wunsch zu verstehen, das andere, ihn sich zu eigen zu machen. Wir können widerspruchsfrei den Wunsch eines Elternpaares verstehen, dass der Mörder ihres Kindes hingerichtet werden möge, ohne deswegen selbst zu wünschen, dass er hingerichtet werden möge, also für die Todesstrafe zu plädieren. Einen Vergeltungswunsch zu verstehen heißt im hier relevanten Sinne von „verstehen" – grob gesprochen – zu erkennen, dass man, wäre man selbst in der Lage des Wünschenden, ähnliche Wünsche und Präferenzen wie er ausbilden würde. Es heißt, hypothetische Präferenzen für hypothetische Fälle auszubilden, in denen man selbst von einer Handlung so betroffen wäre, wie es derjenige ist, der den Vergeltungswunsch hat. Wären wir in der Lage der betroffenen Eltern, würden wir vielleicht ebenfalls wünschen, dass der Mörder hingerichtet würde. Solche hypothetischen Präferenzen auszubilden heißt aber nicht, eine aktuelle Präferenz des gleichen Inhalts wie die hypothetische Präferenz auszubilden. Vergeltungswünsche anderer zu verstehen heißt daher nicht, sich mit diesen in dem Sinne zu „identifizieren", dass man sie als die eigenen Vergeltungswünsche übernimmt und zur Grundlage der Strafrechtfertigung macht.

Drittens, und mit dem zweiten Punkt zusammenhängend, ist darauf hinzuweisen, dass unser Verständnis für Vergeltungswünsche durchaus begrenzt ist und offenbar davon abhängt, ob wir die moralische Bewertung des entsprechenden Normverstoßes teilen oder nicht. Wir verstehen den Wunsch der Eltern, dass der Mörder ihres Kindes leiden möge, nicht aber den Wunsch des Rassisten, dass jemand dafür, dass er als Dunkelhäutiger auf einem für Weiße reservierten Sitzplatz gesessen hat, leiden möge. In beiden Fällen aber handelt es sich um Vergeltungswünsche, die sich *als solche* nicht voneinander unterscheiden. Das Verständnis, das wir für einen Vergeltungswunsch aufbringen, hängt also offenbar von der moralischen Qualität der Handlung ab, auf die sich der Vergeltungswunsch bezieht. Wir verstehen solche Vergeltungswünsche, sofern wir Sympathie mit ihnen aufbringen, als zutreffende Würdigungen der moralischen Qualität des Normverstoßes, auf den sie sich beziehen. Das legt die Annahme nahe, dass unser Verständnis z. B. für den Wunsch der Eltern, dass der Mörder ihres Kindes hingerichtet werden möge, eine Art der Solidarisierung mit dem moralischen Unwerturteil ist, das mit diesem Vergeltungswunsch einhergeht, nicht aber mit dem Vergeltungswunsch als solchem. Wir akzeptieren diesen Vergeltungswunsch als Ausdruck eines solchen Unwerturteils, ohne uns aber deswegen die Erfüllung des Wunsches zu wünschen.

Viertens schließlich ist zu beachten, dass Vergeltungswünsche tatsächlich *Wünsche* sind und dass es einen Unterschied zwischen Wünschen und Wollen gibt. Während sich ein Wunsch prinzipiell auf jeden beliebigen Weltzustand beziehen kann, ist Wollen stärker handlungsbezogen.[149] Wünschen kann man z. B. auch die eigene Unsterblichkeit oder Schneefall im Juli, wollen nicht. Einen Vergeltungswunsch zu haben, also einen Wunsch, dass der Normbrecher leidet, heißt daher nicht, dessen Leiden auch durch eigene Handlungen herbeiführen zu wollen. Wir gestatten uns manche eigene Wünsche im beruhigenden Bewusstsein, dass es nur Wünsche sind, ohne ihre Erfüllung auch zu wollen. In Zuständen der Wut mag man sich den Wunsch gestatten, jemandem eine kräftige Ohrfeige zu geben (und diesen Wunsch auch *als Wunsch* für legitim halten), ohne ihm aber diese Ohrfeige geben zu wollen. Man mag sich Phantasien als Wünsche gestatten, an deren Umsetzung man nicht im Entferntesten denkt, die man also nicht realisieren will. Wünsche können auch dort legitim oder unanstößig sein, wo das entsprechende Wollen es nicht wäre. Wenn man also Vergeltungswünsche als legitim anerkennt, heißt das noch nicht, dass man die Strafe als Mittel, diese Wünsche zu realisieren, gutheißt. Den Wunsch der Eltern, dass der Mörder ihres Kindes leiden möge, als berechtigten Wunsch anzuerkennen, heißt nicht zu wollen, dass er in dieser Weise leiden möge. Vergeltungswünsche sind also auch deswegen keine Rechtfertigungsgrundlage für Strafen, weil die Legitimität eines Wunsches noch nicht verbürgt, dass es auch gerechtfertigt ist, die Realisierung dieses Wunsches zu wollen.

3.2 Die Angemessenheit retributiver Emotionen

Der andere Ansatz, retributive Emotionen zur Grundlage der Strafrechtfertigung zu machen, besteht darin, Nietzsches Verweis auf retributive Emotionen als Hinweis auf die anthropologischen Grundlagen des Strafens aufzufassen, ohne diesen Befund aber normativ aufzuladen, also diese Emotionen als zu befriedigende Vergeltungswünsche aufzufassen. Es handelt sich dann um eine These über die Motive, aus denen heraus Strafen vollzogen werden, die als solche – wenn man zum einen der Gefahr eines genetischen Fehlschlusses entgeht und zum anderen nicht annimmt, dass retributive Emotionen per se als moralisch verwerflich anzusehen sind – gegenüber Rechtfertigungsfragen erst einmal neutral ist. Der Hinweis auf diese motivationale Grundlage des Strafens liefert dann einen Erklärungsgrund, aber keinen Rechtfertigungsgrund für Strafen. Da er neutral gegenüber der Frage ist, was das Rechtfertigungskriterium für Strafen ist, kann dieser Befund auch von Anhängern nicht-retributivistischer Strafrechtfertigungstheorien akzeptiert werden.

Kann man diesen Hinweis auf die anthropologischen Grundlagen des Strafens zu einer Theorie der Strafrechtfertigung ausbauen? Man kann dies tun, indem man erneut auf die Begriffe der Angemessenheit und des Verdienstes Bezug nimmt und die These vertritt, dass Strafen gerechtfertigt sind, wenn sie ein *angemessener* oder *verdienter* Ausdruck der retributiven Emotionen sind, die ihnen zugrunde liegen. Man erweitert dann die anthropologische These durch eine normative und vertritt einen emotionsbasierten, nicht-konsequentialistischen Retributivismus. Eine solche Variante des Retributivismus wird z. B. von M. Moore, Bennett und von Hirsch vertreten.[150] Er weist eine Nähe zu der in Kapitel III untersuchten Expressionstheorie auf und kann auch als eine Spezifikation der Expressionstheorie aufgefasst werden.[151] Die Expressionstheorie wurde in Kapitel III dadurch charakterisiert, dass ihr zufolge eine Strafe durch ihre expressive Funktion gekennzeichnet ist, d. h. dadurch, dass mit ihr eine Missbilligung oder Verurteilung der bestraften Tat kundgetan wird (vgl. Kap. III 1). Eine solche Expressionstheorie kann in Form eines emotionsbasierten Retributivismus vertreten werden, wenn sie durch die folgenden beiden Spezifikationen angereichert wird: (1) Die mit der Strafe ausgedrückte Missbilligung wird als Ausdruck einer retributiven, also auf Vergeltung abzielenden Emotion bestimmt. Nicht alle missbilligenden Emotionen sind retributiv. Indignation und Verachtung z. B. sind missbilligende, aber nicht, zumindest nicht notwendig, retributive Emotionen, da in ihnen nicht notwendig Vergeltungswünsche zum Ausdruck kommen, sie also nicht immer mit dem Wunsch einhergehen, dass der Normbrecher leiden möge.[152] (2) Das Verhältnis zwischen dem Ausdruck retributiver Emotionen und dem Normverstoß wird durch den Begriff der Angemessenheit oder denjenigen des Verdienstes bestimmt, d. h. so, dass der Ausdruck der retributiven Emotion als dem Normverstoß *angemessen* oder durch diesen *verdient* gilt. Einen emotionsbasierten, nicht-konsequentialistischen Retributivismus vertritt man also z. B., wenn man behauptet, dass eine Todesstrafe gerechtfertigt ist, sofern sie ein angemessener oder verdienter Ausdruck der retributiven Emotionen ist, die wir gegenüber einem Mörder haben, und dass die Verweigerung der Einladung zur nächsten Geburtstagsparty dann eine gerechtfertigte soziale Strafe für einen vorangehenden sozialen Affront ist, wenn sie ein angemessener oder verdienter Ausdruck des durch diesen Affront hervorgerufenen Gefühls des Übelnehmens ist.[153]

Was heißt es zu sagen, dass eine Strafe ein einem Normverstoß angemessener Ausdruck einer retributiven Emotion ist? Eine Strafe ist nur dann ein einem Normverstoß angemessener Ausdruck einer Emotion, wenn diese Emotion selbst dem Normverstoß angemessen ist. Das heißt, dass jemand, der die Behauptung verteidigen möchte, dass die Strafe ein dem Normverstoß angemessener Ausdruck einer retributiven Emotion ist, *zwei* Angemessenheitsurteile begründen muss, nämlich die beiden folgenden:

(1) Eine retributive Emotion ist einem Normverstoß angemessen.
(2) Eine Strafe ist ein angemessener Ausdruck eben dieser Emotion.

Die Notwendigkeit, Urteile der Art (1) zu begründen, ist der Tatsache geschuldet, dass mit der Strafe die „richtige", dem Normverstoß angemessene Emotion ausgedrückt werden muss. Einem Foltermord ist vermutlich Hass oder zumindest Übelnehmen oder Groll, nicht Enttäuschung oder Indignation angemessen. Strafe muss Ausdruck einer *bestimmten* retributiven Emotion sein, die als solche am Platz ist. Die Notwendigkeit, Urteile der Art (2) zu begründen, resultiert daraus, dass eine bestimmte Strafe als ein adäquater Ausdruck eben dieser retributiven Emotion qualifiziert werden muss. Es muss z. B. begründet werden, dass die adäquate Ausdrucksform der retributiven Emotion, die einem Foltermord angemessen ist, eine lebenslange Freiheitsstrafe, nicht etwa eine öffentliche Erschießung, aber auch nicht Führerscheinentzug oder eine milde Geldstrafe ist. Während sich, wie im Folgenden gezeigt werden soll, Urteile des Typs (1) möglicherweise begründen lassen, scheitert der Retributivismus in der hier betrachteten Variante daran, Urteile des Typs (2) nicht begründen zu können.

Wie also lassen sich Urteile des Typs (1) begründen? Die Angemessenheitsurteile, die hier begründet werden sollen, sind, anders als die im vorhergehenden Kapitel untersuchten, keine Äquivalenzbehauptungen. Sie behaupten keine

Gleichwertigkeit zwischen Normbruch und Strafe. Es sind vielmehr Urteile über Angemessenheitsrelationen zwischen Emotionen und Normverstößen. Im Folgenden werden drei mögliche Begründungen dafür, dass eine solche Angemessenheitsrelation besteht, genannt.

Moore führt zur Begründung der These, dass retributive Emotionen bestimmten Normverstößen angemessen sind, ein Argument der besten Erklärung an. Es besagt, dass die beste Erklärung für retributive Emotionen sei, „that those reactions are caused by the existing moral qualities of wrongness and of culpability, the combination of which I call *desert*" (M. Moore 1993, 177). Unsere Gefühle sind demnach erklärbar durch objektive Eigenschaften. Die Erklärung dafür, dass wir uns über einen Mord empören, ist z. B., dass er die Eigenschaft hat, empörens*wert* zu sein und Empörung zu *verdienen*. Eigenschaften dieser Art werden durch Wörter wie „verabscheuungswürdig", „empörend", „bestürzend", „widerlich", „befremdlich", „hassenswert" im negativen Bereich und „bewundernswert", „respekterheischend", „anerkennenswert" etc. im positiven Bereich bezeichnet, die etwas dadurch charakterisieren, dass ihm gegenüber bestimmte Gefühle angemessen sind.[154] Darum sind diese Gefühle, meint Moore, „our main heuristic guide to discovering moral truths" (ebd., 181). Weil die beste Erklärung dieser Gefühle die Wahrheit des Retributivismus sei, seien wir auch gerechtfertigt darin, den Retributivismus für wahr zu halten und unsere Gefühle als Indikatoren für dessen Wahrheit anzusehen.[155]

Das Problem dieser Argumentation liegt darin, dass ein explanatorischer Zusammenhang zwischen der Wahrheit eines moralischen Urteils und einem Gefühl nicht darauf schließen lässt, dass es auch einen heuristischen Zusammenhang zwischen beiden in der Weise gebe, wie ihn Moore behauptet, d. h. dass das Gefühl ein Indikator für die Wahrheit des moralischen Urteils sei. Beides ist voneinander unabhängig. Noch vor einigen Jahrzehnten hätten viele Menschen Homosexualität als abscheulich empfunden und als „verabscheuenswürdig" bezeichnet. Zweifellos wäre die Wahrheit des Urteils „Homosexualität ist verabscheuungswürdig" eine Erklärungsgrundlage für diese Emotionen: Hätte Homosexualität die Eigenschaft, verabscheuungswürdig zu sein, würde dies erklären, dass viele Menschen Homosexualität abscheulich fanden. Das heißt aber nicht, dass die Wahrheit dieses Urteils die einzige oder gar die beste Erklärung für diese Emotionen sei. Es gibt offensichtlich andere und bessere Erklärungen, z. B. Unaufgeklärtheit und Vorurteile. Und es heißt infolgedessen auch nicht, dass die Emotion selbst einen heuristischen Wert für die Ermittlung moralischer Wahrheiten hätte.[156] Dass Menschen Homosexualität abscheulich finden, verweist nicht im geringsten darauf, dass das Urteil „Homosexualität ist verabscheuungswürdig" wahr ist. Dazu müsste die Wahrheit des Urteils nicht nur *eine*, sondern die *einzig mögliche* Erklärung der Emotion sein. Das ist aber nicht der Fall. Es spricht nichts dafür, dass es sich bei retributiven Emotionen anders verhalten würde. Auch sie lassen keinen Schluss auf die Wahrheit eines Urteils zu, dem zufolge bestimmte retributive Emotionen einem Normverstoß angemessen oder durch diesen verdient seien.

Ein anderes Argument zur Begründung einer Aussage des Typs (1) wird von Bennett vorgetragen. Nach Bennett sind die angemessenen Emotionen diejenigen, die der Täter selbst angesichts des Normbruchs empfinden sollte. Die Strafe drückt dann symbolisch die Verurteilung der Tat aus, indem sie jemandem auferlegt, genau das zu tun, was er selbst zu tun motiviert wäre, wenn er die angemessenen Gefühle des Bedauerns gegenüber seinem Normverstoß empfinden würde:

> We can communicate our condemnation by putting into symbols, not how indignant or outraged we are, but how *sorry* we think the offender ought to be for what she has done. And we can do this by imposing on the offender an amount of amends that reflects – and thus is proportional to – the seriousness of the crime. [...] Thus a good way to express how wrong we think an act is would be by making the offender do what we think someone who was sorry enough for their offence would feel it necessary to undertake by way of making amends. (Bennett 2008, 146)

Offen bleiben dabei allerdings die Fragen, welches Ausmaß an Bedauern angesichts eines Normverstoßes angemessen ist und – wenn man unterstellt, dass sich die soeben genannte Frage beantworten lässt – zu welchen Handlungen dieses Bedauern motivieren sollte. Um diese Fragen zu beantworten, ist die These zu entkräften, dass Bedauern für vergangene Handlungen *niemals* rational ist,[157] und es ist festzulegen, wessen Urteile maßgeblich dafür sein sollen, welche Gefühle des Bedauerns angesichts eines Normverstoßes angemessen sind und welche Handlungen aus einem als angemessen eingestuften Bedauern hervorgehen sollten. Wenig hilfreich ist es, sich zur Beantwortung dieser Fragen – wie Moore es tut – auf diejenigen Gefühle des Bedauerns und der Scham zu berufen, die man selbst angesichts eines eigenen Normverstoßes empfinden würde, und darauf zu verweisen, dass diese Einstufungen der Angemessenheit von Gefühlen aus der Erste-Person-Perspektive von verzerrenden Faktoren wie Rachsucht und *ressentiment* unbeeinflusst seien (M. Moore 1987, 144–147). So führt Moore glaubhaft aus, dass er selbst sich nach einem grausamen Mord schrecklich schlecht fühlen und bis an das Ende seines Lebens dafür leiden wollen würde. So löblich diese Gefühle als Ausdruck moralischer Sensibilität auch sein mögen, spricht aber nichts dafür, dass ihnen irgendeine Autorität für die Beantwortung der Frage zukommen würde, welche Gefühle des Bedauerns *andere* in einer entsprechenden Situation haben sollten.

Überzeugender und vielversprechender als die bisher genannten Versuche, Urteile des Typs (1) zu begründen, ist der Ansatz Adam Smiths, Urteile dieser Art durch die Konstruktion eines *impartial spectator* zu begründen, der, unparteilich und gottgleich, über die Angemessenheit von Gefühlen entscheidet. Die richtigen Gefühle gegenüber einer Handlung sind für Smith diejenigen, die der *impartial spectator* als solche billigen würde (Smith 1790, 155–182 [Part III, chap. 3: „Of the influence and authority of conscience"]). Seine Urteile legen fest, ob eine Handlung nicht nur eine ist, über die wir uns de facto empören, sondern ob sie empörenswert ist, ob eine Handlung moralische Billigung oder moralische Geringschätzung *verdient*. Smiths Idee eines unparteilichen Beobachters bringt die Forderung der Universalisierung zum Ausdruck: Als angemessen sollen diejenigen Emotionen qualifiziert werden, die einem Universalisierungstest standhalten und die perspektiven- und personenirrelativ als angemessen eingestuft werden können, also Gefühle, die wir als angemessen unabhängig davon einstufen könnten, in welcher Position wir selbst sind. So wären z. B. Vergeltungswünsche gegenüber einem Normverstoß angemessen, wenn wir diese Einstufung unabhängig davon akzeptieren könnten, ob wir selbst diese Vergeltungswünsche haben oder ob wir als Täter von Vergeltungswünschen der Opfer betroffen sind. Zweifellos ist dieser Versuch, Urteile des Typs (1) zu begründen, weniger ad hoc als die beiden zuvor genannten, ebenso zweifellos ist er aber mit zahlreichen Folgeproblemen verbunden, die von Smith allenfalls angedeutet werden. Sie betreffen u. a. die Fragen, wie genau der *impartial spectator* zu verstehen ist – ob als Wesen ohne Präferenzen und Neigungen oder als jemand, dessen Urteile ebenfalls durch Interessen gesteuert sind –, wie aus der Perspektive des unparteilichen Beobachters die verschiedenen variierenden Einschätzungen der angemessenen Emotionen zu einer Gesamteinschätzung aggregiert werden können und an welchen Parametern genau sich die Ermittlung eines Gesamturteils über die angemessenen Emotionen orientieren soll. Ein Verteidiger eines emotionsbasierten Retributivismus, der an Smiths Modell anknüpfen will, müsste diese Fragen beantworten können.

Angenommen, diese Fragen lassen sich überzeugend beantworten, und es lässt sich unter Rückgriff auf die Smithsche Konstruktion eines *impartial spectator* und die dadurch ausgedrückte Universalisierungsforderung zeigen, dass bestimmte Gefühle bestimmten Normverstößen angemessen sind, so tauchen doch erhebliche Probleme auf, wenn Urteile der Art (2) begründet werden müssen, wenn es also darum geht zu zeigen, dass bestimmte Strafen angemessene Ausdrucksformen der als „richtig" qualifizierten Emotionen sind. Zumindest zwei Probleme sind zu nennen. Zum einen: Eine Ausdrucksform eines Gefühls gilt im Allgemeinen als diesem Gefühl angemessen, weil es eine soziale

Konvention gibt, dass diese Ausdrucksform angemessen ist. Schwarze Kleidung ist ein angemessener Ausdruck von Trauer, ein gesenkter Blick ein angemessener Ausdruck von Demut, Applaus ein angemessener Ausdruck von Anerkennung nach einem Konzert, ein Geschenk ein angemessener Ausdruck von Dankbarkeit für eine Einladung etc. Diese Angemessenheitsurteile sind wahr, weil es entsprechende soziale Konventionen gibt. Zur Begründung dessen, dass eine bestimmte Ausdrucksform einer Emotion angemessen ist, gibt es hier nichts, was über die soziale Konvention hinausgeht. Es fällt nicht schwer sich vorzustellen, dass sich diese Konventionen und mit ihnen die entsprechenden Angemessenheitsurteile ändern. Etablierte sich z. B. die Konvention, dass nicht Applaus, sondern Schweigen ein angemessener Ausdruck der Anerkennung nach einem Konzert ist, würde Applaus kein angemessener Ausdruck der Anerkennung mehr sein. Aber offensichtlich ist der Verweis auf eine soziale Konvention, die als solche kontingent ist, nicht geeignet, die normative Frage nach der Berechtigung von Strafen zu beantworten. Der Verweis darauf, dass lebenslanger Freiheitsentzug nun einmal die konventionell festgelegte und als angemessen angesehene Ausdrucksform derjenigen Empörung sei, die einer Mordtat angemessen sei, ist wenig hilfreich, denn man möchte gerade wissen, ob es richtig ist, Mord mit lebenslangem Freiheitsentzug zu bestrafen, ob also die Konvention, wenn sie besteht, die *richtige* Konvention ist. Diese Frage wird nicht mit dem trockenen Hinweis darauf beantwortet, dass es diese Konvention nun einmal gibt.[158]

Und zweitens und vor allem: Es scheint aussichtslos, Schwere und Art einer Strafe einigermaßen präzise mit den Emotionen, deren Ausdrucksform die Strafe sein soll, korrelieren zu wollen. Wieviel Jahre Gefängnisstrafe wären adäquater Ausdruck der Verachtung, wieviele des Zorns, des Hasses, der Indignation? Wie hoch muss eine Geldstrafe sein, um als Ausdruck der Missbilligung, der Empörung, der Verachtung gelten zu können? Welches Gefühl wird durch Beugungshaft ausgedrückt, welches durch Jugendarrest, welches durch Führerscheinentzug? Fragen dieser Art lassen sich kaum beantworten. Für solche feinkörnigeren Zuordnungen von Strafen als Ausdruckshandlungen und Emotionen gibt es keine etablierten Konventionen. Es scheint abwegig, solche Zuordnungen vornehmen zu wollen. Sobald wir über die allgemeine Feststellung, dass Strafen Ausdrucksformen für Emotionen sind, hinausgehen und Strafen als Ausdrucksformen von Emotionen diesen Emotionen konkret zuordnen möchten, zeigt sich, dass dies nicht möglich ist.

Abschließend könnte an dieser Stelle noch eingewandt werden, dass im Vorhergehenden nur die Rede von der Angemessenheit von Gefühlen und von der Angemessenheit von Strafen als Ausdruck dieser Gefühle war, der nicht-konsequentialistische emotionsbasierte Retributivismus jedoch eingangs durch die These charakterisiert wurde, dass retributive Emotionen als Reaktionen auf einen Normverstoß diesem angemessen *oder durch diesen verdient* sind. Es ist jedoch nicht nötig, an dieser Stelle über die Kategorie des Verdienstes etwas über das in Kapitel IV bereits Gesagte Hinausgehendes zu sagen (vgl. Kap. IV 2.2). Die dort in Bezug auf den Verdienstbegriff genannten Probleme – insbesondere das Problem, dass aus „A hat X verdient" nicht folgt „A sollte X erhalten" – tauchen auch in Bezug auf den emotionsbasierten Retributivismus, also dann auf, wenn von verdienten Emotionen oder verdienten Ausdruckshandlungen, die in der Kundgabe dieser Emotionen bestehen, die Rede ist. Die in Kapitel IV genannten Einwände gegen einen auf dem Verdienstbegriff basierenden Retributivismus sind daher mutatis mutandis auf einen emotionsbasierten Retributivismus übertragbar.

Insgesamt zeigt sich: Wer einen emotionsbasierten Retributivismus in der hier betrachteten Variante, dem zufolge retributive Emotionen Grundlage des Strafens sind, als Theorie der Strafrechtfertigung verteidigen möchte, muss zum einen begründen, dass bestimmte Gefühle Normverstößen angemessen oder durch diese verdient sind, und zum anderen, dass bestimmte Strafen als Ausdrucksformen diesen Gefühlen angemessen oder durch die Normverstöße verdient sind. Beide Unterfangen stoßen auf erhebliche, das zweite Unterfangen stößt vermutlich sogar auf unlösbare Schwierigkeiten. In Bezug auf den emotionsbasierten Retributivismus ist daher das Fazit das gleiche wie in Bezug auf die im vorhergehenden Kapitel betrachteten Varianten des Retributivismus: Als Rechtfertigungstheorie des Strafens ist ein Retributivismus nicht überzeugend.

VI Strafen ohne moralische Schuld (1): Strafen bei kausaler Verantwortlichkeit

In Kapitel II war gezeigt worden, dass die Präventionstheorie sich mit der – gravierenden – Einschränkung verteidigen lässt, dass es ihr nicht gelingt, das Schuld- und das Verhältnismäßigkeitsprinzip zu integrieren. Auf interessentheoretischer Basis kann weder gezeigt werden, dass nur die moralisch Schuldigen bestraft werden dürfen, noch, dass die Schwere der Bestrafung sich an der Schwere der moralischen Schuld des Gestraften auszurichten hat. Ein Präventionstheoretiker, so war gesagt worden, sollte auf dieses Manko reagieren, indem er den Begriff der Rechtfertigung entmoralisiert. Er sollte nicht den Anspruch erheben, ein Kriterium der moralischen Strafrechtfertigung formulieren zu können, sondern von vorneherein zugestehen, dass es sich nur um ein Kriterium für eine technisch-zweckrationale Strafrechtfertigung handelt. Tut er dies, kann er auf das Schuldprinzip und das Verhältnismäßigkeitsprinzip verzichten und die Bestrafung derer, die nicht moralisch schuldig sind, als Mittel der Handlungssteuerung am Leitfaden des Präventionsgedankens rechtfertigen.

In den folgenden beiden Kapiteln soll nun dieser Grundgedanke einer am Präventionsgedanken orientierten Strafrechtfertigung, die nicht auf die Annahme moralischer Schuld als Rechtfertigungsbasis des Strafens angewiesen ist, weiter ausbuchstabiert werden. Es soll gezeigt werden, dass sich Strafen als Mittel der Verhaltenssteuerung auch dann – in einem nicht-moralischen Sinne von „rechtfertigen" – rechtfertigen lassen, wenn sie nicht mit der Zuschreibung moralischer Schuld verbunden sind. Damit wird die in der Straftheorie weitgehend akzeptierte Annahme, dass man „nur die moralisch Schuldigen bestrafen darf", infrage gestellt. Es wird damit jedoch *nicht* die in Kapitel I formulierte These infrage gestellt, dass man aus begrifflichen Gründen nur diejenigen strafen kann, die man für schuldig hält. Es gilt nämlich, dass man auch diejenigen, die man straft, ohne sie für *moralisch* schuldig zu halten, für schuldig hält. Allerdings ist zu präzisieren, in welchem Sinne von „schuldig" man sie für schuldig hält. Daher werden zunächst verschiedene Begriffe von Schuld sowie die ihnen korrespondierenden Formen der Verantwortungszuschreibung voneinander unterschieden. Je nachdem, auf welche Form von Schuld bzw. Verantwortlichkeit Strafen reagieren, lassen sich auch verschiedene Formen des Strafens voneinander unterscheiden (1). Sodann wird untersucht, wie, wenn überhaupt, sich die Bestrafung derer rechtfertigen lässt, die wir nicht für moralisch schuldig, wohl aber für kausal schuldig halten. Da nicht einfach dogmatisch unterstellt werden sollte, dass es sich hierbei nur um eine nicht-moralische Rechtfertigung handeln könne, kommen hierfür potentiell moralische und nicht-moralische Rechtfertigungsgründe in Betracht. Daher muss in Bezug auf Strafen, die an die Annahme kausaler, nicht aber moralischer Schuld gekoppelt sind, gefragt werden, erstens, ob sie sich durch moralische, und zweitens, ob sie sich durch nicht-moralische Rechtfertigungsgründe rechtfertigen lassen (2). Diese Frage wird sowohl in Bezug auf staatliches Strafen, wo diese Form des Strafens als Strafen nach dem Prinzip der „strengen Erfolgshaftung" zum Tragen kommt (2.1), als auch in Bezug auf soziales Strafen für kausale Schuld (2.2) gestellt. In Bezug auf beide Kontexte zeigt sich, dass die Frage nach der moralischen Rechtfertigbarkeit des Strafens für kausale Schuld negativ zu beantworten ist, dass es hingegen sehr wohl nicht-moralische Gründe für diese Form des Strafens gibt. Mit dem Problem der Rechtfertigung des Strafens für nicht moralische, sondern kausale Schuld hängt zusammen, dass wir von jemandem, der, ohne moralisch schuldig zu sein, einen Schaden verursacht, bestimmte negative Gefühle erwarten, die man in Anschluss an Williams als „Akteursbedauern" (*agent-regret*) zu bezeichnen pflegt. Das Ausbleiben dieser negativen Gefühle wird im Allgemeinen mit sozialen Strafen sanktioniert. Es ist daher zu fragen, inwiefern diese Erwartungen und die entsprechenden sozialen Strafen bei Ausbleiben von *agent-regret* gerechtfertigt sind. Auch hier zeigt sich, dass es für diese Strafen keine moralischen, sondern nur nicht-moralische Rechtfertigungsgründe gibt (2.3). Abschließend wird der zunächst irritierende Umstand erklärt, dass Strafen bei Vorliegen kausaler Schuld sich zwar begrifflich von denjenigen Strafen unterscheiden lassen, mit denen wir auf moralische Schuld reagieren, sich aber auf der Phänomenebene gerade nicht von ihnen unterscheiden. Die Frage, warum dies so ist, wird mit Rekurs auf das oben erläuterte „Paradox des Retributivismus" dahingehend beantwortet, dass Strafen nur dann stabil eine Verhaltenssteuerung bewirken können, wenn sie *nicht* als Mittel der Verhaltenssteuerung, sondern als Vergeltungsstrafen verstanden werden. Auch Strafen, die auf kausale, nicht moralische Schuld reagieren, können eine verhaltenssteuernde Wirkung nur dann stabil entfalten, wenn wir sie so verstehen, *als würde* damit auf moralische Schuld reagiert (3).

1 Schuld, Verantwortung, Strafe – drei Ebenen

In Kapitel I wurde gezeigt, dass es keineswegs ein begriffliches Merkmal von „strafen" ist, dass nur die Schuldigen bestraft werden können, dass es aber sehr wohl ein begriffliches Merkmal von „strafen" ist, dass man nur jemanden bestrafen kann, den man, ob zu Recht oder zu Unrecht, *für schuldig hält*. Dies ergibt sich daraus, dass Strafen eine beabsichtigte Leidenszufügung in Reaktion auf einen angenommenen Normverstoß darstellen. Der Strafende muss also annehmen, dass der Gestrafte einen Normverstoß begangen hat und insofern „schuldig" ist. Aber was heißt das? In welchem Sinne von „schuldig" kann jemand, der gestraft wird, „für schuldig gehalten" werden?

Schuld ist eine Bewertungskategorie, durch die – worauf auch die Etymologie des Ausdrucks „Schuld" (von „jemandem etwas schulden") verweist – ein Defizit, ein Manko, ein Fehlen von etwas angezeigt wird.[159] Der Schuldbegriff kann auf Handlungen („schuldhaftes Töten"), Personen („ein schuldiger Angeklagter"), aber auch, im Sinne einer im nächsten Kapitel zu erörternden „Seinsschuld", auf Zustände („ein Zustand des Schuldigseins") bezogen werden. Ein schuldhaftes Handeln, eine schuldige Person, ein schuldhafter Zustand lassen es an etwas fehlen, dessen Vorhandensein als Standard für das, was richtig oder gut ist oder sein soll, vorausgesetzt wird. Ausgehend von dieser sehr allgemeinen Bestimmung lassen sich drei zentrale Verwendungsweisen des Ausdrucks „Schuld" voneinander unterscheiden.

In einem ersten, zentralen Sinne sprechen wir von Schuld im Sinne *moralischer* Schuld. Schuld wird hier als *individuelle Vorwerfbarkeit* aufgefasst.[160] Eine Handlung in diesem Sinne als schuldhaft zu qualifizieren heißt, sie jemandem als ihrem Autor, der für diese Handlung moralisch verantwortlich ist, persönlich zuzuschreiben. Moralische Schuld betrifft insofern den „Kern" einer Person. Die Zuschreibung dieser Art von Schuld beruht auf zwei Voraussetzungen, von denen noch genauer die Rede sein wird: derjenigen, dass die Person frei gehandelt hat, und derjenigen, dass sie das, was sie getan hat, absichtlich oder auf andere Weise vorsätzlich oder zumindest fahrlässig getan hat. Die Zuschreibung moralischer Schuld kann offensichtlich in moralischen, aber auch in rechtlichen Kontexten eine Rolle spielen. In moralischen Kontexten reagieren wir auf angenommene moralische Schuld mit den für die Moral typischen Sanktionen, etwa wenn wir einen Vertrauensbruch oder eine Lüge als moralisch schuldhaft qualifizieren und darauf mit der Bekundung moralischer Empörung oder anderer reaktiver moralischer Gefühle wie moralischer Indignation oder moralischem Ekel reagieren. Schuld im Sinne individueller Vorwerfbarkeit ist aber häufig auch gemeint, wenn in rechtlichen Kontexten von Schuld die Rede ist, z. B. wenn es in § 46 des Strafgesetzbuches heißt: „Die Schuld des Täters ist Grundlage für die Zumessung der Strafe". Schuld im Sinne individueller Vorwerfbarkeit kann in rechtlichen Kontexten als Strafbegründungs- oder als Strafzumessungsschuld eine Rolle spielen, d. h. als Schuld, die die Frage betrifft, ob überhaupt Schuld vorliegt und jemand zu bestrafen ist, oder als Schuld, die in einem konkreten Fall die Strafhöhe festlegt (vgl. Roxin 1994, 721). Das deutsche Strafrecht ist (auch) ein Schuldstrafrecht in dem Sinne, dass es die individuelle

Vorwerfbarkeit einer Handlung, also moralische Schuld, fordert, um diese rechtlich sanktionieren zu können, und auch die Höhe der Strafe an dieser Schuld bemisst.

Mit „Schuld" kann – zweitens – auch *kausale Schuld* gemeint sein. Dass jemand „schuld *an* etwas" ist, kann einfach heißen, dass er es verursacht hat; dass er nicht schuld daran ist, kann heißen, dass er es nicht kausal herbeigeführt hat. Auch ein im Sinne moralischer Schuld nicht Schuldfähiger, z. B. ein psychisch Kranker, kann „schuld an" etwas im Sinne kausaler Schuld sein, ohne dass ihm dies aber berechtigterweise moralisch vorgeworfen werden könnte.[161] Wer unter dem Einfluss von Wahnvorstellungen jemanden tötet, ist „schuld daran", dass die Person stirbt, allerdings nicht im Sinne moralischer Schuld. Wer, ohne es im geringsten zu beabsichtigen oder auf andere Weise vorsätzlich herbeizuführen oder auch nur fahrlässig in Kauf zu nehmen, eine Vase umwirft oder seinem Gast Gift statt, wie beabsichtigt, Wein in das Glas kippt, ist „schuld daran", dass die Vase zerstört wird oder der Gast stirbt, wenngleich man ihm in beiden Fällen möglicherweise keine Vorwürfe machen, sondern ihn eher bedauern wird. Verursachung ist eine notwendige, aber keine hinreichende Bedingung für moralische Schuld, und moralische Schuld ist keine notwendige Bedingung für kausale Schuld.[162] Für kausale Schuld ist nicht erforderlich, dass die für moralische Schuld erforderlichen Bedingungen der individuellen Vorwerfbarkeit gegeben sind.

Wir schreiben – drittens – Schuld manchmal auch unabhängig von moralischer *und* unabhängig von kausaler Schuld zu. In diesem Fall soll im Folgenden von *akteursunabhängiger Schuld* gesprochen werden. Mit dieser Bezeichnung soll deutlich gemacht werden, dass es sich um eine Schuld handelt, deren Zuschreibung unabhängig davon ist, dass der für schuldig Gehaltene irgendeine, und sei es auch nur kausale Rolle beim Normverstoß gespielt hat. Auch hier handelt es sich um eine Schuld, die nicht an persönliche Vorwerfbarkeit gebunden ist, aber zudem um eine, die, anders als kausale Schuld, nicht einmal an die Annahme gebunden ist, dass der Schuldige selbst einen Schaden verursacht hat.[163] Es gibt im Wesentlichen zwei Kandidaten für diese Form der Schuld. Der erste ist die Idee einer Kollektivschuld, d. h. einer Schuld, die jemandem aufgrund seiner Zugehörigkeit zu einem Kollektiv zugeschrieben werden könnte. So kann man fragen, ob z. B. Deutschen späterer Generationen aufgrund der von den Väter- und Großvätergenerationen begangenen Verbrechen im NS-Regime Schuld zugeschrieben werden kann. Der zweite Kandidat ist eine „Seinsschuld", womit gemeint ist, dass jemand unabhängig von moralischer Schuld und unabhängig von kausaler Schuld durch den Zustand, in dem er sich befindet, schuldig sein kann. Paradigmatisch hierfür ist die durch die Bibelexegese vermittelte christliche Lehre von der Erbsünde. Die „Erbschuld" ist eine Schuld, die keine selbst verursachte, geschweige denn eine durch eine im moralischen Sinne schuldhafte Handlung verursachte Schuld ist. Es handelt sich vielmehr um eine Schuld, die durch die schuldhafte Handlung Adams „auf die Menschen gekommen" ist, die somit aufgrund ihres Menschseins „in der Schuld stehen", ohne sie verursacht zu haben.[164]

Von den Begriffen der moralischen Schuld, der kausalen Schuld und der akteursunabhängigen Schuld ist der Begriff der *rechtlichen Schuld* kategorial zu unterscheiden.[165] Rechtliche Schuld liegt vor, wenn jemand in einem formell geregelten Verfahren von einer dazu autorisierten – natürlich nicht notwendig demokratisch autorisierten – Instanz schuldig gesprochen wird. Dieses Schuldig-Sprechen ist ein performativer Sprechakt.[166] So wie ein Schiedsrichter im Fußballspiel „den Ball Aus geben" kann und der Ball dann Aus *ist*, weil der Schiedsrichter dies entschieden hat und aus keinem anderen Grund, kann jemand in einem rechtlichen Sinne schuldig *sein*, weil er von der dazu autorisierten Instanz in dem formell geregelten Verfahren schuldig gesprochen wurde und aus keinem anderen Grund.[167] Zwar ist auch die Zusprechung rechtlicher Schuld mit einem Vorwurf verbunden, aber nur mit einem Vorwurf aus der Perspektive der Instanz, die die Schuld ausspricht, keinesfalls notwendig mit einem Vorwurf aus der Beobachterperspektive dessen, der die faktische Feststellung macht, dass jemand rechtlich schuldig gesprochen wird oder wurde.[168] So z. B. wurden die Widerstandskämpfer vom 20. Juli 1944 vom „Volksgerichtshof" schuldig gesprochen und waren insofern rechtlich schuldig. Aus der Perspektive der sie verurteilenden Instanz wurde ihnen ihr Verhalten zum Vorwurf gemacht, aber natürlich nicht aus der Perspektive derer, die das rein faktische Urteil fällen, dass sie schuldig gesprochen wurden, und für die ihr Verhalten normalerweise gerade nicht ein Gegenstand eines Vorwurfes, sondern der moralischen Hochachtung sein wird.

Rechtliche Schuld kann von den bisher genannten drei Schuldformen ganz unabhängig sein. Weder ist rechtliche Schuld auf das Vorliegen einer dieser Schuldformen oder mehrerer von ihnen angewiesen noch sind diese Schuldformen auf das Vorliegen rechtlicher Schuld angewiesen. Jemand kann rechtlich schuldig sein, ohne moralisch schuldig zu sein, etwa im Falle eines Justizirrtums. Jemand kann offensichtlich auch moralisch schuldig sein, ohne rechtlich schuldig zu sein, denn nicht jedes moralisch schuldhafte Verhalten ist justiziabel, und selbst ein moralisch schuldhaftes Verhalten, das justiziabel ist, wird aus verschiedenen Gründen nicht immer zum Gegenstand eines Gerichtsverfahrens werden und nicht immer zu einem rechtlichen Schuldspruch führen. John Demjanjuk z. B. war zweifellos moralisch schuldig, starb aber rechtlich gesehen im Zustand der Unschuld, da bei seinem Tod das Revisionsverfahren gegen ihn noch nicht abgeschlossen war. Jemand kann offensichtlich auch rechtlich schuldig sein, ohne dass er kausal schuldig oder schuldig im Sinne von akteursunabhängiger Schuld ist. Auch hierfür ist ein Justizirrtum ein naheliegendes Beispiel. Ebenso offensichtlich ist, dasss jemand kausal schuldig oder schuldig im Sinne akteursunabhängiger Schuld sein kann, ohne dass er rechtlich schuldig gesprochen wird. Auch überzeugte Anhänger der Erbsündenlehre strengen im Allgemeinen keine Gerichtsverfahren an, um alle Menschen wegen der Erbsünde Adams rechtlich schuldig zu sprechen.

Dennoch gibt es zwischen rechtlicher Schuld und den anderen genannten Schuldformen im Allgemeinen einen Zusammenhang der Art, dass die Zusprechung rechtlicher Schuld vom Vorliegen einer der drei genannten Schuldformen (oder mehrerer davon) abhängig gemacht wird. Häufig wird rechtliche Schuld dabei von moralischer Schuld abhängig gemacht. Zu betonen ist jedoch, dass dieser Zusammenhang nur *im Allgemeinen*, keinesfalls notwendig besteht und dass rechtliche Schuld *häufig*, aber keinesfalls immer vom Vorliegen moralischer Schuld abhängig gemacht wird. Es handelt sich also um einen rein empirischen und kontingenten, vom jeweiligen Rechtssystem abhängigen, nicht um einen begriffsnotwendigen Zusammenhang. Das bundesrepublikanische Rechtssystem ist eines, das nach § 46 StGB die moralische Schuld zur Grundlage für die Zumessung der Strafe macht, d. h. rechtliche Schuld ist hier abhängig vom Vorliegen moralischer Schuld, und der moralische Schuldbegriff kommt in einem rechtlichen Kontext zum Tragen. Auf der Grundlage dieser Anwendung des moralischen Schuldbegriffes in einem rechtlichen Kontext können wir dann Fälle, in denen jemand zu Recht schuldig gesprochen wird, von Fällen unterscheiden, in denen jemand zu Unrecht schuldig gesprochen wird. Setzt man die Bindung rechtlicher an moralische Schuld voraus, wird jemand genau dann zu Recht schuldig gesprochen, wenn er (bei Vorliegen der anderen notwendigen Bedingungen für rechtliche Schuld) moralisch schuldig ist, zu Unrecht, wenn er dies nicht ist. Wir können uns aber auch ein Rechtssystem vorstellen, in dem jemand nicht bei Vorliegen moralischer, sondern bei Vorliegen kausaler Schuld rechtlich schuldig gesprochen wird; dies wäre ein System der strengen Erfolgshaftung. Im Rahmen eines solchen Systems würde jemand dann als zu Recht schuldig gesprochen gelten, wenn er (bei Vorliegen der anderen für rechtliche Schuld notwendigen Bedingungen) kausal schuldig ist, und er würde als zu Unrecht schuldig gesprochen gelten, wenn er nicht kausal schuldig ist. Wir können uns ebenfalls ein Rechtssystem vorstellen, in dem jemand weder aufgrund moralischer noch aufgrund kausaler Schuld, sondern bei Vorliegen von akteursunabhängiger Schuld – also von Kollektivschuld oder von Seinsschuld –

schuldig gesprochen wird. In einem solchen System würde jemand z. B. rechtlich schuldig gesprochen werden, weil er einem bestimmten Kollektiv, etwa einer religiösen Gemeinschaft, angehört, oder weil er „ein schlechter Mensch" ist, so wie in Orwells *1984* Menschen schuldig gesprochen werden, wenn sie „Gedankenverbrechen" begehen. Wer diese Koppelung von rechtlicher Schuld mit akteursunabhängiger Schuld akzeptierte, würde jemanden als zu Recht schuldig gesprochen ansehen, wenn er (z. B.) dem Kollektiv angehörte, dem anzugehören seine Schuld begründet, und als zu Unrecht schuldig gesprochen, wenn dies nicht der Fall ist. Schließlich können wir uns sogar ein Rechtssystem vorstellen, in dem rechtliche Schuld an keine der drei genannten Schuldformen gebunden ist und Menschen rein erratisch schuldig gesprochen werden, weil es der zuständigen Instanz gerade einmal so beliebt, sie schuldig zu sprechen. Kafkas Schilderung des Gerichtsverfahrens gegen Josef K. im *Prozess* kann als Schilderung eins solchen kapriziös und kriterienlos schuldig sprechenden Systems angesehen werden. In einem solchen System würde die Unterscheidung zwischen „zu Recht" und „zu Unrecht rechtlich schuldig sprechen" nicht mehr greifen. Wir könnten eine solche Unterscheidung nicht mehr machen. Rechtliche Schuld *kann* und *wird* also häufig, *muss* aber keinesfalls notwendig an eine oder mehrere der drei soeben genannten Schuldformen geknüpft sein.

Diesen drei Formen der Schuld korrespondieren drei Formen der Verantwortlichkeit. Die Zuschreibung moralischer Schuld geht mit der Zuschreibung *moralischer Verantwortlichkeit* einher.[169] Moralische Verantwortlichkeit ist die Grundlage und Voraussetzung von Schuld im Sinne von individueller Vorwerfbarkeit. Sie liegt genau dann vor, wenn die oben genannten Voraussetzungen für moralische Schuld vorliegen: dass der Täter frei und absichtlich gehandelt hat. Da deren Vorliegen eine notwendige Bedingung für die Zuschreibung moralischer Schuld ist, gilt, dass, wenn sie nicht vorliegen, jemandem auch keine moralische Schuld zugesprochen werden kann, was z. B. bei fehlender Schuldfähigkeit aufgrund einer psychischen Krankheit der Fall ist. Hingegen ist moralische Schuld keine notwendige Bedingung für moralische Verantwortlichkeit, d. h. es ist sehr wohl möglich, dass jemand für ein Tun moralisch verantwortlich ist, ohne moralisch schuldig zu sein – etwa weil das, was er getan hat, moralisch lobenswert ist. Ebenso wie der Begriff der moralischen Schuld spielt auch derjenige der moralischen Verantwortlichkeit in moralischen wie in rechtlichen Kontexten eine Rolle. So setzt die in § 46 als Grundlage für die Strafzumessung genannte moralische Schuld des Täters moralische Verantwortlichkeit des Täters voraus.

Auch kausale Schuld setzt eine Form der Verantwortlichkeit voraus, nämlich *kausale Verantwortlichkeit*. Kausal verantwortlich für einen Schaden ist, wer ihn herbeiführt. (Für ein genaueres Verständnis kausaler Verantwortlichkeit wäre hier natürlich der Ausdruck „herbeiführen" zu klären.)[170] Jemanden als kausal verantwortlich für einen Normverstoß anzusehen bedeutet, dass wir ihn als Verursacher dieses Normverstoßes ansehen, ihn aber nicht, zumindest nicht notwendig, als Autor des Normverstoßes in der Weise betrachten, wie wir es tun, wenn wir ihm moralische Verantwortlichkeit zuschreiben. Die Annahme kausaler Verantwortlichkeit für einen Normverstoß geht, anders als diejenige moralischer Verantwortlichkeit, nicht begriffsnotwendig mit der Unterstellung von Freiheit und Absichtlichkeit einher. Daher können wir jemanden für kausal verantwortlich für einen Normverstoß halten, ohne ihm diesen persönlich in der Weise vorzuwerfen, wie wir es beim Vorliegen moralischer Verantwortlichkeit tun. Moralische Verantwortlichkeit schließt kausale Verantwortlichkeit ein, aber nicht umgekehrt.[171] Im Falle kausaler Verantwortung liegt, um eine einflussreiche Unterscheidung Watsons aufzugreifen, *attributability* der Handlung, aber nicht notwendig *accountability* der Person, die die Handlung verursacht hat, vor, d. h. eine Handlung ist einer Person als deren Verursacher *zuschreibbar*, aber sie ist ihr nicht notwendig als deren Autor *zurechenbar* (vgl. Watson 1996, 227–231). Im Falle moralischer Verantwortung hingegen ist die Handlung der Person nicht nur als deren Verursacher zuschreibbar, sondern sie ist ihr auch zurechenbar, d. h. die Person ist ein potentieller Adressat von negativen Reaktionen wie moralischen Vorwürfen und moralischem Tadel. Es liegen dann sowohl *attributability* der Handlung als auch *accountability* des Akteurs vor.[172]

Auch akteursunabhängiger Schuld lässt sich eine spezifische Form von Verantwortlichkeit zuordnen. Sie besteht darin, dass jemand für etwas, was er selbst weder schuldhaft getan noch auch nur verursacht hat, „einstehen" muss. Man kann hier von *Haftungsverantwortlichkeit* sprechen. Haftungsverantwortlichkeit ist eine Verantwortlichkeit, die, ebenso wie kausale Verantwortlichkeit, keine moralische Schuld voraussetzt, aber, anders als kausale Verantwortlichkeit, auch keine kausale Schuld impliziert. Haftungsverantwortlich ist jemand, wenn er für Handlungen und Handlungsfolgen anderer verantwortlich ist. Er hat dann einzustehen – zu haften – für das, was andere getan haben, so wie nach einer Variante der Erbsündenlehre alle Menschen für die schuldhafte Handlung Adams beim Sündenfall einzustehen haben. Die Zuschreibung dieser Form von Verantwortlichkeit impliziert also, dass Menschen für die Folgen von Handlungen, die sie nicht selbst vollzogen haben, verantwortlich sein können.[173]

Den drei Formen der Schuld bzw. Verantwortlichkeit lassen sich wiederum verschiedene Formen des Strafens zuordnen, zu deren Beschreibung sich die

Differenzierung zwischen „strafen *aufgrund* eines angenommenen Normverstoßes" und „strafen *für* einen angenommenen Normverstoß" erneut als hilfreich erweist. Strafen wir auf der Grundlage der Annahme moralischer Verantwortlichkeit, reagieren also damit auf angenommene moralische Schuld, so strafen wir den Normbrecher nicht nur *aufgrund* des angenommenen Normverstoßes, sondern *für* diesen. Wir sehen den angenommenen Normverstoß nicht nur als kausale Ursache des Strafens an, sondern schreiben diesen dem Normbrecher persönlich zu. Wir sehen ihn nicht nur als Verursacher, sondern als Autor der Handlung an, die er, wie wir annehmen, absichtlich und freiwillig, ohne das Vorliegen von Entschuldigungsgründen, vollzogen hat. Strafen wir hingegen auf der Grundlage der Annahme kausaler Verantwortlichkeit, gilt die Strafe also jemandem, den wir für kausal, aber nicht für moralisch schuldig halten, dann handelt es sich um ein „Strafen aufgrund von", nicht um ein „Strafen für". Dass wir jemanden strafen, bedeutet dann, dass der angenommene Normverstoß kausal ursächlich für die Strafe ist, aber nicht, zumindest nicht notwendig, dass er dem Gestraften in der Weise zuzuschreiben ist, wie dies bei Annahme moralischer Schuld der Fall ist, d. h. dass der Normbrecher als jemand angesehen wird, der den Normverstoß freiwillig und absichtlich begangen hat. Auch wenn wir jemanden strafen, weil wir ihm akteursunabhängige Schuld zuschreiben und ihn für verantwortlich im Sinne von Haftungsverantwortlichkeit halten, handelt es sich – wie beim Vorliegen kausaler Verantwortlichkeit ohne Vorliegen moralischer Verantwortlichkeit – um ein Strafen nicht *für* einen angenommenen Normverstoß, sondern *aufgrund* eines angenommenen Normverstoßes. Der angenommene Normverstoß ist dann die Ursache des Strafens, wird dem Gestraften aber nicht in der Weise zugeschrieben, wie dies bei der Zuschreibung moralischer Verantwortlichkeit der Fall ist. Anders als bei Vorliegen kausaler Verantwortlichkeit ohne Vorliegen moralischer Verantwortlichkeit handelt es sich aber nicht um ein Strafen aufgrund eines Normverstoßes, von dem angenommen wird, dass der Gestrafte selbst ihn begangen hat. Es handelt sich vielmehr entweder, nämlich im Falle der Kollektivstrafe, um ein Strafen aufgrund eines Normverstoßes, von dem angenommen wird, dass ihn jemand anderer als der Gestrafte selbst begangen hat – etwa wenn die Nachgeborenen aufgrund der von der Vätergeneration begangenen Verbrechen bestraft werden oder wenn gemäß einer alttestamentarischen Vorstellung der strafende Gott „die Missetat der Väter heimsucht an Kindern und Kindeskindern bis ins dritte und vierte Glied" (2. Mose 43,7) –, oder um eine Strafe aufgrund eines als schuldhaft angesehenen Zustandes, einer angenommenen „Seinsschuld".

Insgesamt lassen sich also – sieht man von rechtlicher Schuld als kategorial verschieden von den drei genannten Schuldformen ab – drei Ebenen von Schuld, Verantwortlichkeit und Strafe unterscheiden:

Schuld	Verantwortlichkeit	Strafen
moralische Schuld	moralische Verantwortlichkeit	Strafen für
kausale Schuld	kausale Verantwortlichkeit	Strafen aufgrund von (eigener Handlung)
akteursunabhängige Schuld (Kollektiv-, Seinsschuld)	Haftungsverantwortlichkeit	Strafen aufgrund von (aufgrund von Handlungen anderer oder aufgrund einer Seinsschuld)

Im gegenwärtigen Kapitel wird unter Bezugnahme auf die zweite dieser drei Ebenen untersucht, inwiefern sich Strafen ohne die Zuschreibung moralischer Schuld und ohne Voraussetzung moralischer Verantwortlichkeit, aber bei Vorliegen kausaler Schuld und kausaler Verantwortlichkeit rechtfertigen lassen. Ist eine solche Rechtfertigung möglich, ist das Dogma der Straftheorie, dass nur die Bestrafung der moralisch Schuldigen sich rechtfertigen ließe, falsch. Im nachfolgenden Kapitel soll dann in Bezug auf die dritte Ebene gefragt werden, inwiefern sich Strafen ohne moralische *und* ohne kausale Schuld rechtfertigen lassen.

Zwei Vorbemerkungen sind am Platz. Zum einen: Mit der soeben vorgenommenen Unterscheidung dreier Ebenen wird keinesfalls der Anspruch erhoben, eine adäquate Beschreibung unserer Straf*praxis* zu liefern. Es handelt sich um eine *begriffliche* Unterscheidung, nicht um eine empirische. Sie ist für die Analyse verschiedener Formen des Strafens hilfreich, weil sie es ermöglicht, zwischen verschiedenen Formen des Strafens nach Maßgabe dessen, auf welche Formen der angenommenen Schuld sie reagieren und welche Formen der Verantwortlichkeit sie unterstellen, zu differenzieren. Die eingeführten begrifflichen Differenzierungen sind aber, wie sich zeigen wird, gerade *nicht* an unserer Strafpraxis ablesbar. Sie spiegeln sich nicht auf der Phänomenebene wider. Insbesondere ist es, wie auszuführen sein wird, nicht der Fall, dass wir auf das Vorliegen bloß kausaler bei Fehlen moralischer Schuld mit Strafen reagieren würden, die sich qualitativ von denjenigen unterscheiden würden, mit denen wir auf das Vorliegen moralischer Schuld reagieren. Strafen ohne moralische Schuld „fühlen sich nicht anders an" als Strafen, die auf moralische Schuld reagieren. Es sind keine „Strafen sui generis".[174]

Zweitens ist Folgendes zu beachten. Soeben wurde gesagt, dass, wenn wir jemandem nicht moralische, sondern kausale oder akteursunabhängige Schuld zuschreiben, diese Zuschreibung nicht mit der Annahme *persönlicher* Vorwerfbarkeit, wie es bei moralischer Schuld der Fall ist, einhergeht. Gleichwohl aber gilt: Die Zuschreibung von Schuld – ob nun moralisch, kausal oder akteursunabhängig – ist *immer* mit einem Vorwurf verbunden. Dies geht schon daraus hervor, dass wir den Ausdruck „Schuld" grundsätzlich nur in Kontexten, in denen Vorwerfbarkeit möglich ist, verwenden. Wir sagen nicht „Thomas Mann ist schuld daran, dass es die *Buddenbrooks* gibt" oder „Sie ist schuld am Besiegen der Krebskrankheit", weil hier keine Vorwerfbarkeit zur Debatte steht. Auch rechtliche Schuld ist, wie gezeigt, mit einem Vorwurf, wenngleich nur mit einem Vorwurf aus der Perspektive der Instanz, die jemanden schuldig spricht, verbunden. Das Vorliegen oder Fehlen eines Vorwurfs ist ein plausibles Abgrenzungskriterium zwischen nicht-metaphorischen und metaphorischen Verwendungsweisen des Ausdrucks „Schuld". Sagen wir z. B. „Das schlechte Wetter ist schuld an der schlechten Ernte", handelt es sich, weil hiermit (normalerweise) kein Vorwurf an das Wetter ausgesprochen wird, um eine metaphorische Formulierung, die unschwer durch die nicht-metaphorische Formulierung „Das schlechte Wetter hat die schlechte Ernte verursacht" ersetzt werden kann. Auch Strafen sind, weil sie begrifflich an die Unterstellung von Schuld gebunden sind, *immer* mit einem Vorwurf verbunden.[175] Sie sind dies auch dann, wenn sie nicht auf moralische, sondern auf kausale Schuld reagieren. Dies gilt für staatliche wie für soziale Strafen. In Bezug auf staatliche Strafen haben Vertreter der Expressionstheorie zu Recht darauf aufmerksam gemacht, dass eine Strafe aufgrund ihres expressiven Elements stets auch ein Ausdruck der Missbilligung der bestraften Tat ist. Sie beinhaltet daher stets auch ein Element der Stigmatisierung, das als solches mit einem Vorwurf verbunden ist. Dies ist auch dann der Fall, wenn die staatliche Strafe, als Strafe nach dem Prinzip der „strengen Erfolgshaftung", nur auf kausale, nicht auf moralische Schuld reagiert. Der Supermarktbesitzer, der alle Sorgfaltspflichten genauestens beachtet hat, aber nach dem Prinzip der strengen Erfolgshaftung bestraft wird, weil er kausal, wenngleich nicht moralisch dafür verantwortlich ist, dass verdorbenes Fleisch in Umlauf gekommen ist, wird seine Strafe ungeachtet dessen, dass sie nicht mit der Unterstellung moralischer Schuld einhergeht, zu Recht als Vorwurf empfinden. Auch soziale Strafen sind stets mit einem Vorwurf verbunden, d. h. auch dann, wenn mit ihnen nicht auf moralische, sondern nur auf kausale Schuld reagiert wird. Halten wir jemanden für kausal schuldig an der Zerstörung eines Kunstwerks, impliziert die Feststellung, dass er kausal schuldig ist, auch dann einen Vorwurf, wenn klar ist, dass ihm damit in keiner Weise moralische Schuld zugeschrieben wird. Auch die auf kausale Schuld reagierende Strafe hat einen Vorwurfscharakter.

Es wäre zweifellos möglich, diese Vorwürfe, die nur auf kausale oder akteursunabhängige, nicht auf moralische Schuld reagieren, begrifflich von denjenigen Vorwürfen, die mit der Zuschreibung moralischer Schuld verbunden sind, abzugrenzen. Wir könnten per Definitionsentscheid festlegen: Die Vorwürfe, die wir jemandem machen, wenn wir nicht moralische, sondern nur kausale oder akteursunabhängige Schuld zuschreiben, sind keine moralischen Vorwürfe. Eine solche Unterscheidung zwischen moralischen und nicht-moralischen Vorwürfen ist möglich, sie findet aber keine Entsprechung auf der Phänomenebene. Zwar wird auf diese Vorwürfe auf unterschiedliche Weisen reagiert werden: Jemand, der eine Strafe, die mit einem moralischen Vorwurf verbunden ist, als berechtigt anerkennt, mag sie empört als unberechtigt zurückweisen, wenn sie, wie im Falle von *strict liability* oder Kollektivhaftung, nicht mit einem moralischen Vorwurf verbunden ist. Der Grund für diese unterschiedlichen Reaktionen ist dann die Differenz zwischen den die Vorwürfe begründenden Schuldformen. Dies ändert aber nichts daran, dass moralische und nicht-moralische Vorwürfe sich nicht *als Vorwürfe* empirisch voneinander unterscheiden. Im Bereich sozialer Strafen z. B. gibt es – wie noch konkret auszuführen sein wird – keine zwei Modi der Empörung, mit denen einmal auf moralische und einmal auf kausale Schuld reagiert würde.[176] Und im Bereich staatlichen Strafens ist die Stigmatisierungswirkung der Strafe, die sich einstellt, wenn damit auf moralische Schuld reagiert wird, von derjenigen, die sich einstellt, wenn damit auf kausale Schuld reagiert wird, empirisch nicht unterscheidbar.

Es ist also festzuhalten: Die begrifflichen Unterscheidungen zwischen verschiedenen Formen der Schuld und des Strafens lassen sich nicht an unserer Strafpraxis ablesen, und sie können nicht beanspruchen, diese Praxis zu beschreiben. Die Frage, warum das so ist, wird am Ende dieses Kapitels zu beantworten sein.

2 Kausale Schuld und Strafen[177]

2.1 Kausale Schuld und staatliches Strafen: strenge Erfolgshaftung (*strict liability*)

Rechtliches Strafen ohne moralische, aber bei Vorliegen kausaler Schuld liegt vor, wenn nach dem Prinzip der „strengen Erfolgshaftung" (*strict liability*) gestraft wird. Von diesem Prinzip war bereits bei der Erörterung der Präventionstheorien die Rede (vgl. Kap. II 4.2). Strenge Erfolgshaftung liegt vor, wenn jemand ohne Ansehen seines subjektiven Zustandes, z. B. seiner Zurechnungs- oder Steuerungsfähigkeit, für den von ihm verursachten Schaden haftbar gemacht wird. Gilt das Prinzip der strengen Erfolgshaftung, spielt es – in Abweichung vom § 46 unseres Strafgesetzbuches, in dem die (moralische) Schuld als Grundlage für die Zumessung der Strafe festgesetzt wird – gerade keine Rolle, ob der Bestrafte schuldhaft im Sinne moralischer Schuld gehandelt hat oder nicht. Es wird dann bei der Strafzumessung gerade nicht auf die *mens rea* des Angeklagten, also darauf geachtet, ob Absicht, Wissen und Wollen, Rücksichtslosigkeit oder Fahrlässigkeit vorgelegen hat oder nicht, sondern nur auf die von ihm verursachten Folgen seines Tuns, für die er zur Verantwortung gezogen wird.[178] Beispiele wurden bereits genannt: Der Supermarktbesitzer, der alle erdenklichen Vorsichtsmaßnahmen getroffen und seiner Aufsichtspflicht skrupulös Genüge getan hat, aber dennoch verdorbenes Fleisch in Umlauf bringt, kann unter Anwendung des Prinzips der strengen Erfolgshaftung dafür gestraft werden, dass er diesen Schaden verursacht hat, weil er kausal dafür verantwortlich ist. Wer im Straßenverkehr einen anderen Verkehrsteilnehmer schädigt, kann bei Anwendung des Prinzips der strengen Erfolgshaftung auch dann für die Verursachung dieses Schadens zur Verantwortung gezogen werden, wenn er diesen nicht im geringsten beabsichtigt, sich auch keiner Rücksichtslosigkeit oder Fahrlässigkeit, also einer Vernachlässigung von Sorgfaltspflichten, schuldig gemacht hat. Und wer sexuellen Kontakt mit einer Minderjährigen hat, kann dafür bei Anwendung des Prinzips auch dann bestraft werden, wenn alles dafür sprach, dass es sich nicht um eine Minderjährige handelte, er also weder beabsichtigte noch auch nur fahrlässig in Kauf genommen hat, sexuellen Kontakt mit einer Minderjährigen zu haben. *Strict-liability*-Bestrafungen sind also dadurch definiert, dass sie von individueller Zurechenbarkeit absehen, nicht auf Vorsatz oder Fahrlässigkeit abstellen, sondern ausschließlich auf der kausalen Schuld für ein Vergehen basieren.

Gibt es Argumente zur Verteidigung von *strict-liability*-Bestrafungen? Man würde es sich zu leicht machen, wenn man zu einer solchen Verteidigung darauf verwiese, dass Absichten und Handlungsplanungen einer Person epistemisch nicht zugänglich sind,[179] und wie folgt argumentierte: Da wir nicht ohne Weiteres sehen können, was jemandes Absichten sind, halten wir uns, wenn wir Absichten ermitteln wollen, häufig an Handlungsfolgen, denn im Allgemeinen gilt – wenngleich diese Annahme natürlich irrtumsanfällig ist –, dass wir von dem, was jemand verursacht, recht zuverlässig auf das schließen können, was er beabsichtigt. *Strict-liability*-Bestrafungen würden sich diesem Argument zufolge dadurch rechtfertigen lassen, dass wir damit Absichten keinesfalls gänzlich ignorieren, sondern als generelle Regel unterstellen, dass jemand das, was er bewirkt hat, auch beabsichtigt hat. Das Problem dieses Verteidigungsversuches ist jedoch, dass es eben nur *im Allgemeinen*, keinesfalls aber *immer* der Fall ist, dass jemand das, was er verursacht hat, auch beabsichtigt hat. Auf der Grundlage dieser generellen Regel eine Strafpraxis einzuführen, die Personen ungeachtet ihrer Absichten für von ihnen bewirkte negative Handlungsfolgen bestraft, hieße daher, diejenigen, die einen Schaden verursacht, aber nicht beabsichtigt haben – bei denen also die Regel „Wer X verursacht, beabsichtigt X" gerade nicht zutrifft – in Kollektivhaftung mit denjenigen zu nehmen, die einen Schaden beabsichtigt haben. Dass die genannte Regel im Allgemeinen zutrifft, würde nichts daran ändern, dass diejenigen, auf die sie nicht zutrifft, zu Unrecht bestraft würden, und in Bezug auf diese Gruppe von Bestraften wäre weiterhin zu fragen, wie, wenn überhaupt, sich ihre schuldunabhängige Bestrafung rechtfertigen lässt.

Es gibt jedoch durchaus überzeugende und am Präventionsgedanken orientierte Argumente zur Verteidigung von strenger Erfolgshaftung. Einige von ihnen wurden bereits genannt. So ist zum einen, wie bereits erwähnt, darauf verwiesen worden, dass ein Strafrecht, das auf ein Schuldprinzip verzichten würde, den Vorteil hätte, es Angeklagten unmöglich zu machen, sich vor Gericht auf Faktoren wie fehlende Erinnerungsfähigkeit und Unzurechnungsfähigkeit zu berufen, um eine Strafminderung zu bewirken. Da das Vorliegen dieser Faktoren sich nicht mehr strafmindernd auswirken und potentiellen Straftätern damit die Aussicht darauf genommen würde, das Vorliegen dieser Faktoren vor Gericht mit strafminderndem Erfolg vortäuschen zu können, würde damit die Wahrscheinlichkeit steigen, dass potentielle Straftäter sich von ihren Straftaten abschrecken ließen (vgl. Hart 1959, 19f.; Hart 1965, 201).

Aber noch in einer anderen, bisher nicht genannten Hinsicht könnten Strafen nach dem Prinzip der strengen Erfolgshaftung eine wichtige verhaltenssteuernde Funktion übernehmen. Strenge Erfolgshaftung kann ein sozial nützliches Steuerungsinstrument sein, um Schaden zu verhindern, da damit ein Anreiz gesetzt wird, in Zukunft besondere *Sorgfalt* an den Tag zu legen, um diesen Schaden zu vermeiden. Wenn z. B. der Supermarktbesitzer, der verdorbenes Fleisch in Umlauf gebracht hat, in strenge Erfolgshaftung genommen wird, wird damit der Appell verbunden sein, in Zukunft besonders sorgfältig darauf zu achten, dass keine verdorbenen Lebensmittel mehr in Umlauf gebracht werden.

Dabei gilt es jedoch, zwei Varianten der Behauptung, dass ein System der strengen Erfolgshaftung einen Appell zur besonderen Sorgfalt bedeuten würde, voneinander zu unterscheiden. Zum einen kann behauptet werden, dass sich dieser Appell an den Akteur selbst richtet, der in strenge Erfolgshaftung genommen wird, zum anderen, dass dieser Appell an jeden beliebigen Akteur adressiert ist. Zur ersten Variante: Zu behaupten, dass strenge Erfolgshaftung sich durch einen an das in Erfolgshaftung genommene Individuum selbst gerichteten Sorgfaltsappell begründen lasse, ist kaum plausibel. Wenn es nämlich eines solchen Appells bedarf, dann hat das entsprechende Individuum sich auch etwas – nämlich mangelnde Sorgfalt – zuschulden kommen lassen; dann aber liegt auch keine strenge Erfolgshaftung vor. Es hat dann den Schaden fahrlässig in Kauf genommen, und diese Fahrlässigkeit begründet dann einen an das Individuum gerichteten Vorwurf und den Appell, in Zukunft Sorgfaltspflichten besser zu beachten. Wenn andererseits das Individuum sich tatsächlich nichts hat zuschulden kommen lassen, sich also auch keiner mangelnden Sorgfalt schuldig gemacht hat, dann ist der Appell an das Individuum, diese in Zukunft walten zu lassen, überflüssig. Konkret: Wenn der Supermarktbesitzer sich nachlässig gezeigt und fahrlässig in Kauf genommen hat, dass verdorbenes Fleisch in Umlauf gerät, dann, aber auch *nur* dann, bedarf er eines an ihn gerichteten Appells, sich zukünftig sorgfältiger zu verhalten. In diesem Fall wird aber gerade nicht von seinem subjektiven Zustand, der *mens rea*, abgesehen, sondern er wird dann für ein moralisch schuldhaftes Fehlverhalten, nämlich mangelnde Sorgfalt, bestraft. Die negativen Folgen seines Handelns wurden in diesem Fall zwar nicht beabsichtigt und nicht vorsätzlich herbeigeführt, aber sie waren für ihn voraussehbar, und man hätte von ihm erwarten können, das Eintreten des Schadens vorauszusehen und zu verhindern.[180] Wenn er sich andererseits keiner mangelnden Sorgfalt schuldig gemacht hat – wenn er skrupulös seine Aufsichtspflichten erfüllt, alle nötigen Kontrollen peinlich genau durchgeführt hat etc. –, dann bedarf es offensichtlich auch keines Appells an ihn, in Zukunft sorgfältiger zu sein. Er hat dann alles getan, was er tun konnte, und es besteht kein Anlass, auf eine Einstellungs- und Verhaltensänderung hinwirken zu wollen. Es gilt also: Entweder lassen sich die negativen Reaktionen durch den beabsichtigten Appell an das zukünftige Verhalten dessen, dem diese Reaktionen gelten, rechtfertigen, aber dies ist nur dann der Fall, wenn der subjektive Zustand der Person berücksichtigt wird, also *keine* strenge Erfolgshaftung vorliegt, oder es liegt tatsächlich strenge Erfolgshaftung vor, aber dann kann diese nicht durch den Versuch, auf das zukünftige Verhalten der in Haftung genommenen Person selbst einzuwirken, begründet werden.

Wie aber ist das Argument einzuschätzen, wenn wir uns nicht mehr – spezialpräventiv – auf den in Haftung genommenen Akteur selbst, sondern – generalpräventiv – auf ein Gesamtsystem von miteinander zusammenhängenden Handlungen beziehen, also davon ausgehen, dass durch die strenge Erfolgshaftung an *jeden beliebigen* Akteur appelliert werden soll, in Zukunft besondere Sorgfalt walten zu lassen? In diesem Fall liefert das Argument durchaus einen Rechtfertigungsgrund für *strict-liability*-Bestrafungen. Denn auch wenn der Akteur selbst eines Appells, sich in Zukunft mit größtmöglicher Sorgfalt um die

Vermeidung eines bestimmten Schadens zu bemühen, nicht bedarf, weil er diese Sorgfalt ohnehin walten lassen wird, gilt, dass *andere* durchaus dadurch zu besonderer Sorgfalt und Umsicht motiviert werden können, dass dieser Akteur negativen Reaktionen ausgesetzt wird.[181] Wenn der Supermarktbesitzer, der alle erdenklichen Vorsichtsmaßnahmen getroffen hat, aber kausal dafür verantwortlich ist, dass verdorbenes Fleisch in Umlauf gebracht wurde, hierfür in strenge Erfolgshaftung genommen wird, werden andere Supermarktbesitzer sich besonders aufgerufen fühlen, in Zukunft alle Sorgfalt bei dem Versuch walten zu lassen, kein verdorbenes Fleisch in Umlauf zu bringen. Die Haftbarmachung eines Individuums dient in diesem Fall der Bekräftigung der an *andere* Individuen gerichteten Drohung, dass auch sie im Falle der Schadensbewirkung, ob beabsichtigt oder nicht, mit negativen Konsequenzen dieser Art zu rechnen haben. Wer aber weiß, dass er, sofern er einen Schaden bewirkt, in jedem Fall dafür haftbar gemacht werden wird, wird besonders sorgfältig sein, um diesen Schaden in Zukunft nach Möglichkeit zu vermeiden.

Man könnte hier einwenden, dass dieser Rechtfertigung von Strafen nach dem Prinzip der strengen Erfolgshaftung eine unplausible Annahme über die Motivationsstruktur menschlichen Handelns zugrunde liegt. Wenn wir nämlich wissen, dass wir auch dann Strafen zu gewärtigen haben, wenn wir ohne moralische Schuld einen Schaden verursachen, warum sollte dies zu einer gesteigerten Sorgfalt beim Versuch der Schadensvermeidung führen und nicht eher zu Indifferenz? Ist es nicht plausibler anzunehmen, dass Menschen auf Strafen ohne moralische Schuld mit der resignativen Haltung reagieren, dass sie ja ohnehin nicht durch ihre Absichten und Handlungsplanungen steuern können, ob sie gestraft werden, so dass gerade *kein* Grund besteht, sich in besonderer Weise um die Vermeidung des Schadens zu bemühen? Warum sollte man sich Mühe geben, einen Schaden zu vermeiden, wenn man weiß, dass man im Falle seines Eintretens, egal ob beabsichtigt oder nicht, ohnehin mit negativen Reaktionen zu rechnen haben wird?

Dieser Einwand ist jedoch verfehlt. Wenn wir wissen, dass wir, *wenn* wir einen Schaden verursachen, in jedem Fall gestraft werden, heißt das nicht, dass wir wissen, dass wir in jedem Fall den Schaden bewirken werden. Die Haltung der resignativen Indifferenz wäre aber allenfalls dann am Platz, wenn letzteres der Fall wäre. Wüssten wir, dass wir, egal was unsere Absichten sind, in jedem Fall einen Schaden verursachen werden, bestünde Anlass zum resignativen Seufzer „Es ist doch ohnehin alles egal, also warum soll ich mich um Schadensvermeidung bemühen?". Wissen wir aber nur, dass, *falls der Schaden eintritt, wir in jedem Fall mit Strafen zu rechnen haben, egal was unsere Absichten waren*, bietet dieses Wissen uns immer noch allen Grund, vorausschauend größtmögliche Sorgfalt beim Versuch, diesen Schaden in Zukunft zu vermeiden, an den Tag zu legen. Wir können ja immer noch beeinflussen, ob der Schaden eintreten wird oder nicht. Unser Verhalten ist weiterhin für die Wahrscheinlichkeit des Schadenseintrittes relevant, nur nicht für das Erfolgen oder Nichterfolgen der Strafe, *falls* der Schaden eintritt. Wenn wir wissen, dass wir für die Verunreinigung der Straße durch Abfall auch dann mit einem Strafgeld zu rechnen haben, wenn wir den Müll nicht absichtlich auf die Straße geworfen haben, sondern ihn versehentlich dort verloren haben, wird das ein Grund dafür sein, besondere Sorgfalt bei dem Versuch aufzuwenden, eine Verschmutzung der Straße zu vermeiden. Strafen ohne moralische Schuld lässt Raum dafür, dass wir das Eintreten oder Nichteintreten des Schadens durch größere oder geringere Sorgfalt, die wir beim Versuch der Schadensvermeidung an den Tag legen, beeinflussen.

Es wird an dieser Stelle deutlich, warum ein bereits in Kapitel II bei der Auseinandersetzung mit den Präventionstheorien formuliertes Argument gegen strenge Erfolgshaftung nicht zu überzeugen vermag (vgl. Kap. II 4.2). Dieses Argument – das in Kapitel II im Rahmen der „Integrationsstrategie" als Versuch diskutiert wurde, das Schuldprinzip auf der Basis interessentheoretischer Überlegungen in eine Präventionstheorie zu integrieren – besagte, dass ein Rechtssystem, das auf ein Schuldprinzip im Sinne der Berücksichtigung moralischer Schuld und der Beschränkung von Bestrafungen auf moralisch Schuldige verzichten würde und nach dem Prinzip strenger Erfolgshaftung organisiert wäre, insofern unfair wäre, als es den Bürger dem Risiko aussetzen würde, für Schädigungen bestraft zu werden, deren Eintritt oder Nichteintritt er nicht selbst steuern kann. Da wir niemals sicher ausschließen können, dass wir, ohne es zu wollen und ohne es zu beabsichtigen, einen Schaden verursachen werden, würde, so das Argument, ein System, das Bestrafungen bei ausschließlich kausaler Verantwortung erlaubt, bedeuten, dass wir mit dem ständigen Risiko leben müssten, für solche unbeabsichtigten Schädigungen bestraft zu werden. Damit würde demnach die Möglichkeit unterminiert, die rechtlichen Konsequenzen unseres Tuns vorauszuberechnen, uns darauf einzustellen und sie durch unsere Absichten und Handlungsplanungen zu steuern.

Aber das stimmt nicht. Richtig ist, dass es dem Bürger durch ein System strenger Erfolgshaftung *erschwert* würde, die Konsequenzen seines Tuns durch seine Absichten und Handlungsplanungen zu steuern. Aber es würde ihm keinesfalls unmöglich gemacht. Es würde ihm mehr Mühe abverlangt, um Schaden zu vermeiden, denn er könnte sich nicht darauf beschränken, einen absichtlich oder auf andere Weise vorsätzlich oder fahrlässig herbeigeführten Schaden vermeiden zu wollen, sondern er müsste *zusätzliche* Sorgfalt aufwenden, um einen weder absichtlich noch auf andere Weise vorsätzlich oder fahrlässig, sondern versehentlich herbeigeführten Schaden zu verhindern. Die Handlungen, durch die ein Schaden bewirkt, aber nicht absichtlich oder auf andere Weise vorsätzlich oder fahrlässig bewirkt wird, würden also aus dem Bereich der Handlungen herausfallen, für die das Individuum *keine* Strafe zu befürchten hätte. Seine Sorgfaltsbemühungen müssten daher früher ansetzen als bei einem System mit einem Schuldprinzip, und das Risiko, dass es bestraft würde, würde beträchtlich steigen. Aber das heißt nicht, dass es die Wahrscheinlichkeit des Eintretens einer solchen Bestrafung nicht durch sein eigenes Verhalten beeinflussen könnte. Es stimmt, dass wir zwar zuversichtlich ausschließen können, dass wir ein wertvolles Kunstwerk absichtlich beschädigen werden, dass wir aber nicht in gleicher Weise ausschließen können, es unabsichtlich oder infolge eines Versehens zu beschädigen, wofür wir nach dem Prinzip der strengen Erfolgshaftung bestraft würden. Es stimmt aber auch, dass selbst der größte Tollpatsch nicht von der Natur dazu verurteilt ist, es zu beschädigen. Er kann sehr wohl durch Sorgfalt die Wahrscheinlichkeit des Schadenseintrittes minimieren. Dass uns unabsichtliche Schädigungen leichter unterlaufen als absichtliche, heißt nur, dass Strafen in einem System strenger Erfolgshaftung wahrscheinlicher würden als in einem System mit Schuldprinzip, *sofern* Akteure in beiden Systemen das gleiche Ausmaß an Sorgfalt beim Versuch der Schadensvermeidung an den Tag legen würden; es heißt nicht, dass wir das Eintreten dieser Strafen in einem System strenger Erfolgshaftung nicht durch ein erhöhtes Maß an Sorgfalt steuern könnten. Strafen nach dem Prinzip der strengen Erfolgshaftung würden zwar die Wahrnehmung der Möglichkeit, durch eigene Handlungsplanungen auf die Konsequenzen des eigenen Tuns einzuwirken, erheblich erschweren, aber diese Möglichkeit keinesfalls aufheben. Sie würden durchaus ein Motiv zur gesteigerten Sorgfalt darstellen. Wenn wir sogar gestraft werden, falls wir einen Schaden nicht beabsichtigt haben, werden wir *erst recht* Anlass dazu haben, alles zu tun, um das Eintreten des Schadens zu verhindern.

Es zeigt sich also, dass es durchaus möglich ist, *strict-liability*-Bestrafungen am Leitfaden des Präventionsgedankens zu rechtfertigen.[182] Wenn man konsequent an der in Kapitel II der Präventionstheorie empfohlenen Strategie festhält, den Rechtfertigungsbegriff zu entmoralisieren und eine präventionstheoretische Rechtfertigung von vorneherein als eine instrumentell-zweckrationale aufzufassen, wird man auch diese Rechtfertigung als eine instrumentelle Rechtfertigung im Sinne einer *rational justification*, nicht als eine moralische ansehen. Auf *diese* Rechtfertigungsmöglichkeit zu verweisen ist daher problemlos mit dem Verweis darauf vereinbar, dass *strict-liability*-Bestrafungen nicht *moralisch* gerechtfertigt werden können. Diese fehlende moralische Rechtfertigbarkeit resultiert daraus, dass diese Bestrafungen erstens wie alle Bestrafungen dem prima-facie-Vorwurf ausgesetzt sind, gegen die moralische Norm zu verstoßen, die eine beabsichtigte Leidenszufügung verbietet, und dass zweitens nicht ersichtlich ist, was diesen prima-facie-Vorwurf entkräften könnte. Für Strafen nach dem Prinzip der strengen Erfolgshaftung gibt es per definitionem keinen in der moralischen Schuld des Gestraften liegenden Rechtfertigungsgrund. Darum gibt es nichts, was uns veranlassen müsste, den prima-facie-Befund des Verstoßes gegen eine moralische Norm zu korrigieren und Strafen nach dem Prinzip der strengen Erfolgshaftung als moralisch gerechtfertigt einzustufen. Auf die Möglichkeit einer instrumentellen Rechtfertigung von *strict-liability*-Bestrafungen zu verweisen heißt daher natürlich auch nicht, dass man diese Bestrafungen tolerieren oder gutheißen würde, denn im Allgemeinen wird man schon vom Standpunkt der Moral aus nach der Rechtfertigung von Strafen fragen und daher von ihnen fordern, dass sie *moralisch* gerechtfertigt sind, um verhängt werden zu können. Diese Bedingung aber erfüllen *strict-liability*-Bestrafungen nicht. Dass *strict-liability*-Bestrafungen geeignet sind, durch Verhaltenssteuerung die Wahrscheinlichkeit eines Schadenseintritts in der Zukunft zu minimieren, spricht aber als *nicht*-moralischer Grund *für* das Prinzip der strengen Erfolgshaftung.

2.2 Kausale Schuld und soziales Strafen

Auch soziale Strafen reagieren manchmal auf nur kausale, nicht moralische Schuld. Soziales Strafen – genauer: das Ausmaß, in dem wir sozial strafen – ist dann nicht am subjektiven Zustand des Akteurs, sondern an den faktischen Folgen seines Tuns, seiner kausalen Schuld, orientiert. Fälle, in denen wir jemanden für einen Schaden, für den er nicht moralisch, sondern nur kausal verantwortlich ist, sozial strafen, werden häufig im Kontext der Debatte um moralischen Zufall (*moral luck*) diskutiert.[183] Sie werden angeführt, um Kants berühmtes Diktum aus der *Grundlegung*, es sei „nichts in der Welt [...] zu denken möglich, was ohne Einschränkung für gut könnte gehalten werden, als allein ein *guter Wille*" (GMS [AA IV, 393]), mit Hinweis darauf in Frage zu stellen, dass die moralische Bewertung eines Akteurs und das Ausmaß, in dem wir ihn negativen Reaktionen – auch sozialen Strafen – aussetzen, manchmal auch von den faktischen, nicht intendierten Folgen seines Tuns abhängt. Das folgende ist ein Standardbeispiel: Angenommen, Autofahrer A und B setzen sich beide getrennt voneinander nach einer Betriebsfeier alkoholisiert ins Auto, um nach Hause zu fahren. Während aber A glücklicherweise nach Hause kommt, ohne einen

Schaden zu bewirken, überfährt B auf der Heimfahrt ein ihm plötzlich und unvorhergesehenerweise vor das Auto laufendes Kind und tötet es damit. In diesem Fall wären A und B hinsichtlich ihrer Motivlage und Intentionen gleich zu beurteilen. *Beide* handeln, indem sie sich alkoholisiert ans Steuer setzen, verantwortungslos. *Beide* beabsichtigen zwar nicht, eine andere Person zu schädigen, nehmen dies aber zumindest fahrlässig in Kauf. Dennoch würden beide mit unterschiedlichen Reaktionen auf ihr Verhalten zu rechnen haben. Im Allgemeinen würde B sich aufgrund des von ihm verursachten Schadens stärkeren Vorwürfen und sozialen Strafen ausgesetzt sehen als A. Er würde in weitergehendem Ausmaß soziale Ausgrenzung und Stigmatisierung zu gewärtigen haben als A; wir würden ihn stärker moralisch tadeln als A und in stärkerem Maße mit der Kundgabe moralischer Empörung reagieren. Auch die rechtlichen Konsequenzen wären unterschiedliche. Während sich A lediglich wegen eines „abstrakten Gefährdungsdeliktes" zu verantworten hätte, würde B (vermutlich) wegen fahrlässiger Tötung, möglicherweise sogar wegen eines Eventualvorsatzes, angeklagt.

Zum Verständnis dieses Beispiels sind zunächst zwei Vorbemerkungen angebracht. Zum einen zeigt sich hier deutlich, dass die begriffliche Unterscheidung zwischen moralischer und kausaler Schuld bzw. zwischen moralischer und kausaler Verantwortlichkeit sich im Bereich sozialer Strafen gerade *nicht* in einer qualitativen Verschiedenheit der Strafen, die auf diese unterschiedlichen Formen der Schuld bzw. Verantwortlichkeit reagieren, niederschlägt. Wir würden nicht dem Unglücksfahrer B ein gewisses Quantum an moralischer Empörung für sein unverantwortliches Verhalten, sich alkoholisiert ans Steuer zu setzen, zukommen lassen und dieses dann nach einer kurzen Empörungspause durch eine ganz anders geartete nicht-moralische Empörung, die nicht auf moralische Schuld, sondern ausschließlich auf die Schadensverursachung bezogen ist, ergänzen. Wir tadeln nicht „zweistufig", und es gibt hier keine zwei Modi der Empörung. Wir tadeln den Unglücksfahrer – weswegen Fälle dieser Art auch im Kontext der Debatte um *moralischen* Zufall thematisiert werden – durchweg moralisch, und dies stärker als A, obwohl doch beide hinsichtlich ihrer Motivlagen und Absichten gleich zu bewerten sind. Der Tadel, mit dem wir auf kausale Schuld reagieren, ist von demjenigen, mit dem wir auf moralische Schuld reagieren, zwar begrifflich, nicht aber empirisch unterscheidbar.[184]

Zweitens ist festzuhalten, dass es sich hier um Fälle handelt, bei denen ein „Schwellenwert" moralischer Schuld bereits überschritten ist, bevor wir überhaupt nach Strafen in Reaktion auf kausale Schuld fragen können. Es ist kein Fall, in dem überhaupt keine moralische Schuld vorliegt. Beide Fahrer haben in dem Sinne moralische Schuld auf sich geladen, dass sie sich unverantwortlicherweise alkoholisiert ans Steuer gesetzt haben. Beide verdienen für die fahrlässige Inkaufnahme eines Schadens moralischen Tadel. Der Tadel, der dem Unglücksfahrer aufgrund seiner kausalen Schuld am entstandenen Schaden zuteilwird, setzt seine moralische Schuld an der fahrlässigen Inkaufnahme des Schadens schon voraus. Will man nach der Rechtfertigung des sozialen Strafens ohne moralische Schuld fragen, ist also die in Bezug auf den Unglücksfahrer B zu stellende Frage nicht etwa, ob wir gerechtfertigt darin sind, ihn sozial zu strafen (das sind wir zweifellos, aber wir sind es, weil auch er moralische Schuld auf sich geladen hat), sondern diejenige, ob wir gerechtfertigt darin sind, den Unglücksfahrer B *mehr* zu tadeln als A. Es gilt, die *Differenz* zwischen dem Ausmaß, in dem wir A tadeln, und demjenigen, in dem wir B tadeln, zu erklären und nach ihrer Rechtfertigbarkeit zu fragen. Diese Differenz lässt sich nicht einfach – unter Übertragung der Rechtsfigur der *actio libera in causa*[185] – mit dem Hinweis darauf begründen, dass der Unglücksfahrer in einer freien Handlung, indem er sich alkoholisiert ans Steuer gesetzt hat, die Voraussetzung für die spätere Schadensbewirkung gesetzt hat, denn das hat auch der glücklich an sein Ziel gelangende Fahrer getan – nur erweist sich bei ihm die tadelnswerte Handlung kontingenterweise eben nicht als Ursache eines gravierenden Schadens. Beide Fahrer haben moralisch gefehlt, und sie haben es, geht man von ihrer Motivlage und ihren Absichten aus, in gleichem Ausmaß getan; warum also sollte man ihnen in unterschiedlichem Ausmaß soziale Strafen zuteil werden lassen?

Gibt es *moralische Gründe* dafür, B stärker sozial zu strafen als A, also die nicht-intendierten Handlungsfolgen, die bei B auftreten, mit Sanktionen zu belegen, die das Gesamtausmaß an negativen Reaktionen, die B zu gewärtigen hat, berechtigterweise stärker werden lassen als das Ausmaß an negativen Reaktionen, mit denen A zu rechnen hat? Beeinflusst, wie z. B. M. Moore und Otsuka behaupten, der durch B herbeigeführte Schaden das moralische Verdienst von B, so dass B stärker sozial gestraft zu werden verdient als A (vgl. M. Moore 1994, 218–247; Otsuka 2009, 374–382)?

Dies ist nicht der Fall. Hierfür lässt sich ein Argument anführen, das auf dem metaethischen Prinzip der Universalisierbarkeit moralischer Urteile beruht und sich in einem ersten Zugang wie folgt formulieren lässt. Das Universalisierbarkeitsprinzip besagt – grob gesprochen –, dass wir über Situationen, die *in allen relevanten universellen Eigenschaften* gleich sind, auch die gleichen moralischen Urteile zu fällen haben.[186] Als relevant gelten dabei diejenigen Eigenschaften, die als Gründe für ein moralisches Urteil angeführt werden. Universell müssen diese Eigenschaften sein, weil angenommen wird, dass die Gültigkeit moralischer Urteile personenirrelativ in dem Sinne ist, dass sie nicht von Eigenschaften abhängen darf, die nur *einem* Individuum zukommen können. Der Grund dafür, dass ich ein Recht auf X habe, kann nicht sein, dass ich ich bin, sondern muss in Eigenschaften wie meiner Leidensfähigkeit liegen, die grundsätzlich auch anderen Individuen zukommen können. Moralische Urteile beziehen sich, mit anderen Worten, notwendig auf einen bestimmten Situationstypus, der durch universelle Ausdrücke beschreibbar sein muss, d. h. durch solche, die im Bereich eines Allquantors stehen können, so dass in moralische Urteile keine Eigennamen (wohl aber gebundene Individuenvariablen) oder indexikalische Ausdrücke wie „ich" oder „heute" eingehen dürfen. Wollen wir uns nicht widersprechen, müssen wir daher, wenn wir über einen Situationstypus einer bestimmten Art ein moralisches Urteil fällen, ein gleichlautendes moralisches Urteil über jede Situation fällen, in der die diesen Situationstypus kennzeichnenden relevanten Merkmale vorliegen. Wer z. B. sagt, dass X eine moralisch falsche Handlung ist, weil X eine Tötungshandlung ist, muss bereit sein, von allen Handlungen, die das deskriptive Merkmal aufweisen, eine Tötungshandlung zu sein, zu sagen, dass sie moralisch falsch sind.

Auch im Fall der beiden alkoholisierten Autofahrer, von denen einer einen Schaden bewirkt, der andere nicht, sind wir darauf festgelegt, über Situationen, die hinsichtlich aller ihrer relevanten universellen Merkmale gleich sind, die gleichen moralischen Urteile zu fällen. Als relevante Merkmale haben dabei diejenigen Eigenschaften zu gelten, mit denen wir unsere moralischen Werturteile über beide Personen begründen, also ihre Charakterzüge und Dispositionen. Konkret: Jemanden, der sich alkoholisiert ans Steuer setzt, würden wir moralisch tadeln, weil er sich unverantwortlich verhalten und dadurch einen gravierenden Schaden zumindest fahrlässig in Kauf genommen hat. Wenn damit alle universellen Situationsmerkmale benannt sind, die der Grund dafür sind, dass wir einen der beiden Autofahrer für sein Verhalten moralisch tadeln, legt uns das Universalisierungsprinzip auf ein gleichlautendes Urteil über alle anderen Fälle fest, in denen diese relevanten Situationsmerkmale gegeben sind. Offensichtlich liegen nun diese moralisch relevanten Merkmale in beiden in Frage stehenden Fällen vor: Das Verhalten *beider* Autofahrer ist – ganz unabhängig davon, ob sie später noch einen Schaden verursachen oder nicht – in gleicher Weise verantwortungslos und fahrlässig; dass die Handlungsfolgen zufallsbedingt variieren, ändert daran nichts. Daher legt uns das Universalisierungsprinzip darauf fest, über beide Fälle auch gleichlautende moralische Urteile zu fällen; wir sind also nicht dazu berechtigt, denjenigen Fahrer, der aufgrund eines Zufallsereignisses einen Schaden verursacht, moralisch mehr zu tadeln als denjenigen, dem dies erspart bleibt.

Es liegt jedoch nahe, als Erwiderung auf diese erste Formulierung des Arguments folgenden Einwand zu formulieren: Es ist unstrittig, dass die Charaktereigenschaften und Dispositionen beider Fahrer gleich sind und dass es sich dabei um moralisch relevante Eigenschaften handelt. Aber es handelt sich möglicherweise nicht um die *einzigen* moralisch relevanten Eigenschaften. Vielmehr sind, so der Einwand, auch die nicht intendierten Handlungsfolgen zusätzliche deskriptive Eigenschaften der Situation, die moralisch relevant sind.[187] A könnte unter anderem deswegen moralisch tadelnswerter als B sein, weil – bei gleicher Motivlage von A und B – As Handeln zufallsbedingt Handlungsfolgen zeitigt, die Bs Handeln nicht zeitigt. Die Grammatik des Ausdrucks (moralisch) „tadeln" schließt es, so der Einwand, keinesfalls aus, zufallsbedingte Handlungsfolgen als das anzusehen, wofür wir die Person (moralisch) tadeln, denn „tadeln" ist ein dreistelliges Prädikat: Jemand tadelt jemanden für etwas. Personen tadeln wir also nicht nur als Personen, sondern immer für etwas – also warum nicht auch für zufallsbedingte Handlungsfolgen? Wenn dies der Fall ist, verlangt das Universalisierungsprinzip von uns, bei Gleichbleiben aller sonstigen moralisch relevanten Merkmale gleichlautende moralische Urteile über alle Situationen zu fällen, in denen diese zufallsbedingten Handlungsfolgen gezeigt werden, also z. B. zu sagen, dass eine Person immer dann moralisch tadelnswerter ist als eine andere, wenn ihre Handlungen einen bestimmten Schaden hervorrufen. Keinesfalls aber, so der Einwand, zwingt uns der Universalisierungsgrundsatz dazu, zufallsbedingte Handlungsfolgen aus dem Bereich moralisch relevanter Merkmale auszuschließen.[188]

Gegen diesen Einwand ist zu sagen: Wir sind nur dann *moralisch* berechtigt, einen Akteur für die von ihm verursachten nicht-intendierten Handlungsfolgen zu tadeln, wenn wir unterstellen, dass die Verursachung des Schadens, wenn nicht auf seine Absichten, so doch auf andere Formen des Vorsatzes oder auf Fahrlässigkeit, also in irgendeiner Weise auf den Akteur und seinen subjektiven Zustand, zurückgeführt werden kann.[189] Nur dann sind also die von ihm hervorgerufenen negativen Handlungsfolgen *moralisch* relevante Situationsmerkmale, und nur dann haben wir also auch moralische Gründe dafür, das Ausmaß, in dem wir ihn sozial strafen, (auch) vom nicht-intendierten Schaden abhängig zu machen. Ist z. B. auf einer Abendgesellschaft jemand kausal für die Zerstörung einer wertvollen Vase verantwortlich, sind wir nur dann *moralisch* berechtigt, ihn dafür zu tadeln, wenn wir annehmen, dass A nicht *nur* kausal verantwortlich für die Zerstörung der Vase ist, sondern, selbst wenn er diese nicht beabsichtigt hat, den Schadenseintritt doch zumindest fahrlässig herbeigeführt hat. Möglicherweise hat er es an Sorgfalt vermissen lassen, hätte sich besser in Acht nehmen können und hat die nötige Umsicht und Vorsicht nicht an den Tag gelegt. Wenn der Schadenseintritt hingegen zwar von A verursacht wurde, aber ihm in keiner Weise, auch nicht nur als Folge eines fahrlässigen Verhaltens, anders als kausal zugeschrieben werden kann, sind wir auch nicht moralisch berechtigt, A mit Empörung zu begegnen oder ihn für sein Fehlverhalten zu tadeln. Wenn z. B. A auf der Abendgesellschaft einen Witz erzählt, der den ebenfalls anwesenden B dermaßen erheitert, dass B sich vor Lachen krümmt und eben dadurch die Vase umwirft, würden wir dies A nicht zum Vorwurf machen, obwohl auch in diesem Fall A durch das Erzählen des Witzes kausal verantwortlich für die Zerstörung der Vase ist. Aber er hat sie weder beabsichtigt noch vorausgesehen noch war der Schadenseintritt für ihn voraussehbar noch war dieser von ihm fahrlässig verursacht. Darum werden A in diesem Fall gar keine Vorwürfe treffen. Auf den Einwand, der die nicht intendierten Handlungsfolgen als moralisch relevant reklamiert, ist also zu sagen: Wenn Handlungsfolgen in keiner Weise auf den subjektiven Zustand des Akteurs – auf seine Absichten, andere Formen des Vorsatzes oder Fahrlässigkeit – zurückgeführt werden können, sind sie auch kein moralisch relevantes Situationsmerkmal.

Insofern aber im genannten Beispiel der beiden Autofahrer Handlungsfolgen auf die subjektiven Zustände der Fahrer A und B zurückgeführt werden können, begründen sie keine Differenz der moralischen Beurteilung zwischen A und B. Zwar kann man mit Recht darauf verweisen, dass die Unfähigkeit des Unglücksfahrers B, kurz vor der Tötung des ihm vor das Auto laufenden Kindes durch Bremsen zu reagieren, sehr wohl eine – von ihm fahrlässig herbeigeführte – Folge seines Alkoholgenusses war und diese Unfähigkeit als Handlungsfolge B moralisch zuzurechnen ist. Sicherlich hätte man von B erwarten können, sich nicht in eine Situation zu bringen, in der er, falls ihm unerwartet ein Kind vor das Auto läuft, nicht mehr in der Lage ist, rechtzeitig zu bremsen. Genau dies hätte man aber auch von A erwarten können, der sich von B einzig dadurch unterscheidet, dass es ihm glücklicher- und kontingenterweise erspart bleibt, tatsächlich in eine solche Situation zu kommen. Auch A *hätte* das Kind getötet, *wäre* es ihm vor das Auto gelaufen. Wenn aber das Kind B tatsächlich – und so ist das Beispiel konstruiert – plötzlich und unvorhergesehenerweise vor das Auto läuft, ist es verfehlt, B vorzuhalten, dass er die Tötung des Kindes selbst fahrlässig verursacht hätte. Man hätte von ihm nicht erwarten können, etwas vorauszusehen, was *ex hypothesi* eben nicht vorauszusehen war: dass ihm das Kind vor das Auto laufen würde. Dieses Ereignis bleibt ein zufallsbedingtes und kontingentes. Und sicherlich kann man B vorhalten, dass er damit hätte rechnen müssen, in eine solche Situation zu kommen – aber genau dies gilt wiederum auch von A. Auch A musste damit rechnen, dass ihm ein Kind vor das Auto laufen und er dessen Tod verursachen würde. Nur kam A eben nicht in diese

Situation. Alle Handlungsfolgen, die auf den subjektiven Zustand eines der Akteure zurückgeführt werden können, sind also Handlungsfolgen, die sowohl A als auch B verursacht haben. Es gibt daher keine Differenz zwischen A und B hinsichtlich der Handlungsfolgen, die als moralisch relevant in Betracht kommen können. Daher gibt es auch keine Differenz zwischen beiden Fahrern, die das unterschiedliche Ausmaß an Tadel, das beiden Fahrern zuteilwird, *moralisch* zu begründen geeignet wäre.

Dass wir keine moralischen Rechtfertigungsgründe dafür haben, von zwei Akteuren mit gleichen Motivlagen und Absichten einen stärker sozial zu strafen als einen anderen, schließt jedoch nicht aus, dass wir aus nicht-moralischen Gründen gerechtfertigt darin sind, dies zu tun. Dem moralischen Argument gegen die Rechtfertigung sozialen Strafens bei kausaler Schuld steht ein nicht-moralisches Argument zugunsten der Möglichkeit einer solchen Rechtfertigung gegenüber, das genau dem oben genannten nicht-moralischen Rechtfertigungsgrund für staatliches Strafen nach dem Prinzip der strengen Erfolgshaftung entspricht. Zur Verteidigung von Strafen nach dem Prinzip strenger Erfolgshaftung wurde auf deren verhaltenssteuernde Funktion verwiesen. Es wurde gesagt, dass strenge Erfolgshaftung ein sozial nützliches Mittel sei, um Schaden zu verhindern, da Individuen dadurch angeleitet würden, in Zukunft besondere Sorgfalt an den Tag zu legen, um diesen Schaden zu vermeiden. Die Haftbarmachung eines Individuums dient in diesem Fall der Bekräftigung der an andere Individuen gerichteten Drohung, dass auch sie im Falle der Schadensbewirkung, ob beabsichtigt oder nicht, mit negativen Konsequenzen dieser Art zu rechnen haben. Auf die gleiche Weise lassen sich auch soziale Strafen für Handlungsfolgen, für die jemand kausal, aber nicht moralisch verantwortlich ist, rechtfertigen. Wird jemand negativen Reaktionen für einen nicht beabsichtigten und nicht vorhergesehenen, aber von ihm verursachten Schaden ausgesetzt, so werden damit andere dazu angehalten, in Zukunft alle erdenkliche Sorgfalt an den Tag zu legen, um einen solchen Schaden zu vermeiden. Wenn der alkoholisierte Autofahrer, der zufallsbedingt einen Schaden verursacht, hierfür zur Rechenschaft gezogen wird, indem er stärker getadelt wird als derjenige, der den Schaden nicht verursacht hat, werden andere Autofahrer in besonderem Maße darauf achten, sich nicht mehr alkoholisiert ans Steuer zu setzen, um das Eintreten eines solchen Schadens nicht auch nur zu riskieren. Die differierenden Reaktionen auf den Akteur, der Schaden bewirkt, und denjenigen, der es nicht tut, rechtfertigen sich hier also nicht durch deren unterschiedliche subjektive Zustände, auf die es gerade nicht ankommt, sondern einzig durch das Ausmaß, in dem diese unterschiedlichen Reaktionen geeignet sind, andere effizient zu einem Verhalten anzuleiten, in dessen Folge das Eintreten eines solchen Schadens in Zukunft unwahrscheinlicher wird. Und auch hier gilt, dass nicht anzunehmen ist, dass die Differenz in der Stärke der Bestrafung zu einer resignativen „Es-ist-ohnehin-alles-egal"-Haltung führen wird. Die Androhung einer stärkeren Bestrafung lässt auch hier die Möglichkeit offen, durch Sorgfalt und verantwortungsvolles Verhalten die Wahrscheinlichkeit des Schadenseintrittes zu minimieren – wer sich überhaupt nicht alkoholisiert ans Steuer setzt, kann damit wirkungsvoll die Wahrscheinlichkeit minimieren, dass er infolge seiner Alkoholisierung jemanden schädigen wird. Ungeachtet der moralischen Gründe gegen das soziale Strafen aufgrund von kausaler Schuld gibt es also nicht-moralische Rechtfertigungsgründe dafür.

2.3 *Agent-regret* und soziales Strafen

Noch in einer weiteren Hinsicht ist die Frage zu thematisieren, inwiefern es gerechtfertigt ist, soziale Strafen zu verhängen, wenn jemand nur kausal, nicht aber moralisch schuldig geworden ist. Zu untersuchen ist diese Frage im Zusammenhang mit dem Phänomen des *agent-regret* („Akteursbedauern"). *Agent-regret* ist ein Schuldgefühlen sehr ähnliches, aber von diesen doch klar unterscheidbares negatives Gefühl, das Akteure im Allgemeinen empfinden, wenn sie für einen Schaden nur kausal, nicht aber moralisch verantwortlich sind. Williams veranschaulicht *agent-regret* am Beispiel eines – diesmal nicht alkoholisierten – LKW-Fahrers, der, ohne in irgendeiner Weise Sorgfaltspflichten verletzt oder einen Schaden billigend oder fahrlässig in Kauf genommen zu haben, geschweige denn einen Schaden beabsichtigt oder vorausgesehen zu haben, d. h. ohne sich irgendein moralisches Fehlverhalten vorwerfen zu müssen, ein ihm zufällig vor das Auto laufendes Kind überfährt. Der Fahrer wird unter normalen Umständen negative Gefühle des extremen Bedauerns haben, die mit Selbstvorwürfen einhergehen und von moralischen Schuldgefühlen nur sehr schwer unterscheidbar sein werden. Williams beschreibt diese Gefühle als *agent-regret* (Williams 1976, 27f.).[190] *Agent-regret* nimmt gleichsam eine Mittelstellung ein zwischen Reue und dem Bedauern, das auch ein neutraler Beobachter der Situation haben könnte. Einerseits ist es als Bedauern (*regret*) von Reue (*remorse*) abzugrenzen. Akteursbedauern geht nicht, wie Reue es tut, mit dem Gefühl einher, etwas getan zu haben, was man nicht hätte tun sollen. (Dabei wird vorausgesetzt, dass der Fahrer keinen Anlass hat, Reue darüber zu empfinden, dass er überhaupt Auto gefahren ist, sich dieses also nicht rationalerweise vorwerfen kann.) Der Fahrer hat sich, genau genommen, nichts vorzuwerfen, hat also keinen Anlass zur Reue. Andererseits ist dieses Bedauern als *Akteurs*bedauern auf die kausale Rolle bezogen, die der Akteur am Geschehen hatte; dadurch ist es vom Bedauern eines neutralen Beobachters deutlich unterscheidbar. Es richtet sich auf den kausalen Beitrag des Fahrers selbst. Der Fahrer wird nicht (nur) aufgrund des Eintritts des Schadens zerknirscht sein, sondern auch und vor allem aufgrund der Tatsache, dass *er* ihn herbeigeführt hat. Aufgrund seiner eigenen kausalen Rolle wird er zwar keine Reue, wohl aber etwas wie Gewissensbisse verspüren.[191] Seine negativen Gefühle werden daher von moralischen Schuldgefühlen, die wir bei Zuschreibung moralischer Schuld und bei Unterstellung moralischer Verantwortlichkeit für angemessen erachten, empirisch schwer unterscheidbar sein.

Wie hängt *agent-regret* mit sozialen Strafen zusammen? Der Zusammenhang besteht nicht etwa darin, dass es sich bei Akteursbedauern selbst um eine Form des sozialen Strafens, nämlich um eine soziale Selbstbestrafung handeln würde. Akteursbedauern ist keine intendierte, selbstadressierte Leidenszufügung als Reaktion auf einen angenommenen Normverstoß, also keine Selbstbestrafung. Es handelt sich vielmehr um eine unmittelbare, spontane Gefühlsreaktion, die als solche von Strafen gerade abzugrenzen ist. Dennoch hängt *agent-regret* mit sozialem Strafen zusammen, und zwar wie folgt: Wir würden, wie Williams zu Recht feststellt, aus der Außenperspektive durchaus *erwarten*, dass eine Person diese negativen Gefühle hat, wenn sie, ohne moralisch schuldhaft gehandelt zu haben, einen solch gravierenden Schaden verursacht hat. Zeigt jemand, der kausal verantwortlich für einen Schaden ist, diese Gefühle nicht, werden wir ihn im Allgemeinen informell sanktionieren, also sozial strafen (vgl. Williams 1976, 28). Es ist also nicht so, dass der Akteur sich durch *agent-regret* selbst strafen würde, wohl aber so, dass andere ihn bei Ausbleiben dieser negativen Reaktionen sozial strafen würden. Wer in der Situation des LKW-Fahrers, der ohne moralisches Fehlverhalten ein Kind überfahren hat, mit kaltschnäuziger Indifferenz und der lässigen Berufung darauf, dass er sich doch nichts vorzuwerfen habe, reagieren würde, würde mit sozialer Ausgrenzung und Stigmatisierung rechnen müssen. Der indifferente Unglücksfahrer ohne Akteursbedauern würde die Vorwürfe der Gefühllosigkeit und Unsensibilität auf sich ziehen, die auch jemand auf sich ziehen würde, der moralisch rücksichtslos handelt. Es stellt sich hier also die Frage, ob solche sozialen Strafen für eine Person, die doch nur kausal, nicht moralisch für einen Schaden verantwortlich ist, gerechtfertigt sind.

Dabei ist jedoch Folgendes zu beachten. Zwar würden wir von der besagten Person erwarten, dass sie die fraglichen negativen Gefühle hat. Wir würden dies aber nur in einem bestimmten Ausmaß erwarten. Jemanden, der diese negativen Gefühle gänzlich vermissen lässt, würden wir sozial strafen. Aber wenn jemand dann diese negativen Gefühle in einem sehr starken Ausmaß zeigt, würden wir tendenziell eher darauf hinwirken, dass er sie nicht zu stark zeigen sollte. Je mehr der Akteur die geforderten Gefühle auch tatsächlich zeigt, desto mehr würden wir dazu neigen, ihn eher zu bedauern und ihn trösten zu wollen, als ihm Vorwürfe zu machen. Den von *agent-regret* zerfressenen und von Selbstvorwürfen zerfleischten LKW-Fahrer in Williams' Beispiel würden wir, statt seine negativen Gefühle noch zu verstärken, eher daran erinnern, dass er doch „nichts dafür konnte", da er nur kausal, nicht moralisch schuldig war. Wir erwarten zwar, dass jemand diese Gefühle hat, und strafen ihn sozial für deren Ausbleiben, aber er soll sie auch nicht in ungebührlichem Ausmaß haben.[192]

Insofern wir also von jemandem, der kausal für einen Schaden verantwortlich ist, Akteursbedauern erwarten und ihn sozial für dessen Ausbleiben strafen – gibt es hierfür moralische Gründe? Man könnte versuchen, eine bejahende Antwort auf diese Frage tugendethisch zu begründen.[193] Wir sind, so könnte man mutmaßen, moralisch berechtigt, vom Unglücksfahrer ohne jede moralische Schuld *agent-regret* zu erwarten und ihn bei dessen Ausbleiben negativ zu sanktionieren, weil jemand, der Akteursbedauern in solchen Fällen vermissen lässt, damit ein moralisches Charakterdefizit offenbart. Wer auf den von ihm verursachten Schaden mit tiefenentspannter Gelassenheit reagierte und sich darauf beriefe, dass er die Herbeiführung des Schadens nicht beabsichtigt, ja nicht einmal fahrlässig in Kauf genommen hat, würde demnach in moralischer Hinsicht nicht der Mensch sein, der er sein sollte. Ein tugendhafter Mensch ist einer, der sich über einen Schaden, den er verursacht hat, auch wenn er frei von moralischer Schuld ist, in genau der Weise grämt, die sich im *agent-regret* dokumentiert.

Allerdings ist nicht ersichtlich, warum wir dem Fahrer, der gegenüber dem von ihm verursachten Schaden indifferent bleibt, einen moralischen Charakterfehler unterstellen und nicht vielmehr sagen sollten, dass seine Einstellung höchst rational ist. Er hat den Schaden ja nur verursacht; es ist ihm *ex hypothesi* weder Fahrlässigkeit noch sonstwie schuldhaftes Verhalten zu attestieren. Darum ist nicht einsehbar, warum wir von ihm ein anderes Bedauern fordern sollten als das, welches wir von neutralen Beobachtern (die den Vorfall ebenfalls bedauern werden) erwarten. Wir würden von jedem, also natürlich auch dem Fahrer selbst, erwarten, dass er den Tod des überfahrenen Kindes nicht mit überbordender Heiterkeit quittiert, sondern hierüber Anzeichen des tiefen Bedauerns zeigt. Aber warum sollten wir vom Fahrer selbst *mehr* als eben dies fordern? Natürlich kann man erwägen, ob der Fahrer durch die bloße Tatsache, dass er sich überhaupt ans Steuer gesetzt hat, (moralische) Schuld auf sich geladen hat. Insofern diese Frage bejahend beantwortet wird, wird plausiblerweise von ihm auch mehr an negativen Gefühlen zu erwarten sein als von anderen Anwesenden, die sich nicht ans Steuer gesetzt und dadurch schuldig gemacht haben. Aber wenn wir annehmen, dass es nicht der Fall ist, dass jemand schon dadurch moralische Schuld auf sich lädt, dass er auch nur die minimale Möglichkeit der Schädigung eines Unschuldigen durch sein Tun in Kauf nimmt, ist nicht ersichtlich, warum wir vom Fahrer *agent-regret* erwarten sollten.

Zwar ist es richtig, dass jemand, der in solchen Situationen *agent-regret* zeigt, dadurch eine der Tugend der Großzügigkeit vergleichbare Tugend an den Tag legt. Er übernimmt Verantwortung für mehr als für das, wofür er Verantwortung übernehmen müsste. Das bedeutet aber nicht, dass das Fehlen dieser Tugend uns berechtigen würde, jemandem, der Akteursbedauern vermissen lässt, Vorwürfe zu machen oder ihn sozial zu strafen. Ganz im Gegenteil: Die Tugend, die jemand, der Akteursbedauern zeigt, an den Tag legen würde, wäre ja gerade dadurch gekennzeichnet, dass diese Person über das hinausginge, was berechtigterweise von ihr zu erwarten wäre, so dass das Fehlen dieser Tugend auch kein Grund wäre, ihr das Fehlen von *agent-regret* vorzuhalten. Wer großzügig ist, gibt mehr, als er geben muss. Wer nur das gibt, was er geben muss, kann sich zwar nicht die Tugend der Großzügigkeit auf die Fahnen schreiben, wird aber auch nicht Adressat berechtigter Vorwürfe sein. Wenn derjenige, der Akteursbedauern zeigt, dadurch dokumentiert, dass er über das von ihm billigerweise zu Erwartende hinausgeht, heißt das gerade nicht, dass wir jemandem, der nicht darüber hinausgeht, Vorwürfe zu machen und ihn sozial zu sanktionieren berechtigt wären. Wenn ihm keine Schuld im Sinne individueller Vorwerfbarkeit zu attestieren ist, gibt es keinen Grund dafür, von ihm die Gefühle zu erwarten, die adäquat wären, wenn er sich moralisch schuldhaft verhalten hätte, und ihn für deren Ausbleiben sozial zu strafen. Eher scheinen dann Bedauern und Mitleid angemessen. Darum haben wir keine moralischen Gründe dafür, jemanden aufgrund des von ihm verursachten, aber nicht schuldhaft verursachten Schadens sozial zu strafen, indem wir auf das Ausbleiben von *agent-regret* mit negativen Reaktionen wie der Kundgabe von Indignation oder von Empörung reagieren.

Wohl aber lässt sich auch in diesem Fall das soziale Strafen durch dessen verhaltenssteuernde Wirkung, also am Leitfaden des Präventionsgedankens und ohne Inanspruchnahme eines moralischen Grundes, begründen. Wenn nämlich jemand antizipiert, dass er, sofern er einen Schaden bewirkt, auch wenn dies ohne moralische Schuld geschieht, *agent-regret* empfinden wird, wird dies für ihn einen zusätzlichen Anreiz darstellen, diesen Schaden nach Möglichkeit zu vermeiden und alle Sorgfalt walten zu lassen, um seinen Eintritt in Zukunft zu verhindern. Die Antizipation dieser negativen Gefühle stellt gewiss nicht den einzigen, aber doch einen sehr gewichtigen Grund dafür dar, diese Sorgfalt an den Tag zu legen. Jemand wird z. B. seine Fürsorgepflicht gegenüber einem Kleinkind nicht nur, aber auch deswegen sehr skrupulös und sorgfältig wahrnehmen, weil er weiß, wie schlecht er sich fühlen wird, wenn das Kind zu Schaden kommt, und zwar auch dann, wenn er diese Schädigung nicht im geringsten beabsichtigt oder auch nur fahrlässig in Kauf genommen, sondern lediglich verursacht hat, z. B. wenn er in bester Absicht dem Kind Nahrung gibt, die sich als vergiftet erweist. Und wir werden auch deswegen sorgfältig darauf achten, ein wertvolles Museumsexponat nicht zu zerstören, weil wir antizipieren, dass wir uns, falls wir es, und sei es ohne Absicht, sonstigen Vorsatz oder Fahrlässigkeit, schädigen, schlecht fühlen werden und dass die Tatsache, dass wir den Schaden nicht absichtlich oder auf andere Weise vorsätzlich oder auch nur fahrlässig herbeigeführt haben, an diesen negativen Gefühlen nichts ändern wird.

Dass die Antizipation von *agent-regret* für den Fall der Schadensverursachung dazu führt, besondere Sorgfalt bei der Vermeidung eines Schadens obwalten zu lassen, erklärt zwanglos, dass sich ein Strafmechanismus etabliert, der jemanden im Falle des Ausbleibens von *agent-regret* sozialen Strafen aussetzt. Da ein allgemeines Interesse daran besteht, dass Menschen möglichst nachhaltig die nötige Sorgfalt zur Schadensvermeidung walten lassen, besteht auch ein allgemeines Interesse an der Etablierung eines psychologischen Mechanismus, der diese Sorgfalt fördert; also besteht auch ein allgemeines Interesse daran, dass Akteure *agent-regret* für den Fall eines nicht schuldhaft verursachten Schadens antizipieren. Damit sie dies tun, etablieren wir einen Mechanismus, der das Ausbleiben dieser negativen Gefühle negativ sanktioniert. Die Aussicht darauf, soziale Strafen wie Bekundungen der Missachtung oder soziale Isolierung zu gewärtigen zu haben, falls man bei Verursachung einer Schädigung ohne moralische Schuld kein *agent-regret* an den Tag legt, wird dann dahingehend wirken, dass man in einem solchen Fall Akteursbedauern zeigt. Ist ein solcher Mechanismus sozialer Strafen etabliert, haben Akteure, wenn sie auf ihre Handlungen und mögliche Schadensverursachungen vorausblicken, die folgenden drei möglichen Szenarien vor Augen: Entweder werden sie einen Schaden verursachen und *agent-regret* empfinden, was, da *agent-regret* ein unangenehmes Gefühl ist, unerfreulich ist. Oder sie werden den Schaden verursachen und kein *agent-regret* empfinden, dann aber negative Reaktionen anderer in Form von sozialen Strafen zu gewärtigen haben, was ebenfalls unerfreulich ist. Oder sie werden, um möglichst sowohl *agent-regret* als auch die negativen Reaktionen anderer bei Ausbleiben von *agent-regret* zu umgehen, alles tun, um den Schaden nach Möglichkeit zu vermeiden. Letzteres ist offensichtlich die attraktivste Möglichkeit. Dass, wenn der Schaden eintritt, auf jeden Fall noch eine von zwei möglichen negativen Konsequenzen eintreten wird, nämlich entweder *agent-regret* oder bei Fehlen von *agent-regret* soziale Strafen für dessen Ausbleiben, aber beides, *agent-regret* wie auch die soziale Strafe bei dessen Ausbleiben, vermieden werden kann, sofern der Schaden vermieden wird, wird ein zusätzliches Motiv dafür darstellen, besondere Sorgfalt zur Vermeidung dieses Schadens an den Tag zu legen.

Wie oben ausgeführt, werden wir *agent-regret* aber nur *in einem bestimmten Ausmaß* erwarten. Zeigt jemand Akteursbedauern über dieses Ausmaß hinaus, werden wir eher dazu neigen, beschwichtigend und tröstend auf ihn einzuwirken. Auch dies lässt sich durch die verhaltenssteuernde Wirkung sozialer Strafen im Falle des Ausbleibens von *agent-regret* erklären. Es besteht ein allgemeines Interesse daran, dass jemand für den Fall einer unbeabsichtigten Schadensverursachung Akteursbedauern in dem Ausmaß antizipiert, in dem dies nötig ist, um ihn zu größtmöglicher Sorgfalt bei der Vermeidung eines Schadens zu veranlassen, aber auch nicht in einem darüber hinaus gehenden Ausmaß. Antizipiertes Akteursbedauern ist bis zu einem gewissen Grad funktional nützlich als Anreiz zur Sorgfalt. Geht es aber darüber hinaus, wird es dysfunktional. Darum wäre auch ein System sozialer Strafen, mittels dessen ein über dieses Ausmaß hinaus gehendes Akteursbedauern gefördert würde, dysfunktional. Darum können wir darauf verzichten, das Vorliegen von Akteursbedauern über dieses Ausmaß hinaus durch einen Sanktionsmechanismus in Form der Androhung sozialer Strafen zu stützen.

3 Strafen ohne moralische Schuld und das „Paradox des Retributivismus"

In Bezug auf alle drei im Vorhergehenden erörterten Beispiele für ein Strafen ohne moralische Schuld – staatliches Strafen nach dem Prinzip der strengen Erfolgshaftung, soziale Strafen für nicht beabsichtigte Schadensverursachungen und soziale Strafen im Falle des Ausbleibens von Akteursbedauern als Folge eines nicht moralisch schuldhaft bewirkten Schadens – zeigt sich also Folgendes: Diese Strafen lassen sich nicht *moralisch* rechtfertigen. Staatliches Strafen nach dem Prinzip der strengen Erfolgshaftung und soziales Strafen für die nicht moralisch schuldhafte Verursachung eines Schadens können keine moralischen Gründe zu ihren Gunsten reklamieren, die geeignet wären, den gegen alle Strafen prima facie zu erhebenden Vorwurf, dass sie gegen das moralische Verbot der absichtlichen Leidenszufügung verstoßen, außer Kraft zu setzen. Auch soziale Strafen für das Ausbleiben von Akteursbedauern lassen sich nicht tugendethisch begründen. Strafen dieser Art lassen sich aber funktional, am Leitfaden des Präventionsgedankens rechtfertigen. Fasst man, wie in Kapitel II vorgeschlagen, eine solche Rechtfertigung am Leitfaden des Präventionsgedankens als eine nicht-moralische Rechtfertigung auf, ist also festzuhalten, dass es für Strafen ohne moralische Schuld nur nicht-moralische Rechtfertigungsgründe gibt. Setzt man einen solchen nicht-moralischen Begriff von Rechtfertigung voraus, können auch Strafen ohne moralische Schuld als gerechtfertigt gelten. Das Dogma, dass nur die Bestrafung derer, die moralisch schuldig sind, gerechtfertigt sei, lässt sich nicht aufrechterhalten.

Dass Strafen im Falle von kausaler Schuld nur funktional, als Mittel der Handlungssteuerung, begründbar sind, ändert jedoch nichts daran, dass wir diese Strafen im Allgemeinen zumindest vorphilosophisch – also unbefangen von philosophischen Reflexionen über die Begründbarkeit dieser Strafen – nicht als Mittel der Handlungssteuerung *verstehen*. Staatliches Strafen nach dem Prinzip der strengen Erfolgshaftung sehen wir normalerweise nicht als bloßes Mittel der Handlungssteuerung an, sondern wir neigen zu der Annahme, dass jemand, der einen Schaden verursacht hat, eben weil er ihn verursacht hat die darauf folgende Strafe auch *verdient*. Das gesteigerte Ausmaß an Tadel, das wir dem alkoholisierten Unglücksfahrer gegenüber dem ebenfalls alkoholisierten, aber unfallfrei nach Hause gelangenden Fahrer zukommen lassen, werden wir ebenfalls vermutlich nicht als Instrument der Verhaltenssteuerung auffassen, sondern annehmen, dass der Unglücksfahrer, weil er einen gravierenden Schaden verursacht hat, auch mehr Tadel verdient als derjenige, der ohne Schaden nach Hause kommt. Auch der Unglücksfahrer selbst wird dieses Mehr an Tadel als Reaktion auf ein Mehr an moralischer Schuld interpretieren. Die soziale Strafe, die wir jemandem zuteil werden lassen, der Akteursbedauern vermissen lässt, werden wir ebenfalls normalerweise nicht als Instrument der Verhaltenssteuerung auffassen, sondern moralisch darin begründet sehen, dass jemand, der nach der Verursachung gravierenden Schadens *agent-regret* vermissen lässt, ein charakterliches Defizit an den Tag legt, das als solches moralischen Tadel verdient. Auch der Akteur selbst wird die Reaktionen der anderen auf das Fehlen von *agent-regret* so auffassen. Es besteht also ein Spannungsverhältnis zwischen der Rechtfertigungsgrundlage von Strafen ohne moralische Schuld – die einzig in der Präventionswirkung dieser Strafen liegt – und der Art und Weise, wie wir diese Strafen verstehen.

Dieses Spannungsverhältnis lässt sich jedoch auflösen, wenn man sich an das oben über das „Paradox des Retributivismus" Gesagte erinnert (vgl. Kap. IV 4.2). Es wurde dort gesagt, dass Strafen eine stabil verhaltenssteuernde Wirkung nur dann entfalten können, wenn sie *nicht* als reine Mittel der Verhaltenssteuerung, sondern als Vergeltung aufgefasst werden. Das Verständnis von Strafen als Vergeltung stabilisiert die von ihnen ausgehenden Präventionswirkungen, da Strafen andernfalls, d. h. wenn sie nur als negative Handlungskonsequenzen aufgefasst würden, das primäre Motiv generieren würden, den Sanktionsmechanismus außer Kraft zu setzen, und die Wirksamkeit des sekundären Motivs, die fragliche Handlung zu unterlassen, von der Unmöglichkeit abhinge, dieses primäre Motiv handlungswirksam werden zu lassen. Das zeigt sich auch in Bezug auf Strafen bei nur kausaler, nicht moralischer Schuld. Die soziale Strafe, die dem alkoholisierten Autofahrer, der einen Schaden verursacht, in stärkerem Ausmaß als dem ebenfalls alkoholisierten Autofahrer, der keinen Schaden verursacht, zuteil wird, entfaltet ihre Präventionswirkung gerade *weil* sie so aufgefasst wird, dass der Unglücksfahrer dieses Mehr an Tadel auch verdient. Ebenso wird der Tadel, der demjenigen, der Akteursbedauern vermissen lässt, zukommt, vor allem deswegen eine verhaltenssteuernde Wirkung entfalten, weil er als *moralischer* Tadel aufgefasst wird und man meint, dass jemand diesen Tadel bei Fehlen von *agent-regret* verdient. Und die vom *strict-liability*-Gedanken geleitete staatliche Bestrafung des Supermarktbesitzers, der kausal, nicht moralisch dafür verantwortlich dafür ist, dass verdorbenes Fleisch in Umlauf gerät, wird vor allem darum eine Appellfunktion entfalten und andere zur Sorgfalt veranlassen können, weil diese Bestrafung so interpretiert werden wird, dass der Gestrafte die Strafe für einen Normverstoß verdient und daher auch andere Akteure als das gestrafte Individuum für den Fall einer Schadensverursachung Strafen antizipieren werden, die sie als verdient empfinden werden. In allen drei erörterten Fällen zeigt sich also: Strafen entfalten ihre verhaltenssteuernde Wirkung über den Umweg des Retributionsgedankens. Nicht obwohl, sondern *weil* sie nicht als Mittel der Verhaltenssteuerung aufgefasst werden, können sie eine verhaltenssteuernde Wirkung entfalten.

Es ist sicherlich kein Zufall, dass mit Mackie derjenige Autor auf das Spannungsverhältnis zwischen der Ungeeignetheit des Retributionsgedankens als Rechtfertigungsgrundlage von Strafe und der Nichteliminierbarkeit des Vergeltungsgedankens aus unserem Verständnis von Strafen aufmerksam gemacht hat, der in der Metaethik auch als Autor der „Irrtumstheorie" bekannt geworden ist. In deren Zentrum steht bekanntlich die These, dass wir mit moralischen Sätzen auf objektive Werte zu referieren beanspruchen, dabei aber einem Irrtum unterliegen, da es diese objektiven Werte nicht gibt (vgl. Mackie 1977, 15–49 [chap. 1]). Es liegt nahe, den Befund, dass Strafen ohne moralische Schuld zwar als verdient aufgefasst werden und eben deswegen ihre stabil handlungssteuernde Wirkung entfalten, es aber nicht sind, als eine Erweiterung der Mackieschen Irrtumstheorie aufzufassen. Es ist jedoch Zurückhaltung gegenüber der Verwendung des Ausdrucks „Irrtum" angebracht. In Bezug auf moralische Sätze gilt, dass keinesfalls ausgemacht ist, dass wir überhaupt beanspruchen, mit diesen Sätzen auf objektive Werte Bezug zu nehmen, so dass es irreführend ist, aus dem Fehlen dieser objektiven Werte auf einen Irrtum zu schließen, dem wir mit der Äußerung moralischer Sätze unterliegen würden. Ebenso ist es zweifelhaft, ob wir mit der Einstufung einer Strafe als verdient beanspruchen, auf ein Verdienst als eigene Entität Bezug zu nehmen; daher wäre es auch zweifelhaft zu sagen, dass wir einem Irrtum unterliegen, wenn Strafen, die wir als verdient einstufen, es nicht sind. Angemessen scheint es aber, hier von einer Konstruktionsleistung zu sprechen, die eben darin besteht, dass wir bestimmte Strafen als verdient interpretieren, auch wenn sie es nicht sind. Diese Konstruktionsleistung ist dadurch erklärbar, dass Strafen ihre verhaltenssteuernde Wirkung gerade dann entfalten, wenn sie nicht als Mittel der Verhaltenssteuerung, sondern als verdient aufgefasst werden – also durch das „Paradox des Retributivismus". Kurz: Der Erklärungsgrund dafür, dass wir (bestimmte) Strafen als verdient auffassen, ist, dass sie so aufzufassen nützlich ist.

Die Nützlichkeit dieser Konstruktionsleistung für die verhaltensregulierende Wirksamkeit von Strafen nimmt allerdings in dem Ausmaß ab, in dem wir sie als eine solche Konstruktionsleistung erkennen. Das Bewusstsein dessen, dass eine Strafe bei nicht moralischer, sondern nur kausaler Schuld *nicht* verdient, also nicht moralisch, sondern nur zweckrational gerechtfertigt ist, würde die Wirksamkeit der Vorstellung, dass sie verdient ist, offensichtlich unterminieren. Und da diese Wirksamkeit gerade darin besteht, dass Strafen, wenn sie als verdient aufgefasst werden, eine stabil verhaltenssteuernde Wirkung entfalten, würde damit auch die stabil verhaltenssteuernde Wirksamkeit von Strafen unterminiert. Die Vorstellung, dass diese Strafen verdient sind, entfaltet ihre Wirkung nur „hinter unserem Rücken".[194] Sie entfaltet sie nur dann, wenn wir *nicht* erkennen, dass diese Vorstellung funktional im Dienste der Verhaltenssteuerung steht.

VII Strafen ohne moralische Schuld (2): Strafen ohne moralische und ohne kausale Verantwortlichkeit

Während im vorhergehenden Kapitel erörtert wurde, inwiefern Strafen am Leitfaden des Präventionsgedankens gerechtfertigt werden können, wenn keine moralische, sondern nur kausale Schuld vorliegt, soll im folgenden kurzen Kapitel gefragt werden, ob Strafen auch dann gerechtfertigt sein können, wenn weder moralische noch kausale Schuld, sondern nur akteursunabhängige Schuld vorliegt, also eine Schuld, deren Zuschreibung nicht einmal daran gebunden ist, dass der Akteur selbst einen Schaden verursacht hat. Die dieser Schuldzuschreibung korrespondierende Form der Verantwortlichkeit ist nicht moralische oder kausale, sondern Haftungsverantwortlichkeit. Zwei Formen dieses Strafens ohne moralische und ohne kausale Schuld sind zu behandeln: Kollektivstrafen und Strafen aufgrund dessen, „was jemand ist", also aufgrund von „Seinsschuld". Während sich in Bezug auf die erstgenannte Form von Strafen ohne moralische und ohne kausale Schuld zeigt, dass diese manchmal – weiterhin natürlich nur unter Zugrundelegung des nicht-moralischen Sinnes von „rechtfertigen" – gerechtfertigt sein können (1), erweist sich in Bezug auf die zweitgenannte Form, dass diese Strafen nur unter retributivistischen Voraussetzungen, also unter rechtfertigungstheoretischen Prämissen, die in Kapitel IV als nicht überzeugend kritisiert wurden, gerechtfertigt sein können (2).

1 Kollektivstrafe

Unter einer Kollektivstrafe wird im Folgenden die Bestrafung *aller* Mitglieder eines Kollektivs aufgrund dessen, was *ein* Mitglied des Kollektivs getan hat oder was *einige* Mitglieder des Kollektivs getan haben, verstanden. Sie liegt z. B. vor, wenn eine gesamte Schulklasse, also alle Schüler der Klasse, aufgrund der Verunreinigung des Klassenraums durch einen Schüler der Klasse bestraft werden. In diesem Fall werden auch diejenigen Schüler, die den fraglichen Schaden nicht verursacht, a fortiori auch nicht moralisch schuldhaft verursacht haben, aufgrund der Verursachung des Schadens durch einen anderen Schüler bestraft, weil sie dem gleichen Kollektiv der Klassengemeinschaft angehören wie der Normbrecher. Kollektivbestrafung liegt auch vor, wenn z. B. alle Fans eines Fußballclubs aufgrund der Gewalttätigkeiten einiger Anhänger des Clubs durch Geldzahlungen oder die Verordnung von Geisterspielen vor leeren Rängen bestraft werden. Auch hier werden neben den kausal und moralisch schuldigen Mitgliedern des Kollektivs diejenigen Mitglieder des Kollektivs „Fanclub" bestraft, die den Schaden weder moralisch noch auch nur kausal schuldhaft herbeigeführt haben.

Um von einer Kollektivstrafe sprechen zu können, müssen neben den bisher genannten Bedingungen – dass alle Gestraften einem Kollektiv angehören, dass einige von ihnen unschuldig sind und dass die unschuldigen Mitglieder des Kollektivs aufgrund der normbrechenden Handlungen der schuldigen Mitglieder des Kollektivs bestraft werden – noch mindestens drei Bedingungen erfüllt sein. Erstens muss der Strafende wissen, dass einige der von ihm gestraften Mitglieder des Kollektivs unschuldig sind. Andernfalls, d. h. wenn der Strafende auch die unschuldigen Mitglieder des Kollektivs fälschlich für schuldig hält, beabsichtigt er, allen Mitgliedern des Kollektivs ein Leiden als Reaktion auf einen Normverstoß zuzufügen, den, wie er annimmt, auch alle Mitglieder des Kollektivs begangen haben, und es liegt keine Kollektivbestrafung vor (vgl. hierzu Zaibert 2006a, 41f.). Zweitens muss unterstellt werden können, dass nicht schon der Eintritt in das Kollektiv eine moralische Verantwortlichkeit für die normbrechenden Handlungen aller Mitglieder des Kollektivs begründet. Eine solche moralische Verantwortlichkeit besteht insbesondere dann, wenn der Eintritt in das Kollektiv als implizite Zustimmung zu solchen Handlungen interpretiert werden kann. Wer dem Islamischen Staat beitritt, ist für die Gräueltaten, die von anderen Mitgliedern dieses Kollektivs begangen werden, auch moralisch verantwortlich, weil er ihnen durch seinen Eintritt in das Kollektiv zugestimmt hat. Wird er für die normbrechenden Handlungen anderer Mitglieder des Kollektivs bestraft, liegt daher keine Kollektivbestrafung, sondern eine Bestrafung auf der Grundlage moralischer Verantwortlichkeit vor. (Aus dem gleichen Grund stellt auch die Bestrafung der bloßen Mitgliedschaft in einer terroristischen Vereinigung nach § 129 Abs. 1 StGB in Deutschland weder eine Kollektivbestrafung noch auch nur eine Ermöglichung einer Kollektivbestrafung dar.) Drittens muss sichergestellt sein, dass der Eintritt in das Kollektiv nicht auch nur mit einer, wenn nicht moralischen, so doch kausalen Verantwortlichkeit für die normbrechenden Handlungen der anderen Mitglieder des Kollektivs einhergeht. Wer sich z B. einer rechtsextremistischen Partei anschließt, wird für rassistisch motivierte Straftaten, die von anderen Mitgliedern der Partei begangen werden, vermutlich nicht moralisch verantwortlich gemacht werden können, da er diesen Taten nicht notwendig zugestimmt hat, aber es liegt doch eine Form der kausalen Verantwortlichkeit vor, da er durch seinen Eintritt in das Kollektiv die Ideologie, aus der heraus die Taten begangen wurden, unterstützt und insofern ihre Ausführung begünstigt hat. Auch wenn eine solche Person aufgrund der Handlungen der anderen Mitglieder des Kollektivs bestraft wird, liegt keine Kollektivbestrafung vor.

Bei einer Kollektivstrafe handelt es sich also um eine Strafe ohne moralische und ohne kausale Schuld *einiger* der Gestraften, nämlich derjenigen Gestraften aus dem Kollektiv, die, wie angenommen wird, den Normverstoß nicht begangen haben. Da es nicht in den Strafbegriff eingeschrieben ist, dass es sich bei Strafen um beabsichtige Leidenszufügungen in Reaktion auf einen angenommenen Normverstoß des Gestraften selbst handeln müsse – es kann sich auch um den angenommenen Normverstoß einer anderen als der gestraften Person handeln –, sprechen keine begrifflichen Gründe dagegen, von diesen Personen zu sagen, dass sie gestraft werden. Mit der Kollektivstrafe wird eine Leidenszufügung in Reaktion auf einen angenommenen Normverstoß individuenübergreifend, also auch als Leidenszufügung in Bezug auf die nicht moralisch und kausal Schuldigen, intendiert. Die Bestrafung derer, die nicht moralisch und nicht kausal schuldig sind, ist – hält man sich an die oben eingeführte Unterscheidung zwischen „strafen aufgrund von" und „strafen für" – ein Strafen *aufgrund* eines angenommenen Normverstoßes, nicht ein Strafen *dafür*. Die angenommene Verunreinigung der Klasse durch einen Schüler ist die Ursache dafür, dass auch die anderen Schüler gestraft werden, aber der Normverstoß selbst wird diesen nicht, sei es kausal oder moralisch, zugeschrieben, weswegen sie nicht *für* diesen gestraft werden. Ebenso gilt, dass den friedlichen Fussballfans das Treiben der gewalttätigen nicht als *ihr* Tun zugeschrieben wird, sie also strenggenommen nicht *für* dieses, sondern *aufgrund* dessen bestraft werden.

Die „akteursunabhängige" Schuld, die den nicht moralisch und nicht kausal Schuldigen bei der Kollektivstrafe zugeschrieben wird, ist von moralischer und kausaler Schuld deutlich unterscheidbar. Es ist eine Schuld, von der angenommen wird, dass der Schuldige sie nicht verursacht, geschweige denn moralisch schuldhaft verursacht hat. Vielmehr wird angenommen, dass sie jemandem allein aufgrund seiner Zugehörigkeit zu einem Kollektiv zugeschrieben werden kann. „Schuld" fungiert hier weiterhin als negative Bewertungskategorie, ist aber – in Abweichung von dem uns alltagssprachlich vertrauten Schuldbegriff – frei von allen Implikationen moralischer und kausaler Schuld. Dieser Schuld entspricht, so wurde bereits gesagt, eine von moralischer und kausaler Verantwortlichkeit zu unterscheidende „Haftungsverantwortlichkeit", also eine Verantwortlichkeit, die darin besteht, dass ein Individuum für einen bestimmten, nicht notwendig von ihm selbst verursachten Schaden „einstehen" und negative Sanktionen dafür hinnehmen muss. Akteursunabhängige Schuld kann man jemandem zuschreiben, den man für „haftungsverantwortlich" in diesem

Sinne hält. Er hat aufgrund seiner Zugehörigkeit zu einem Kollektiv für das zu haften, was jemand anders getan hat.

Geht man davon aus, dass unter „Strafrechtfertigung" eine *moralische* Strafrechtfertigung verstanden werden müsse, ist evident, dass im Falle der Kollektivstrafe die Bestrafung der Unschuldigen – also in den obigen Beispielen die Bestrafung derer, die einen Schaden nicht, folglich auch nicht moralisch schuldhaft verursacht haben – nicht rechtfertigbar ist. Im Allgemeinen wird daher umstandslos angenommen, dass Kollektivstrafen sich nicht rechtfertigen ließen, und der Ausdruck „Kollektivstrafe" ist negativ konnotiert. Man sollte sich allerdings von diesen negativen Konnotationen nicht zu sehr leiten lassen. Es ist keinesfalls ausgeschlossen, dass Kollektivstrafen sich rechtfertigen lassen, wenn ein nicht-moralischer Begriff der Rechtfertigung vorausgesetzt wird. Die Möglichkeit, dass eine Kollektivstrafe bei Vorliegen einer Präventionswirkung in einem technisch-zweckrationalen Sinne gerechtfertigt sein kann, sollte nicht von vorneherein ausgeschlossen werden.

Tatsächlich kann eine Kollektivstrafe manchmal eine solche Präventionswirkung entfalten. In den oben genannten Beispielen ist dies durchaus der Fall. Wenn ein Schüler den Klassenraum verunreinigt, kann die Bestrafung der Schüler, die dies nicht getan haben, einen erheblichen Anreiz setzen, in Zukunft innerhalb der Gruppe Mechanismen in Kraft zu setzen, um den Übeltäter zu identifizieren und damit Normverstöße dieser Art in Zukunft zu verhindern. Die – im Sinne moralischer und kausaler Schuld – unschuldig Bestraften werden ein starkes Interesse daran haben, nicht noch einmal für die Taten eines anderen bestraft zu werden. Darum werden sie, wenn sie als Angehörige des Kollektivs bestraft werden, in Zukunft verstärkt darauf achten, dass der Normbrecher identifiziert werden kann, damit nur dieser bestraft wird, die anderen Mitglieder des Kollektivs aber straffrei bleiben. Auf ähnliche Weise werden die nicht gewalttätigen Mitglieder eines Fußballfanclubs, wenn sie aufgrund der Ausschreitungen der gewalttätigen Fans eben dieses Fußballclubs bestraft werden, in Zukunft ein starkes Motiv haben, die gewalttätigen Fans an der Ausübung ihres Tuns zu hindern, damit sie nicht noch einmal infolge der Ausschreitungen dieser Fangruppe bestraft werden. Ein Präventionseffekt besteht in diesem Fall durchaus. Genauer: Die Kollektivstrafe hat in den genannten Fällen einen Präventionseffekt im Sinne positiver Generalprävention; sie wirkt verstärkend auf das Normbewusstsein der moralisch und kausal unschuldigen, aber bestraften Mitglieder des Kollektivs ein. Dieses gestärkte Normbewusstsein wird dann mit einer verstärkten Tendenz verbunden sein, *andere* an Übertretungen der entsprechenden Norm zu hindern und eben deswegen eine Präventionswirkung zeitigen.

Natürlich wird eine Kollektivstrafe nicht *immer* eine solche Präventionswirkung hervorrufen. Sie wird dies nicht tun, wenn sie weder mit einem Anreiz verbunden ist, den Täter zu identifizieren (etwa, weil dieser schon identifiziert ist), noch mit einem Anreiz, zukünftige Normverstöße der moralisch oder kausal Schuldigen zu verhindern. Wenn z. B. ein Dieb bereits identifiziert ist und zu einer Gefängnisstrafe verurteilt wird, ist nicht ersichtlich, welchen Präventionseffekt es haben sollte, wenn auch seine Familienangehörigen oder andere Angehörige seiner Nation oder andere Mitglieder seines Gesangsvereins bestraft werden. Da der Täter schon identifiziert ist, besteht in diesem Fall keine Notwendigkeit, mittels Kollektivstrafe auf die Stärkung des Normbewusstseins der einzelnen Mitglieder des Kollektivs hinzuwirken. Es besteht keine Notwendigkeit, eine Gruppendynamik in Gang zu setzen, die andere Mitglieder des Kollektivs mit einem starken Motiv dafür versieht, zukünftige Täter aus dem Kollektiv zu identifizieren. Kollektivstrafen sind also manchmal, aber keinesfalls immer mit Präventionswirkungen verbunden. Wenn sie es sind, können sie durchaus, wenngleich nicht in einem moralischen, sondern in einem technisch-zweckrationalen Sinne von „rechtfertigen", als „gerechtfertigt" gelten. Die Aussage, dass Kollektivstrafen manchmal gerechtfertigt werden können, wirkt befremdlich, wenn man einen moralischen Begriff von Rechtfertigung voraussetzt, dieser Eindruck verschwindet jedoch, wenn man den Rechtfertigungsbegriff konsequent entmoralisiert – und, wie gezeigt, sollte man dies tun, wenn man am Präventionsgedanken als Strafrechtfertigungsgrundlage festhalten will.

Zu dieser partiellen und auf einen nicht-moralischen Begriff von Rechtfertigung relativierten Rechtfertigung von Kollektivstrafen sind zwei Erläuterungen am Platz. Zum einen: Akzeptiert man, dass es gerechtfertigt sein kann, jemanden aufgrund von etwas zu strafen, was nicht er selbst, sondern ein anderer Angehöriger des Kollektivs, dem er angehört, getan hat, dann akzeptiert man auch, dass personale Identität im Sinne numerischer Identität der Person, die gestraft wird, mit derjenigen, die, wie angenommen wird, einen Normverstoß begangen hat, keine notwendige Bedingung für gerechtfertigtes Strafen ist.[195] Es gibt dann zumindest einige Fälle, in denen es gerechtfertigt ist, eine Person A aufgrund dessen zu strafen, was eine mit ihr nicht identische Person B getan hat. Dass man gerechtfertigterweise nur für das bestraft werden darf, was man selbst getan hat, entpuppt sich dann als eine nur scheinbare Selbstverständlichkeit.[196]

Fälle von Kollektivstrafen sind Fälle, in denen die numerische Verschiedenheit des Gestraften von dem angenommenen Normbrecher offensichtlich ist. Es gibt aber auch Fälle, in denen das Fehlen numerischer Identität zwischen Täter und Gestraftem weniger offensichtlich ist, in denen wir aber konsequenterweise ebenfalls davon auszugehen haben, dass es, wenn eine Präventionswirkung vorliegt, gerechtfertigt ist, jemanden für das zu bestrafen, was ein anderer getan hat. Zu denken ist hier z. B. an das bereits erwähnte Problem der Bestrafung Dementer und die Frage, ob es legitim ist, Demente für ihre früheren, im Zustand der Kompetenz begangenen Taten zu strafen.[197] Es lässt sich mit ernst zu nehmenden Argumenten für die Annahme argumentieren, dass in solchen Fällen zwischen dem Dementen und dem Täter keine numerische Identität mehr besteht. Der Demente kann sich, jedenfalls wenn es sich um das Spätstadium der Demenz handelt, an die früheren Taten der kompetenten Person nicht mehr erinnern. Orientiert man sich an einer in der Tradition Lockes stehenden psychologischen Theorie der personalen Identität, ist das Fehlen der Erinnerungsfähigkeit, da es die psychologische Verbindung zwischen dem Dementen und der kompetenten „Vorgängerperson" durchbricht, ein hinreichender Grund dafür, das Bestehen numerischer Identität zwischen Gestraftem und Täter zu verneinen. Der Gestrafte ist dann nicht mehr dieselbe Person wie der Täter. Aber wenn das Fehlen numerischer Identität in den Fällen offensichtlicher Verschiedenheit von Gestraftem und Täter wie der Kollektivstrafe kein Argument gegen eine mögliche Rechtfertigung des Strafens ist, ist dies auch in den Fällen so, in denen dieses Fehlen numerischer Identität weniger offensichtlich ist. Wenn ein dementer Kriegsverbrecher nicht mehr mit der voll verantwortlichen Person, die einst Kriegsverbrechen begangen hat, identisch ist, schließt dies nicht aus, dass seine Bestrafung – relativ zum hier zugrunde gelegten Rechtfertigungsbegriff – gerechtfertigt ist. Es schließt z. B. nicht aus, dass diese Bestrafung mit Bezug auf die Expressionswirkung der Strafe gerechtfertigt werden kann.

Eine zweite Erläuterung: Kollektivstrafen sind zu unterscheiden von einer kollektiven Pflicht zur Wiedergutmachung. Es kann sein, dass Individuen, die für einen Schaden aufgrund eines Normverstoßes weder moralisch noch kausal verantwortlich sind, aufgrund dieses Normverstoßes Belastungen auferlegt werden, die aber keine Kollektivstrafen sind, sondern in einer Pflicht zur Wiedergutmachung bestehen. Die Gründe hierfür sind von Strafrechtfertigungsgründen ganz unabhängig. Eine Strafe besteht darin, jemandem in Reaktion auf einen angenommenen Normverstoß ein Leiden zuzufügen, und geht damit über die Auferlegung einer Wiedergutmachungspflicht deutlich hinaus. Wird hingegen jemandem eine Pflicht zur Wiedergutmachung auferlegt, wird ihm lediglich zugemutet, einen Schaden, den er selbst oder jemand anders verursacht hat, zu kompensieren. Wenn z. B. die Bundesrepublik Deutschland zu Reparationszahlungen infolge der Verbrechen des NS-Staates verpflichtet ist und diese durch Steuerzahlungen finanziert werden, dann werden Individuen, die selbst nicht schuldig geworden sind, Belastungen aufgrund des Normverstoßes anderer

Individuen, mit denen sie durch die Zugehörigkeit zu einem Kollektiv (wie „die Deutschen") verbunden sind, auferlegt. Dabei handelt es sich aber nicht um Kollektivstrafen – wenngleich angesichts der Unklarheit dessen, was über bloße Wiedergutmachung hinausgeht, die Grenzen zwischen Kollektivstrafen und kollektiven Wiedergutmachungspflichten fließend sind und wenngleich es ein vertrauter Teil politischer Rhetorik ist, Verpflichtungen zur Wiedergutmachung als „Kollektivstrafen" zu denunzieren, um ihre Berechtigung abzustreiten und sie als moralisch ungerechtfertigte Bestrafung Unschuldiger darzustellen.[198]

Ebenso wie im Falle von Kollektivstrafen geht auch die Auferlegung von Wiedergutmachungspflichten mit der Zuschreibung von Haftungsverantwortlichkeit einher. Anders als bei Kollektivstrafen geht sie aber nicht mit der Zuschreibung (akteursunabhängiger) *Schuld* einher. Haftung setzt – auch rechtlich gesehen – keine Schuld voraus.[199] Daher kann jemand für die Taten eines anderen haftbar gemacht werden, ohne dass ihm deswegen Schuld zugeschrieben wird. Den in der Bundesrepublik lebenden Deutschen kann man Haftungsverantwortung für das von den Nationalsozialisten begangene Unrecht zuschreiben, ohne ihnen eine Schuld daran zuzuschreiben. Eltern haften für ihre Kinder; Tierhalter haften nach § 833 BGB für die durch ihre Tiere verursachten Schäden, und zwar verschuldensunabhängig. Wenn A seinem Freund B sein Fahrzeug zum Gebrauch überlässt und B damit die zulässige Geschwindigkeit überschreitet, wird der Fahrzeughalter A für Bs Fehlverhalten in Haftung genommen, ohne dessen Fehlverhalten verschuldet zu haben. Gründe für solche Haftungsverhältnisse sind soziale Arrangements und Rollenpflichten (vgl. hierzu Herrmann 1995, 143–154). Es ist naheliegend (und insgesamt gesellschaftlich nutzenmaximierend), dass die Mitglieder einer Gesellschaft sich auf bestimmte Zuständigkeiten zur Wiedergutmachung eines Schadens verständigen, die an Rollenpflichten gebunden sind. Es liegt nahe, dass Tierhalter für die durch ihre Tiere bewirkten Schäden, Eltern für die Schäden, die ihre Kinder angerichtet haben, und Deutsche als Deutsche für die Verbrechen anderer Deutscher während der NS-Zeit in Haftung genommen werden. Die genauere Begründung dieser Arrangements kann in einer Abhandlung über Strafen dahingestellt bleiben. Entscheidend ist einzig, dass die Auferlegung einer Wiedergutmachungspflicht infolge einer Haftungsverantwortlichkeit nicht mit einer Kollektivstrafe zu verwechseln ist.

2 „Seinsschuld" und Strafen

Eine weitere Form des Strafens ohne moralische und ohne kausale Schuld liegt vor, wenn jemand nicht, wie bei der Kollektivstrafe, aufgrund dessen, was ein anderer getan hat, gestraft wird, sondern aufgrund dessen, was er *ist*. Die Schuld, die man ihm zuschreibt, ist dann „Seinsschuld", eine Schuld, die – zumindest prima facie – nicht in seinen Handlungen, sondern in dem begründet liegt, was er ist. Strafen können auch als Reaktionen auf diese von Handlungen unabhängige Seinsschuld verstanden werden.

Ein Beispiel für dieses Strafen aufgrund von Seinsschuld ist eine bestimmte Variante der Erbsündenlehre, die besagt, dass wir, noch vor allen schuldhaften Handlungen, *als Menschen* schuldig sind (vgl. hierzu Lotter 2016, 147–150).[200] Einige Strafen reagieren demnach auf diese Seinsschuld. Dass z. B. diejenigen, die nicht durch das Sakrament der Taufe vom Zustand der Erbsündhaftigkeit befreit werden, der Verdammnis anheimfallen, rechtfertigt sich dieser Vorstellung zufolge nicht etwa durch ihre Taten (und möglicherweise liegen auch keine schuldhaften Taten vor), sondern dadurch, dass sie sich zum Zeitpunkt ihres Todes im Unheilszustand der Erbsünde befinden. In säkularer Form spielt die Vorstellung einer Seinsschuld, auf die Strafen reagieren, z. B. in der Charakterlehre Schopenhauers eine wichtige Rolle. Zwar vertritt Schopenhauer in der *Welt als Wille und Vorstellung* (I, § 62, und II, Kap. 47) eindeutig insofern eine Präventionstheorie des Strafens, als er, den Retributivismus ablehnend, den Rechtfertigungsgrund staatlichen Strafens in seiner Abschreckungswirkung durch das Setzen von Motiven zur Vermeidung von Normbrüchen sieht (Schopenhauer 1859, ZA II, 433–436, und ZA IV, 699–702). Strafen beziehen sich demnach ausschließlich auf Handlungen und sind ein Versuch, diese zu steuern. Um aber die Intuition einzufangen, dass der gestrafte Normbrecher für seine Handlungen persönlich verantwortlich ist, ergänzt Schopenhauer die präventionstheoretische Rechtfertigung des Strafens in der *Freiheitsschrift* durch den Hinweis darauf, dass „der Verbrecher [...] die Strafe eigentlich doch in Folge seiner moralischen Beschaffenheit" (Schopenhauer 1860a, ZA VI, 142), also infolge dessen, „was er ist", erleidet. Da für Schopenhauer die Freiheit, die im Handeln (*operari*) nicht anzutreffen ist, gerade im Sein (*esse*) liegt – was durch das Modell einer vorpersonalen Wahl des eigenen Charakters erläutert wird –, liegt der letzte Rechtfertigungsgrund der Strafe ihm zufolge in einer Seinsschuld. Sie liegt in dem, „was wir sind", nicht in dem, was wir tun, da letzteres nur Indikator für ersteres ist und wir „an dem[,] was wir thun, erkennen [...,] was wir sind" (Schopenhauer 1860a, ZA VI, 138).

Lassen sich Strafen aufgrund von Seinsschuld rechtfertigen? Haben wir Strafen, wie von Schopenhauer behauptet, sogar grundsätzlich so aufzufassen, dass wir mit ihnen nur vordergründig auf das, was der Gestrafte tut – oder, wenn wir die Möglichkeit von Kollektivstrafen einbeziehen: auf das, was jemand anders als der Gestrafte tut – reagieren, im Kern aber auf das, was er ist – auf seinen Charakter? Werfen wir dem Mörder vielleicht vordergründig die Mordhandlung, im Grunde aber einen bösartigen, grausamen Charakter vor, also „das, was er ist"?[201]

Es gibt ein Verständnis von „Seinsschuld", in dem die Frage nach der Rechtfertigung von Strafen in Reaktion auf Seinsschuld kein eigenständiges, d. h. von der Frage nach der Rechtfertigung des Strafens in Reaktion auf normbrechende Handlungen abweichendes Problem aufwirft. Dies ist dann der Fall, wenn man die Kategorie der Seinsschuld so auffasst, dass sich Aussagen über Seinsschuld bei näherem Hinsehen – gemäß der Vorstellung *esse sequitur operari* – in Aussagen über Handlungsschuld übersetzen lassen. Die Schuld, von der die Rede ist, ist dann entgegen dem ersten Anschein keine akteursunabhängige, sondern eine moralische oder kausale Schuld. So führt Aristoteles in der *Nikomachischen Ethik* den Charakter des Menschen auf seine Handlungen zurück, indem er das, was jemand ist, als Resultat dessen, was jemand getan hat, auffasst. Was jemand ist, sein Charakter, ist nach Aristoteles die durch Gewohnheit und Einübung bedingte „Verfestigung" dessen, was er (freiwillig) getan hat, weswegen er für diesen Charakter genauso verantwortlich ist wie für die Handlungen, aus deren Habitualisierung sich der Charakter gebildet hat (*Nikomachische Ethik* 1114a [III 7]). Der Vorteil der aristotelischen Analyse liegt darin, dass sie der Idee der „Unveränderlichkeit des Charakters" gerecht werden kann, ohne sich aber der mystifizierenden Vorstellung des Charakters als einer handlungsvorgelagerten Instanz verschreiben und ohne die Verantwortlichkeit für den eigenen Charakter aufheben zu müssen: „Unveränderlich" ist der Charakter nach Aristoteles in dem Sinne, in dem eine durch Gewohnheit verfestigte Handlungsdisposition *nicht mehr* veränderbar ist. So wie jemand durch regelmäßigen Alkoholkonsum zunächst zum Gewohnheitstrinker und dann zum Alkoholiker, der seinem Hang zum Alkohol nicht mehr entgegenwirken kann, werden kann, kann jemand auch z. B. durch regelmäßiges Lügen zu jemandem werden, zu dessen Charakter es gehört zu lügen und der insofern „ein Lügner ist". Ähnlich führt in neuerer Zeit Gilbert Ryle das, „was jemand ist", auf das, was er tut, zurück, indem er Aussagen über Charaktereigenschaften als dispositionale Aussagen auffasst und diese wiederum so bestimmt, dass sie keine Aussagen über Sachverhalte, seien sie beobachtbar oder nicht beobachtbar, sind (Ryle 1949, 120 [chap. V/2]), sondern konditionale Aussagen, die als *inference-tickets* in dem Sinne fungieren, dass sie uns erlauben, von der Aussage, dass bestimmte Umstände vorliegen oder vorliegen würden, zu derjenigen überzugehen, dass eine Person auf bestimmte Weise handelt oder handeln würde (Ryle 1949, 119 [chap. V/2]). Jemandem die Charaktereigenschaft der Eitelkeit zuzuschreiben heißt z. B. nach Ryle nicht etwa, dass diese Eigenschaft auf geheimnisvolle Weise als Wesenseigenschaft seine Persönlichkeit bestimmt, sondern einfach, dass die Person immer, wenn sie eine Gelegenheit sieht, die Bewunderung und den Neid anderer zu erregen, alles tut, was ihrer Meinung nach diese Bewunderung und diesen Neid auslösen wird (Ryle 1949, 87 [chap. IV/2]). Die Aussage über das, was die Person ist, lässt sich also in eine Aussage über das, was sie tut, übersetzen: *Esse sequitur operari*.

Fasst man eine Aussage über eine Seinsschuld in diesem Sinne als eine verkappte Aussage über Handlungen und Handlungstendenzen auf, taucht ein eigenständiges Problem der Rechtfertigung von Strafen aufgrund von Seinsschuld gar nicht auf. Diese Strafen lassen sich dann als Strafen in Reaktion auf das, was jemand getan hat, auffassen, und die Schuld, die der Person zugeschrieben wird, ist eine moralische oder kausale Schuld. Wohl aber taucht ein solches Problem auf, wenn man, wie es z. B. Schopenhauer tut, das, „was jemand ist", gemäß dem Prinzip *operari sequitur esse* als ein handlungs*vorgelagertes* Element auffasst. Es ist dann zu fragen, ob sich Strafen aufgrund einer so verstandenen, also nicht in Handlungsaussagen auflösbaren Seinsschuld rechtfertigen lassen. Es wäre verfehlt, diese Möglichkeit von vorneherein mit dem Argument abzustreiten, dass nicht ersichtlich sei, gegen welche Norm der Gestrafte in diesem Fall verstoßen habe und dass daher keine beabsichtigte Leidenszufügung in Reaktion auf einen angenommenen Normverstoß vorliegen könne. Die Möglichkeit eines solchen Normverstoßes besteht durchaus. Eine Strafe für das, was jemand ist, muss nicht darauf reagieren, dass jemand gegen eine Norm verstoßen hat, die ein Tun verbietet, sondern kann auch darauf reagieren, dass jemand gegen eine Norm verstoßen hat, die besagt, wie man sein soll. Normen können nicht nur festlegen, was wir *tun*, sondern auch, was wir *sein* sollen.[202] Da wir von jemandem nicht nur fordern können, dieses und jenes zu tun, sondern auch, jemand zu sein, lassen sich Strafen durchaus auch als beabsichtigte Leidenszufügungen in Reaktion auf einen Verstoß gegen die Norm, jemand zu sein, auffassen. Es ist nicht begrifflich ausgeschlossen, jemanden für eine Seinsschuld, die er nicht durch sein Tun erworben hat, sondern die in dem besteht, was er ist, zu bestrafen.

Allerdings lässt sich eine Strafe für eine so verstandene, d. h. als handlungsunabhängig aufgefasste Seinsschuld nicht am Leitfaden des Präventionsgedankens rechtfertigen. Eine Bestrafung für das, „was jemand ist", lässt sich nicht durch den Versuch rechtfertigen, seine Handlungen zu steuern. Der Präventionsgedanke greift hier nicht. Durch die Inaussichtstellung von Strafen können wir zwar Handlungen steuern, indem wir Gegenmotive zu Motiven für Normbrüche setzen, aber wir können nicht ändern, „was jemand ist", wenn das, was jemand ist, gerade dadurch definiert ist, dass es seine Handlungen zwar erklärt, aber diesen vorgelagert ist und nicht selbst auf Handlungen zurückgeführt werden kann. In diesem Sinne führt Schopenhauer aus, dass wir zwar z. B. den potentiellen Mörder an der Ausübung seiner Mordtat hindern können, indem wir ihm in Aussicht stellen, im Falle eines Mordes selbst getötet zu werden, und damit ein Motiv zur Unterlassung dieser Tat setzen, aber seinen – von Schopenhauer als handlungsvorgelagert aufgefassten – Charakter, d. h. seine Disposition, auf bestimmte Motive in einer bestimmten Weise zu reagieren, durch Strafandrohung nicht ändern können (Schopenhauer 1859, ZA II, 370–372; Schopenhauer 1860a, ZA VI, 89–92; Schopenhauer 1860b, ZA VI, 292–297). Noch deutlicher wird die Nichtanwendbarkeit des Präventionsgedankens im Falle der Erbsündenlehre: Offensichtlich kann die Bestrafung einer von eigenen Handlungen ganz unabhängigen Seinsschuld, in die wir mit unserer Existenz als Menschen gestellt sind, nicht durch den Versuch begründet werden, Handlungen durch Strafandrohungen zu steuern, denn diese Seinsschuld ist ja gerade dadurch definiert, dass wir sie *nicht* durch unsere Handlungen verursacht haben.

Hingegen kann eine Bestrafung einer Person aufgrund dessen, „was sie ist", also eine Bestrafung aufgrund einer Seinsschuld, durchaus auf der Grundlage einer retributivistischen Rechtfertigungstheorie der Strafe legitimiert werden. Jemandes Charakter – auch wenn dieser, wie bei Schopenhauer, als konstant und unveränderlich angesehen wird – kann als Verdienstbasis, also als das angesehen werden, wofür jemand Strafe verdient. Der Mörder verdient demnach Strafe, weil er eine Person ist, die in der Lage ist, unter entsprechenden Umständen zu morden; seine Handlungen sind lediglich Symptome seines Charakters, auf den die Strafe in letzter Instanz bezogen ist. In diesem Sinne verlagert Schopenhauer, die retributivistischen Zentralkategorien von Schuld und Verdienst in seine Straftheorie einbindend, die letztinstanzliche Verantwortlichkeit für unsere Taten vom Handeln (*operari*) auf das Sein (*esse*) und schreibt in der *Preisschrift über die Grundlage der Moral*:

> Die Vorwürfe des Gewissens betreffen zwar zunächst und ostensibel Das, was wir gethan haben, eigentlich und im Grunde aber Das, was wir sind, als worüber unsere Thaten allein vollgültiges Zeugniß ablegen, indem sie zu unserm Charakter sich verhalten wie die Symptome zur Krankheit. In diesem *Esse* also, in dem, was wir sind, muß auch Schuld und Verdienst liegen. (Schopenhauer 1860b, ZA VI, 297)

Auf der Grundlage dieser Vorstellung kann die Strafe retributivistisch gerechtfertigt werden – nicht als Mittel der Handlungssteuerung, sondern als etwas, was der Normbrecher, weil er so ist, wie er ist, verdient.[203]

Es wurde jedoch in Kapitel IV deutlich, dass die Vergeltungstheorie als Strafrechtfertigungstheorie gravierenden Einwänden ausgesetzt ist und daher zurückgewiesen werden sollte. Zwar stellt, so wurde dort argumentiert, Vergeltung eine zentrale hermeneutische Kategorie dar; der Vergeltungsgedanke eignet sich aber nicht als Rechtfertigungsgrundlage für Strafen. Auch der Versuch, jemandes Verdienst zur Begründungsgrundlage für gerechtfertigte Strafen zu machen, so wurde deutlich gemacht, scheitert (vgl. Kap. IV 2.1, 2.2 und 2.3). Darum gilt: Jemanden aufgrund einer Seinsschuld zu bestrafen kann nur unter rechtfertigungstheoretischen Prämissen, die nicht plausibel sind, als gerechtfertigt gelten. Für eine solche Bestrafung können weder nicht-moralische, vom Präventionsgedanken geleitete, noch moralische Gründe angeführt werden. Es gibt keine überzeugenden Rechtfertigungsgründe dafür, jemanden unabhängig von moralischer und kausaler Schuld aufgrund einer Seinsschuld, die als nicht durch Handlungen herbeigeführt, geschweige denn schuldhaft herbeigeführt gilt, zu bestrafen.

VIII Entschuldigungsgründe (1): Freiheitseinschränkungen

In den vorhergehenden beiden Kapiteln wurde untersucht, inwiefern sich ausschließlich am Leitfaden des Präventionsgedankens – also ohne Inanspruchnahme des Schuldprinzips, dem zufolge nur die (moralisch) Schuldigen gestraft werden dürfen – Strafen (in einem nicht-moralischen Sinne von „rechtfertigen") rechtfertigen lassen. In den folgenden beiden Kapiteln soll nun über dieses Modell der technisch-zweckrationalen Rechtfertigung von Strafen am Leitfaden des Präventionsmodells hinausgegangen werden. Dazu wird zunächst dargelegt, warum Strafen nicht ausschließlich als Präventionsmaßnahmen aufzufassen sind. In Anknüpfung an Strawson wird argumentiert, dass dies der Fall ist, weil wir den Gestraften, insofern wir ihm als Person begegnen, nicht als Objekt sozialer Steuerungsmaßnahmen ansehen, sondern ihm gegenüber reaktive Haltungen einnehmen, die Ausdruck moralischer Überzeugungen sind und mit der Zuschreibung moralischer Schuld einhergehen (1). Unterstellen wir moralische Schuld, können auch Entschuldigungsgründe als Strafeinschränkungsgründe zum Tragen kommen. Im vorliegenden Kapitel soll ein solcher Entschuldigungsgrund erörtert werden, nämlich eine Einschränkung der Freiheit des Gestraften (2). Daher wird gefragt, in welchem Sinne wir Freiheit unterstellen, wenn wir moralische Schuld zuschreiben, und wie genau die Freiheitseinschränkung, die einen Entschuldigungsgrund darstellt, zu verstehen ist. Zunächst wird dafür argumentiert, dass die Freiheitsunterstellung nicht in der Annahme besteht, dass jemand „gemäß seinem Willen" handeln kann, also über Handlungsfreiheit im Sinne Humes verfügt. Die Bestreitung der Freiheitsunterstellung besteht entsprechend nicht in der Bestreitung der Handlungsfreiheit (3). Die Freiheitsunterstellung zu bestreiten heißt vielmehr, die freie Willensbildung einer Person zu bestreiten (4). Es schließt sich daher die Frage an, wann eine Einschränkung der freien Willensbildung vorliegt. Man kann – wie dies Deterministen tun – behaupten, dass eine Einschränkung der freien Willensbildung einer Person vorliegt, wenn die Willensbildung verursacht ist (4.1). Man kann auch behaupten, dass eine solche Einschränkung vorliegt, wenn von einer Person gefordert ist, etwas zu wollen, was nicht mit ihrer „praktischen Identität" in Übereinstimmung zu bringen ist und was sie insofern „nicht wollen kann" (4.2). Beide Antwortoptionen sind jedoch nicht überzeugend. Daher wird vorgeschlagen, die Rede davon, dass jemand „nichts anderes wollen kann als das, was er will", als metaphorische Redeweise dafür aufzufassen, dass es jemandem nicht *zuzumuten* ist, etwas anderes zu wollen als das, was er will

(4.3). Diese These wird erläutert und gegen Einwände verteidigt (4.3.1), und es werden zwei mögliche Gründe dafür benannt, dass es jemandem nicht zumutbar ist, etwas anderes zu wollen als das, was er will: das Fehlen der Fähigkeit, einen anderen Willen auszubilden (4.3.2) und die Unzumutbarkeit der Ausübung dieser Fähigkeit bei Vorhandensein der Fähigkeit (4.3.3). Liegt einer dieser Gründe vor, ist jemandes freie Willensbildung eingeschränkt, und er ist entschuldigt. So wird einleuchtend, in welchem Sinne wir von Freiheitseinschränkungen als Entschuldigungsgründen sprechen können und inwiefern diese Freiheitseinschränkungen auch Strafeinschränkungsgründe sind.

1 Warum Strafen nicht nur Präventionsmaßnahmen sind

Warum sollten wir es nicht bei der in den vorhergehenden beiden Kapiteln entwickelten Rechtfertigung des Strafens am Leitfaden des Präventionsgedankens belassen? Warum sollten wir nicht einfach eingestehen, dass Strafen sich nur in einem technisch-zweckrationalen, nicht aber in einem moralischen Sinne rechtfertigen lassen, und damit die Akten schließen?

Eine mögliche Antwort auf diese Frage ist die folgende: Das Modell einer rein technisch-rationalen Strafrechtfertigung gerät in einen massiven Konflikt mit unseren moralischen Intuitionen. So tritt die These, dass Strafen auch ohne moralische Schuld und bei Vorliegen nur kausaler Schuld oder gar bei Vorliegen nur akteursunabhängiger Schuld gerechtfertigt sein könnten, begriffsnotwendig in ein Spannungsverhältnis zu der im Schuldprinzip formulierten moralischen Intuition, dass nur die moralisch Schuldigen gestraft werden dürfen. Auch der ebenfalls fest in unseren moralischen Intuitionen verwurzelte Verhältnismäßigkeitsgrundsatz, dem zufolge die Schwere der Strafe der Schwere des Normverstoßes zu entsprechen hat, kann, wie gezeigt, nicht am Leitfaden des Präventionsgedankens begründet werden. Wir müssten, hielten wir uns ausschließlich an das Modell einer technisch-rationalen Strafrechtfertigung, sogar hinnehmen, dass auch (einige) Kollektivstrafen gerechtfertigt sein können, was der moralischen Überzeugung, dass niemand für die Taten eines anderen bestraft werden darf, frappant widerspricht, weshalb Konsens darüber herrscht, dass Kollektivstrafen *moralisch* nicht gerechtfertigt sein können.

So zutreffend dieser Hinweis auf die Kontraintuitivität einer Strafpraxis, die sich ausschließlich am Präventionsgedanken orientieren würde, zweifellos ist, ist er nicht geeignet zu begründen, dass wir bei Fragen der Strafrechtfertigung über den Präventionsgedanken hinausgehen müssten. Zum einen ist nämlich die Frage hier die grundlegende, warum wir überhaupt moralische Erwägungen bei der Strafrechtfertigung berücksichtigen sollten. Diese Frage wird aber nicht durch den zutreffenden Hinweis darauf beantwortet, dass wir, *wenn* wir moralische Erwägungen ins Spiel bringen, uns nicht auf den Präventionsgedanken beschränken können. So würde man zweifellos die in Kapitel VI genannte *strict-liability*-Bestrafung des Supermarktbesitzers, der keinerlei moralische Schuld auf sich geladen hat und der ausschließlich aus Präventionsgesichtspunkten bestraft wird, im Allgemeinen als unakzeptabel zurückweisen, *weil* man sich bereits auf den Standpunkt der Moral gestellt hat. Zu fragen ist hier aber nicht, wie wir vom Standpunkt der Moral aus eine Strafrechtfertigung konzipieren können, sondern vielmehr, warum wir, wenn von Strafrechtfertigung die Rede ist, diesen Standpunkt überhaupt einnehmen sollten. Zum anderen kann eine Präventionstheorie die genannten moralischen Intuitionen aus funktionaler Perspektive ja durchaus integrieren. Bei der Erörterung des „Paradoxes des Retributivismus" wurde darauf hingewiesen, dass Strafen nur dann eine stabile Präventionswirkung entfalten, wenn sie *nicht* als Mittel der Handlungssteuerung, sondern als verdiente Reaktionen auf schuldhafte Normverstöße verstanden werden (vgl. Kap. IV 4.2, VI 3). Dass wir die genannten moralischen Intuitionen haben, trägt also zu ihrer Präventionswirkung bei. Ein Präventionstheoretiker kann somit problemlos erklären, warum wir diese Intuitionen haben. Darum ist es nicht überzeugend, sich auf sie zu berufen, um eine Präventionstheorie zu kritisieren.

Akzeptiert man, dass der schlichte Hinweis auf die Kontraintuitivität einer ausschließlich vom Präventionsgedanken geleiteten Strafpraxis nicht ausreicht, um das Hinausgehen über den Präventionsgedanken zu begründen, liegt es nahe, ein normatives Argument hierfür zu mobilisieren. Man kann versuchen zu zeigen, dass wir bei Fragen der Strafrechtfertigung über den Präventionsgedanken hinausgehen *sollten*. Naheliegend ist hier die Berufung auf das Prinzip der Menschenwürde. Zum Arsenal retributivistischer Kritiken an Präventionstheorien gehört die These, dass diese, indem sie die Strafe ausschließlich sozialregulativ begründen, dem Gebot, die Würde von Menschen zu respektieren und diese nicht als bloße Schaltstellen einer sozialen Handlungsregulation anzusehen, nicht gerecht werden können. Am deutlichsten wird dies in Hegels bekanntem Diktum ausgedrückt: „Es ist mit der Begründung der Strafe auf diese Weise, als wenn man gegen einen Hund den Stock erhebt, und der Mensch wird nicht nach seiner Ehre und Freiheit, sondern wie ein Hund behandelt" (Hegel 1820, 198, Zusatz).[204] Demgegenüber sei es ein in der Idee der Menschenwürde gründendes Erfordernis, sich in der Strafpraxis nicht auf soziale Regulierungsgesichtspunkte zu beschränken und den Gestraften nicht als Mittel zur Handlungssteuerung zu instrumentalisieren.

Es ist jedoch fraglich, ob der Rekurs auf das Menschenwürdeprinzip geeignet ist, die Notwendigkeit zu begründen, über das Präventionsprinzip hinauszugehen. Das Menschenwürdeprinzip ist selbst schon ein moralisches Prinzip und eben deswegen nicht geeignet, zirkelfrei zu begründen, dass wir überhaupt bei Fragen der Strafrechtfertigung moralische Gesichtspunkte berücksichtigen sollten. Es ist schon in den Menschenwürdebegriff eingeschrieben, dass das, was gegen die Menschenwürde verstößt, moralisch falsch ist. Die Bezugnahme auf das durch das Menschenwürdeprinzip zum Ausdruck gebrachte Gebot, jemanden nicht zu instrumentalisieren, setzt daher – von den bereits in Kapitel II genannten Schwierigkeiten der Begründung des Instrumentalisierungsverbotes einmal ganz abgesehen (vgl. Kap. II 4.1) – die Einnahme eines moralischen Standpunktes bereits voraus. Der Versuch, die Notwendigkeit, bei der Strafrechtfertigung über den Präventionsgedanken hinauszugehen, damit zu begründen, dass die Beschränkung auf den Präventionsgedanken gegen das Prinzip der Menschenwürde verstoßen würde, setzt sich also dem Verdacht aus, sich auf die Formel bringen zu lassen: „Die Nichtberücksichtigung moralischer Aspekte der Strafrechtfertigung ist moralisch falsch, weil sie moralisch falsch ist". Diese Begründung wäre offensichtlich unbefriedigend.

Wenn weder der Hinweis auf Kontraintuitivität noch die Berufung auf Menschenwürde geeignet ist zu begründen, dass wir bei der Strafrechtfertigung über den Präventionsgedanken hinausgehen sollten – wie lässt sich dies dann überhaupt begründen? Die Antwort hierauf lautet, thesenhaft formuliert: Es bedarf hierzu keines normativen Argumentes. Es ist vielmehr Teil unserer Straf*praxis*, dass sie sich nicht ausschließlich am Präventionsgedanken orientiert. Unsere Strafpraxis ist *moralisch imprägniert*, und zwar in dem Sinne, dass wir den Gestraften normalerweise nicht als Objekt ansehen, an dem wir einen sozialen Steuerungsprozess vollziehen, sondern als frei und absichtlich handelnde Person, die als solche Adressat *moralischer Haltungen* ist. Die Frage nach einer weitergehenden Begründung dafür, dass wir bei Fragen der Strafrechtfertigung über den Präventionsgedanken hinausgehen sollten, ist daher zurückzuweisen.

Dass Menschen einander nicht nur als Körper wahrnehmen, deren Bewegungen effektiv zu steuern sind, sondern als absichtlich und frei handelnde Personen, und dass jede Straftheorie dies zur Kenntnis zu nehmen hat, drückt Hart wie folgt aus:

> Human society is a society of persons; and persons do not view themselves or each other merely as so many bodies moving in ways which are sometimes harmful and have to be prevented or altered. Instead persons interpret each other's movements as manifestations of intention and choices, and these subjective factors are often more important to their social relations than the movements by which they are manifested or their effects. If one

person hits another, the person struck does not think of the other as *just* a cause of pain to him, for it is of crucial importance to him whether the blow was deliberate or involuntary. [...] This is how human nature in human society actually is and as yet we have no power to alter it. The bearing of this fundamental fact on the law is this. [...] [The law] should in general reflect in its judgments on human conduct distinctions which not only underly morality, but pervade the whole of our social life. This it would fail to do if it treated men merely as alterable, predictable, curable or manipulable things. (Hart 1962, 182f.; vgl. zu diesem Passus auch Honderich, 2006, 175)

Es ist Teil der von Hart beschriebenen Praxis, dass sie auf Seiten derer, die die Handlungen anderer als Normverstöße interpretieren, mit der Einnahme *reaktiver Haltungen* verbunden ist, also mit Haltungen etwa der Empörung, der Geringschätzung oder der Indignation. Bekanntlich beschreibt Strawson in „Freedom and Resentment" diese reaktiven Haltungen als emotional gefärbte Einstellungen, die Teil eines allgemeinen Bezugsrahmens menschlichen Lebens, „part of the general framework of human life" (Strawson 1962, 195), seien. Strawson unterscheidet dabei die „attitude (or range of attitudes) of involvement or participation in a human relationship, on the one hand, and what might be called the objective attitude (or range of attitudes) to another human being, on the other" (1962, 194). In der ersten Haltung begegnen wir dem anderen als Person, in der zweiten sehen wir ihn „as an object of social policy; as a subject for what, in a wide range of sense, might be called treatment; as something certainly to be taken account, perhaps precautionary account, of; to be managed or handled or cured or trained; perhaps simply to be avoided" (1962, 194).

Es ist genau diese zweite Perspektive, die wir auf den Gestraften einnehmen, solange wir Strafen ausschließlich am Leitfaden des Präventionsgedankens als ein soziales Steuerungssystem auffassen. Wir sehen ihn dann als zu behandelndes Objekt im Dienste der Erzielung eines Präventionseffektes. Die Einnahme dieser „objektiven Haltung" ist aber, wie Strawson schreibt, nur „ein Hilfsmittel": „We *have* this resource and can sometimes use it; as a refuge, say, from the strains of involvement; or as an aid to policy; or simply out of intellectual curiosity. Being human, we cannot, in the normal case, do this for long, or altogether" (1962, 195). Diese Haltung ist nicht unsere „Standardeinstellung", sondern eine Modifikation der Haltung, in der wir uns als Personen begegnen. Es ist nicht der Normalfall, sondern die Ausnahme.

Inwiefern genau sind Strafen an die Einnahme dieser reaktiven Haltungen gebunden? Folgende Thesen sind zu unterscheiden:

(i) Strafen sind an die Einnahme reaktiver Haltungen gebunden.
(ii) Gerechtfertigte Strafen sind an die Einnahme reaktiver Haltungen gebunden.
(iii) Strafen, die für gerechtfertigt gehalten werden, sind an die Einnahme reaktiver Haltungen gebunden.
(iv) Strafen, die für moralisch gerechtfertigt gehalten werden, sind an die Einnahme reaktiver Haltungen gebunden.

These (i) ist offensichtlich falsch: Wir können jemanden strafen, ohne ihm gegenüber die reaktiven Haltungen (z. B.) der Empörung oder des Übelnehmens einzunehmen. Genau dies tun wir, wenn wir den Gestraften ausschließlich als Schaltstelle eines sozialen Regulationssystems auffassen und ihm mit medizinisch-therapeutischem Blick begegnen. Wir tun es auch, wenn wir Tiere strafen, deren Verhalten wir zu steuern versuchen, ohne es ihnen übelzunehmen. Auch (ii) ist falsch, denn natürlich können Strafen auch dann gerechtfertigt sein, wenn sie nicht mit der Einnahme reaktiver Haltungen einhergehen. Im Vorhergehenden wurde betont, dass der Rechtfertigungsbegriff nicht in einem moralischen Sinne aufgefasst werden muss und dass Strafen auch im Sinne instrumenteller Rationalität als zweckrational gerechtfertigt aufgefasst werden können. Sie in diesem Sinne als gerechtfertigt – also als effektives Mittel der Verhaltensregulierung – aufzufassen ist sicher nicht an die Einnahme reaktiver Haltungen gebunden. Wir können z. B. die Bestrafung von Tieren für gerechtfertigt halten, ohne ihnen gegenüber Empörung oder Übelnehmen an den Tag zu legen. Gleiches gilt für die rein präventiv begründete Bestrafung von Menschen, und Hegels oben zitierte bekannte Feststellung, die Präventionstheorie rechtfertige die Bestrafung von Menschen auf die gleiche Weise wie die Bestrafung eines Hundes, ist insofern schlicht zutreffend. Aus dem gleichen Grund ist (iii) ebenfalls falsch, denn wir können Strafen im soeben genannten Sinne von „rechtfertigen", also im Sinne technisch-rationaler Rechtfertigung, auch für gerechtfertigt *halten*, ohne dass dies mit der Einnahme reaktiver Haltungen einherginge. Wir können die Bestrafung von Tieren oder von nicht Schuldfähigen in diesem Sinne für gerechtfertigt halten, ohne diese reaktiven Haltungen einzunehmen. These (iv) hingegen ist korrekt: Dass wir Strafen für *moralisch* gerechtfertigt halten, ist an die Einnahme reaktiver Haltungen gebunden.[205] Genauer gesagt: Insofern wir eine Strafe nicht nur für gerechtfertigt, sondern für *moralisch* gerechtfertigt halten, unterstellen wir Freiheit und Absichtlichkeit als Voraussetzung gerechtfertigter Vorwerfbarkeit. Wir sehen dann den Gestraften als Person an und nehmen ihm gegenüber reaktive Haltungen ein, die wir durch die Kundgabe moralischer Affekte wie Empörung und Übelnehmen ausdrücken.[206]

Dabei ist zu beachten, dass die genannten moralischen Affekte wie Empörung und Übelnehmen keinesfalls notwendig mit *persönlicher* Betroffenheit einhergehen müssen. Diese Affekte können „stellvertretend" in dem Sinne sein, dass sie sich auf Normverstöße beziehen, deren Opfer andere sind oder die vielleicht auch als *victimless crimes* wie Steuerhinterziehung gar keine identifizierbaren Opfer haben. Das Tun eines beliebigen Diebes, der nicht uns selbst bestiehlt, wird in uns im Allgemeinen keine starken Emotionen hervorrufen – wir unterstellen zwar seine Freiheit und Absichtlichkeit seines Handelns, empören uns aber nicht persönlich über sein Tun. Dies schließt aber nicht aus, dass wir auch ohne eine solche persönliche Betroffenheit seinem Tun gegenüber Gefühle des Übelnehmens, *resentment*, empfinden und die von Strawson beschriebenen reaktiven Haltungen einnehmen. Strawson spricht zur Bezeichnung dieser Möglichkeit von „vicarious or impersonal or disinterested or generalized analogues" derjenigen reaktiven Haltungen, die wir als Reaktionen auf die uns selbst betreffenden Handlungen anderer einnehmen (1962, 199). Schon Joseph Butler verweist in seiner Analyse des Übelnehmens in der achten seiner *Fifteen Sermons* darauf, dass *resentment* als „resentment against injury and wickedness in general" (Butler 1729, Sermon VIII, Sect. 7) nicht an persönliche Betroffenheit gebunden sein muss, sondern ein genuin moralischer Affekt sein kann, der mit der Einnahme eines überpersönlichen und unparteilichen Standpunktes einhergeht.[207] Im Sinne von These (iv) zu sagen, dass Strafen, die für *moralisch* gerechtfertigt gehalten werden, an die Einnahme reaktiver Haltungen gebunden sind, lässt also die Möglichkeit offen, diese reaktiven Haltungen im Sinne eines solchen überpersönlichen, nicht an persönliche Betroffenheit gebundenen Übelnehmens zu interpretieren.

Damit ist aber noch nicht erklärt, in welchem Sinne unsere Strafpraxis „moralisch imprägniert" ist. In welchem Sinne „können wir nicht anders" als diese Haltungen einzunehmen? In welchem Sinne also „können wir nicht anders" als Strafen, die wir als gerechtfertigt ansehen, auch als *moralisch* gerechtfertigt anzusehen? Um die Unhintergehbarkeit reaktiver Haltungen kenntlich zu machen, verwendet Strawson an zentralen Stellen den Ausdruck „Natürlichkeit", ohne diesen allerdings näher zu erläutern. So spricht er davon, dass diese Haltungen „unsere Natur ausdrücken": „Our practices do not merely exploit our natures, they express them" (1962, 210).[208] Dieser Verweis auf die Natürlichkeit reaktiver Haltungen kann sicherlich nicht bedeuten, dass wir aus naturgesetzlichen Gründen auf die Einnahme dieser Haltungen festgelegt wären. Das sind wir, wie Strawson selbst betont, durchaus nicht. Reaktive Haltungen sind nicht in dem Sinne „Teil unserer Natur", in dem es Teil unserer Natur ist, sterblich zu sein oder 100 Meter nicht in 8 Sekunden laufen zu können. Es kann auch nicht bedeuten, dass wir uns ein Leben ohne diese reaktiven Haltungen nicht vorstellen könnten,[209] auch nicht, dass wir uns ein Strafsystem unabhängig von diesen reaktiven Haltungen nicht vorstellen könnten. Wir können uns problemlos ein ausschließlich vom Präventionsprinzip geleitetes Strafsystem ohne diese reaktiven Haltungen vorstellen. Bentham hat es in *The Rationale of Punishment* in schwer überbietbarer Akribie ausbuchstabiert (vgl. Bentham 1830).[210] Der Verweis auf die Natürlichkeit reaktiver Haltungen kann schließlich – ungeachtet der Formulierung Strawsons, dass wir als Menschen reaktive Haltungen nicht „for long, or altogether" (1962, 195) aufgeben könnten – auch nicht bedeuten, dass wir die reaktiven Haltungen, in denen wir jemandem als Person begegnen, nur kurzzeitig zugunsten seiner Betrachtung als zu behandelndes oder zu therapierendes Objekt suspendieren könnten. Wir können jemandem auch über sehr lange Zeit hinweg in der „objektiven Haltung" als einem Objekt sozialer Steuerungsmaßnahmen gegenübertreten, wovon jeder langjährig inhaftierte Sicherungsverwahrte ein trauriges Lied zu singen weiß.

Strawsons Verweis auf die Natürlichkeit reaktiver Haltungen lässt sich jedoch auf zwei Weisen plausibel machen. Erstens sind reaktive Haltungen „natürlich" in dem Sinne, dass sie nicht im Rekurs auf *vorgängige* Überzeugungen erklärbar sind. Wir gelangen nicht zu ihnen, sondern wir haben sie. Sie sind uns als Menschen „gegeben", nicht von uns „gemacht". Sie sind nicht inferentiell rechtfertigbar und nicht das Resultat diskursiver Überlegungen. Sie sind daher, wie Strawson meint, *theorieresistent* (1962, 210).[211] Wir können sie zwar zurücknehmen und modifizieren, aber der Grund hierfür wird niemals eine theoretische Einsicht sein. Insbesondere kann – dies ist die für die Willensfreiheitsdebatte relevante Pointe der Argumentation Strawsons – die Einsicht in die Wahrheit des Determinismus niemals der Grund dafür sein, dass wir diese reaktiven Haltungen korrigieren (1962, 203, 205). Reaktive Haltungen sind – zweitens – auch in dem Sinne natürlich, dass sie keine *technē* sind, d. h. kein von uns bewusst eingesetztes Mittel zur Erreichung des Ziels der Verhaltenssteuerung. Sie sind keine soziale Fertigkeit. Übelnehmen ist keine Sozialkompetenz wie Konversationsfähigkeit oder die Fähigkeit zum strategisch klugen Umgang mit anderen. Zwar *haben* reaktive Einstellungen soziale Funktionen, und sie sind aus der Beobachterperspektive funktional erklärbar, aber sie sind nicht auf diese Funktionen *reduzierbar*, weil sie aus der Binnenperspektive nicht als funktional gesteuerte Haltungen interpretiert werden. Wir verstehen sie nicht als Steuerungsinstrumente, sondern sie sind Ausdruck unserer moralischen Haltungen, über die wir nicht in gleicher Weise verfügen wie über den Einsatz verhaltensregulatorischer Maßnahmen: „What *is* wrong is to forget that these practices, and their reception, the reactions to them, really *are* expressions of our moral attitudes and not merely devices we calculatingly employ for regulative purposes. Our practices do not merely exploit our natures; they express them" (1962, 210).

Die Differenz zwischen dem Verständnis reaktiver Haltungen als Ausdruck moralischer Haltungen und ihrem Verständnis als Mittel der Verhaltenssteuerung ist eine perspektivische Differenz: Aus der distanzierten Außenperspektive können wir diese Haltungen durchaus als sozialregulatorisch verstehen. Dies ist bestens verträglich damit, dass sie aus der Binnenperspektive derer, die diese Haltungen haben, gerade *nicht* so verstanden werden. Die Effizienz dieser Haltungen als sozialregulatorische Technik ist – dies war das „Paradox des Retributivismus" – sogar darauf *angewiesen*, dass sie „expressions of our moral attitudes and not merely devices we calculatingly employ for regulative purposes" (Strawson 1962, 210) sind. Dass sie aus der Außenperspektive als zukunftsgerichtete Steuerungselemente beschrieben werden können, diskreditiert nicht unsere Berechtigung, sie aus der Binnenperspektive handelnder Akteure gerade nicht so zu verstehen.[212] In ihrer Fortführung der Strawsonschen Theorie der reaktiven Haltungen zeigt McGeer auf, dass diese Haltungen gerade *als Ausdruck unserer moralischen Einstellungen* zukunftsbezogen sind und einen „forward-looking regulative purpose" (McGeer 2014, 73)[213] haben, da wir mit ihnen kommunizieren, dass wir andere für fähig halten, moralischen Standards zu entsprechen, und sie auffordern, eben dies zu tun (2014, 75–78). Sie haben, so McGeer, eine „proleptische", Reaktionen auf diese Haltungen einladende Funktion (2017, 312–315). Da sie aber, wie oben gezeigt wurde, diese sozialregulatorische Funktion nur erfüllen können, wenn sie dies „hinter unserem Rücken" tun, und der Einblick in ihre sozialregulatorische Funktion gerade ihre Effizienz zur deren Erfüllung unterminieren würde (vgl. Kap. IV 4.2, VI 3), sollte es uns nicht erstaunen, dass wir diese reaktiven Haltungen nicht als sozialregulatorische Mittel auffassen – es ist gerade deswegen nicht erstaunlich, weil sie es sind. Die reaktiven Haltungen haben sich, um als Mittel der Verhaltenssteuerung dienen zu können, von dieser verhaltenssteuernden Funktion emanzipiert. Sie sind insofern „Teil unserer Natur" geworden. So sollte man Strawsons Rede von „Natürlichkeit" auffassen.

Hält man sich an diese Erläuterung von „Natürlichkeit", kann man Strawsons These von der Natürlichkeit reaktiver Haltungen akzeptieren. Die Natürlichkeit dieser reaktiven Haltungen macht dann auch verständlich, inwiefern unsere Strafpraxis „moralisch imprägniert" ist und wir über den Präventionsgedanken bei der Strafrechtfertigung hinausgehen müssen. Da diese reaktiven Haltungen – im nunmehr erläuterten Sinne – „Teil unserer Natur" sind, gilt, wie Strawson schreibt: „it is *useless* to ask whether it would not be rational for us to do what it is not in our nature to (be able to) do" (1962, 204). Die Forderung nach einer weitergehenden Begründung dafür, über den Präventionsgedanken hinauszugehen, läuft daher leer. Sie ist zurückzuweisen.

2 Moralische Schuld und Entschuldigungsgründe

Jemandem gegenüber eine reaktive Haltung einzunehmen heißt, ihn als moralisch verantwortliche und schuldfähige Person anzusehen. Insofern wir Strafen als nicht nur gerechtfertigt, sondern *moralisch* gerechtfertigt ansehen, nehmen wir dem Gestraften gegenüber diese Haltung ein, und das heißt, dass Strafen, die wir für moralisch gerechtfertigt halten, mit der Unterstellung moralischer Schuld und moralischer Verantwortlichkeit des Gestraften einhergehen. Die Grundidee dieses und des folgenden Kapitels ist, dass die Falschheit dieser Unterstellungen Entschuldigungsgründe generiert und dass Entschuldigungsgründe – insofern Strafen mit der Zuschreibung moralischer Schuld einhergehen – Strafeinschränkungsgründe sind.

Die Unterstellung moralischer Schuld und moralischer Verantwortlichkeit ist ein Ausdruck dessen, dass wir jemanden *als Person* anerkennen und ernstnehmen. Der wahre Kern der Aussage Hegels, dass der Gestrafte durch die Strafe „als Vernünftiges *geehrt*" würde (Hegel 1820, 199 [§ 100]) – eine Bemerkung, die diejenigen in herablassendem Tonfall als „verjährte Kitschformel" zu verspotten pflegen[214], die darin nichts anderes zu sehen bereit sind als entweder die Trivialität, dass man Nichtgeisteskranke nicht als Geisteskranke behandelt, oder die absurde Behauptung, dass der Gestrafte sich über seine Nobilitierung durch die Strafe von Herzen zu freuen habe – liegt darin, dass eine Strafe, die auf der Unterstellung von moralischer Schuld und moralischer Verantwortlichkeit beruht, ein Ausdruck dessen ist, dass wir den Gestraften als Person respektieren und ihn nicht lediglich als Schaltstelle in einem sozialen Regulationssystem ansehen. Auch die bei Hegel damit zusammenhängende Idee, dass es ein „Recht auf Gestraftwerden" gibt und der Gestrafte eben dieses Recht in Anspruch nimmt (Hegel 1820, 199f. [§ 100]), ist keinesfalls abwegig – wenngleich man diese Bemerkung dahingehend modifizieren sollte, dass es nicht das Gestraftwerden selbst ist, auf das jemand ein moralisches Recht hat, sondern das Gestraftwerden *auf eine bestimmte Art und Weise*, nämlich als Person und nicht als Teil eines sozialen Regulationsmechanismus.[215] Man gesteht ihm dieses Recht zu, wenn man ihn als frei und verantwortlich handelnde Person betrachtet.

Die Unterstellung von moralischer Schuld und moralischer Verantwortlichkeit kann jedoch falsch sein. Es kann sein, dass *Schuldminderungsgründe* oder *Entschuldigungsgründe* vorliegen. Ist dies der Fall, ist dies ein Grund dafür, die reaktiven Haltungen, die an diese Unterstellung gebunden sind, zu korrigieren. Es ist z. B. ein Grund dafür, von den moralischen Vorwürfen Abstand zu nehmen, die normalerweise mit sozialen Sanktionen wie Ausgrenzungsverhalten und der Kundgabe von moralischer Empörung oder Indignation verbunden sind.[216] Und insofern unsere staatliche Strafpraxis „moralisch imprägniert" ist und wir staatliches Strafen als Ausdruck dieser reaktiven Haltungen, nicht als bloßes Steuerungssystem verstehen – was immer dann der Fall ist, wenn es sich nicht um ein Strafsystem der strengen Erfolgshaftung handelt –, sind diese Gründe dann auch Gründe dafür, staatliche Strafen zu mindern oder von ihnen Abstand zu nehmen. In diesem Sinne unterstellt das deutsche Strafgesetzbuch moralische Schuld als Normalfall bei strafrechtlich relevanten Normverstößen – ohne inhaltlich etwas darüber zu sagen, worin diese Schuld besteht – und spezifiziert dann in den §§ 19–21 und im § 35, von denen noch genauer die Rede sein wird, Bedingungen, bei deren Vorliegen von der Schuldunterstellung abzuweichen ist. Es müssen also Schuldminderungs- oder Schuldaufhebungsgründe angeführt werden, um Vorwerfbarkeit zu unterminieren. Moralische Schuld selbst wird aber nicht nachgewiesen, sondern unterstellt.

Zur Erläuterung dieses Verständnisses von Entschuldigungsgründen ist es hilfreich, sich an der juristischen Standardlehre vom dreistufigen Aufbau einer Straftat zu orientieren (vgl. hierzu Roxin 1994, 141–143). Eine Straftat ist nach einer verbreiteten Standarddefinition eine tatbestandsmäßige, rechtswidrige und schuldhafte Tat. Die Tatbestandsmäßigkeit gliedert sich in den objektiven und den subjektiven Tatbestand. Zu ersterem gehören die nicht auf den subjektiven Zustand des Täters abstellenden Voraussetzungen, also die von außen wahrnehmbaren Tatbestandsmerkmale, z. B. dass beim Diebstahl ein Gegenstand weggenommen wird, der Taterfolg, also z. B. der erfolgte Diebstahl, und die Kausalität zwischen Tatsubjekt und Taterfolg. Der subjektive Tatbestand umfasst die Vorsätzlichkeit oder Fahrlässigkeit der Begehung und ggf. weitere subjektive Tatbestandsmerkmale, z. B. die Zueignungsabsicht beim Diebstahl.[217] Rechtswidrigkeit liegt vor, wenn das Verhalten gegen die bestehende Rechtsordnung verstößt. Sie liegt hingegen nicht vor, wenn das Verhalten, obwohl der Tatbestand einer Straftat vorliegt, gerechtfertigt ist, was z. B. bei Notwehr (§ 32 StGB), zu der auch Nothilfe gehört, und rechtfertigendem Notstand (§ 34 StGB) der Fall ist. Schuldhaft ist die Tat, wenn sie dem Täter *vorwerfbar* ist. Dazu ist u. a. erforderlich, dass der Täter „schuldfähig" ist, also in der Lage war, das Unrecht der Tat einzusehen und danach zu handeln.

Auf jeder dieser drei Stufen des Deliktaufbaus können nun Gründe dafür lokalisiert werden, von der Verhängung von Strafen abzusehen. So kann davon abgesehen werden, wenn der Tatbestand hinsichtlich seiner objektiven oder subjektiven Tatbestandsmerkmale nicht verwirklicht ist. Wenn jemandem ein Gegenstand im Kaufhaus in die Tasche fällt, ohne dass er ihn vom Regal nimmt, ist der objektive Tatbestand des Diebstahls nicht verwirklicht, und es gibt keinen Grund, das Verhalten als Diebstahl zu bestrafen. Ebenso liegt kein Grund zur Bestrafung vor, wenn das Verhalten gerechtfertigt ist, wie bei der Notwehr. Wer einen anderen tötet, aber dies zur Abwehr eines gegenwärtigen, nicht anders abzuwehrenden Angriffes auf sein Leben tut, handelt aus Notwehr, und sein Verhalten ist daher, obwohl es den Tatbestand der Tötung erfüllt, nicht rechtswidrig. Auf der dritten Stufe greifen Entschuldigungsgründe. Dies sind Gründe, die die mit der Zuschreibung moralischer Schuld verbundene Vorwerfbarkeit einer Handlung unterminieren, ohne aber die Rechtswidrigkeit und das Bestehen des Tatbestandes einzuschränken. Sie blockieren den Übergang von der Feststellung, dass jemand falsch gehandelt hat, zu derjenigen, dass ihm sein Handeln vorwerfbar ist.[218]

Die Frage, welche Gründe als Entschuldigungsgründe in Betracht kommen, hängt davon ab, was genau wir unterstellen, wenn wir moralische Schuld unterstellen. Die Aussage, dass wir in unserer Strafpraxis moralische Schuld unterstellen, lässt sich wie folgt spezifizieren: Wenn wir moralische Schuld unterstellen, unterstellen wir Freiheit und Absichtlichkeit. Der Bundesgerichtshof hat dies schon 1952 in einem viel zitierten Grundsatzurteil deutlich gemacht: „Der innere Grund des Schuldvorwurfs liegt darin, dass der Mensch auf freie, verantwortliche, sittliche Selbstbestimmung angelegt und deshalb befähigt ist, sich für das Recht und gegen das Unrecht zu entscheiden" (BGH St 2, 194, 195)[219], womit die Freiheitsunterstellung als Teil der Schuldunterstellung explizit gemacht und die Absichtlichkeitsunterstellung qua Bedeutung von „entscheiden" impliziert wird. Sehen wir einen Täter im Sinne dieser Formulierung als jemanden an, dem moralische Schuld zu unterstellen ist, betrachten wir ihn nicht nur als Verursacher eines vorwerfbaren Geschehens, sondern als ihren „Autor", also als jemanden, der – grob und noch präzisierungsbedürftig gesprochen – das, was er getan hat, *absichtlich* getan hat und der es auch *hätte unterlassen können*. Entsprechend können auch diese beiden Unterstellungen sich als falsch erweisen, oder es kann sein, dass eine von beiden sich als falsch erweist, aber nicht die andere. Es kann sein, dass die Absichtlichkeitsunterstellung falsch ist, aber nicht die Freiheitsunterstellung, oder umgekehrt.

Je nachdem, wie und in welcher Verbindung diese beiden Unterstellungen – Freiheitsunterstellung und Absichtlichkeitsunterstellung – als falsch nachgewiesen werden, resultieren daraus zwei Weisen, reaktive Haltungen nach Maßgabe des Vorliegens von Entschuldigungsgründen zu modifizieren. Strawson hat sie beschrieben (1962, 192–195). Zum einen kann es sich bei den Entschuldigungsgründen um Gründe handeln, die uns zwar nicht auffordern, den Akteur selbst nicht mehr als moralisch verantwortliche Person zu betrachten, die uns aber auffordern, unsere Einstellung gegenüber seiner *Handlung* zu modifizieren. Wir werden den Akteur selbst dann weiterhin als frei und verantwortlich handelnd ansehen, aber ihm seine Handlung nicht zurechnen und ihm diese nicht vorwerfen. Zum anderen kann es sein, dass diese Gründe uns auffordern, den *Akteur selbst* nicht mehr als frei und verantwortlich handelnden Akteur anzusehen, sondern ihn mit distanziert-medizinischem Blick zu betrachten, nicht mehr als Person, sondern als Objekt einer sozialen Steuerung, als Gegenstand einer therapeutischen oder sozialregulativen Praxis.[220]

In diesem und dem folgenden Kapitel soll von diesen beiden Arten von Entschuldigungsgründen die Rede sein. In Kapitel IX wird zu zeigen sein, dass die Falschheit der Absichtlichkeitsunterstellung einen Entschuldigungsgrund der ersten Art darstellen kann: Ist die Absichtlichkeitsunterstellung falsch, werden wir gegenüber der Handlung eines Akteurs eine andere Einstellung einnehmen als bei Zutreffen dieser Unterstellung, werden aber nicht aufhören, den Akteur selbst weiterhin als moralisch verantwortliches und schuldfähiges Wesen anzusehen. In diesem Kapitel soll hingegen von der Korrektur der Freiheitsunterstellung die Rede sein. Dabei wird zu zeigen sein, dass die Falschheit der Freiheitsunterstellung – auf zwei noch voneinander zu unterscheidende Weisen – Entschuldigungsgründe der zweiten der beiden von Strawson genannten Arten generiert, also solche, die uns dem Akteur selbst gegenüber eine andere Einstellung einnehmen und uns ihn nicht mehr als frei und verantwortlich handelnden Akteur ansehen lassen.

Angesichts der vor allem in der strafrechtlichen Literatur verbreiteten Rede von Willensfreiheit als einer „normativen Setzung" ist ein Caveat am Platz: Wenn im Folgenden von einer Freiheits*unterstellung* die Rede ist, ist damit nicht etwa eine „normative Setzung" gemeint.[221] Eine normative Setzung wäre eine Setzung, von der behauptet wird, dass wir sie vornehmen *sollen*. Es wäre eine Setzung im Dienste einer Praxis, von der angenommen wird, dass sie nur mittels dieser Setzung legitimiert werden könnte.[222] Fasst man Freiheit als eine solche die Strafpraxis legitimierende normative Setzung auf, provoziert man damit den Einwand, dass man – da nicht sein kann, was nicht sein darf – Freiheit schlicht postuliert, um ungeachtet der Nichtbeweisbarkeit der Willensfreiheit einen Schuldvorwurf auf der Grundlage der Freiheitsannahme in der Strafpraxis aufrechterhalten zu können.[223] Eine Freiheitsunterstellung ist aber keine solche normative Setzung. Sie ist einfach eine Präsupposition einer Praxis. Dafür, dass wir, wie Kant sagt, „nicht anders als *unter der Idee der Freiheit* handeln" können (GMS [AA IV, 448]), gibt es keinen normativen Grund. Die These ist nicht, dass wir Freiheit unterstellen *sollten*, sondern dass wir es *tun*, insofern wir Strafen für moralisch gerechtfertigt halten, und dass die Falschheit dieser Unterstellung ein Grund für eine Strafminderung oder eine Aufhebung der Strafe ist.

3 Freiheitseinschränkung als Einschränkung der Handlungsfreiheit?

Aber was unterstellen wir, wenn wir Freiheit unterstellen? Und worin besteht die Negation dieser Freiheit; was also meinen wir, wenn wir von einer Einschränkung dieser Freiheit sprechen, die ein Strafeinschränkungsgrund ist?

Eine Antwortoption ist die These, dass die als Entschuldigungsgrund fungierende Freiheitseinschränkung darin besteht, dass jemand nicht *gemäß seinem Willen* handeln kann. Nach einem gängigen Verständnis der Unterscheidung zwischen Willensfreiheit und Handlungsfreiheit würde die Freiheitsbeschränkung dann in einer Einschränkung der Handlungsfreiheit im Sinne Humes, nicht aber der Willensfreiheit bestehen.[224] Handlungsfreiheit liegt bekanntlich nach Hume vor, wenn jemand „entsprechend seinem Willen" handeln kann. Der Handlungsfreie kann tun, was er will. Dabei ist es eine offene Frage, ob er auch über Willensfreiheit verfügt oder nicht. Es kann sein, dass man tun kann, was man will, aber nicht frei ist zu wollen, was man will.[225] Handlungsfreiheit wird, so Hume, im Allgemeinen jedem zugestanden, „who is not a prisoner and in chains" (Hume 1748, 72).

Legt man provisorisch dieses gängige Verständnis von „Handlungsfreiheit" zugrunde, wird man sagen, dass Handlungsfreiheit dann fehlt, wenn jemand das, was er tun will, nicht tun kann. Fehlt Handlungsfreiheit, steht zwischen dem, was jemand will, und dem Ziel dieses Willens ein Hindernis. Üblicherweise wird zur Bezeichnung des Fehlens der Handlungsfreiheit der Ausdruck „Zwang" verwendet (vgl. Keil 2017, 59–61). Fehlt Handlungsfreiheit, handelt jemand demnach „unter Zwang". Diejenigen Vertreter eines Kompatibilismus, die in der Tradition Humes Freiheit für mit einem Determinismus vereinbar halten, beziehen sich dabei auf Handlungsfreiheit, nicht auf Willensfreiheit, als mit dem Determinismus kompatible Freiheit, und sie sehen als Gegensatz dieser mit dem Determinismus kompatiblen Freiheit folglich nicht das Determiniertsein, sondern Zwang an.[226] Der Begriff des Zwanges wird dabei so verstanden, dass er sowohl äußere als auch innere Faktoren, die zwischen das Wollen und sein Ziel treten, umfasst. Unter einem äußeren Zwang handelt demnach, wer durch äußere Faktoren gezwungen wird, etwas zu tun. Dabei kann es sich um die Einwirkung anderer Personen handeln, etwa wenn jemand durch Drohungen gezwungen wird, etwas zu tun, aber auch um die Einwirkung äußerer Umstände, etwa wenn jemand infolge einer Naturkatastrophe gezwungen wird, das eigene Haus zu verlassen. Unter innerem Zwang handelt, wer durch in ihm liegende Faktoren gezwungen wird, etwas zu tun. Unter innerem Zwang handelt z. B. der Alkoholsüchtige, der unter dem Zwang seiner Sucht zum Weinglas greift, und unter Zwang handelt im Gegensatz zum Gewohnheitsdieb auch der Kleptomane, der unter dem inneren Zwang seiner Krankheit etwas stiehlt.

Es fällt nicht schwer, prima facie einleuchtende Beispiele für Zwang zu nennen – die Literatur seit Aristoteles ist voll von solchen Beispielen –, und es ist auch unmittelbar einleuchtend, dass das Vorliegen von Zwang die Vorwerfbarkeit einer Handlung unterminiert. Unter Zwang handelt die Kassiererin, die, konfrontiert mit der Drohung des bewaffneten Bankräubers „Geld oder Leben!", das Geld herausgibt, obwohl sie es, so scheint es, nicht will. Unter Zwang handelt, wer – dies ein Beispiel bei Aristoteles – bei gefährlichem Sturm Güter über Bord wirft, um das Schiff zu erleichtern und vor dem Untergehen zu retten, oder wer – ebenfalls ein Beispiel von Aristoteles – von einem Diktator, der im Falle der Zuwiderhandlung Eltern und Kinder zu töten droht, genötigt wird, zur Rettung der eigenen Familie etwas Unmoralisches zu tun (*Nikomachische Ethik* 1109b–1110b [III 1]). Er will es nicht, so scheint es, aber er tut es, er wird dazu gezwungen. Unter (innerem) Zwang handelt der Drogensüchtige, der Drogen nicht nur im Wissen, dass sie ihm schaden, nimmt, sondern auch gegen seinen aufrichtigen Wunsch, seine Sucht zu überwinden. Unter subtilem und vielleicht kaum sichtbarem Zwang handelt derjenige, der von seinen Eltern genötigt wird, eine wissenschaftliche Karriere zu verfolgen, obwohl er lieber Gärtner werden würde. Unter Zwang handelt, wessen Abhängigkeit von der Zuneigung einer Person ausgenutzt wird, um ihn zu Handlungen, etwa Loyalitätsbrüchen gegenüber Freunden, zu veranlassen, die er anscheinend nicht ausführen will.

Lassen sich aber diese Fälle von Zwang durch das Fehlen von Handlungsfreiheit im erläuterten Sinne charakterisieren? Bei genauerem Hinsehen zeigt sich, dass dies nicht der Fall ist. Die Beispiele können durchaus nicht als unproblematische Beispiele für Fälle von Zwang gelten, *wenn „Zwang" als Gegenbegriff zur Handlungsfreiheit verstanden wird*. Wird nämlich Zwang als Gegenbegriff zu Handlungsfreiheit im oben erläuterten Sinne verstanden, dann ist eine notwendige Bedingung für das Vorliegen von Zwang, dass jemand *nicht* das tut, was er will. Zwang liegt demnach nur dann vor, wenn es nicht der Fall ist, dass jemand „gemäß seinem Willen" handelt. In Bezug auf alle oben genannten Beispiele gilt jedoch, dass es, obwohl wir sie intuitiv als Beispielfälle von Zwang akzeptieren würden, nicht möglich ist, sie als Fälle zu beschreiben, in denen jemand *nicht* das tut, was er will. Es gibt in diesen Fällen immer (mindestens) *eine* Beschreibung, unter der die Person das, was sie tut, durchaus will. Wenn es aber *eine* solche Beschreibung gibt, ist es nicht der Fall, dass die Person nicht „gemäß ihrem Willen handelt". Die Person handelt dann also gemäß ihrem Willen. Sie hat Handlungsfreiheit. Die Bankkassiererin, die vom Bankräuber mit der erpresserischen Forderung „Geld oder Leben!" konfrontiert wird und ihm daraufhin das Geld gibt, *will* ihm, so wie die Umstände nun einmal sind, durchaus das Geld geben. Natürlich tut sie es nicht gern. Sie fühlt sich unwohl dabei. Sie wird sich wünschen, dass die Umstände andere wären. Aber das steht auf einem anderen Blatt. Da die Umstände nun einmal so sind, wie sie sind, will sie dem Bankräuber das Geld geben. Daher würde sie im Rahmen ihrer Möglichkeiten alles tun, um die Handlung erfolgreich auszuführen. Auch wer die Last über Bord wirft, um das Schiff am Sinken zu hindern, tut, was er will, wenngleich er es natürlich bedauernd und höchst ungern tun wird. Wer unter dem Einfluss der Drohung des Diktators, im Falle der Zuwiderhandlung seine Familie zu töten, etwas Unmoralisches tut, handelt unter Zwang, aber auch er tut, was er, gegeben die traurigen Umstände, tun will. Sofern er diese traurigen Umstände nicht ändern kann, wird er alles in seiner Macht Stehende tun, das Handlungsziel zu erreichen und den Forderungen des Diktators nachzukommen. Und selbst vom Süchtigen, den wir als unter einem inneren Zwang handelnd beschreiben würden, gilt, dass er seiner Sucht nachkommen, sie befriedigen will, wenngleich er natürlich bedauern wird, dies zu tun und es zu wollen. Entgegen dem ersten Anschein sind diese Fälle also sehr wohl so zu beschreiben, dass der Handelnde das, was er tut, auch will. Definiert man „Zwang" als Abwesenheit von Handlungsfreiheit im oben erläuterten Sinne, müsste man daher sagen, dass hier *kein* Zwang vorliegt. Da der Handelnde in Übereinstimmung mit dem handelt, was er – bedauerlicherweise und angesichts der traurigen Umstände – nun einmal will, ist die Handlungsfreiheit nicht abwesend.

Aber gibt es nicht Fälle, in denen jemand tatsächlich nicht „gemäß seinem Willen handelt", in denen also Handlungsfreiheit abwesend ist? Natürlich gibt es solche Fälle. Hume verweist als Beispiel für das Fehlen von Handlungsfreiheit auf den Fall, dass jemand „ein Gefangener in Ketten" ist. Wer in Ketten liegt, kann nicht tun, was er will. Er kann nicht gemäß seinem Willen handeln. Der Grund dafür, dass er dies nicht kann, ist allerdings nicht, dass er zwar handeln kann, aber nicht gemäß seinem Willen handeln kann, sondern vielmehr derjenige, dass er überhaupt nicht handeln kann. Wer ein Gefangener in Ketten ist, dem ist *jede* Möglichkeit des Handelns genommen. (Jedenfalls gilt dies, wenn seine Ketten so eng sind, dass er sich überhaupt nicht mehr bewegen kann. Insoweit er sich in den Ketten noch bewegen kann, kann er auch handeln, aber insofern er noch handeln kann, hat er dann auch Handlungsfreiheit. Wer z.B in den Ketten den Kopf bewegt, handelt „gemäß seinem Willen", den Kopf zu bewegen.) Andere Beispiele für ein Fehlen der Handlungsfreiheit, die dem von Hume genannten nahe kommen, sind leicht zu finden. Wer deportiert oder gefoltert wird, der handelt nicht „gemäß seinem Willen". Er tut nicht, was er will. Aber auch hier ist der Grund nicht, dass er zwar handelt, aber nicht gemäß seinem Willen handelt, sondern vielmehr, dass er überhaupt nicht handelt. Wer deportiert oder gefoltert wird, der *handelt* nicht „unter Zwang". Vielmehr wird *an ihm* Zwang ausgeübt. Was mit ihm geschieht, ist ein Ereignis, das kein Handlungsereignis ist. Fehlt also Handlungsfreiheit, handelt die Person auch überhaupt nicht. Die Aufhebung der Handlungsfreiheit ist eine Aufhebung des Handelns.

Nimmt man die scheinbar unproblematischen Beispiele für Zwang näher in Augenschein, zeigt sich also: Entweder ist es nicht der Fall, dass die Akteure nicht das tun, was sie wollen, oder aber es liegt überhaupt keine Handlung vor. In keinem der beiden Fälle kann aber davon gesprochen werden, dass jemand „unter Zwang handelt", weil Handlungsfreiheit eingeschränkt wird. Immer wenn wir handeln, haben wir auch Handlungsfreiheit im Sinne Humes. Haben wir sie nicht, handeln wir nicht.

Man kann diese Überlegungen zum Anlass nehmen, das eingangs genannte provisorische Verständnis von Handlungsfreiheit als „Handeln gemäß dem eigenen Willen" zu präzisieren und genauer zu erläutern, was „gemäß dem eigenen Willen" hier bedeutet und was es heißt abzustreiten, dass jemand „gemäß dem eigenen Willen" handelt. So erläutert Keil (2017, 173, 246–248) im Rahmen seines fähigkeitsbasierten Libertarismus Handlungsfreiheit plausibel durch das Fehlen von *Gelegenheiten* zur Ausübung einer Fähigkeit: Ist die Tür verschlossen, kann ich, wenn ich hinausgehen will, nicht tun, was ich will. Ich kann es aber immer noch wollen (und zumindest versuchen). Ich kann nicht „gemäß meinem Willen" handeln, aber ich kann das, was ich nicht tun kann, nämlich durch die Tür gehen, immer noch wollen. Und ich habe auch die Fähigkeit dazu, nur fehlt es mir an einer Gelegenheit, diese Fähigkeit auszuüben. Jemand handelt dann nicht „gemäß seinem Willen", wenn er diesen Willen zwar hat, es ihm aber an Gelegenheit mangelt, diesen Willen in die Tat umzusetzen.

Hält man sich an dieses einleuchtende Verständnis von Handlungsfreiheit, bedeutet dies auch: Fälle von Zwang lassen sich nicht als Fälle der Einschränkung von Handlungsfreiheit verstehen. Erläutert man das Fehlen von Handlungsfreiheit über fehlende Gelegenheiten, ist es *keine* notwendige Bedingung für das Fehlen von Handlungsfreiheit, dass jemand nicht das tut, was er will. Dass jemand „nicht gemäß seinem Willen" handeln kann, schließt dann nicht aus, dass er das tut, was er will, nur kann er das, was er will, mangels Gelegenheit dann nicht in die Tat umsetzen. Es ist aber, wie oben erläutert, durchaus eine notwendige Bedingung für das Vorliegen von Zwang, dass jemand *nicht* das tut, was er will. Also kann, hält man sich an dieses Verständnis von Handlungsfreiheit, Zwang nicht als Fehlen von Handlungsfreiheit erklärt werden. Und es ist sicherlich nicht das Fehlen von Gelegenheiten zur Willensausübung, das wir konstatieren, wenn wir feststellen, dass jemandes Freiheit in einer Weise eingeschränkt ist, die einen Entschuldigungsgrund darstellt und eine Minderung oder Aufhebung von Strafe begründet.

Der Zwang, den wir als Entschuldigungsgrund und Strafeinschränkungsgrund anerkennen würden, ist also nicht als Gegenbegriff zu Humescher Handlungsfreiheit aufzufassen. Zwar gibt es keinen Grund, die Intuition aufzugeben, dass in den genannten Fällen der Erpressung oder der Entscheidung in dilemmatischen Situationen eine Freiheitseinschränkung vorliegt. Auch gibt es keinen Grund, von der Redeweise abzuweichen, dass z. B. die Bankkassiererin „gezwungen" wird, dem Bankräuber das Geld zu geben – natürlich wird sie das – oder dass derjenige, der Last vom Schiff wirft, um dessen Sinken zu verhindern, „unter Zwang" handelt – natürlich tut er das. Es gibt auch keinen Grund, von der intuitiv einleuchtenden Annahme abzuweichen, dass in diesen Fällen eine Freiheitseinschränkung vorliegt, die einen Entschuldigungsgrund darstellt, d. h. einen Grund dafür, eine Person in geringerem Ausmaß den mit der Zuschreibung moralischer Schuld einhergehenden negativen Reaktionen auszusetzen, als wir es täten, wenn dieser Entschuldigungsgrund nicht vorläge. Dies lässt sich aber nicht erklären, wenn wir uns auf die Humesche Handlungsfreiheit beziehen und davon ausgehen, dass dieser Entschuldigungsgrund darin liegt, dass jemand nicht „gemäß seinem Willen" handeln kann. Es ist nicht *diese* Freiheit, die wir unterstellen, wenn wir jemandem moralische Schuld und, damit einhergehend, moralische Verantwortlichkeit unterstellen. Es ist nicht die Einschränkung *dieser* Freiheit – der Freiheit, gemäß dem eigenen Willen zu handeln –, die uns veranlasst, unsere reaktiven Haltungen zu modifizieren. Und es ist auch nicht *diese* Freiheit, deren Einschränkung ein Grund dafür ist, die Strafen, die Ausdruck dieser reaktiven Haltungen sind, einzuschränken.

4 Freiheitseinschränkungen als Einschränkungen der freien Willensbildung

Vielmehr besteht die Freiheitseinschränkung, die wir als Entschuldigungsgrund in Anschlag bringen können, um von einer Strafe abzusehen oder diese zu reduzieren, in einer *Einschränkung der freien Willensbildung*.[227] Wir entschuldigen die mit der Drohung des Bankräubers konfrontierte Kassiererin nicht mit dem Hinweis darauf, dass sie nicht „gemäß ihrem Willen" handelt, sondern mit dem Hinweis darauf, dass sie nicht anders kann als dem Bankräuber das Geld geben zu wollen. Wer die Last des Schiffes bei Sturm über Bord wirft, will dies tun, ist aber entschuldigt, weil er nichts anderes wollen kann als eben dies. Wenn wir die Freiheitsunterstellung abstreiten, streiten wir ab, dass jemand etwas anderes wollen konnte als das, was er wollte. Aber was heißt das: „nicht anders wollen können"? Im Folgenden möchte ich drei Antwortoptionen auf diese Frage erörtern. Nur die dritte ist überzeugend und muss daher näher erläutert werden.

4.1 Einschränkung der freien Willensbildung als Verursachtsein?

Im Kontext der Willensfreiheitsdebatte wird eine Standardantwort auf die Frage, wann eine Einschränkung der freien Willensbildung vorliegt, von Deterministen vorgetragen. Diese Antwort liegt im Verweis auf Ursachen, genauer: auf das Verursachtsein der Willensbildung. Das deterministische Kernargument lautet, sehr grob formuliert: Alle Ereignisse, also auch Handlungsereignisse, sind verursacht. Menschliche Handlungen sind nicht vom Naturverlauf ausgenommen. Sie sind in gleicher Weise verursacht wie andere Naturereignisse. Und so wie wir bei anderen Naturereignissen davon ausgehen, dass sie, gegeben ihre Ursachen, notwendig stattfinden, sollten wir dies auch bei Handlungsereignissen tun. Diesen kommt kein Sonderstatus zu. Sie sind, wie man zu sagen pflegt, als Ereignisse „kausal determiniert". Genauer: Handlungsereignisse sind durch Willensakte kausal verursacht. Aber diese Willensakte sind ihrerseits kausal verursacht. Auch von ihnen gilt, dass sie, liegen ihre Ursachen vor, mit gleicher Notwendigkeit eintreten müssen wie andere Naturereignisse. Darum können wir nicht anders als das zu wollen, was wir wollen. Auch unser Wollen ist „kausal determiniert". Wir sind niemals frei in unserem Wollen. Wir können niemals anders als das zu wollen, was wir wollen.[228]

Bekanntlich wurde dieses Verständnis von Freiheitseinschränkungen in jüngerer Zeit vor allem von Seiten der Hirnforschung, als deren wichtigste Vertreter man Wolf Singer, Gerhard Roth, Wolfgang Prinz und Hans Markowitsch nennen kann, propagiert und mit der Forderung einer weitgehenden Reformierung des Strafrechts verbunden.[229] Im „kausalen Determiniertsein" menschlicher Handlungen sehen Hirnforscher einen Grund dafür, von der Zusprechung moralischer Verantwortlichkeit und der Unterstellung moralischer Schuld Abstand zu nehmen – daher ist eine Strafe ihnen zufolge niemals moralisch gerechtfertigt.[230] Sie vertreten also eine kausale Theorie der Entschuldigung.[231] Dabei glauben sie, das „kausale Determiniertsein" von Handlungen empirisch belegen zu können, wobei sie sich bevorzugt auf die bekannten Libet-Experimente zur Datierung willentlicher Entschlüsse beziehen (vgl. Libet 2004). Diese würden – was allerdings von Libet selbst nicht behauptet wird und auch keine zwingende Interpretation seiner Experimente ist – zeigen, dass Entscheidungen und vermeintlich frei gewählte Handlungen durch ihnen vorangehende unbewusste neuronale Prozesse initiiert und determiniert würden. Nicht menschliche Handlungssubjekte, sondern Verschaltungen und Aktivierungen von Nervenzellen würden Entscheidungen festlegen. Daher fordert z. B. Singer programmatisch: „Wir sollten aufhören, von Freiheit zu sprechen" (2004, 30). Da *nichts* ursachenlos und *alle* menschlichen Handlungen verursacht sind, ist hieraus die Konsequenz zu ziehen, die die genannten Hirnforscher auch tapfer ziehen: dass nämlich *alle* menschlichen Handlungen, weil verursacht, entschuldigt und nicht vorwerfbar sind.[232] Eben hierauf habe das Strafrecht Rücksicht zu nehmen. Strafen seien abzuschaffen, nur noch therapeutisch begründete verhaltensregulierende Maßnahmen seien angezeigt.[233]

Ohne der uferlosen Diskussion um den Determinismus hier gerecht werden zu können, sei an dieser Stelle auf zwei Probleme des Determinismus verwiesen, um anzudeuten, warum auf die Frage nach den Bedingungen dafür, dass jemand nicht anders wollen kann als er tatsächlich will, hier *nicht* im deterministischen Sinne, also durch den Verweis auf das Verursachtsein des Wollens, geantwortet werden soll. Das erste Problem liegt darin, dass es, worüber die Floskel „kausale Determination" hinwegtäuscht, einen Unterschied zwischen „etwas verursachen" und „etwas festlegen" gibt. Ursachen müssen, wie vor allem M. Moore und Keil betont haben, keinesfalls notwendig als determinierende Ursachen gedacht werden.[234] Ursachen verursachen etwas. Aber sie legen damit nicht fest, dass es notwendig so sein muss. Der Hinweis auf Verursachtsein verleiht daher dem Determinismus keine modale Kraft, erklärt also nicht die von ihm behauptete Notwendigkeit des Naturverlaufs. Der Determinismus sieht sich daher dem Vorwurf ausgesetzt, „Kausalität" und „Notwendigkeit" ohne weitere Begründung gleichzusetzen, das Kausalprinzip mit dem Determinismusprinzip zu verwechseln und sich der dogmatischen Annahme zu verschreiben, dass Ursachen ihre Wirkungen „festlegen" würden.

Ein zweites Problem ist, dass Deterministen, wenn sie die Unfreiheit des Willens durch sein Verursachtsein erläutern, implizit ihren Gegnern, den Freiheitstheoretikern, eine Position unterstellen, die diese niemals vertreten würden – nämlich die These der Akausalität menschlicher Handlungen. Ein Verteidiger der Freiheit muss aber keinesfalls bestreiten, dass alle Ereignisse, also auch Willensakte, kausal verursacht sind. Er kann durchaus zugestehen, dass dies der Fall ist. Er muss, mit anderen Worten, keinesfalls die unplausible These der Akausalität menschlicher Handlungen und der Akausalität des Wollens vertreten. Er muss nicht, wie es ihm z. B. Schopenhauer in der *Freiheitsssschrift* unterstellt, jede menschliche Handlung als „ein unerklärliches Wunder, – eine Wirkung ohne Ursache" (Schopenhauer 1860a, ZA VI, 84) auffassen. In der vorherrschenden Variante der Freiheitstheorie, der akteurskausalen Variante, nehmen Freiheitstheoretiker an, dass Handlungen *auf bestimmte Weise* verursacht sind, nämlich *durch Personen*.[235] In der nicht-akteurskausalen, sondern ereigniskausalen Variante einer Freiheitstheorie, wie sie vor allem von Keil vertreten wird, nimmt ein Vertreter einer Freiheitstheorie zwar nicht an, dass ein Akteur seine Handlungen verursacht, wohl aber nimmt er an, dass Handlungen auf „normale", d. h. ereigniskausale Weise verursacht sind und die Kausalketten, in denen Handlungen stehen, „durch unsere Entscheidungen hindurchgehen", ohne die Freiheit dieser Entscheidungen zu gefährden (Keil 2017, 260–266). Auch in dieser Variante ist also ein Freiheitstheoretiker weit davon entfernt, die Akausalität menschlicher Handlungen zu behaupten. Ein Freiheitstheoretiker muss also nicht abstreiten, dass sowohl Handlungsereignisse als auch Willensakte verursacht sind – was auf die These hinausliefe, dass sie „Zufallsprodukte" sind, die gleichsam „vom Himmel fallen". Er muss vielmehr – als Akteurskausalist – erklären, was es heißt, dass Handlungen durch Personen verursacht werden, und wodurch sich diese Verursachung von „normaler" Verursachung von Naturereignissen unterscheidet und wie sie möglich ist, oder – als Ereigniskausalist – erläutern, warum das Verursachtsein von Handlungen nicht freiheitsgefährdend ist.

Wer Freiheit behauptet, behauptet nicht Akausalität. Und wenn wir die Freiheitsunterstellung bestreiten, bestreiten wir nicht Akausalität. Der Hinweis darauf, dass Wollen verursacht ist, geht daher, wenn mit ihm die Falschheit der Freiheitsunterstellung begründet werden soll, ins Leere. Da die Falschheit dieser Freiheitsunterstellung einen Entschuldigungsgrund darstellt, gilt auch, dass es nicht das Verursachtsein des Wollens ist, das einen solchen Entschuldigungsgrund darstellt.

4.2 Freie Willensbildung und „praktische Identität"

Eine andere Option zur Beantwortung der Frage, wann jemand nichts anderes wollen kann als das, was er will, beruft sich auf eine Verwendungsweise der Ausdrücke „müssen", „können" und „nicht können", zu deren Veranschaulichung regelmäßig Luthers berühmtes Diktum „Hier stehe ich, ich kann nicht anders" vor dem Reichstag zu Worms herhalten muss, die aber auch vorliegt, wenn wir in moralischen Kontexten etwas sagen wie „Ich kann sie einfach nicht belügen" oder „Ich muss doch meine Versprechen halten". Es handelt sich um eine Verwendungsweise dieser Ausdrücke, mit der angezeigt wird, dass eine Handlung oder ein Wollen Teil der *praktischen Identität* eines Akteurs ist und dass etwas anderes zu tun oder zu wollen eine Gefährdung dieser praktischen Identität wäre.[236] Was ist damit gemeint?

Es ist klar, was Luther mit seinen viel zitierten Worten *nicht* meinte, nämlich dass er in einem wörtlichen Sinne nicht anders konnte als vor dem Reichstag zu Worms zu seinen Thesen zu stehen. Natürlich konnte er das. Er konnte seine Thesen auch zurücknehmen. Es war weder naturgesetzlich noch logisch ausgeschlossen, das zu tun. Aber er drückte mit diesem Satz aus, dass es *aus seiner Sicht* „nicht in Frage kam", dies zu tun. Es handelt sich um eine Verwendungsweise, bei der die Ausdrücke „(nicht) können" bzw. „müssen" Anwendung finden, um aus der Binnenperspektive der Person die Einstellung zu ihrem Handeln zu charakterisieren. Die Person drückt aus, dass etwas anderes zu wollen als das, was sie will, nicht mit ihrem „evaluativen Selbstverständnis" als Person in Einklang zu bringen wäre. Sie müsste „eine andere Person" sein, um etwas anderes zu wollen als das, was sie will. Sie würde sich dann „verraten" oder „ihr Selbst aufgeben". Luther „konnte" in diesem Sinne nichts anderes wollen als das, was er wollte, und ebenso meinen wir, wenn wir etwas sagen wie „Ich kann sie einfach nicht belügen" nicht, dass dies wörtlich gesehen unmöglich wäre, sondern dass es Teil unserer praktischen Identität ist, nicht lügen zu wollen, und dass wir „uns aufgeben" würden, wenn wir uns dazu brächten, es zu wollen.

Wir können diese Verwendungsweise von „müssen" bzw. „nicht können" also durch zwei Merkmale charakterisieren. Erstens ist sie *relativ auf ein Wollen*. Jemand „muss etwas" oder „kann etwas nicht" tun nur insofern, als er etwas anderes will. Luther konnte seine Thesen nicht widerrufen relativ dazu, dass er zu seinem Glauben stehen wollte. Hätte er dieses Wollen nicht gehabt, hätte er auch aus seiner Sicht seine Thesen widerrufen „können". Zweitens ist festzuhalten, dass das Wollen, auf welches das „Müssen" bzw. „nicht Können" der praktischen Notwendigkeit relativ ist, ein solches ist, das der Sprecher selbst „nicht zur Disposition stellt". Es ist ein Wollen, das für ihn nicht hinterfragt werden kann, das aufzugeben für ihn „nicht in Frage kommt" und mit dem er sich in einem emphatischen Sinne „identifiziert".

Wenn wir in Kontexten, in denen wir fragen, ob Strafen nicht nur gerechtfertigt, sondern moralisch gerechtfertigt sind, die Freiheitsunterstellung verneinen, also sagen, dass jemand nicht anders wollen konnte, als er wollte, nehmen wir dann an, dass er in dem Sinne nicht anders wollen konnte, dass dies eine Gefährdung seiner „praktischen Identität" gewesen wäre? Ist also eine solche Gefährdung der praktischen Identität ein Entschuldigungsgrund, der eine Einschränkung von Strafen rechtfertigt? Dies ist aus folgendem Grund nicht der Fall. Das Wollen, das (aus der Sicht des Akteurs) nicht zur Disposition gestellt werden kann, weil es Teil seiner praktischen Identität ist, ist inhaltlich überhaupt nicht bestimmt. Es ist völlig offen, um welches Wollen es sich handelt. Es könnte sich auch um das Wollen eines Diktators oder eines Sadisten handeln, das der Diktator und der Sadist (aus ihrer jeweiligen Perspektive) nicht zur Disposition stellen können. Mit dem gleichen Recht, mit dem Luther sagte: „Hier stehe ich, ich kann nicht anders", könnte der Diktator „Ich kann nicht anders, als Oppositionelle einsperren zu wollen" oder der Tierquäler „Ich kann nicht anders, als Tiere quälen zu wollen" sagen. Auch dieses „nicht können" wäre relativ auf ein Wollen – das Wollen, das eigene Volk zu unterjochen oder Tiere leiden zu sehen –, das die Person „nicht zur Disposition" stellen kann, ohne ihre „Identität" aufzugeben und „mit dem sie sich identifiziert". Dass man aus der Außenperspektive den genannten Aussagen nicht zustimmen würde – wir würden natürlich normalerweise annehmen, dass der Tierquäler sehr wohl „anders kann" als Tiere quälen zu wollen –, ändert daran nichts, denn aus der Außenperspektive würde man auch Luthers Aussage, dass er „nicht anders konnte" als seine Glaubensgrundsätze weiter vertreten zu wollen, möglicherweise die Zustimmung verweigern. Es handelt sich also bei der Notwendigkeit, die in solchen Aussagen zum Ausdruck kommt, um eine *gefühlte* Notwendigkeit, die als solche rein subjektiv ist. Es ist eine Notwendigkeit für den Sprecher, keinesfalls unbedingt eine solche für den Beobachter.

Eine solche subjektive, nur als solche empfundene Notwendigkeit aber generiert keinen Entschuldigungsgrund und keinen Strafeinschränkungsgrund. Andernfalls könnte *jeder* von dem, was er tut, mit Recht sagen, dass er „nicht anders kann", als es zu tun, sofern nur das Wollen, auf das diese Aussage relativ ist, eines ist, mit dem er sich identifiziert, das er in diesem Sinne „nicht zur Disposition stellen kann". Das aber kann von jedem beliebigen Wollen gelten. Aber wenn dies so ist, hat der Verweis darauf, nichts anderes wollen zu können als das, was man will, keine entschuldigende Kraft. Dass jemand etwas sehr stark will und sich mit diesem Wollen, das er andernfalls zur Disposition stellen müsste, identifiziert, würden wir schwerlich als Grund dafür ansehen, jemanden in geringerem Ausmaß negativen Reaktionen auszusetzen, als wir es täten, wenn er es nicht so stark wollen und sich mit diesem Wollen nicht so stark identifizieren würde. Dass jemand „nichts anderes wollen kann als das, was er will", ist kein Strafeinschränkungsgrund, wenn wir dieses „nichts anderes wollen können" als Ausdruck seiner praktischen Identität auffassen.

4.3 Fehlende Zumutbarkeit

4.3.1 Einschränkung der freien Willensbildung und Zumutbarkeit

Was bedeutet es, dass jemand nichts anderes wollen kann als das, was er will – wenn nicht, dass sein Wollen verursacht ist, und wenn nicht, dass er im Sinne praktischer Identität nichts anderes wollen kann als das, was er will? Mein Vorschlag ist, die Rede davon, dass jemand nichts anderes wollen kann als das, was er will, als metaphorische Redeweise dafür aufzufassen, dass ihm nicht *zuzumuten* ist, etwas anderes zu wollen als das, was er will. Statt von „nicht anders wollen können" sollten wir von fehlender Zumutbarkeit sprechen. In Bezug auf die oben genannten, an Aristoteles angelehnten Beispiele bedeutet dies: Die Kassiererin hätte sich erschießen lassen wollen *können*; der Schiffskapitän hätte, statt die Last über Bord werfen zu wollen, auch die Mannschaft dem Untergang aussetzen wollen *können*, und jemand, der unter dem Einfluss der Drohungen des Diktators Unmoralisches tut, hätte stattdessen auch seine Familie opfern wollen können. Ein anderes Wollen wäre (unter kontrafaktischen Bedingungen) durchaus möglich gewesen. Ein solches Wollen ist nicht ausgeschlossen, aber es ist *nicht zumutbar*.

Die Ersetzung des Ausdrucks „Er kann nichts anderes wollen" durch „Etwas anderes zu wollen ist ihm nicht zumutbar" bedeutet, dass die Beantwortung der Ursprungsfrage, ob jemand „etwas anderes wollen kann als das, was er will", von einer sozialen Zuschreibungspraxis und faktischen Erwartungshaltungen abhängig gemacht wird. Zu sagen, dass jemand „nichts anderes wollen kann als das, was er will", heißt dann zu sagen, dass wir unsere normativen Erwartungen an ihn im Lichte von Entschuldigungsgründen, die eine andere Art der Willensbildung nicht zumutbar machen, modifizieren. Die Falschheit der Freiheitsunterstellung ist ein Entschuldigungsgrund, weil sie berechtigte Erwartungen an die Willensbildung einer Person angesichts von Hindernissen unterminiert (vgl. Kelly 2013, 256). Diese Ersetzung ermöglicht eine sehr viel ungekünsteltere Beschreibung der genannten Beispielfälle als das Festhalten an der Formulierung „nicht anders wollen können" – es scheint sehr viel natürlicher zu sagen, dass es der vom Bankräuber bedrohten Kassiererin nicht zuzumuten ist, sich erschießen lassen zu wollen, als zu sagen, dass sie nicht anders als sich nicht erschießen zu lassen wollen konnte –, provoziert allerdings den Einwand, dass damit die Entscheidung über das Vorliegen oder Nichtvorliegen eines Entschuldigungsgrundes – der fehlenden Freiheit – von faktischen Erwartungshaltungen und sozialen Konventionen abhängig gemacht wird, die als solche kontingent und normativ nicht gehaltvoll sind. Ob etwas als zumutbar erachtet wird oder nicht, ist demnach eine Frage, die von sozialen Konventionen, Erwartungen und Zuschreibungspraktiken abhängt – davon, was Personen einander zuzumuten bereit sind und was nicht. Menschen können aber, so der Einwand, die absurdesten Dinge voneinander erwarten oder sie einander zumuten – soll davon abhängen, ob jemand entschuldigt ist oder nicht?

Dieser Einwand ist zu akzeptieren. Tatsächlich wird die Frage, ob ein Verhalten entschuldigt ist (weil die Freiheitsunterstellung falsch ist) oder nicht, damit von einer Praxis sozialer Zuschreibungen und Erwartungen abhängig gemacht. Es gibt keine Zumutbarkeit jenseits sozialer Praktiken und Erwartungen. Es gibt keine Entschuldigungen jenseits der sozialen Praxis des Entschuldigens. Kein Grund ist „an sich" ein Entschuldigungsgrund, sofern er nicht im Rahmen einer sozialen Praxis als ein solcher anerkannt wird. Mit dieser These des Primats des Sozialen wird an Strawsons Einsicht angeknüpft, dass Verantwortlichmachen fundamentaler ist als Verantwortlichsein, dass wir also mit der Praxis des Verantwortlichmachens nicht auf eine vorgängige Überzeugung der Art, dass jemand verantwortlich ist, reagieren und es insofern keine „externen Fakten" der Verantwortlichkeit gibt.[237] Dies gilt nicht nur für die Praktiken der Verantwortungszuschreibung, sondern auch für die Praktiken der Modifikation dieser Verantwortungszuschreibungen auf der Grundlage von Entschuldigungsgründen. Ebenso wenig, wie es externe Fakten der Verantwortlichkeit jenseits der Praxis des Verantwortlichmachens gibt, gibt es externe Fakten der Entschuldigung jenseits der Praxis des Entschuldigens.

Man könnte jedoch den genannten Einwand dahingehend verschärfen, dass man mutmaßt, das Primat des Sozialen – der Praxis des Entschuldigens gegenüber dem Vorliegen von Entschuldigungsgründen – bedeute auch, dass es nicht mehr möglich sei, zwischen richtigen und falschen Zuschreibungen und Erwartungshaltungen zu unterscheiden.[238] Wenn die Praxis des Entschuldigens bestimmt, ob ein Entschuldigungsgrund vorliegt oder nicht, wie können wir dann noch zwischen der Wahrheit und der Falschheit der Behauptung, dass ein Entschuldigungsgrund vorliegt, unterscheiden, denn wie diese Praxis ausgestaltet ist, ist ja rein kontingent?

Auch dieser Einwand ist, wenngleich mit einer Einschränkung, im Kern zu akzeptieren: Es ist zwar nicht der Fall, wie der Einwand unterstellt, dass wir, wenn wir das Vorliegen von Entschuldigungsgründen von der sozialen Praxis des Entschuldigens abhängig machen, überhaupt nicht mehr zwischen der berechtigten und der unberechtigten Feststellung, dass ein Entschuldigungsgrund vorliegt, unterscheiden könnten. Aber diese Unterscheidung ist eine, die im Rahmen einer sozialen Praxis stattfindet und insofern „intern" zu ihr ist. Wir bewegen uns innerhalb dieses Rahmens von Zuschreibungen, wenn wir fragen, ob wir berechtigt sind, einen Entschuldigungsgrund zu attestieren oder nicht – in diesem Sinne spricht Strawson von einem „natural human commitment to ordinary inter-personal attitudes" als „part of the general framework of human life, not something that can come up for review" (1962, 198f.). Wir können zwischen korrekten und inkorrekten Behauptungen über das Vorliegen von Entschuldigungen durchaus unterscheiden, aber wir können es nur, wenn wir uns schon innerhalb dieser sozialen Praxis bewegen, nicht mit distanziertem Beobachterblick auf sie. Innerhalb dieser Praxis können wir dann auch entscheiden, ob die Behauptung, dass es jemandem nicht zumutbar war, etwas anderes zu wollen als das, was er wollte, zutrifft oder nicht.

Was aber bedeutet hier „Zumutbarkeit"? Etwas als „zumutbar" zu qualifizieren heißt, dass die Mühe, die damit verbunden ist, keinen Grund dagegen darstellt, es von jemandem zu erwarten. Wenn ein Verhalten zumutbar ist, ist es mit einer gewissen Mühe verbunden, aber diese Mühe ist nicht so bedeutsam, dass sie uns die Berechtigung nähme, dieses Verhalten von jemandem zu erwarten. Zumutbarkeit hängt also mit normativen Erwartungen zusammen. Normative Erwartungen – die von prognostischen Erwartungen („Es ist zu erwarten, dass es morgen regnet") zu unterscheiden sind – bestehen darin, dass wir disponiert sind, das Erwartete zu fordern, und fordern heißt, Sanktionen für den Fall anzudrohen, dass jemand das Geforderte nicht tut.[239] Wer sagt „Die Annahme dieses Arbeitsplatzes ist P zumutbar", drückt damit aus, dass er die an P gerichtete normative Erwartung, den Arbeitsplatz anzunehmen, auch angesichts der damit für P verbundenen Mühen für angemessen hält. Es ist jemandem zumutbar, sich zu bücken, um eine Geldbörse aufzuheben, die jemand anders, ohne es zu bemerken, verloren hat, d. h. die Mühe, die damit verbunden ist, ist so minimal, dass sie keinen Gegengrund zu der berechtigten Erwartung darstellt, jemand möge sich bücken, um die Geldbörse aufzuheben. Sie unterminiert daher nicht die Berechtigung der negativen Reaktion für den Fall, dass jemand dieser normativen Erwartung nicht entspricht. Zumutbarkeit ist also nicht etwa der Grund dafür, dass wir von jemandem etwas erwarten. Die Gründe für normative Erwartungen sind von Zumutbarkeit ganz unabhängig. Aber *wenn* wir von jemandem etwas erwarten, bedeutet die Zumutbarkeit dessen, was wir von ihm erwarten, dass die damit verbundene Mühe kein Gegengrund gegen diese Erwartung ist. Sie unterminiert nicht die Berechtigung dieser Erwartung und der damit einhergehenden negativen Reaktionen für den Fall, dass der Erwartung nicht entsprochen wird.

In diesem Sinne können wir es manchmal auch als zumutbar erachten, dass jemand etwas anderes will als das, was er tatsächlich will. Häufig tun wir es. Wer einen anderen Menschen umbringen will, dem ist es unter normalen Umständen zuzumuten, etwas anderes zu wollen als eben dies. Es ist ihm zuzumuten, einen anderen nicht töten zu wollen. Wenn jemand bis 12 Uhr mittags schlafen will, ein Stellenangebot nicht annehmen will, sich nicht bücken will, um jemandes Geldbörse aufzuheben, würden wir unter normalen Umständen sagen, dass es ihm zuzumuten wäre, etwas anderes zu wollen als das, was er will. Die Mühe, die es ihn kosten würde, dies zu wollen, wäre nicht so groß, dass sie unsere Berechtigung dazu unterminieren würde, es von ihm zu erwarten und ihn negativen Reaktionen auszusetzen, wenn er das, was wir von ihm erwarten, nicht tut.

Manchmal ist es aber einer Person auch *nicht* zuzumuten, etwas anderes zu wollen als das, was sie will. Manchmal wäre die Mühe, die es für eine Person bedeuten würde, etwas anderes zu wollen als das, was sie will, so groß, dass sie unsere Berechtigung unterminiert, von der Person zu erwarten, dass sie etwas anderes will als das, was sie tatsächlich will. Das ist, wie bereits erwähnt, in den genannten Beispielfällen der Fall. Die Kassiererin z. B. könnte sich, konfrontiert mit der „Geld oder Leben!"-Drohung des Bankräubers, zwar erschießen lassen wollen, aber es wäre ihr nicht zuzumuten, dies zu wollen, ebenso wenig, wie jemandem, der angesichts der erpresserischen Drohung des Diktators, andernfalls seine Familie zu schädigen, etwas Unmoralisches tut, zuzumuten ist, etwas anderes zu wollen als eben dies. Das wäre „zuviel verlangt". Dass es einer Person nicht zuzumuten ist, etwas anderes zu wollen als das, was sie will, kann mindestens zwei Gründe haben, die im Folgenden genannt werden sollen.

4.3.2 Fehlende Zumutbarkeit (1): Fehlende Fähigkeiten

Zum einen kann diese Unzumutbarkeit in der fehlenden *Fähigkeit* der Person begründet sein, etwas anderes zu wollen als das, was sie will.[240] Wenn eine Person nicht in der Lage ist, etwas anderes zu wollen als das, was sie will, werden wir dies als Entschuldigungsgrund akzeptieren und unsere normativen Erwartungen an diese Person modifizieren. Wir werden dann von ihr eine andere Willensbildung auch nicht mehr (normativ) erwarten. Auf diesen Grund dafür, dass es jemandem nicht zuzumuten ist, etwas anderes zu wollen als das, was er will – auf die fehlende Fähigkeit dazu – stellt der § 20 StGB ab:

> Ohne Schuld handelt, wer bei Begehung der Tat wegen einer krankhaften seelischen Störung, wegen einer tiefgreifenden Bewusstseinsstörung oder wegen Schwachsinns oder einer schweren anderen seelischen Abartigkeit unfähig ist, das Unrecht der Tat einzusehen oder nach dieser Einsicht zu handeln (§ 20 StGB).

In diesem Paragraphen, der moralische Schuld und moralische Verantwortlichkeit als Normalfall unterstellt, um dann die diese Unterstellung als falsch nachweisenden Entschuldigungsgründe zu spezifizieren, werden fehlende Einsichtsfähigkeit – jemand ist unfähig, das Unrecht der Tat einzusehen – und fehlende Steuerungsfähigkeit – jemand ist fähig, das Unrecht der Tat einzusehen, ist aber unfähig, entsprechend dieser Einsicht zu handeln – als Entschuldigungsgründe genannt, von denen jeder für sich genommen hinreichend ist, moralische Schuld aufzuheben.[241] Liegt Einsichts- oder Steuerungsunfähigkeit vor, konnte jemand nichts anderes wollen als das, was er wollte. Ist z. B. jemand, der einen anderen zu Tode bringen will, nicht fähig, das Unrecht der Tat zu erkennen, ist er nicht in der Lage, etwas anderes zu wollen als das, was er will. Um etwas anderes zu wollen als das, was er will, hätte er einsehen müssen, dass das, was er will, ein Unrecht ist, und dazu war er nicht fähig. Oder es gilt, dass er zwar fähig ist, das Unrecht der Tat einzusehen, aber nicht fähig, entsprechend dieser Einsicht zu handeln, und auch dann ist er nicht in der Lage, etwas anderes zu wollen als das, was er will. In beiden Fällen kann er das Wollen, gemäß der Norm zu handeln, nicht ausbilden.[242] Folgt man dem oben formulierten Ratschlag, die in den vorhergehenden Sätzen verwendete Formulierung „nicht anders wollen können" durch die Bezugnahme auf Zumutbarkeit zu ersetzen, wird man diesen Befund wie folgt ausdrücken: In beiden Fällen ist ihm aufgrund des Fehlens einer Fähigkeit nicht zuzumuten, etwas anderes zu wollen als das, was er will.

Liegt eine solche Schuldunfähigkeit vor, ändern wir die Einstellung gegenüber einer Person auf die zweite der beiden oben genannten und von Strawson beschriebenen Weisen. Wir nehmen dann nicht nur eine andere Einstellung gegenüber einer bestimmten *Handlung* der Person ein, sondern gegenüber der Person selbst. Genauer: Wir hören dann auf, diese Person *als Person* anzusehen. Wir sehen sie dann nicht mehr als moralisch verantwortlichen und zurechnungsfähigen Akteur an, mit dem wir als Person interagieren können, sondern als Objekt einer Steuerungsmaßnahme, als jemanden, der einer Behandlung, einer Therapie, der Fürsorge, der Steuerung bedarf.

Die Einschränkung der Schuldfähigkeit ist jedoch eine Sache des Grades. Die Schuldfähigkeit kann auch – wie in § 21 StGB festgestellt wird – zwar nicht aufgehoben, aber vermindert sein, wenn nämlich „die Fähigkeit des Täters, das Unrecht der Tat einzusehen oder nach dieser Einsicht zu handeln, aus einem der in § 20 bezeichneten Gründe bei Begehung der Tat erheblich vermindert" ist (StGB § 21; vgl. hierzu Keil 2017, 186). Faktisch wird in der Rechtspraxis vermutlich häufiger eine Einschränkung der Schuldfähigkeit als deren komplettes Fehlen festgestellt. Entsprechend springt auch unsere Einstellung gegenüber der Person nicht mit Erreichen eines Umschlagpunktes plötzlich in der Weise um, dass wir gänzlich aufhörten, die Person als Person anzusehen. Analog dazu, dass wir Kindern, die in das Personensein hineinwachsen, eine Zeit lang zwar noch nicht vollständig, aber schon in Ansätzen als Personen begegnen können, können wir Personen bei eingeschränkter Schuldfähigkeit zwar nicht mehr vollständig, aber noch in Ansätzen als Personen begegnen. Entsprechend dem Kontinuum des Abnehmens der Schuldfähigkeit bis hin zur Schuldunfähigkeit gibt es ein Kontinuum der Änderung unserer Einstellungen gegenüber einer Person bis hin zu dem Punkt, an dem wir sie gar nicht mehr als Person wahrnehmen. Nicht einleuchtend ist es allerdings, dass in § 21 die Gründe für geminderte Schuldfähigkeit auf die „in § 20 bezeichneten Gründe" beschränkt werden, denn es kann über diese in § 20 genannten Gründe wie „tiefgreifende Bewusstseinsstörung" oder „Schwachsinn" hinaus viele andere Gründe dafür geben, dass die Fähigkeit, etwas anderes zu wollen als das, was man will, reduziert ist. (In der Rechtsprechung werden diese Gründe bei der Strafzumessung auch berücksichtigt.) Wer z. B. unter sozial schwierigen Bedingungen aufgewachsen ist und in seiner Kindheit nur Gewalt kennengelernt hat, der hat, ohne deswegen schuldunfähig zu sein, vermutlich die Fähigkeit, auf den Einsatz von Gewalt als Konfliktlösungsmittel zu verzichten, in geringerem Ausmaß entwickelt als jemand, der schon in seiner Kindheit gelernt hat, Konflikte gewaltfrei zu lösen. Es stellt für ihn, sofern er einen Konflikt mit Gewalt lösen will, eine größere Zumutung dar, etwas anderes zu wollen als eben dies, als für jemanden, der unter sozial günstigeren Bedingungen aufgewachsen ist und der gelernt hat, wie er, wenn er einen Konflikt mit Gewalt lösen will, diesem Wollen entgegenwirken kann, um etwas anderes zu wollen. Es kann auch sein, dass diese Fähigkeit situativ bedingt herabgesetzt ist, etwa unter dem Einfluss von Provokation: Wer provoziert wird, dessen Fähigkeit, etwas anderes zu wollen als das, was er im Zustand des Provoziertseins will, wird eingeschränkt sein, was einen Schuldminderungs-, aber keinen Schuldaufhebungsgrund darstellen wird.[243]

Die Anwendung des § 20 StGB findet in der Rechtspraxis zweistufig statt: Zunächst wird das Vorliegen der Eingangsmerkmale geprüft, also der zum Tatzeitpunkt bestehenden und in § 20 genannten Störungen des Täters, in einem zweiten Schritt werden dann die Auswirkungen dieser Störungen auf Einsichtsfähigkeit und Steuerungsfähigkeit des Täters geprüft (vgl. Erber-Schropp 2016, 167f.). Dabei ist es notorisch schwierig zu entscheiden, ob diese Fähigkeiten tatsächlich nicht vorliegen (oder eingeschränkt sind) oder ob eine Person sehr wohl über diese Fähigkeiten verfügte und sie nur nicht ausüben wollte.[244] Da wir häufig das Fehlen von Fähigkeiten behaupten, obwohl wir sie haben und nur nicht ausüben wollen, und das exkulpierende „Ich konnte nicht anders!" häufig nur eine Bemäntelung des weniger vorteilhaften, weil nicht schuldausschließenden „Ich konnte anders, ich wollte nur nicht anders!" ist, gilt es, zwischen dem Fehlen der Fähigkeit und dem Vorliegen der Fähigkeit bei fehlendem Willen zu ihrer Ausübung zu unterscheiden. Wie also lassen sich Fälle, in denen einer Person die Fähigkeit zur freien Willensbildung fehlt (oder diese Fähigkeit eingeschränkt ist), von Fällen abgrenzen, in denen die Person diese Fähigkeit zwar hat, sie aber nicht ausüben will?

Keil schlägt vor, zur Lösung dieses Abgrenzungsproblems Kants „Galgentest" anzuwenden (Kant, KpV A54 [AA V, 30]; Keil 2017, 180–182, 186–188). Behauptet jemand, mit einem Vorwurf für eine Handlung – im Beispiel Kants: dem Vorwurf, einer „wolllüstigen Neigung" gefolgt zu sein – konfrontiert, dass er angesichts seiner unbezwingbaren Neigung „nicht anders konnte", als so zu handeln, könnte man die Wahrheit seiner Behauptung prüfen, indem man ihm glaubhaft in Aussicht stellte, im Falle einer solchen Handlung an den Galgen geknüpft zu werden, also indem man ein starkes Gegenmotiv zu dieser Handlung setzte. In diesem Fall – so Kant, der sich hier gegen die laxe Berufung auf vermeintlich „unwiderstehliche Neigungen" als Entschuldigungsgrund wendet, und, Kant folgend, Keil – würde sich zeigen, dass die Person entgegen ihrer Behauptung sehr wohl in der Lage war, anders zu handeln, als sie es getan hat: Konfrontiert mit der Aussicht auf den Galgen, würde sie die Handlung unterlassen, und weil aus Tun Können folgt, würde sie damit auch zeigen, dass sie sie unterlassen *kann*, dass sie also die Fähigkeit, diese Handlung zu unterlassen, durchaus hatte und sie nur nicht ausüben wollte.

Der Galgentest bietet sich als Test zur Abgrenzung von Fällen, in denen jemand unfähig ist, etwas anderes zu wollen als das, was er will, von Fällen, in denen jemand hierzu zwar fähig ist, diese Fähigkeit aber nicht ausüben will, durchaus an. Konfrontiert mit der im Falle der Tatbegehung drohenden Todesstrafe – und zwar in einer Weise, dass deren Vollstreckung nicht zum Zeitpunkt der Tatbegehung als fernliegende und nicht sehr wahrscheinliche Möglichkeit diskontiert werden könnte, sondern glaubhaft als im Falle der Tatbegehung unmittelbar bevorstehend dargestellt werden wird –, würden viele, die sich anschicken, einen anderen Menschen töten zu wollen, dokumentieren, dass sie sehr wohl auch anderes wollen können als eben dies. Sie könnten es auch unterlassen wollen. Also, so wäre unter Anwendung des Galgentests zu sagen, haben sie auch die Fähigkeit, etwas anderes zu wollen. Der Vergewaltiger, der behauptet, aufgrund seiner Triebdynamik steuerungsunfähig gewesen zu sein, und ins Feld führt, dass er nicht anders konnte, als sein Opfer vergewaltigen zu wollen, würde auf gleiche Weise bei – glaubhafter und realistischer, nicht diskontierbarer – Inaussichtstellung des Galgens für den Fall der Tatbegehung kurz vor ihrer geplanten Ausführung dokumentieren, dass er sehr wohl in der Lage war, sein Opfer nicht vergewaltigen zu wollen. Er hatte die Fähigkeit, etwas anderes zu wollen als das, was er wollte. Er wollte diese Fähigkeit nur nicht ausüben.

So attraktiv Kants Galgentest als Abgrenzungsmethode zwischen fehlender Fähigkeit und vorliegender Fähigkeit bei fehlendem Willen, diese Fähigkeit auszuüben, auch ist, ist er doch mindestens zwei Problemen ausgesetzt. Das erste Problem ist, dass er mit dem Gegenbeispiel des religiösen Fanatikers und Selbstmordattentäters konfrontiert ist, der sich auch durch die Inaussichtstellung des Galgens (oder anderer Todesarten) keinesfalls von seinem Tun abbringen lässt. Für den Selbstmordattentäter ist der Tod kein Gegenmotiv. Man würde aber vom Selbstmordattentäter normalerweise – sofern nicht besondere Faktoren wie eine vorhergehende Gehirnwäsche Anlass geben, an dieser Annahme zu zweifeln – durchaus sagen, dass er die Fähigkeit hat, ein anderes Wollen auszubilden und von seinem Tun Abstand zu nehmen. Der Galgentest liefert in diesem Fall, wie Keil schreibt, „das falsche Ergebnis" (2017, 181). Er liefert das Ergebnis, dass der Selbstmordattentäter, da er sich vom Galgen unbeeindruckt zeigt, die fragliche Fähigkeit nicht habe. Er hat sie aber. Das Problem ist, dass nicht klar ist, ob der Galgentest angesichts dieses Gegenbeispiels seine Abgrenzungsfunktion weiterhin erfüllen kann. Vordergründig ist der durch das Gegenbeispiel für den Galgentest entstehende Schaden leicht reparabel. Man kann schlicht das Gegenmotiv so variieren, dass der Galgentest auch im Falle des Selbstmordattentäters das „richtige Ergebnis" liefert. Würde man dem Selbstmordattentäter und religiösen Fanatiker statt des Galgens den Verlust des Himmelreiches in Aussicht stellen, würde er sich dadurch von seinem Tun abhalten lassen. Der Test würde dann das „richtige Resultat" erbringen, nämlich dasjenige, dass er die Fähigkeit zur Unterlassung der Tat zweifellos hat. Allerdings taucht dann das Problem auf, dass es *immer* etwas zu geben scheint, das vermeiden zu wollen ein Gegenmotiv ist, das stark genug ist, um jemanden von einer geplanten Handlung Abstand nehmen zu lassen, so dass dann gar nicht mehr gesagt werden kann, dass jemand eine Fähigkeit, eine Handlung zu unterlassen, *nicht* hat. Selbst bei einem nach allgemeinem Dafürhalten und einhelliger Expertenmeinung psychisch kranken Menschen ist die Annahme plausibel, dass es *irgendetwas* gibt, das als Gegenmotiv zu der geplanten Handlung fungieren könnte. Hätte man dem als paranoid eingestuften und nach der Tat in die Psychiatrie eingewiesenen Mann, der im Sommer 2019 eine ihm völlig unbekannte Frau und deren Tochter im Frankfurter Hauptbahnhof auf die Gleise vor einen einfahrenden Zug stieß, unmittelbar vor der Bewegung, die er ausführte, glaubhaft schlimmste Folter für den Fall in Aussicht gestellt, dass er diese Bewegung vollziehen würde – ist es nicht plausibel anzunehmen, dass auch er sich dadurch von dieser Tat hätte abhalten lassen? In diesem Fall aber müssten wir ihm unter Anwendung des Galgentests die Fähigkeit, diese Handlung zu unterlassen, zusprechen, obwohl sie ihm abzusprechen war, weswegen er als nicht schuldfähig eingestuft wurde. Es besteht also die Gefahr, dass der Galgentest entweder in die eine oder in die andere Richtung falsche Ergebnisse liefert: entweder in der Weise, dass Personen Fähigkeiten abgesprochen werden, die sie haben, oder, wenn man dies durch eine flexible Handhabung der als Gegenbeispiele angeführten Szenarien verhindern will, in der Weise, dass Personen Fähigkeiten zugesprochen werden, die sie nicht haben.

Das zweite Problem ist, dass der Galgentest zwar auf die in § 20 StGB genannte Steuerungsfähigkeit, nicht aber auf die ebenfalls in diesem Paragraphen genannte Einsichtsfähigkeit anwendbar zu sein scheint. Vielmehr scheint er hier völlig zu versagen. Auch hier besteht aber die genannte Abgrenzungsnotwendigkeit. So wie jemand behaupten kann, die Steuerungsfähigkeit nicht zu haben, obwohl er sie hat und nur nicht ausüben will, kann jemand auch behaupten oder vorgeben, eine Einsichtsfähigkeit nicht zu haben, obwohl er sie sehr wohl hat und nur nicht ausüben will. Eine Einsichtsfähigkeit zu haben und nicht ausüben zu wollen ist keinesfalls abwegig. Es gibt nicht wenige Fälle von Verdrängung, die sich so beschreiben lassen. Eichmann hatte sehr wohl die Fähigkeit einzusehen, dass das, was er tat, ein Verbrechen war; er war intelligent genug dazu. Er wollte aber anscheinend diese Fähigkeit nicht ausüben und richtete sich daher in der Lüge ein, dass er selbst ja nicht maßgeblich an der Ausführung der von ihm organisierten Verbrechen beteiligt sei und daher nicht moralisch dafür verantwortlich zu machen wäre. Aber offensichtlich ist der Galgentest kein probates Mittel, um solche Fälle von Fällen einer tatsächlich vorliegenden Einsichtsunfähigkeit zu unterscheiden. Man kann jemanden (leider) durch Inaussichtstellung eines Galgens nicht dazu bringen, seine Einsichtsfähigkeit auch auszuüben. Also kann man nicht auf diese Weise zeigen, dass er diese Einsichtsfähigkeit hat. Der Galgentest ist in Bezug auf Einsichtsfähigkeit schlicht nicht anwendbar.

Ich breche hier ab und möchte die Frage der Abgrenzbarkeit fehlender Fähigkeiten vom Unwillen, vorhandene Fähigkeiten auszuüben, nicht weiter verfolgen. Sie zu beantworten ist eher Aufgabe der philosophischen Handlungstheorie als einer Abhandlung über Strafen. Möglicherweise lässt sich hier nichts Befriedigenderes und Interessanteres sagen, als dass es eine Sache der sozialen Konvention und durch faktische Zuschreibungspraktiken geregelt ist, wie wir festlegen, ob jemand eine Fähigkeit hat oder nicht. In jedem Fall aber gilt: Das Fehlen der Fähigkeit, etwas anderes zu wollen als das, was man will, kann die Freiheitsunterstellung unterminieren und daher einen Entschuldigungsgrund darstellen, der geeignet ist, ein Absehen von Strafen zu begründen, insofern wir von Strafen verlangen, moralisch gerechtfertigt zu sein.

4.3.3 Fehlende Zumutbarkeit (2): Unzumutbarkeit der Ausübung einer Fähigkeit

Der zweite Grund dafür, dass es nicht zumutbar ist, etwas anderes zu wollen als das, was man will, liegt vor, wenn zwar die Fähigkeit gegeben ist, etwas anderes zu wollen als das, was man will, aber die *Ausübung* dieser Fähigkeit nicht zumutbar wäre. Nicht immer, wenn jemand eine Fähigkeit hat, ist auch die Ausübung dieser Fähigkeit zumutbar.[245] Auch wenn wir jemandem die Fähigkeit, etwas anderes zu wollen als das, was er will, nicht absprechen, aber die Ausübung dieser Fähigkeit als unzumutbar erachten, liegt ein Entschuldigungsgrund vor, also ein Grund, der den Übergang von der Feststellung, dass jemand falsch gehandelt hat, zu derjenigen, dass er moralisch schuldhaft gehandelt hat und Vorwürfe verdient, blockiert. Hierauf stellt die Regelung zum entschuldigenden Notstand in § 35 StGB ab. Ein entschuldigender Notstand liegt vor, wenn zwar die Tatbestandsmerkmale vorliegen und auch – anders als beim rechtfertigenden Notstand – die Rechtswidrigkeit der Tat nicht aufgehoben ist, aber die Tat nicht individuell vorwerfbar ist, also keine moralische Schuld des Täters angenommen wird, so dass von einer Strafe abgesehen werden kann:

> Wer in einer gegenwärtigen, nicht anders abwendbaren Gefahr für Leben, Leib oder Freiheit eine rechtswidrige Tat begeht, um die Gefahr von sich, einem Angehörigen oder einer anderen ihm nahestehenden Person abzuwenden, handelt ohne Schuld. Dies gilt nicht, soweit dem Täter nach den Umständen, namentlich weil er die Gefahr selbst verursacht hat oder weil er in einem besonderen Rechtsverhältnis stand, zugemutet werden konnte, die Gefahr hinzunehmen [...] (§ 35 StGB).[246]

Mit dieser Regelung zum entschuldigenden Notstand wird der Möglichkeit Rechnung getragen, dass jemand – bei vorhandener Schuldfähigkeit – in einer Extremsituation zwar tatbestandsmäßig und rechtswidrig, aber ohne Schuld handeln kann. Wer sich z. B. als Ertrinkender an ein auf dem Wasser treibendes Brett klammert, um sein Leben zu retten, und es damit einem anderen vom Ertrinken Bedrohten unmöglich macht, sich zu retten, der handelt ohne Schuld. Ebenfalls ohne Schuld handelt, wer als Bergsteiger mit zwei Begleitern in einer Gefahrensituation, in der alle drei zu Tode zu kommen drohen, das Sicherungsseil abschneidet und damit den Tod seiner beiden Begleiter bewirkt, um sich selbst zu retten. Eine solche Notstandslage liegt jedoch nur dann vor, wenn die im ersten Satz des § 35 StGB genannten Umstände vorliegen. In diesem Satz wird die Notstandslage auf die Sicherung der elementaren Güter Leben, Leib und Freiheit eingeschränkt und zudem davon abhängig gemacht, dass die Gefährdung dieser Güter gegenwärtig ist, dass sie nicht anders abgewendet werden kann und dass sie dem Akteur selbst oder einer ihm nahestehenden oder verwandten Person gilt. Sind diese Bedingungen erfüllt, ist der Akteur entschuldigt und nicht zu bestrafen. Andernfalls aber, z. B. wenn der Akteur seinen Willen, das eigene Überleben zu sichern, auch auf andere Weise realisieren kann als indem er einer anderen Person das Überleben verunmöglicht, liegt kein entschuldigender Notstand vor. Es liegt dann auch kein Entschuldigungsgrund vor und kein Grund dafür, von einer Bestrafung abzusehen.

Liegen die die Notstandslage definierenden Umstände vor, liegt – bei durchaus vorhandener Schuld*fähigkeit* – eine Entschuldigung vor, *sofern* nicht die im zweiten Satz des § 35 genannten Gegengründe zu Entschuldigungen vorliegen. Diese Gegengründe sind gegeben, wenn Bedingungen vorliegen, bei deren Vorliegen jemand, obwohl die in der Spezifikation der Notstandslage gegebenen Bedingungen für Notstand vorliegen, *nicht* entschuldigt ist. Dies ist der Fall, wenn dem Täter, „weil er die Gefahr selbst verursacht hat oder weil er in einem besonderen Rechtsverhältnis stand, zugemutet werden konnte, die Gefahr hinzunehmen". Die erste entschuldigungsaufhebende Bedingung besagt: Wer z. B. jemanden durch Körperverletzung wehrlos gemacht und damit den Angriffen eines Dritten ausgesetzt hat, muss auch besondere Gefahren auf sich nehmen, um diese Angriffe abzuwehren. Ihm ist zuzumuten, sich in eine Gefahrensituation zu begeben und etwas anderes zu wollen als das, was er will, wenn er sich aus dieser Situation entfernen will. Der zweite mögliche Grund dafür, dass jemandem trotz Vorliegen der Notstandsmerkmale zugemutet werden kann, eine Gefahr hinzunehmen, ist dem Passus zufolge, dass ein „besonderes Rechtsverhältnis" ihn dazu verpflichtet. Ein solches besonderes Rechtsverhältnis liegt vor, wenn jemand in einer Rolle ist, in der ihm zugemutet werden kann, sich in Gefahrensituationen zu begeben, was z. B. bei Ärzten, Polizisten oder Soldaten der Fall sein kann. Einem Soldaten oder Polizisten kann zugemutet werden, sich in eine für ihn besonders gefährliche Situation zu begeben, deren Hinnahme für Privatpersonen nicht zumutbar wäre. Darum liegt *keine* Entschuldigung vor, wenn eine in einem solchen Rechtsverhältnis stehende Person sich nicht in eine solche Situation begibt.[247] Beide genannten Gegengründe zum Vorliegen von Entschuldigungen zeigen, dass, wenn eine Entschuldigung im Sinne des § 35 StGB vorliegt, dies nicht etwa auf fehlende Fähigkeiten, sondern auf die Unzumutbarkeit der Ausübung dieser Fähigkeiten zurückzuführen ist. Es ist nicht so, dass demjenigen, der eine Gefahr verursacht hat, dadurch besondere Fähigkeiten zuwachsen würden, die demjenigen abgehen, der die Gefahr nicht verursacht hat. *Beide* haben diese Fähigkeit, aber demjenigen, der die Gefahr verursacht hat, ist zuzumuten, sie in Gefahrensituationen auch auszuüben. Und es ist nicht so, dass Polizisten oder Soldaten Fähigkeiten haben, die andere nicht haben, sondern dass sie Rollenpflichten übernommen haben, aufgrund derer man von ihnen die Ausübung dieser Fähigkeiten, die auch andere haben, in Situationen erwarten kann, in denen man sie von anderen nicht erwarten kann.[248]

Zwei Fragen tauchen auf. Zum einen: Warum erachten wir, wenn keiner der beiden genannten Gegengründe zu Entschuldigungen – Selbstverursachung oder besonderes Rechtsverhältnis – vorliegt, die Mühe, die es für jemanden bedeuten würde, in Situationen der geschilderten Art seine Fähigkeit, etwas anderes zu wollen als das, was er will, auszuüben, für so bedeutsam, dass diese Mühe einen Grund darstellt, von der Forderung an den Akteur, etwas anderes zu wollen als das, was er will, Abstand zu nehmen? Warum ist also diese Mühe bei Nichtvorliegen der entschuldigungsaufhebenden Gründe ein Grund dafür, dass es dem Akteur nicht zumutbar ist, etwas anderes zu wollen als das, was er will? Die naheliegende und plausible Antwort liegt im Verweis darauf, dass in diesem Fall das Wollen ein so elementares ist, dass es normalerweise nicht zur Disposition gestellt und der Person insofern nicht zugemutet werden kann, etwas anderes zu wollen als das, was sie will – „normalerweise", weil es bei Vorliegen der entschuldigungsaufhebenden Gegengründe eben doch zugemutet werden kann. Der elementare Überlebenswille einer Person z. B. ist normalerweise so stark, dass jemandem in Notstandssituationen nicht zuzumuten ist, etwas anderes zu wollen als sein eigenes Überleben. Natürlich gibt es Menschen, z. B. Suizidale, die dieses Wollen nicht haben; dies ändert aber nichts daran, dass dieses Wollen im Normalfall als ein – wie Stemmer sagt – „eingerammtes Wollen" zu gelten hat, d. h. als ein Wollen, das, wenn es vorliegt, aus anthropologischen Gründen nicht zur Disposition gestellt werden kann (vgl.

Stemmer 2000, 194–198; Stemmer 2016, 42f., 107–112). Es kann jedenfalls in dem Sinne nicht „zur Disposition gestellt werden", dass wir die Überwindung dieses Wollens von jemandem im Normalfall nicht *erwarten* können. Der mit der Drohung des Bankräubers konfrontierten Kassiererin z. B. ist nicht zuzumuten, die eigene Tötung zu wollen, weil der Wille, der sich auf das eigene Überleben richtet, ein zu elementarer Wille ist, als dass man von jemandem normalerweise verlangen könnte, gegen diesen Willen zu handeln. Auch dass jemand unter dem Druck der Drohungen eines Diktators seine Familie retten will und dafür etwas Unmoralisches tut, ist in diesem Sinne ein „eingerammtes Wollen".

Die zweite Frage ist, warum wir manchmal die Ausübung der Fähigkeit, etwas anderes zu wollen als das, was man will, als zumutbar erachten und manchmal nicht, genauer: warum wir sie gerade in Fällen der Selbstverursachung oder bei Vorliegen eines besonderen Rechtsverhältnisses als zumutbar erachten und in anderen Fällen nicht. Es ist nicht einleuchtend, dass in Fällen der Selbstverursachung oder bei Vorliegen eines besonderen Rechtsverhältnisses die Anstrengung, die damit verbunden wäre, etwas anderes zu wollen als das, was man will, geringer wäre als in anderen Fällen (vgl. Roxin 1994, 812f.). Einem Polizisten wird es vermutlich genauso schwer fallen, sich in eine Gefahrensituation zu begeben und seinem Impuls, fliehen zu wollen, entgegenzuwirken, wie jemandem, der kein Polizist ist; warum also nehmen wir ihn aufgrund der Tatsache, dass er ein Polizist ist, von Entschuldigungsgründen aus? Die trockene Antwort hierauf lautet: Es gibt schlicht soziale Arrangements, die letztlich durch ihre gesamtgesellschaftliche Nützlichkeit zu erklären sind und die festlegen, dass wir von bestimmten Rollenträgern die Ausübung von Fähigkeiten in Situationen erwarten, in denen wir sie von anderen, die nicht in diesen Rollen sind, nicht erwarten würden. Auch hier gibt es – im Sinne Strawsons – ein Primat der sozialen Praxis: Ob eine Entschuldigung vorliegt oder nicht, hängt von der Praxis des Entschuldigens ab. *Weil* wir eine Zuschreibungspraxis haben, die Polizisten und andere Rollenträger in bestimmten Situationen von Entschuldigungsgründen ausnimmt, *sind* sie dann auch von Entschuldigungsgründen ausgenommen. Die Suche nach jenseits dieser Praxis liegenden Entschuldigungsgründen sollten wir einstellen. In letzter Instanz können wir nur auf die soziale Praxis des Entschuldigens bei Vorliegen bestimmter Bedingungen, die wir als Entschuldigungsgründe anerkennen, verweisen. Das gilt auch für die von Entschuldigungsgründen ausnehmenden Fälle der Selbstverursachung und des Vorliegens eines besonderen Rechtsverhältnisses.

Liegt eine Entschuldigung nach § 35 StGB vor, so ist sie plausiblerweise ebenfalls – wie eine Entschuldigung nach § 20 StGB – als eine Entschuldigung des zweiten der beiden von Strawson genannten Typen von Entschuldigungen aufzufassen, d. h. es handelt sich um eine Entschuldigung, bei der wir unsere reaktive Haltung gegenüber der Person, nicht nur gegenüber ihrer Handlung, modifizieren.[249] Wir tun dies allerdings, anders als beim Fehlen von Fähigkeiten, für das der § 20 StGB einschlägig ist, nur punktuell. Es handelt sich gleichsam um eine lokal begrenzte, mit Rücksicht auf die besonderen Umstände vorgenommene und vorübergehende Außerkraftsetzung der normalen reaktiven Haltungen, die wir gegenüber einer Person haben. Während wir beim Schuldunfähigen entscheiden, ihn dauerhaft nicht mehr als Person, mit der wir interagieren können, sondern als zu therapierendes oder zu behandelndes Objekt, als Schaltstelle in einem Regulationsmechanismus, anzusehen, ist dies bei Vorliegen eines entschuldigenden Notstands nur mit Rücksicht auf die besonderen Umstände der Fall, außerhalb derer wir den Akteur sehr wohl als moralisch verantwortliche Person ansehen. In diesen besonderen Umständen aber kann der Person nicht zugemutet werden, ihre Fähigkeit, etwas anderes zu wollen als das, was sie will, auch auszuüben. Die Impulse, die in solchen außergewöhnlichen Situationen zum Tragen kommen, insbesondere der Impuls, das eigene Leben retten zu wollen, aber auch derjenige, das Leben anderer Nahestehender oder ein anderes der benannten Güter retten zu wollen, sind, so wird angenommen, quasi-kreatürlich und zu stark, als dass wir – sofern nicht besondere Gegengründe zu den Entschuldigungsgründen vorliegen, die uns aufgrund sozialer Arrangements berechtigen, es doch als zumutbar zu erachten – es von jemandem erwarten könnten, diesen Impulsen entgegen zu handeln. Die Person ist dann nicht aufgrund fehlender Fähigkeiten, aber aufgrund der besonderen Umstände und der fehlenden Zumutbarkeit der Ausübung dieser Fähigkeiten entschuldigt und nicht zu bestrafen.

IX Entschuldigungsgründe (2): Fehlende Absichtlichkeit

Im vorhergehenden Kapitel war von Freiheitseinschränkungen als Entschuldigungsgründen die Rede; im folgenden Kapitel wird es um Einschränkungen von Absichtlichkeit gehen. Auch der Nachweis fehlender Absichtlichkeit kann eine Unterstellung, die wir bei der Zuschreibung moralischer Verantwortlichkeit machen, als falsch nachweisen. Auch das Fehlen von Absichtlichkeit ist daher – bei Vorliegen noch zu nennender Zusatzbedingungen – ein Entschuldigungsgrund. Es ist ein Grund dafür, das Ausmaß einer Strafe zu reduzieren; sind die zu nennenden Zusatzbedingungen erfüllt, ist es sogar ein Grund dafür, von Strafen abzusehen. Nach einigen Vorbemerkungen zum Begriff der Absichtlichkeit (1) wird im Folgenden deutlich gemacht, wie und unter welchen Bedingungen fehlende Absichtlichkeit einen Entschuldigungsgrund darstellt (2). Sodann wird ein Stufenmodell der Absichtlichkeitseinschränkung entwickelt: Während das Fehlen von Absichtlichkeit auf den ersten drei Stufen einen Schuldminderungsgrund, aber keinen Entschuldigungsgrund generiert, liegt auf der vierten der vier zu unterscheidenden Stufen der Absichtlichkeitseinschränkung ein Entschuldigungsgrund vor (3). Abschließend wird deutlich gemacht, wie und in welcher Form auf der Grundlage des in den vorhergehenden beiden Kapiteln über Entschuldigungsgründe Gesagten das Schuldprinzip (4) und das Verhältnismäßigkeitsprinzip (5) in die im Vorhergehenden entwickelte Straftheorie eingebaut werden können.

1 Absichtlichkeit – einige Vorbemerkungen

Absichtlichkeit und Freiwilligkeit sind voneinander zu unterscheiden. Es kann sein, dass ein Tun nicht absichtlich ist, ohne dass man aber von einer Freiheitseinschränkung in dem in Kapitel VIII erläuterten Sinne sprechen würde. Wer stolpert, sich beim Rasieren schneidet, sich in Form einer Freudschen Fehlleistung verspricht, tut das, was er tut, nicht absichtlich; vielmehr handelt es sich um ein Versehen, ein Widerfahrnis. Aber es liegt keine Freiheitseinschränkung vor. Eine unabsichtlich verletzende Bemerkung ist keine, die man deswegen unfreiwillig gemacht hat. Andererseits kann es sein, dass jemand absichtlich, aber nicht freiwillig handelt. Dies ist in den im vorhergehenden Kapitel erörterten Beispielen der Fall. Die Kassiererin, die unter dem Eindruck der vorgehaltenen Pistole dem Bankräuber das Geld gibt, handelt im erläuterten Sinne unter einer Freiheitseinschränkung. Aber sie handelt durchaus absichtlich. Die Übergabe des Geldes ist kein Zufall oder Versehen. Die Kassiererin würde sich, fiele ihr das Geld versehentlich aus der Hand, bemühen, es aufzuheben und die Geldübergabe abzuschließen etc. Auch wer unter dem Eindruck der Drohungen des Diktators etwas Unmoralisches tut, um seine Familie zu retten, ist, wie erläutert, in seiner freien Willensbildung eingeschränkt, handelt aber absichtlich. Was er tut, ist kein Versehen und kein bloßes Widerfahrnis.

Mit der Zuschreibung moralischer Verantwortlichkeit für ein Tun geht nicht nur die Unterstellung einer freien Willensbildung, sondern auch die Unterstellung von Absichtlichkeit einher. Wir unterstellen, dass ein Tun, für das wir jemanden moralisch verantwortlich machen, nicht nur ein Geschehen, ein Widerfahrnis, sondern absichtsgeleitet ist. Eine Tötungshandlung, für die jemand moralisch verantwortlich ist, ist keine, die nur Folge eines tragischen Versehens ist, ein Betrug, den wir jemandem moralisch vorhalten, ist von einer aus Zerstreutheit und versehentlich erfolgenden Übervorteilung eines anderen, für die die Person nicht moralisch verantwortlich ist, deutlich unterscheidbar. Daher kann das Fehlen von Absichtlichkeit in genau dem Sinne als Entschuldigungsgrund gelten, in dem auch das Fehlen von Freiheit als Entschuldigungsgrund gelten kann. Fehlt Absichtlichkeit, ist eine Unterstellung, die mit der Zuschreibung moralischer Verantwortlichkeit einhergeht, unzutreffend.[250] Die Vorwürfe, die mit dieser Unterstellung einhergehen, werden daher rationalerweise korrigiert werden müssen. Und insofern Strafen auf der Zuschreibung moralischer Verantwortlichkeit beruhen, ist das Fehlen von Absichtlichkeit, die beim Strafen unterstellt wird, ebenfalls ein Grund, Strafen zu mindern oder, wenn Zusatzbedingungen vorliegen, von diesen sogar ganz abzusehen.

Liegt ein solcher Entschuldigungsgrund aufgrund des Fehlens von Absichtlichkeit und des Vorliegens von Zusatzbedingungen vor, handelt es sich um einen Entschuldigungsgrund der ersten der beiden von Strawson voneinander unterschiedenen Arten (Strawson 1962, 192f.). Wir hören dann durchaus nicht – wie im Falle der Schuldunfähigkeit oder, punktuell, im Falle des entschuldigenden Notstandes – auf, den Akteur selbst als einen moralisch verantwortlich handelnden und schuldfähigen Akteur anzusehen, ändern aber unsere Einstellung gegenüber seinen Handlungen, die wir ihm nicht oder nur in reduziertem Ausmaß vorwerfen. Die Handlung ist – je nach Art der Absichtlichkeitseinschränkung – dem Handelnden dann nur eingeschränkt oder gar nicht zurechenbar. Wir können zwar immer noch sagen, dass es *seine* Handlung ist, d. h. die Zuschreibbarkeit (*attributability*) der Handlung ist nicht berührt; aber wir würden ihn nicht mehr oder nur eingeschränkt für diese Handlung verantwortlich machen, d. h. es liegt nur eingeschränkte oder fehlende *accountability* vor.²⁵¹ Die Handlung, so würden wir dann sagen, ist „für ihn untypisch" oder „entspricht nicht seinem Charakter".²⁵²

Es ist sinnvoll, sich dem Begriff der Absichtlichkeit anzunähern, indem man nach der Funktion des Ausdrucks „absichtlich" und der Komplementärausdrücke wie „unabsichtlich", „ohne Absicht" und „versehentlich" fragt. Eine Beobachtung Ryles über die Verwendung der Ausdrücke „voluntary" und „involuntary" – die man mit „freiwillig" und „unfreiwillig" zu übersetzen pflegt, wenngleich die von Ryle gewählten Beispiele nahelegen, dass er sich damit eher auf Absichtlichkeit und Unabsichtlichkeit bezieht – aufgreifend, könnte man annehmen, dass auch „absichtlich" und die komplementären Ausdrücke ausschließlich in Fehlerkontexten Anwendung finden, d. h. in Kontexten, in denen es grundsätzlich möglich und sinnvoll ist, ein Tun einem Akteur vorzuwerfen (vgl. Ryle 1949, 67f. [chap. III/3]). Wo dies nicht der Fall ist, so könnte man mutmaßen, finden „absichtlich" und die entsprechenden Gegenausdrücke keine Anwendung. Wir fragen nicht, ob jemand absichtlich oder unabsichtlich die Aufgabe richtig gelöst oder eine tolle Party organisiert hat oder ob die Studierenden absichtlich oder versehentlich den Text gelesen haben. Wir fragen aber, ob jemand absichtlich oder unabsichtlich die Scheibe eingeschlagen oder eine verletzende Bemerkung gemacht hat. Hat er es unabsichtlich oder versehentlich getan, ist dies ein Grund dafür, die negativen Reaktionen, die sein Tun zunächst hervorruft, zu korrigieren. Es ist ein Grund dafür, davon Abstand zu nehmen, ihn für den Fehler zu tadeln oder zu strafen. Anders als Ryle in Bezug auf „voluntary" und „involuntary" nahelegt, können wir die Gegenausdrücke zu „absichtlich" aber durchaus auch verwenden, um positive Reaktionen zu korrigieren. Manchmal kommt zwar nicht in Betracht, dass jemand einen Fehler gemacht haben könnte, der, wenn er ihn absichtlich gemacht hat, Tadel verdient, wohl aber, dass jemand etwas gemacht haben könnte, was, wenn er es absichtlich gemacht hat, positive Reaktionen wie Lob verdient, hingegen nicht, wenn er es unabsichtlich oder versehentlich gemacht hat. Jemand kann unabsichtlich oder versehentlich Geld an eine Wohltätigkeitsorganisation überweisen, weil er die Kontonummer auf dem Überweisungsformular verwechselt hat. Jemand kann als Fußballspieler versehentlich das entscheidende Siegtor schießen, obwohl er eigentlich nur wütend den Ball in die Luft dreschen wollte. Jemand kann durch eine Verkettung von Zufällen unabsichtlich ein Leben retten, das er eigentlich zerstören wollte. In diesen Fällen verdient die Person nicht das Lob, das sie verdienen würde, wenn ihr Tun absichtlich wäre. Die Gegenbegriffe zu „absichtlich" werden also zwar auch, aber keineswegs nur in Fehlerkontexten verwendet. Sie dienen nicht nur dazu zu signalisieren, dass ein Fehler nicht oder jedenfalls nicht in dem gleichen Ausmaß vorwerfbar ist, wie er es wäre, wenn der Fehler absichtlich begangen worden wäre. Die Funktion dieser Ausdrücke ist allgemeiner zu beschreiben. Es handelt sich um *„korrektive Ausdrücke"*. Es sind Ausdrücke, mit denen wir dazu auffordern, eine reaktive Haltung, sei sie nun tadelnder oder lobender Art, zu korrigieren, also auf ein Tun nicht mit der Haltung des Tadels oder des Lobs zu reagieren, mit der wir reagieren, wenn das Verhalten absichtlich ist.

Die Gegenausdrücke zu „absichtlich" *können* in der Weise korrektiv verwendet werden, dass sie als Entschuldigungsausdrücke fungieren, nämlich dann, wenn sie eine negative reaktive Haltung wie Empörung oder Übelnehmen korrigieren.[253] Ist die Unterstellung von Absichtlichkeit falsch, findet also einer der Gegenbegriffe zu „absichtlich" Anwendung, ist dies ein Grund dafür, von den reaktiven Haltungen, die wir durch das Strafen ausdrücken und mit denen die Unterstellung von Absichtlichkeit einhergeht, abzuweichen. Hat der Spieler den Ball absichtlich ins eigene Tor befördert, verdient er dafür Tadel, hat er es unabsichtlich oder versehentlich gemacht, verdient er dafür möglicherweise weniger oder keinen Tadel. Stellt sich heraus, dass A den B nicht wie angenommen absichtlich, sondern unabsichtlich oder versehentlich getötet hat, ist A gegenüber nicht die negative Haltung angemessen, die es wäre, wenn die Absichtlichkeitsunterstellung zuträfe. Und es sind dann auch nicht mehr die Strafen angemessen, in denen diese reaktiven Haltungen zum Ausdruck kommen. Diese reaktiven Haltungen wie auch die entsprechenden Strafen bedürfen dann der Korrektur.

Ebenso wie in Bezug auf die mit der Zuschreibung moralischer Verantwortlichkeit einhergehende Freiheitsunterstellung zu fragen war, was wir unterstellen, wenn wir Freiheit unterstellen, und was es bedeutet, wenn diese Unterstellung sich als falsch erweist, ist nun zu fragen, was wir unterstellen, wenn wir Absichtlichkeit unterstellen, und was es bedeutet, wenn diese Unterstellung sich als falsch erweist. Als Ausgangspunkt für die Beantwortung dieser Frage eignet sich Harts Differenzierung zwischen drei Verwendungsweisen des Absichtsvokabulars.[254] Hart unterscheidet:

(1) die Absicht haben, etwas zu tun,
(2) etwas mit der Absicht tun, etwas anderes zu erreichen,
(3) etwas absichtlich tun.

Mit (1) beziehen wir uns auf bloße Absichten (*bare intentions*), die sich nicht in Handlungen aktualisieren müssen.[255] Jemand kann die Absicht haben, einen anderen zu töten, aber sich in keiner Weise anschicken, dies auch zu tun. Mit (2) beziehen wir uns auf Absichten, etwas zu erreichen, die aber nicht notwendigerweise zum Ziel führen müssen. A kann auf B mit der Absicht schießen, den B zu töten, ohne aber den B zu töten, da der Schuss ja sein Ziel verfehlen kann. Mit (3) qualifizieren wir Handlungen selbst als absichtlich. Es ist möglich, dass jemand etwas mit der Absicht tut, x zu tun, ohne absichtlich x zu tun. Dies ist der Fall, wenn das Handlungsziel nicht erreicht wird oder wenn es über eine „abweichende Kausalkette" herbeigeführt wird. A kann auf B mit der Absicht schießen, ihn zu töten, aber wenn der Schuss sein Ziel verfehlt, hat er B nicht getötet, und a fortiori hat er B dann auch nicht absichtlich getötet. A hat B ebenfalls nicht absichtlich getötet, wenn A auf B mit der Absicht geschossen hat, B zu töten, aber der Tod Bs über eine abweichende Kausalkette herbeigeführt wird. Das Standardbeispiel für eine solche abweichende Kausalkette ist folgendes: Schießt A auf B mit der Absicht, B zu töten, verfehlt aber sein Ziel, schreckt jedoch durch das Geräusch des Schusses eine Büffelherde auf, die in Panik über B trampelt und dadurch seinen Tod bewirkt, hat A etwas mit der Absicht getan, B zu töten, aber er hat B, obwohl er Bs Tod verursacht hat, nicht absichtlich getötet. Auch ist es möglich, dass jemand etwas absichtlich – nicht versehentlich oder unabsichtlich – tut, ohne vorher die Absicht gehabt zu haben, das, was er absichtlich tut, zu erreichen. Man kann absichtlich in den Tag hineinleben, absichtlich einen Fehler unkorrigiert lassen oder absichtlich die eigene Wohnung verwahrlosen lassen, ohne vorher die Absicht gehabt zu haben, diesen Zustand herbeizuführen.

Wenn wir von fehlender *Absichtlichkeit* sprechen, ist das etwas anderes, als wenn wir von fehlenden *Absichten* sprechen. Wir beziehen uns damit nicht auf *bare intentions* im Sinne von (1), die jemand auch unabhängig von Handlungen (wenngleich möglicherweise nicht unabhängig von Handlungsdispositionen) haben kann. Wenn wir Absichtlichkeit abstreiten, schließt das nicht aus, dass der Handelnde die *bare intention* hatte, den Handlungserfolg herbeizuführen. Jemand kann die Absicht haben, B zu töten, ohne etwas mit der Absicht zu tun, B zu töten, geschweige denn, B absichtlich zu töten. Die Absichtlichkeitsunterstellung, die mit der Zuschreibung moralischer Verantwortlichkeit für Handlungen einhergeht, bezieht sich also auf (2) oder (3). Die Bestreitung dieser Unterstellung – die wir dadurch ausdrücken, dass wir vom „Fehlen der Absichtlichkeit" sprechen – bedeutet entweder, dass wir (2) bestreiten, was dann die Bestreitung von (3) impliziert, oder aber, dass wir zwar nicht (2), wohl aber (3) bestreiten. Fehlende Absichtlichkeit einer Tötung des B durch den A liegt demnach entweder vor, wenn A nichts mit der Absicht getan hat, B zu töten, folglich B auch nicht absichtlich getötet hat, oder wenn A zwar sehr wohl etwas mit der Absicht getan hat, B zu töten, aber B nicht absichtlich getötet hat, nämlich weil er ihn infolge der Nichtrealisierung seiner Absicht gar nicht getötet hat oder weil der Handlungserfolg über abweichende Kausalketten herbeigeführt wurde. Absichtlichkeit liegt hingegen vor, wenn jemand entweder einen Handlungserfolg absichtlich herbeigeführt hat oder dies zwar nicht der Fall ist, er aber etwas mit der Absicht getan hat, diesen Handlungserfolg herbeizuführen.

2 Fehlende Absichtlichkeit, Schuldminderungen und Entschuldigungen

Mit der Unterscheidung zwischen verschiedenen Verwendungsweisen des Absichtlichkeitsvokabulars ist aber noch nicht deutlich geworden, was wir unterstellen, wenn wir Absichtlichkeit unterstellen. Die Standardantwort auf diese Frage, von der auszugehen sinnvoll ist, lautet: Wir unterstellen Wissen und Wollen (vgl. Roxin 1994, 350–355; Fischer 2018, 201–213).[256] Wir unterstellen, dass jemand weiß, dass sein Tun bestimmte Folgen zeitigen kann, oder sogar, dass er weiß, dass es diese Folgen zeitigen wird, und wir unterstellen weiterhin, dass er diese Handlungsfolgen auch herbeiführen will. Dies gilt sowohl, wenn wir davon sprechen, dass jemand etwas absichtlich tut, als auch, wenn wir davon sprechen, dass jemand etwas mit der Absicht tut, etwas anderes zu erreichen. Zu sagen, dass jemand eine verletzende Bemerkung absichtlich gemacht macht, heißt zum einen zu sagen, dass er wusste, dass seine Bemerkung Gefühle des Gekränktseins hervorrufen würde. Es war ihm klar, dass er beim Adressaten der Äußerung einen sensiblen Punkt treffen würde; es war kein bloßer Versprecher und keine Freudsche Fehlleistung. Und es heißt zum anderen zu sagen, dass er diese Verletzung auch herbeiführen wollte. Es war nicht nur so, dass er sie voraussah oder einkalkulierte, sondern sein Wille war auch darauf gerichtet, diese herbeizuführen. Und sagt man, dass jemand etwas mit der Absicht macht, einen anderen zu verletzen, dann lässt man zwar offen, ob der Handlungserfolg auch eintritt, aber man sagt, dass er die Verletzung des Adressaten erreichen will und um die Möglichkeit, vielleicht auch um die hohe Wahrscheinlichkeit des Eintretens dieser Folge weiß.

Entsprechend gilt: Wenn wir vom Fehlen von Absichtlichkeit sprechen, drücken wir damit aus, dass es nicht der Fall ist, dass jemand bestimmte Handlungsfolgen wollte und um sie oder die Möglichkeit ihres Eintretens wusste. Dass diese beiden Faktoren nicht vorliegen, schließt natürlich nicht aus, dass einer von beiden vorliegt. Es kann sein, dass das Wissenselement vorliegt, ohne dass das Wollenselement vorliegt, aber auch, dass das Wollenselement vorliegt, ohne dass das Wissenselement vorliegt. Sowohl beim Fehlen des Wollenselementes und Vorliegen des Wissenselementes als auch beim Fehlen des Wissenselementes und Vorliegen des Wollenselementes können wir vom Fehlen von Absichtlichkeit sprechen. Es gilt dann, dass die Absichtlichkeitsunterstellung falsch ist.

Im vorliegenden Kapitel soll die These ausgearbeitet werden, dass das Fehlen von Absichtlichkeit einen Entschuldigungsgrund darstellt, *sofern* bestimmte Zusatzbedingungen erfüllt sind. Es wird also nicht etwa behauptet, dass das Fehlen von Absichtlichkeit allein einen Entschuldigungsgrund darstellt. Vielmehr soll ein Stufenmodell der Absichtlichkeitseinschränkung entwickelt werden. Absichtlichkeit kann demnach in verschiedenen Graden eingeschränkt werden. Auf der ersten, zweiten und dritten Stufe generiert die Einschränkung der Absichtlichkeit keine Entschuldigungs-, wohl aber Schuldminderungsgründe. Auf der vierten Stufe der Absichtlichkeitseinschränkung hingegen können wir von Entschuldigungsgründen sprechen.[257] Auf der ersten, zweiten und dritten Stufe ist entsprechend die Zuschreibung von moralischer Schuld nur in einem eingeschränkten Ausmaß möglich, auf der vierten Stufe ist sie aufgehoben. Auf den ersten drei Stufen bedeutet die Einschränkung von Absichtlichkeit einen Grund für die Minderung der Strafe, mit der reaktive Haltungen ausgedrückt werden, auf der vierten Stufe einen Grund für deren Aufhebung.

Diese Stufen der Absichtlichkeitseinschränkung lassen sich unter Rückgriff auf die in der Rechtswissenschaft zwar nicht unumstrittene, aber weitgehend akzeptierte Unterscheidung zwischen Stufen der Vorsätzlichkeit erläutern. Verbreitet ist hier eine Unterscheidung dreier Grade der Vorsätzlichkeit (vgl. Roxin 1994, 347–386; Erber-Schropp 2016, 139–149). Der erste Grad („*dolus directus* ersten Grades") fällt mit Absichtlichkeit zusammen. Dieser Grad der Vorsätzlichkeit liegt vor, wenn jemand nicht nur weiß, dass sein Handeln bestimmte Folgen zeitigt, sondern auch sein Wille darauf gerichtet ist. Der zweite Grad („*dolus directus* zweiten Grades", „direkter Vorsatz") liegt vor, wenn jemand eine Handlungskonsequenz wissentlich herbeiführt, ohne sie aber zu beabsichtigen. In diesem Fall ist in Bezug auf die negative Handlungsfolge das Wissenselement, nicht aber das Wollenselement gegeben. Der dritte Grad („*dolus eventualis*", „Eventualvorsatz") liegt vor, wenn jemand eine negative Handlungsfolge zwar nicht will und auch nicht weiß, dass sie eintreten wird, aber sie für möglich hält und billigend in Kauf nimmt. Bezogen auf den zweiten und dritten Grad des Vorsatzes handelt es sich dabei um eine technische und von der Alltagssprache abweichende Verwendungsweise des Ausdrucks „vorsätzlich", denn alltagssprachlich verwenden wir „vorsätzlich" nur dann, wenn auch eine Absicht, also auch ein Willenselement vorliegt, während der direkte Vorsatz und der Eventualvorsatz gerade keine Absichtlichkeit, weil kein Wollen der negativen Handlungsfolge, implizieren.[258] Liegt keiner der genannten drei Grade des Vorsatzes vor – ist also ein Handeln weder als absichtlich noch auch nur als wissentlich noch auch nur als billigende Inkaufnahme einer negativen Handlungsfolge zu beschreiben –, kann es immer noch sein, dass das Handeln als fahrlässig zu beschreiben ist. In diesem Fall hat die Person die negative Handlungsfolge nicht gewollt, auch nicht um sie gewusst oder sie billigend in Kauf genommen, aber sie hätte um sie wissen können, wenn sie sich nur entsprechende Mühe gegeben hätte, und man hätte von ihr erwarten können, diese Mühe aufzubringen. Sie hat dann nicht vorsätzlich, aber fahrlässig eine negative Handlungsfolge herbeigeführt. Somit ergeben sich die folgenden fünf Stufen:

1) Absichtlichkeit (*dolus directus* ersten Grades);
2) Fehlen der Absichtlichkeit bei vorhandener Wissentlichkeit (*dolus directus* zweiten Grades);
3) Fehlen der Absichtlichkeit und Fehlen der Wissentlichkeit bei bedingtem Vorsatz (*dolus eventualis*);
4) Fehlen der Absichtlichkeit und Fehlen der Wissentlichkeit und Fehlen des Eventualvorsatzes bei Fahrlässigkeit;
5) Fehlen der Absichtlichkeit und Fehlen der Wissentlichkeit und Fehlen des Eventualvorsatzes und Fehlen von Fahrlässigkeit.

Erst auf der fünften Stufe (also der vierten Stufe der Absichtlichkeitseinschränkung), so die These, generiert das Fehlen von Absichtlichkeit einen Entschuldigungsgrund.

Dabei sollte angemerkt werden, dass die These, dass auf dieser letzten Stufe der Absichtlichkeitseinschränkung ein Entschuldigungsgrund vorliegt, eine Abweichung von der juristischen Standardauffassung einer Straftat darstellt. Im Rahmen des bereits genannten dreistufigen Deliktaufbaus – dem zufolge eine Straftat vorliegt, wenn jemand tatbestandsmäßig, rechtswidrig und schuldhaft handelt – wird nämlich die Frage nach der Absichtlichkeit oder Unabsichtlichkeit des Handelns auf der Ebene der subjektiven Tatbestandsmerkmale (die den objektiven Tatbestandsmerkmalen zur Seite treten) verhandelt, *nicht* auf der Ebene der Schuldhaftigkeit (vgl. Roxin 1994, 141–152, 247–257). So gehört nach dieser Auffassung zu einem Diebstahl neben dem objektiven Tatbestandsmerkmal, dass jemand sich etwas nicht in seinem Besitz Befindliches angeeignet hat, auch das subjektive Tatbestandsmerkmal der Aneignungsabsicht. Das Fehlen von Absichtlichkeit bedeutet nach dieser Auffassung also nicht etwa, dass ein Entschuldigungsgrund vorliegt, sondern vielmehr das Fehlen eines subjektiven Tatbestandsmerkmals.

Diese Lokalisierung der Frage nach Absichtlichkeit oder Unabsichtlichkeit auf der Ebene der subjektiven Tatbestandsmerkmale wird im Folgenden nicht übernommen. Der Grund hierfür ist, dass hinter ihr die Annahme steht, dass absichtliche Handlungen eine Teilklasse von Handlungen seien, neben denen es Handlungen gebe, die nicht absichtlich seien. Das ist aber nicht der Fall. Die Benennung einer Handlung als absichtlich benennt kein zusätzliches Merkmal, das der Handlung zum Zeitpunkt ihrer Ausführung zukäme. Vielmehr sind Handlungen – folgt man Anscombes und Davidsons im Folgenden zugrunde gelegter Analyse – Ereignisse (die nach Davidson mit Körperbewegungen identisch sind), die *unter mindestens einer Beschreibung* absichtlich sind. Die Absichtlichkeit einer Handlung ist demnach immer beschreibungsrelativ.[259] Genauer: Ein Ereignis ist als Handlung zu qualifizieren, wenn es unter mindestens einer Beschreibung absichtlich ist, was nicht ausschließt, dass es potentiell unendlich viele andere Beschreibungen gibt, unter denen es nicht als absichtlich zu qualifizieren ist. Das Standardbeispiel hierfür ist das berühmte Ödipus-Beispiel: Was Ödipus tat, als er seinen Vater, den er nicht als solchen erkannte, sondern für einen ihm unbekannten Mann am Kreuzweg hielt, tötete, war absichtlich relativ zu der Beschreibung „Ödipus tötete den Mann am Kreuzweg", nicht aber relativ zu der Beschreibung „Ödipus tötete seinen Vater", denn Ödipus hielt den Mann am Kreuzweg nicht für seinen Vater. Und ein- und dasselbe Handlungsereignis kann unter der Beschreibung „ein Tor schießen" absichtlich sein, nicht aber unter Beschreibungen wie „einige Luftmoleküle verschieben" oder „dem Torwart der Gegenmannschaft eine schlaflose Nacht bereiten" oder „bewirken, dass ein Anhänger der eigenen Mannschaft vor Aufregung einen Herzinfarkt bekommt". Eine Handlung ist immer nur relativ auf eine Beschreibung absichtlich, nie simpliciter.

Das bedeutet zum einen, dass die Hinzufügung „absichtlich" in der Rede von „absichtlichen Handlungen" insofern redundant ist, als dort, wo keine Absichten sind, auch keine Handlung ist: Jede Handlung ist unter mindestens einer Beschreibung absichtlich. Und es bedeutet zum anderen, dass in Bezug auf jede Handlung gilt, dass sie auch als nicht absichtlich beschrieben werden kann, denn es gibt immer Beschreibungen, unter denen jemand das, was er unter einer bestimmten Beschreibung absichtlich getan hat, nicht absichtlich getan hat. Noch der kaltblütigste und berechnendste Mörder hat mit seinem Tun auch etwas nicht absichtlich getan (z. B. Luftmoleküle verschoben, einen Verdacht auf sich gezogen, sein Leben ruiniert etc.). Dass ein Handlungsereignis als absichtlich und als unabsichtlich *beschrieben* werden kann, stellt angesichts der Vielfalt möglicher Beschreibungen für ein Ereignis keinen Widerspruch dar. Würde man hingegen Absichtlichkeit und Unabsichtlichkeit als Eigenschaften dieses Ereignisses selbst auffassen, entstünde ein Widerspruch: Das Ereignis wäre dann sowohl absichtlich als auch unabsichtlich. Es ist nicht weiter rätselhaft, dass das, was Ödipus tut, als absichtlich und als unabsichtlich beschrieben werden kann, aber es wäre widersprüchlich zu sagen, dass das, was Ödipus tut, sowohl absichtlich als auch unabsichtlich *ist*. Die Redeweise, dass das, was jemand tut, absichtlich oder unabsichtlich „ist", sollte nur als bequeme abkürzende Redeweise dafür aufgefasst werden, dass es absichtlich oder unabsichtlich *unter einer Beschreibung* ist.[260] Diese Beschreibungsrelativität von Absichtlichkeitszuschreibungen aber wird verdeckt, wenn man Absichtlichkeit als subjektives Tatbestandsmerkmal auffasst und damit suggeriert, dass Absichtlichkeit kategorial einem objektiven Tatbestandsmerkmal gleichzuordnen wäre. Darum sollte Absichtlichkeit nicht als subjektives Tatbestandsmerkmal qualifiziert werden.[261]

3 Vier Stufen der Absichtlichkeitseinschränkung

3.1 Erste Stufe: Fehlende Absichtlichkeit bei vorhandener Wissentlichkeit

Wenn wir jemandem vorhalten, etwas absichtlich getan zu haben, halten wir ihm vor, es wissentlich und willentlich getan zu haben. Wenn wir jemandem vorhalten, etwas mit der Absicht getan zu haben, bestimmte Handlungsfolgen zu erreichen, halten wir ihm vor, diese Handlungsfolgen gewollt zu haben und um die Möglichkeit (oder sogar hohe Wahrscheinlichkeit) ihres Eintretens gewusst zu haben. Auf der Grundlage des soeben Gesagten lassen sich nun verschiedene Stufen der Absichtlichkeitseinschränkung voneinander unterscheiden. Je nachdem, auf welcher Stufe wir uns befinden, können wir auch zwischen den Gegenbegriffen zu „absichtlich" differenzieren, die wir verwenden, um diese Absichtlichkeitseinschränkung auszudrücken.

Die Annahme, dass jemand etwas absichtlich getan hat, können wir auf einer ersten Stufe in der Weise korrigieren, dass wir die Annahme zurücknehmen, dass die Person das, was sie getan hat, gewollt hat, nicht aber diejenige, dass sie es gewusst hat. Angenommen, A wird vorgehalten, er hätte absichtlich eine B verletzende Bemerkung gemacht. Dies abzustreiten kann bedeuten, dass man die Annahme verneint, dass A den B verletzen wollte, ohne aber die Annahme zu verneinen, dass A wusste, dass seine Bemerkung den B verletzen würde. Es kann sein, dass A sehr wohl wusste, dass seine Bemerkung B verletzen würde, ohne ihn verletzen zu wollen. Äußert sich z. B. A auf einer Abendgesellschaft gegenüber einer anderen Person als B, aber im Beisein und in Hörweite Bs, schwärmerisch über seine, As, Partnerin C, wohl wissend, dass auch B sich eine

Partnerschaft mit C wünscht, kann A wissen, dass die Bemerkung B verletzen würde, ohne ihn damit verletzen zu wollen. Was er wollte, war möglicherweise nur, seine Begeisterung über seine Partnerschaft kundzutun. Dass er damit den B nicht verletzen wollte, geht z. b. daraus hervor, dass er die Bemerkung über C auch dann gemacht hätte, wenn B nicht anwesend oder nicht in Hörweite gewesen wäre. Er hat die Bemerkung nicht mit der Absicht gemacht, B zu verletzen; sein Wille war nicht auf diese Handlungsfolge gerichtet. Aber er wusste, dass die Bemerkung B verletzen würde. Was A getan hat, war absichtlich unter der Beschreibung „die Begeisterung über die eigene Partnerschaft bekunden" oder unter der Beschreibung „einen Beitrag zur Kommunikation leisten", nicht aber unter der Beschreibung „B verletzen". Man würde A daher weniger tadeln, als wenn er die Bemerkung mit der Absicht gemacht hätte, B zu verletzen. Das Fehlen der Absichtlichkeit bei vorhandener Wissentlichkeit reduziert das Ausmaß des Tadels, das wir jemandem zukommen lassen. Aber es entschuldigt sein Verhalten nicht.

Diese Einschränkung von Absichtlichkeit kann natürlich auch gegeben sein, wenn jemand etwas tut, was ihm als Verstoß nicht gegen eine soziale, sondern gegen eine rechtliche Norm vorgeworfen werden kann. Jemand kann ein Haus anzünden, in dem sich Menschen befinden, und er kann die Zerstörung des Hauses beabsichtigen, hingegen nicht die Tötung der darin befindlichen Personen, obwohl er weiß, dass er mit der Zerstörung des Hauses auch die darin befindlichen Personen töten wird. Jemand kann – dies ein Beispiel von Hart[262] – zur Bewerkstelligung des Ausbruchs von Gefängnisinsassen eine Mauer sprengen, auf deren anderer Seite sich Bauarbeiter befinden, die durch die Sprengung getötet werden. Da er nur die Mauer sprengen, nicht die Bauarbeiter töten will, tötet er sie nicht absichtlich, aber möglicherweise weiß er, dass er mit der Sprengung den Tod der Arbeiter bewirken wird. Er tötet sie wissentlich. Und man wird ihm die Tötung der Arbeiter zum Vorwurf machen, wenngleich nicht in dem Ausmaß, in dem man es täte, wenn er diese auch beabsichtigt hätte. Gegenüber einer absichtlichen Tötung ist seine Schuld gemindert, aber sein Handeln ist nicht entschuldigt, d. h. es ist nicht der Fall, dass man ihm die Tötung überhaupt nicht zum Vorwurf machen würde.

Das Handeln bewegt sich hier – sowohl beim Verstoß gegen die soziale als auch beim Verstoß gegen die rechtliche Norm – auf der Ebene des *dolus directus* zweiten Grades. Es handelt sich um einen Vorsatz zweiter Stufe. Der Handelnde will zwar den negativen Handlungserfolg nicht, weiß aber um diesen. Dies ist kein Entschuldigungs-, aber ein Schuldminderungsgrund. Wir würden auf dieser Stufe der Absichtlichkeitseinschränkung davon sprechen, dass jemand etwas „nicht mit der Absicht" tut, eine negative Handlungsfolge herbeizuführen.

Die Person macht die Bemerkung nicht mit der Absicht, die andere Person zu verletzen; der die Gefängnismauer Sprengende sprengt die Mauer nicht mit der Absicht, die Personen auf der anderen Seite der Mauer zu töten. Wir würden aber zögern zu sagen, dass die Person die negative Handlungsfolge unabsichtlich herbeiführt, denn offensichtlich gibt es *etwas*, was die Person in den genannten Beispielen absichtlich tut (einen Beitrag zur Kommunikation leisten bzw. die Mauer sprengen). Ganz sicher würden wir nicht davon sprechen, dass die Person „versehentlich" die negative Handlungsfolge herbeiführt. Es war offensichtlich kein bloßes Widerfahrnis. Die Ausdrücke „unabsichtlich" und „versehentlich" werden also auf dieser Stufe der Absichtlichkeitseinschränkung nicht verwendet, wohl aber der Ausdruck „etwas nicht mit der Absicht tun, etwas anderes zu bewirken".

3.2 Zweite Stufe: Eventualvorsatz

Es kann auch sein, dass der Handelnde die negative Handlungsfolge nicht gewollt hat und nicht um sie gewusst hat, sie aber billigend in Kauf genommen hat. Möglicherweise wusste A nicht, dass seine Bemerkung den mithörenden B verletzen würde, aber er wusste, dass sie ihn verletzen könnte, und er nahm dies in Kauf. Er wusste nicht, dass B sich selbst eine Partnerschaft mit C wünscht, aber er nahm es in Kauf; er wusste, dass seine schwärmerischen Bemerkungen über C den B verletzen würden, *falls* dieser sich selbst eine Partnerschaft mit C wünschen würde. Auch dann liegt keine Absichtlichkeit, also kein *dolus directus* ersten Grades, vor. Es liegt dann, anders als auf der ersten Stufe der Absichtlichkeitseinschränkung, auch kein *dolus directus* zweiten Grades vor. Wohl aber liegt ein *dolus eventualis* vor.[263] Ebenso kann jemand, der ein Haus anzündet, zwar die Menschen, die sich darin befinden, nicht töten wollen und auch nicht wissen, dass sich darin Menschen befinden, die er damit tötet, aber in Kauf nehmen, dass, *wenn* sich darin Menschen befinden, diese zu Tode kommen. Und wer die Mauer sprengt, um Gefängnisinsassen zu befreien, weiß vielleicht nicht, dass sich auf der anderen Seite der Mauer Bauarbeiter befinden, die durch die Sprengung zu Tode kommen werden, geschweige denn, dass er diese töten wollte, nimmt aber in Kauf, dass, wenn dies der Fall ist, die Arbeiter durch die Sprengung der Mauer ums Leben kommen könnten.

Auch hier liegt eine Minderung der Schuld infolge der Einschränkung von Absichtlichkeit, aber keine Entschuldigung vor. Entsprechend würden wir die negativen Reaktionen auf das Handeln mindern, aber keinesfalls ganz aufheben. Wer weiß, dass seine Bemerkung einen Anwesenden, wenn dieser sich in einem bestimmten Zustand befindet, verletzen wird, wird negative Reaktionen zu gewärtigen haben, wenngleich nicht so stark wie in dem Fall, in dem er die Kränkung beabsichtigt, und auch nicht so stark wie in dem Fall, in dem er die Kränkung nicht beabsichtigt, aber um sie weiß. Wer ein Haus anzündet, wird auch dann für den Tod der darin befindlichen Menschen belangt werden, wenn er diesen nicht beabsichtigte, auch nicht wusste, dass sich Menschen darin befanden, aber in Kauf nahm, dass, falls sich Menschen in dem Haus befänden, diese zu Tode kommen würden. Wer alkoholisiert Auto fährt und, ohne dies zu beabsichtigen, den Tod eines Menschen bewirkt, wird möglicherweise wegen vorsätzlicher Tötung verurteilt werden, nämlich dann, wenn man ihm nachweisen kann, dass er, als er sich ans Steuer setzte, wusste, dass, falls ihm eine Person vor das Auto laufen würde, diese zu Tode kommen würde.

Alltagssprachlich würden wir auf dieser zweiten Stufe der Absichtlichkeitseinschränkung vermutlich das gleiche Vokabular verwenden wie auf der ersten, also etwas sagen wie „Er hat die Bemerkung nicht mit der Absicht gemacht, ihn zu verletzen" oder „Er hat die Mauer nicht mit der Absicht gesprengt, die Bauarbeiter zu töten" oder „Der alkoholisierte Autofahrer hatte nicht die Absicht, jemanden zu Tode zu bringen". Die Differenz zur ersten Stufe könnten wir durch den Hinweis zum Ausdruck bringen, dass die Person im einen Fall um das Eintreten der negativen Handlungsfolgen wusste und es im anderen Fall nur für möglich hielt. Wir werden auch auf dieser Stufe der Absichtlichkeitseinschränkung nicht den Ausdruck „unabsichtlich" verwenden. Wenn jemand um die bloße Möglichkeit einer negativen Handlungsfolge weiß und diese herbeiführt, zögern wir, dies „unabsichtlich" zu nennen, also z. B. von der Person, die die Gefängnismauer sprengt, etwas zu sagen wie „Sie hat die Bauarbeiter auf der anderen Seite der Mauer unabsichtlich getötet". Immerhin hat sie, als sie die Arbeiter tötete, *etwas* absichtlich getan, und sie wusste um die Möglichkeit, dass die Arbeiter zu Tode kämen. Und wir würden auch hier nicht davon sprechen, dass die Tötung „versehentlich" war. Dies wird durch das Wissen um die Möglichkeit der negativen Handlungsfolgen ausgeschlossen.

3.3 Dritte Stufe: Fehlende Vorsätzlichkeit bei Fahrlässigkeit

Es kann auch sein, dass weder ein *dolus directus* ersten Grades noch ein *dolus directus* zweiten Grades noch Eventualvorsatz vorliegt, d. h. dass überhaupt kein Vorsatz vorliegt, so dass die Schuld eines potentiell vorwerfbaren Verhaltens gemindert ist, dass aber dennoch keine Entschuldigung vorliegt, weil das Verhalten fahrlässig ist. Jemand ist also nicht schon beim Fehlen von Vorsatz entschuldigt. Auch nicht vorsätzliches, aber fahrlässiges Verhalten ist vorwerfbar. Möglicherweise beabsichtigt A nicht, B durch seine Bemerkung zu verletzen, und er weiß auch nicht, dass B dadurch verletzt wird, und nimmt es auch nicht billigend in Kauf, hätte es aber wissen *können*. Man hätte von ihm erwarten können, etwas genauer auf B und die sozialen Signale, die er aussendet, zu achten. Er hat eine Sorgfalt vermissen lassen, die man von ihm erwartet hätte. Und jemand, der sich alkoholisiert ans Steuer setzt und in diesem Zustand einen Menschen tötet, beabsichtigt möglicherweise nicht, diesen Menschen zu töten, und er tut es möglicherweise auch nicht wissentlich, da er in dem Moment, in dem er sich ins Auto setzt, gar nicht weiß, dass er Menschenleben gefährdet, und er nimmt es möglicherweise auch nicht billigend in Kauf. Aber man konnte von ihm erwarten zu wissen, dass er mit seinem Verhalten Menschenleben gefährdet. Er hat sich nicht die Mühe gemacht, sich dies klarzumachen. Man konnte aber von ihm erwarten, diese Mühe aufzubringen.[264] Innerhalb des Bereichs fahrlässiger Handlungen lassen sich bewusste Fahrlässigkeit (*recklessness*) und unbewusste Fahrlässigkeit (*negligence*) voneinander abgrenzen. Bei bewusster Fahrlässigkeit hält jemand es für möglich, dass die negative Handlungsfolge eintreten wird, vertraut aber darauf, dass sie nicht eintreten wird, während der unbewusst fahrlässig Handelnde die Möglichkeit des Eintritts der negativen Handlungsfolge nicht erkennt.[265] Dabei ist die Abgrenzung der Fahrlässigkeit, insbesondere der bewussten Fahrlässigkeit, zum Eventualvorsatz notorisch schwierig, vielleicht sogar unmöglich. Man wird häufig unsicher sein, ob man den alkoholisierten Autofahrer als jemanden auffassen soll, der die Tötung eines Menschen billigend in Kauf nimmt (Eventualvorsatz), oder als jemanden, der dies nicht tut, sondern das Eintreten der negativen Handlungsfolge für möglich hält, aber auf ihr Nichteintreten vertraut (bewusste Fahrlässigkeit).[266]

Liegt unbewusste Fahrlässigkeit vor, ist jemandem – anders als beim Vorsatz und anders als bei bewusster Fahrlässigkeit – die Beschreibung, unter der ihm sein Verhalten vorwerfbar wäre, nicht präsent, *könnte* und *sollte* es aber sein. Sein Verhalten ist ihm nicht als vorsätzlich oder bewusst fahrlässig vorwerfbar, weil er sein Tun nicht, auch nicht nur als Möglichkeit, unter dieser Beschreibung sieht. Man würde aber erwarten, dass er dies tut. Wir würden erwarten, dass derjenige, der sich alkoholisiert ans Steuer setzt, sein Tun unter der Beschreibung „ein Menschenleben gefährden" sieht. Es wäre ihm zuzumuten gewesen, und mit etwas Anstrengung hätte er es tun können. Darum ist ihm sein Tun vorzuwerfen, wenngleich in weniger starkem Ausmaß, als wenn er absichtlich, also vorsätzlich im Sinne des *dolus directus* ersten Grades oder vorsätzlich im Sinne des *dolus directus* zweiten Grades oder im Sinne eines

Eventualvorsatzes gehandelt hätte. Es liegt also auch hier kein Entschuldigungsgrund vor. Andernfalls, d. h. wenn schon die Tatsache, dass jemandem die Beschreibung, unter der ihm sein Tun vorwerfbar wäre, nicht präsent ist, einen Entschuldigungsgrund darstellte, müsste jede Verdrängungsleistung, mittels derer jemand eine solche Beschreibung ausblendet, einen Entschuldigungsgrund hervorbringen. Wer seine Partnerin über partnerschaftliche Untreue belügt, wird dazu neigen, sich sein Tun zur Aufrechterhaltung eines positiven Selbstbildes nicht unter der Beschreibung „die Partnerin belügen" vor Augen zu stellen, sondern unter der wohlwollenderen Beschreibung „auf die Gefühle der Partnerin durch Vorenthaltung sie belastender Informationen Rücksicht nehmen". Wäre die bloße Tatsache, dass ihm sein Tun nicht unter der Beschreibung „die Partnerin belügen" präsent ist, für eine Entschuldigung ausreichend, gäbe es keinen Grund, ihm wegen des Belügens der Partnerin Vorwürfe zu machen. Aber diesen Grund gibt es, weil man von ihm erwarten würde, dass ihm sein Tun unter dieser Beschreibung präsent ist. Und dies gilt auch dann, wenn es sich nicht wie im eben genannten Beispiel um eine bewusst herbeigeführte Selbsttäuschung zur Stabilisierung eines positiven Selbstbildes, sondern um unbewusste Fahrlässigkeit handelt.[267] Dass jemand nicht weiß, dass das, was er tut, ihm unter einer anderen Beschreibung als derjenigen, unter der er selbst sein Tun sieht, vorwerfbar wäre, schließt nicht aus, dass man von ihm berechtigterweise erwarten kann, sein Tun unter der Beschreibung zu sehen, unter der es ihm vorwerfbar wäre. Darum stellt unbewusste Fahrlässigkeit zwar einen Schuldminderungsgrund, aber keinen Entschuldigungsgrund dar.

Anders als auf den ersten beiden Stufen werden wir auf dieser Stufe der Absichtlichkeitseinschränkung alltagssprachlich davon sprechen, dass ein Verhalten „unabsichtlich" ist. Wer fahrlässig einen anderen tötet, hat ihn, so würden wir sagen, „unabsichtlich getötet". Er hat es nicht nur nicht gewollt und nicht nur ohne Wissen um den Schaden gehandelt. Er hat, da er die Tötung nicht einmal billigend in Kauf genommen hat, sogar „unabsichtlich", also „gegen seine Absicht" getötet. Diese Unabsichtlichkeit schließt aber Vorwerfbarkeit nicht aus. Wer in diesem Sinne von „unabsichtlich" unabsichtlich handelt, ist deswegen noch nicht entschuldigt. Diese Entschuldigung liegt erst auf der vierten Stufe der Absichtlichkeitseinschränkung vor.

3.4 Vierte Stufe: Entschuldigungen

Ist die Verursachung einer negativen Handlungsfolge nicht absichtlich im Sinne eines *dolus directus* ersten Grades und nicht wissentlich im Sinne eines *dolus directus* zweiten Grades und nicht vorsätzlich im Sinne eines *dolus eventualis* und zudem nicht bewusst oder unbewusst fahrlässig, dann, aber auch erst dann liegt ein Entschuldigungsgrund vor. Es sind dann alle Gründe dafür unterminiert, jemandem sein Verhalten in der Weise vorzuwerfen, wie man es tut, wenn man ihm moralische Verantwortlichkeit zuschreibt. Und sie sind dies in einem Ausmaß, dass nicht nur eine Schuldminderung, sondern eine Entschuldigung vorliegt. Macht A eine Bemerkung, die B de facto („tatbestandsmäßig") verletzt, ist sein Verhalten entschuldigt, wenn er diese Verletzung nicht wollte, auch nicht um sie wusste, sie zudem nicht im Sinne eines Eventualvorsatzes in Kauf nahm und von ihm auch nicht billigerweise zu erwarten war, dass er sein Tun unter der Beschreibung „B verletzen" sieht – etwa, wenn für A nach menschlichem Ermessen keinerlei Anlass bestand, auch nur zu vermuten, dass B sich selbst eine Beziehung zu der von ihm mit Lobpreisungen bedachten C wünscht und er daher B durch seine Bemerkungen über C verletzen würde. Es besteht dann kein Anlass, A für sein Verhalten zu tadeln. Sprengt jemand die Mauer, auf deren anderer Seite sich Menschen befinden, will diese aber nicht töten, weiß auch nicht, dass sie sich dort befinden, nimmt dies nicht billigend in Kauf und handelt nicht fahrlässig, so ist ihm nicht vorzuwerfen, dass er mit der Sprengung der Mauer auch die Menschen auf der anderen Seite der Mauer tötet.

Die letzte Stufe der Absichtlichkeitseinschränkung liegt also erst vor, wenn auch keine Fahrlässigkeit, nicht einmal unbewusste Fahrlässigkeit, vorliegt. Unbewusste Fahrlässigkeit, so wurde soeben gesagt, liegt dann vor, wenn jemand sein Tun nicht unter der Beschreibung sieht, unter der es ihm vorwerfbar wäre, wir aber von ihm erwarten können, eben dies zu tun. Sie ist entsprechend aufgehoben, wenn wir dies nicht mehr erwarten können. Es ist eine schlichte Tatsache, dass Menschen *immer* unter beschränktem Wissen handeln und es häufig eine Überforderung wäre, von jemandem zu erwarten, sein Tun unter just der Beschreibung zu sehen, unter der es ihm vorwerfbar wäre, wenn es ihm unter dieser Beschreibung präsent wäre. Da das, was wir tun, stets unter unendlich vielen Beschreibungen steht, können uns nicht alle diese Beschreibungen präsent sein. Dass jemandem eine Beschreibung wie „jemanden verletzen", unter der ihm sein Tun, wäre ihm diese Beschreibung präsent, vorwerfbar wäre, nicht präsent ist, ist häufig kein Resultat einer Verdrängungsleistung, sondern der normalen Beschränktheit menschlichen Wissens.

Ist dies der Grund dafür, dass nicht nur keine Absichtlichkeit und keine Wissentlichkeit und keine billigende Inkaufnahme, sondern nicht einmal bewusste oder unbewusste Fahrlässigkeit vorliegt, würden wir alltagssprachlich vermutlich den Ausdruck „versehentlich" verwenden und davon sprechen, dass jemand versehentlich einen Schaden verursacht hat. Dass A den B nicht nur mit seiner Bemerkung nicht absichtlich verletzt hat und dass A nicht nur nichts „mit der Absicht getan" hat, B zu verletzen und dass A den B nicht nur unabsichtlich (aber möglicherweise fahrlässig) verletzt hat, ist der Fall, wenn von A beim besten Willen nicht zu erwarten gewesen wäre, sein Tun unter der Beschreibung „B verletzen" zu sehen. Er hat B dann unabsichtlich und unwissentlich und ohne billigende Inkaufnahme und ohne Fahrlässigkeit verletzt – er hat ihn versehentlich verletzt. Ist dies der Fall, ist ihm sein Tun nicht vorzuwerfen. Er ist entschuldigt.

4 Entschuldigungsgründe und das Schuldprinzip

Wie lässt sich auf der Grundlage des in diesem und im vorhergehenden Kapitel über Entschuldigungsgründe Gesagten die Rolle des Schuldprinzips bestimmen? Zur Erinnerung: Das Schuldprinzip besagt im üblichen Verständnis, dass man nur die (moralisch) Schuldigen bestrafen darf. In Kapitel II wurde gezeigt, dass es einer Präventionstheorie nicht gelingt, das Schuldprinzip auf interessentheoretischer Basis zu integrieren, da sich interessenbasiert nur zeigen lässt, dass es *im Allgemeinen* im aufgeklärten Individualinteresse oder im utilitaristisch verstandenen Gesamtinteresse liegt, nur die moralisch Schuldigen zu bestrafen, nicht aber, dass dies *immer* der Fall ist. Will ein Präventionstheoretiker auf diese Schwierigkeit reagieren, sollte er, so wurde gesagt, seine Theorie konsequent als eine Theorie der nicht-moralischen Strafrechtfertigung konzipieren. Eine Retributionstheorie hingegen kann das Schuldprinzip zwanglos integrieren, impliziert dieses sogar notwendig, ist aber, wie in Kapitel IV gezeigt wurde, aus anderen Gründen als eine Rechtfertigungstheorie des Strafens nicht überzeugend.

Was folgt nun aus dem im Vorhergehenden über Entschuldigungsgründe Gesagten in Bezug auf das Schuldprinzip? Folgt aus dem Gesagten, dass, wenn Entschuldigungsgründe vorliegen, wenn also jemand nicht moralisch schuldig ist, Strafen nicht gerechtfertigt sind? Dies ist nicht der Fall. Der Grund hierfür ist, dass, wie mehrfach betont wurde, eine Strafrechtfertigung ja keine moralische Rechtfertigung sein muss. Vielmehr kann es sich auch um eine Rechtfertigung in einem rein technisch-zweckrationalen Sinne von „Rechtfertigung" handeln. Die Möglichkeit einer solchen Rechtfertigung des Strafens aber wird durch das Vorliegen von Entschuldigungsgründen nicht eingeschränkt. Daraus, dass jemand nicht moralisch schuldig ist, folgt nicht, dass es in einem nichtmoralischen Sinne von „rechtfertigen" nicht gerechtfertigt sei, ihn zu strafen. Es schließt nicht aus, dass es in diesem nicht-moralischen Sinne gerechtfertigt ist. Sehen wir Strafen ausschließlich als Mittel der Verhaltenssteuerung an, sind

Entschuldigungsgründe keine Gründe für eine Strafaufhebung. Vielmehr wurde in den Kapiteln VI und VII gezeigt, dass Strafen auch dann eine verhaltenssteuernde Funktion im Sinne der Förderung sozial erwünschter Handlungen haben können, wenn sie nicht auf moralische, sondern nur auf kausale, teils auch, wenn sie nur auf akteursunabhängige Schuld reagieren.

Ergibt sich dann aus dem Gesagten, dass, wenn Entschuldigungsgründe vorliegen, es keine *moralischen* Rechtfertigungsgründe für das Strafen gibt? Auch dies ist nicht der Fall. Zwar ist es richtig, dass es, folgt man der bisherigen Argumentation, keine moralischen Strafrechtfertigungsgründe gibt. Der Grund hierfür ist aber ganz unabhängig vom Vorliegen oder Nichtvorliegen von Entschuldigungsgründen. Er liegt einfach darin, dass sich solche moralischen Strafrechtfertigungsgründe nicht ermitteln lassen. Der Retributivismus, dem zufolge der moralische Grund für Strafen, grob gesprochen, darin liegt, dass Strafen verdient sind, ist, wie gezeigt, als Strafrechtfertigungstheorie nicht überzeugend. Auch die Präventionstheorie ist es nicht, sofern sie den Anspruch erhebt, moralische Strafrechtfertigungsgründe liefern zu können; daher sollte sie, wie ausgeführt, als Theorie der nicht-moralischen Strafrechtfertigung aufgefasst werden. Es sind schlicht keine überzeugenden moralischen Strafrechtfertigungsgründe in Sicht. Das, und nicht das Vorliegen von Entschuldigungsgründen, ist der Grund dafür, dass es keine moralischen Gründe der Strafrechtfertigung gibt.

Wie aber lässt sich dann auf der Grundlage des über Entschuldigungsgründe Gesagten das Schuldprinzip auffassen? Was sich aus dem über Entschuldigungsgründe Gesagten in Bezug auf das Schuldprinzip ergibt, lässt sich durch die folgenden beiden Thesen ausdrücken:

(i) Eine Bestrafung auf der Grundlage der Zuschreibung moralischer Verantwortlichkeit ist nicht legitim, wenn Entschuldigungsgründe vorliegen.
(ii) Fehlen Entschuldigungsgründe, gibt es pro tanto keine Gründe, die dagegen sprechen, jemanden auf der Grundlage der Zuschreibung moralischer Verantwortlichkeit zu bestrafen.

Mit These (i) wird deutlich gemacht, dass das Schuldprinzip als *Strafbegrenzungsprinzip* aufzufassen ist. Es ist als ein Prinzip der *Strafeinschränkung* und nur als ein solches zu verstehen. Es ist zudem selbst eingeschränkt auf bestimmte Kontexte – eben solche, in denen Strafen mit der Zuschreibung moralischer Verantwortlichkeit einhergehen. Nur *insofern* wir den Gestraften nicht als bloßes Objekt einer sozialen Steuerung ansehen, *insofern* wir ihm als Person begegnen, die die Strafe verdient, ist das Vorliegen von Entschuldigungsgründen ein Grund für eine Strafeinschränkung. In solchen Kontexten gilt, dass, wenn Entschuldigungsgründe vorliegen, eine Bestrafung nicht legitim ist. Entschuldigungsgründe können dann in Anschlag gebracht werden, um jemanden weniger zu strafen, *auch wenn* seine Bestrafung einen Präventionseffekt zeitigen würde. Sie können z. B. in Anschlag gebracht werden, um zu begründen, dass der psychisch kranke Straftäter A für eine Misshandlung mit Todesfolge weniger gestraft wird als ein voll schuldfähiger Täter für eben diese Misshandlung – genauer: dass er dafür überhaupt nicht bestraft wird –, und dies, obwohl der psychisch Kranke mit seiner Tat ein genauso hohes Rechtsgut gefährdet hat wie der Gesunde und obwohl auch die Bestrafung des psychisch Kranken einen erheblichen generalpräventiven Effekt zeitigen könnte.[268] Die Schuld des psychisch Kranken ist geringer als die des Gesunden, und daher ist, insofern Strafen auf der Unterstellung moralischer Schuld basieren, jener weniger zu bestrafen als dieser. Wir können Strafen reduzieren, weil jemand nicht persönlich schuldig ist, wohl wissend, dass ihn (stärker) zu strafen im Sinne der Erzielung einer Präventionswirkung durchaus angezeigt wäre. Dann werden wir eine hinsichtlich des subjektiven Zustands des Täters weniger schuldhafte Tat mit einer weniger schweren Strafe belegen als eine Tat, deren Urheber subjektiv stärker schuldhaft gehandelt hat.

Diese Funktion des Schuldprinzips als eines Strafbegrenzungsprinzips lässt sich auch historisch rekonstruieren: Das Schuldprinzip entwickelt sich im Spätmittelalter im Übergang von einem Tatstrafrecht zu einem Täterstrafrecht, also von einem System der Erfolgshaftung zu einem System der Schuldhaftung, um ein exzessives Strafen – ein ausschließlich am Präventionsgedanken orientiertes Strafen ohne Beachtung der *mens rea* des Angeklagten – zu unterbinden (vgl. Erber-Schropp 2016, 37–42). Im Gegensatz zu dem gängigen Vorurteil, dass das Schuldprinzip Ausdruck eines archaischen Vergeltungsbedürfnisses sei, das erst in der Aufklärung durch ein stärker am Präventionsgedanken orientiertes und humaneres Strafsystem ersetzt worden sei, ist der mit dem Schuldprinzip eingeführte Grundsatz, nur die Schuldigen – nicht aber diejenigen, die z. B. versehentlich einen Schaden verursachen – zu bestrafen, Ausdruck einer Humanisierung der Strafpraxis und der Eindämmung maßlosen Strafens. Indem ein Strafsystem entwickelt wird, das Strafen an persönliche Vorwerfbarkeit und Motive und Absichten des Täters bindet, wird Strafe individualisiert und durch Berücksichtigung der persönlichen Verantwortlichkeit und Schuld des Täters humaner gestaltet.

These (ii) besagt, dass, wenn die im Vorhergehenden genannten Entschuldigungsgründe nicht vorliegen, pro tanto keine Gründe gegen ein Strafen auf der Grundlage der Zuschreibung moralischer Verantwortlichkeit vorliegen. Es liegen dann *pro tanto* keine Gründe gegen ein Strafen auf der Grundlage der Zuschreibung moralischer Verantwortlichkeit vor, weil es natürlich andere und überwiegende Gründe gegen ein solches Strafen geben kann – insbesondere kommt hier der das Problem der Strafrechtfertigung erst aufwerfende Grund in Betracht, dass Strafen einen Verstoß gegen das moralische Verbot der intendierten Leidenszufügung darstellen. Auch folgt aus These (ii) nicht, dass es beim Fehlen von Entschuldigungsgründen irgendwelche Gründe *für* das Strafen, seien es nun moralische oder nicht-moralische, gebe. Zwar gibt es, wie gezeigt, solche Gründe: Strafen lassen sich im Sinne des Präventionsgedankens dadurch begründen, dass sie eine verhaltenssteuernde Wirkung zu zeitigen geeignet sind. Dass es solche Gründe, die in dieser Arbeit als nicht-moralische Gründe für das Strafen eingestuft wurden, gibt, folgt aber nicht aus dem Fehlen von Entschuldigungsgründen. Dass aus dem Fehlen von Entschuldigungsgründen auch keine moralischen Gründe für das Strafen folgen, lässt sich auch wie folgt erläutern: In Kapitel IV wurde bereits darauf hingewiesen, dass zwar der Hinweis auf ein Verdienst die Strafe nicht rechtfertigend begründen kann, wohl aber der Hinweis auf ein *fehlendes* Verdienst eine angenommene Rechtfertigungsgrundlage für Strafe unterminieren kann (vgl. Kap. IV 2.2). Man verweist auf ein fehlendes Verdienst, um eine angenommene Rechtfertigungsgrundlage für Strafe zu unterminieren, wenn man auf Entschuldigungsgründe verweist. Liegen Entschuldigungsgründe vor, ist eine Strafe *unverdient*. Das heißt nicht, dass sie bei Fehlen von Entschuldigungsgründen *verdient* wäre. Sie ist dann „nicht unverdient", aber da „unverdient" konträrer, nicht kontradiktorischer Gegensatz zu „verdient" ist, folgt daraus, dass sie nicht unverdient ist, nicht, dass sie verdient wäre. Es ist möglich, dass eine Strafe nicht unverdient ist, ohne verdient zu sein; darum folgt aus dem Fehlen von Entschuldigungsgründen nicht, dass die Strafe verdient ist.

5 Entschuldigungsgründe und das Verhältnismäßigkeitsprinzip

Was lässt sich unter Berücksichtigung des über Entschuldigungsgründe Gesagten über das Verhältnismäßigkeitsprinzip sagen? Dieses fordert bekanntlich, dass die Schwere der Strafe der Schwere des Normverstoßes zu entsprechen hat. Entschuldigungsgründe spielen hier insofern eine Rolle, als die Bestimmung der Schwere des Normverstoßes *auch* von der Schuld dessen, der gegen die Norm verstößt, abhängt. Daher wird eine Schuldminderung oder Schuldaufhebung auch eine Auswirkung auf die Bestimmung der Schwere des Normverstoßes haben. Die Bestimmung der Schwere des Normverstoßes hängt aber nicht *nur* von der subjektiven Schuld dessen, der gegen die Norm verstößt, sondern auch von dem durch den Normverstoß bewirkten Schaden ab, und offensichtlich kann auch bei geringer oder ganz fehlender subjektiver Schuld ein erheblicher Schaden bewirkt werden, etwa wenn ein psychisch kranker, weil paranoider Mensch einen Amoklauf begeht (vgl. hierzu Kap. II 4.3).[269] Für die Schwere einer Strafe, die nach dem Verhältnismäßigkeitsprinzip der Schwere des Normverstoßes zu entsprechen hat, kommen ebenfalls zwei Bemessungsgrundlagen in Betracht: zum einen das durch die Strafe bewirkte Leiden, zum anderen die Stärke der Sanktionsmaßnahme. Hält man sich ausschließlich an die erste Bemessungsgrundlage, ist eine Strafe schwerer als eine andere, wenn sie mehr Leiden bewirkt als diese, hält man sich ausschließlich an die zweite Bemessungsgrundlage, ist sie schwerer, wenn die Sanktionsmaßnahme stärker ist. Im ersten Fall ist z. B. eine dreijährige Gefängnisstrafe nur dann als eine schwerere Bestrafung als eine zweijährige Gefängnisstrafe anzusehen, wenn die erstgenannte Sanktion mehr Leiden beim Gestraften bewirkt als die zweitgenannte (was häufig, aber keinesfalls notwendig der Fall sein wird); im zweiten Fall ist die erstgenannte Strafe selbst dann als schwerer als die zweitgenannte anzusehen, wenn beide Adressaten unter den Sanktionsmaßnahmen gleich viel leiden oder der Adressat der erstgenannten Maßnahme darunter sogar weniger leidet als der Adressat der zweitgenannten unter dieser (vgl. Ryberg 2010, 74–82).[270] Eine Formulierung des Verhältnismäßigkeitsprinzips hätte also zu erklären, wie die Schwere der Strafe der Schwere des Normverstoßes entsprechen kann, und dabei zu berücksichtigen, dass für beides jeweils zwei Bemessungsgrundlagen in Betracht kommen:

Strafschwere	Schwere des Normverstoßes
durch Strafe bewirktes Leiden	Schuld des Normbrechers
Stärke der Sanktion	durch Normverstoß bewirkter Schaden

Betrüblicherweise tauchen nun bei dem Versuch, das Verhältnismäßigkeitsprinzip präzise zu formulieren, nicht weniger als sechs Probleme auf. Und betrüblicherweise sind sechs davon unlösbar. Problem 1: Das durch die Strafe bewirkte Leiden und die Sanktionsschwere lassen sich nicht in einer gemeinsamen Bemessungseinheit erfassen und daher nicht zu einem kohärenten Begriff der Strafschwere zusammenführen.[271] Zwar lassen sich Sanktionsstärken ordinal miteinander in Beziehung setzen – eine dreijährige Gefängnisstrafe ist eine stärkere Sanktion als eine zweijährige –, aber die Sanktionsstärke und das durch die Sanktion bewirkte Leiden lassen sich nicht miteinander verrechnen, so dass sich kein kohärenter Begriff der Strafschwere, in den sowohl die Bemessungsgrundlagen der Sanktionsschwere als auch die des Leidens des Gestraften eingehen würden, gewinnen lässt. Problem 2: Auch die subjektive Schuld des Normbrechers und die Schwere des durch den Normbruch bewirkten Schadens lassen sich nicht zu einem kohärenten Begriff der Schwere eines Normverstoßes zusammenführen (vgl. hierzu Ellis 2012, 43–49). Mag auch der durch den Normverstoß bewirkte Schaden durch das Ausmaß der dadurch bewirkten Interessendurchkreuzung bestimmbar und insofern (möglicherweise) objektivierbar sein, hängt doch die Schuld des Bestraften, wie gezeigt, von ganz anderen Faktoren, nämlich der *mens rea* des Gestraften, seinen Absichten und seinem Wollen, ab, und es ist nicht ersichtlich, wie der Begriff der Schwere des Normverstoßes die Bemessungsgrundlagen von Schaden *und* Schuld umfassen könnte. Problem 3: Das durch die Strafe bewirkte Leiden und die Schuld des Normbrechers sind inkommensurabel. Wie auch immer man das Leiden, das dem Gestraften durch die Strafe entsteht, bestimmt – auch hier böte sich prima facie die Bezugnahme auf die durch die Strafe bewirkte Interessenfrustration an[272] –, wird man sagen, dass seine Schuld nicht *auf die gleiche Weise* bestimmt werden kann wie das durch die Strafe entstehende Leiden und dass daher diese beiden Bemessungsgrundlagen für die Strafschwere und die Schwere des Normverstoßes, Leiden und Schuld, nicht kommensurabel sind. Problem 4: Auch das durch die Strafe bewirkte Leiden und der durch den Normbruch bewirkte Schaden sind nicht, zumindest nicht immer, kommensurabel. Zwar scheint beim Versuch, diese beiden Parameter miteinander in Beziehung zu setzen, noch am ehesten die Aussicht zu bestehen, dass beide sich als vergleichbar erweisen, denn prima facie ist es plausibel anzunehmen, dass sowohl das Leiden des Gestraften als auch der Schaden des Normverstoßes durch die durch die Strafe bzw. den Normverstoß bewirkte Interessenfrustration bestimmt werden können, so dass der Verhältnismäßigkeitsgrundsatz fordern würde, durch die Strafe eine Interessenfrustration zu bewirken, die der durch den Normbruch bewirkten Interessenfrustration an Intensität entspricht. Aber abgesehen davon, dass damit ja nur jeweils *eine* von jeweils zwei bei der Anwendung des Verhältnismäßigkeitsprinzips zu berücksichtigenden Bemessungsgrundlagen für Strafschwere und Schwere des Normverstoßes erfasst wird, trägt dieser Ansatz auch deswegen nur begrenzt, weil es auch *victimless crimes*, also Normverstöße ohne individuell identifizierbare Opfer gibt – man denke z. B. an Drogenbesitz oder Versicherungsbetrug –, in Bezug auf die der dadurch bewirkte Schaden nicht ohne weiteres als Interessenfrustration bestimmt werden kann. Problem 5: Auch die Stärke der Sanktion und die Schuld des Gestraften sind inkommensurabel. Es ist nicht ersichtlich, wie sich die Höhe einer Geldstrafe oder eines Freiheitsentzuges mit der an Absichten und Willentlichkeit des Gestraften zu bemessenden Schuld des Gestraften vergleichen ließe. Problem 6: Auch die Sanktionsstärke und der durch den Normverstoß bewirkte Schaden sind inkommensurabel. Selbst wenn man – vereinfachend und von *victimless crimes* absehend – annimmt, dass der durch den Normverstoß bewirkte Schaden sich durch das Ausmaß der Interessenfrustration, in der dieser Schaden besteht, bestimmen lässt, gilt dies nicht von der Stärke der Sanktion, denn die Sanktion *bewirkt* zwar vermutlich eine Interessenfrustration, aber die Stärke der Sanktion kann – da zwei gleich starke Sanktionen die Interessen zweier Individuen auf ganz verschiedene Weisen betreffen und frustrieren können – nicht selbst als Beeinträchtigung von Interessen bestimmt werden. Auch hier bleibt also das Problem der Nicht-Vergleichbarkeit bestehen.

Für keines dieser sechs Probleme ist eine Lösung in Sicht. Daher ist demjenigen, der das Verhältnismäßigkeitsprinzip präzise formulieren will, heilsame Resignation anzuraten.[273] Eine solche präzise Formulierung ist nicht möglich. Dies lässt sich auch nicht dadurch umgehen, dass man, wie es in § 46 Absatz 2 StGB geschieht, die angemessene Strafe auch nach dem „Maß der Pflichtwidrigkeit" des Normverstoßes bemisst, denn damit wird offenbar auf eine schon vorausgesetzte moralische Abstufung von Normverstößen Bezug genommen, die zwar impliziert, aber weder ausdrücklich benannt noch begründet wird. Vielmehr ist das Verhältnismäßigkeitsprinzip als eine Idealisierung aufzufassen. Eine Entsprechung zwischen der Schwere des Normverstoßes und der Strafschwere ist eine Art „regulative Idee", die unter realen lebensweltlichen Bedingungen niemals exakt umsetzbar sein wird. Unter realen Bedingungen ist die Anwendung des Verhältnismäßigkeitsprinzips eine Sache des Urteilsvermögens und der kontextsensitiven Abwägung der Einzelfallumstände, bei der vollständige Präzision nicht zu erhoffen ist. Weil dies so ist, kann über die Verhältnismäßigkeit eines Urteils in vielen Fällen so trefflich gestritten werden, kann eine Bestrafung von den einen als „unverhältnismäßig hart" und von den anderen als „unverhältnismäßig milde" empfunden werden. Diese Notwendigkeit einer Abwägung betrifft sowohl die Bestimmung der Schwere des Normverstoßes als auch die Bestimmung der Strafschwere als auch den Versuch, beides in der Weise miteinander in Beziehung zu setzen, dass die Schwere der Strafe der Schwere des Normverstoßes entspricht.

Bei der Bestimmung der Schwere des Normverstoßes muss zwischen der Schuld des Täters und dem durch den Normverstoß bewirkten Schaden als Bemessungsgrundlagen für die Schwere des Normverstoßes abgewogen werden. Es wird auszutarieren sein, ob die Einstufung der Schwere eines Normverstoßes sich stärker an der subjektiven Schuld des Normbrechers oder an dem durch ihn hervorgerufenen Schaden orientieren wird. Manchmal wird ein Normverstoß, durch den ein vergleichsweise größerer Schaden bewirkt wird, als weniger schwer eingestuft werden als ein anderer Normverstoß, durch den ein vergleichsweise geringerer Schaden bewirkt wird, weil im erstgenannten Fall Entschuldigungsgründe vorliegen, im zweitgenannten hingegen nicht. Eine Vergewaltigung, begangen von einem schuldfähigen und voll verantwortlichen Täter, wird manchmal als ein schwererer Normverstoß angesehen (und entsprechend härter bestraft) werden als ein Totschlag im Affekt, weil im ersten Fall keine Entschuldigungsgründe vorliegen, während im zweiten Fall möglicherweise Entschuldigungsgründe in Form von zum Tatzeitpunkt eingeschränkter Einsichts- oder Steuerungsfähigkeit geltend gemacht werden können. Eine absichtliche Steuerhinterziehung wird manchmal als ein schwererer Normverstoß als eine fahrlässige Tötung, eine absichtliche Sachbeschädigung manchmal als ein schwererer Normverstoß als eine fahrlässige Körperverletzung angesehen werden, denn in den zuerst genannten Fällen liegen keine Schuldminderungsgründe vor, in den zweitgenannten Fällen hingegen liegen Schuldminderungsgründe in Form von Absichtlichkeitseinschränkungen vor. Aber es gibt Grenzen für das Ausmaß, in dem die Schwere des durch den Normverstoß hervorgerufenen Schadens durch die fehlende moralische Schuldhaftigkeit des Täters aufgewogen werden kann. Eine Tötungshandlung ist auch dann, wenn keine Absichtlichkeit, sondern z. B. nur Fahrlässigkeit gegeben ist, ein schwerwiegenderer Normverstoß als absichtliches Schwarzfahren, weil der bewirkte Schaden im ersten Fall erheblich größer ist als im zweiten. Das erste Delikt wird härter bestraft werden als das zweite, obwohl im zweiten Fall Absichtlichkeit, im ersten nur Fahrlässigkeit vorliegt, weil das gefährdete Rechtsgut im ersten Fall ungleich höher ist als im zweiten.

Auch bei der Bestimmung der Strafschwere ist eine Abwägung vonnöten, nämlich eine Abwägung zwischen den Bemessungsgrundlagen der Schwere der Sanktion und des durch die Strafe bewirkten Leidens. Angenommen, A und B sollen für einen Delikttyp der gleichen Art gleich schwer bestraft werden – wann liegt eine solche gleich schwere Bestrafung von A und B vor? Sie liegt nicht notwendig schon dann vor, wenn die gegen A und B verhängte Sanktionsmaßnahme die gleiche ist (also z. B. beide mit dreijährigem Freiheitsentzug bestraft werden), denn wie bereits erwähnt können gleiche Sanktionsmaßnahmen aufgrund der unterschiedlichen Rezeptivität ihrer Adressaten bei verschiedenen Adressaten ein ganz unterschiedliches Ausmaß an Leiden bewirken – A mag unter der verhängten Sanktion sehr stark, B kaum oder gar nicht leiden. Zu kontraintuitiven Konsequenzen führt es aber auch, wenn man postuliert, dass eine Gleichheit der Strafschwere immer dann gegeben ist, wenn durch die Sanktionen bei A und B ein gleiches Ausmaß an Leiden bewirkt wird, denn dies ließe die Möglichkeit völlig unterschiedlicher Sanktionsmaßnahmen bei gleichem

Leiden von A und B offen, und bei Realisierung dieser Möglichkeit würde man ebenfalls nicht von „gleich schweren Strafen" sprechen wollen. Wenn A und B ein Delikt des gleichen Typs begangen haben und dem suizidal veranlagten und todeswilligen A durch die Todesstrafe so viel Leid zugefügt wird wie dem lebensfreudigeren B durch Führerscheinentzug, würde man nicht sagen wollen, dass A und B „gleich schwer" bestraft werden, wenn A mit der Todesstrafe und B mit Führerscheinentzug bestraft wird. Dazu sind die verhängten Sanktionsmaßnahmen zu unterschiedlich.

Angemessen scheint es daher, die Frage, wann eine Strafe für A so schwer ist wie eine Strafe für B, zweistufig zu beantworten: Notwendig ist hierfür zunächst, dass die Sanktionsart und die Sanktionsstärke zwar nicht gleich sind, aber doch auf der Grundlage einer intuitiven und am *common sense* orientierten Einschätzung als vergleich*bar* angesehen werden können, dass also der gleiche Typus von Sanktionen vorliegt und die Stärke der Sanktionen nach einer intuitiven Einschätzung nicht zu sehr voneinander abweicht. Damit ist ausgeschlossen, dass wir sagen müssen, dass unter Umständen A durch Todesstrafe und B durch Führerscheinentzug „gleich schwer" bestraft werden, auch, dass wir sagen müssen, dass A durch eine zwanzigjährige Haftstrafe, unter der er infolge seiner Gewöhnung an Haftstrafen wenig leidet, weniger schwer bestraft wird als B durch eine einjährige Haftstrafe, unter der er sehr stark leidet. Ist diese Bedingung der Vergleichbarkeit von Sanktionsart und Sanktionsstärke als *gatekeeper* für die gleiche Strafschwere erfüllt, kann innerhalb des so festgelegten Bereichs von Sanktionsarten und im Rahmen des dann festgelegten Bereichs möglicher Sanktionsstärken die Schwere der Strafe nach Maßgabe des durch die Sanktionsmaßnahme voraussichtlich entstehenden Leidens bestimmt werden, um eine Gleichheit der Strafschwere zu erreichen. So wird die Höhe einer verhängten Geldstrafe vom Einkommen und den finanziellen Verhältnissen des Gestraften abhängen – der Milliardär wird mit einer höheren Geldstrafe für ein Vergehen belegt werden als der Hartz IV-Empfänger, um eine gleiche Strafschwere zu erreichen. Sind also bei zwei Bestrafungen die Sanktionsarten und die Sanktionsstärken vergleichbar, kann das zu erwartende Leiden als Bemessungsgrundlage für die Strafschwere in Anschlag gebracht werden.

Weil sowohl die Bestimmung der Schwere des Normverstoßes und als auch die Bestimmung der Schwere der Strafe Abwägungen erfordern, bedarf auch die Inbeziehungsetzung von Schwere des Normverstoßes und Schwere der Strafe einer solchen Abwägung. Die Anwendung des – als Idealisierung zu verstehenden – Verhältnismäßigkeitsprinzips macht solche Abwägungen unumgänglich. Sie fallen, wenn nach der Verhältnismäßigkeit staatlicher Strafen gefragt wird, mit der Entscheidung darüber zusammen, wie der vom Gesetz vorgegebene

Rahmen eines Strafmaßes bei der Strafverhängung ausgefüllt wird, ob z. B. eine Höchststrafe für ein bestimmtes Delikt verhängt wird oder die Strafe mit Rücksicht auf Schuldminderungsgründe am unteren Rand des Strafrahmens bleiben soll. Ein Richter, der über das Strafmaß zu entscheiden hat, muss (auch) darüber entscheiden, in welchem Ausmaß Schadensschwere und subjektive Schuld in die Bestimmung der Schwere des Normverstoßes eingehen sollen, und er muss entscheiden, in welchem Ausmaß die Stärke der Sanktion und das Ausmaß des zu erwartenden Leidens in die Bestimmung der Strafschwere eingehen, und er muss, die Frage nach der Ausschöpfung des bestehenden Strafrahmens beantwortend, beides zueinander in Beziehung setzen.

X Schluss: Strafrechtfertigung im Spannungsfeld zwischen moralischen und nicht-moralischen Gründen

1 Das Problem der Strafrechtfertigung – bilanzierende Bemerkungen

Fassen wir die wesentlichen Ergebnisse der bisherigen Argumentation zusammen:

(1) Das Ausgangsproblem der Strafrechtfertigung bestand darin, dass Strafen als intendierte Leidenszufügungen prima facie moralisch falsch sind. Im Vorhergehenden ist es nicht gelungen, diesen Befund zu entkräften. Vielmehr zeigte sich, dass es sich nicht *bloß* um einen prima-facie-Befund handelt, sondern auch um einen, der nach eingehender Untersuchung der Rechtfertigungsfrage Bestand hat. Es ist nicht gelungen, moralische Rechtfertigungsgründe für das Strafen zu ermitteln.

(2) Dennoch gibt es Rechtfertigungsgründe für Strafen.[274] Wie gezeigt, bietet die Präventionstheorie ein durchaus plausibles Rechtfertigungsangebot für Strafen. Sie tut dies allerdings nur mit zwei erheblichen Einschränkungen. Zum einen ist sie nur in Bezug auf die Institution des Strafens als ganze, nicht aber in Bezug auf einzelne Akte der Strafverhängung eine überzeugende Strafrechtfertigungstheorie. Zum anderen und vor allem vermag die Präventionstheorie als Strafrechtfertigungstheorie nur zu überzeugen, wenn der Rechtfertigungsbegriff entmoralisiert und im Sinne technisch-zweckrationaler Rechtfertigung aufgefasst wird. Als Theorie der *moralischen* Strafrechtfertigung scheitert die Präventionstheorie.

(3) Akzeptiert man die auf diese Weise eingeschränkte und auf einen zweckrationalen Begriff der Rechtfertigung relativierte Präventionstheorie, schließt dies wiederum nicht aus, dass bei einzelnen Akten der Strafverhängung moralische Erwägungen zum Tragen kommen. Wir nehmen gegenüber dem Gestraften, insofern wir ihn nicht als Objekt sozialer Steuerungsmaßnahmen ansehen, sondern ihm als Person begegnen, eine moralische Einstellung ein, die sich in reaktiven Haltungen ausdrückt. Daher kommen, wenn wir diese Einstellung einnehmen, Entschuldigungsgründe als Gründe dafür zum Tragen, dass die reaktiven Haltungen, die mit so verstandenen Strafen einhergehen, zu modifizieren bzw. aufzugeben sind. Entsprechend sind bei Vorliegen dieser Entschuldigungsgründe – Freiheitseinschränkungen und Einschränkungen der Absicht-

lichkeit – auch die Strafen einzuschränken, die Ausdruck dieser Haltungen sind, bzw. es ist von diesen Strafen ganz abzusehen.

Moralische und nicht-moralische Überlegungen kommen also bei Fragen der Strafrechtfertigung auf unterschiedlichen Ebenen zum Tragen. Auf der Ebene der staatlichen oder sozialen Institution des Strafens sprechen funktionale Gründe für die Rechtfertigung des Strafens; auf der Ebene der personalen Begegnung mit dem Gestraften kommen Entschuldigungsgründe als Gründe für die Modifikation moralischer Haltungen zum Tragen. Aufgrund dieser Lokalisierung auf unterschiedlichen Ebenen konnten moralische und nicht-moralische Aspekte der Strafrechtfertigung im Vorhergehenden nicht zu einer einheitlichen, d. h. moralische und nicht-moralische Überlegungen in einem einzigen Begründungsmodell verklammernden Theorie zusammengeführt werden. Während Präventionstheorien als Theorien der nicht-moralischen Strafrechtfertigung plausibel sind, aber scheitern, wenn sie versuchen, moralische Prinzipien – das Schuld- und das Verhältnismäßigkeitsprinzip – zu integrieren, können Entschuldigungsgründe zwar für eine Änderung der moralischen Haltungen ins Feld geführt werden, die normalerweise mit Strafen einhergehen, ohne dass sich aus dem Fehlen von Entschuldigungsgründen aber moralische Gründe für das Strafen ergeben würden. Betrachtet man also das Phänomen des Strafens *als Ganzes* – sowohl die staatliche oder soziale Institution des Strafens („das Strafen") als auch als deren Ausprägung in einzelnen Akten der Strafverhängung („die Strafen") –, so bleibt ein nicht auflösbares Spannungsverhältnis zwischen moralischen und nicht-moralischen Aspekten der Strafrechtfertigung zu konstatieren.[275] Entweder folgen wir den nicht-moralischen Gründen für das Strafen und „opfern" dann die Moral (bzw. wesentliche moralische Grundsätze wie das Schuldprinzip),[276] oder wir geben umgekehrt, wenn wir jemandem moralische Verantwortlichkeit zuschreiben, bei Vorliegen von Entschuldigungsgründen den moralischen Erwägungen gegen das Strafen den Vorrang. In dem Ausmaß, in dem wir das tun, müssen wir dann Präventionsgesichtspunkte zurückzustellen bereit sein.

Die Frage, die im Zentrum philosophischer Strafrechtfertigungstheorien steht, nämlich diejenige, ob Strafen sich rechtfertigen lassen oder nicht, kann daher – so unbefriedigend diese abschließende Auskunft auch zu sein scheint – nicht eindeutig im Sinne eines *all-things-considered-judgements* beantwortet werden. Wie man sie beantwortet, hängt davon ab, welchen Rechtfertigungsbegriff man zugrunde legt. Geht man von einem nicht-moralischen Rechtfertigungsbegriff im Sinne zweckrationaler Rechtfertigung aus, ist sie bejahend. Fordert man hingegen eine moralische Rechtfertigung, ist die Antwort verneinend, da ja die moralischen prima-facie-Gründe gegen das Strafen als beabsichtigte Leidenszufügung nicht durch die nicht-moralischen Rechtfertigungsgründe für das Strafen außer Kraft gesetzt werden. Versteht man das Schuldprinzip, wie vorgeschlagen, als Strafbegrenzungsprinzip, führt der Einbau des Schuldprinzips in eine Theorie der vom Präventionsgedanken geleiteten Strafrechtfertigung auch nicht zu einer Rehabilitierung des Vergeltungsgedankens als eines Strafrechtfertigungsprinzips. Im Vorhergehenden wurden also nicht etwa präventionstheoretische und retributivistische Elemente als Elemente der Strafrechtfertigung miteinander kombiniert; vielmehr wurde einzig das Präventionsprinzip als Prinzip der Strafrechtfertigung in Anspruch genommen und mit einem hermeneutischen Retributivismus, also einem Retributivismus als Theorie des Strafverstehens, kombiniert. Es wurde daher im Vorhergehenden keine „Vereinigungstheorie" der Strafrechtfertigung in dem Sinne verteidigt, in dem der Ausdruck „Vereinigungstheorie" üblicherweise verwendet wird, nämlich zur Bezeichnung einer Theorie, die verschiedene Straf*rechtfertigungs*prinzipien miteinander verbindet.[277]

2 Vorrang der Moral?

Lässt sich aber nicht doch ein *all-things-considered-judgement*, ein „alles-in-allem-Urteil" formulieren, das es ermöglicht, die Spannung zwischen moralischen Gründen gegen das Strafen und nicht-moralischen Gründen für das Strafen aufzulösen? Grundsätzlich sind zwei Strategien denkbar, um zu einem solchen Urteil zu gelangen. Eine Möglichkeit wurde bereits diskutiert und als nicht realisierbar verworfen: Man kann versuchen, moralische Prinzipien in eine Präventionstheorie, die am Gedanken der zweckrationalen Begründung von Strafen über ihre Präventionswirkung orientiert ist, zu integrieren. Gelänge dies, ließen sich Schuldprinzip und Verhältnismäßigkeitsprinzip auf der Basis interessentheoretischer (kontraktualistischer oder utilitaristischer) Erwägungen begründen. Wenn aber das in Kapitel II Gesagte stimmt, gelingt es nicht. Schuld- und Verhältnismäßigkeitsprinzip lassen sich nicht auf der Grundlage interessentheoretischer Erwägungen in eine Präventionstheorie, die Strafen zweckrational begründet, integrieren.

Es verbleibt jedoch eine weitere Option, zu einem *all-things-considered-judgement* über Strafrechtfertigung zu gelangen. Es wäre denkbar, dass moralische Gründe, eben weil es moralische Gründe sind, gegenüber nicht-moralischen Gründen stets *vorrangig* wären. Wäre dies der Fall, würde gelten: Man sollte immer das tun, was moralisch geboten ist, selbst dann, wenn nicht-moralische Gründe, z. B. zweckrationale Gründe, dagegen sprechen. Moralische Gründe würden nicht-moralische „übertrumpfen". Das würde in Bezug auf die im Vorhergehenden entwickelte Strafrechtfertigungstheorie bedeuten, dass eine Präventionstheorie, weil sie (nach der oben verteidigten Lesart) nicht durch moralische, sondern nur durch nicht-moralische Gründe gestützt wird, nicht mehr als Grundlage einer Strafrechtfertigung dienen könnte. Vielmehr würde die entwickelte Argumentation zu einem Abolitionismus führen: Strafen könnten nur in einem nicht-moralischen Sinne gerechtfertigt sein, aber weil die moralischen Gründe gegen das Strafen die nicht-moralischen, zweckrationalen Gründe für das Strafen unterordnen würden, wäre zu folgern, dass Strafen, *all things considered*, niemals gerechtfertigt sein können. Daher ist im Folgenden zu erörtern, ob diese These des Vorrangs moralischer gegenüber nichtmoralischen Gründen zutrifft.[278]

Was genau besagt diese These? Häufig sprechen moralische Gründe für eine Handlungsoption und nicht-moralische Gründe für eine andere. In solchen Fällen beschäftigt uns im Allgemeinen die Frage, welcher der beiden Arten von Gründen wir folgen sollten. Man kann z. B. anerkennen, dass moralische Gründe für den Vegetarismus sprechen, und gleichzeitig einen – und sei es situativ bedingten und nur kurzzeitig wirksamen – nicht-moralischen Grund für das Essen von Fleisch haben, etwa die Tatsache, dass man Hunger hat und gerade keine geschmacklich ansprechenden Ernährungsalternativen zur Verfügung stehen. Und man kann anerkennen, dass moralische Gründe gegen das Strafen sprechen, und gleichzeitig anerkennen, dass nicht-moralische, am Präventionsgedanken orientierte Gründe dafür sprechen. In Bezug auf Szenarien solcher Art besagt die Vorrangthese: Einen Grund als einen moralischen Grund zu identifizieren heißt, ihn als einen unterordnenden Grund zu identifizieren.[279] Welche Argumente ließen sich zugunsten dieser These anführen? Drei Argumente seien im Folgenden genannt.

Ein erstes Argument für die Vorrangthese besteht im Hinweis darauf, dass jemand, der aufrichtig einen Grund als einen moralischen akzeptiert, eo ipso motiviert ist, ihm entsprechend zu handeln. Ausgehend von der Beobachtung, dass es offensichtlich einen Zusammenhang zwischen moralischen Urteilen und Handlungen gibt – wer z. B. ausdrücklich das moralische Urteil gutheißt, dass man Kinder nicht schlagen darf, aber bei der erstbesten Gelegenheit seine Kinder schlägt, würde sich dem Vorwurf der Unaufrichtigkeit aussetzen –, kann man für die These argumentieren, dass als moralisch anerkannte Gründe eo ipso mit Handlungsmotiven verbunden sind. Wer, obwohl ihn keine äußeren Umstände oder Zwang daran hindern, nicht das tut, wofür diese Gründe sprechen, würde demnach dokumentieren, dass er den entsprechenden moralischen Urteilen nicht aufrichtig zustimmt oder sie allenfalls in einem uneigentlichen, abgeschwächten Sinne verwendet. Diese These eines notwendigen Zusammenhangs zwischen moralischen Urteilen und Handlungsmotiven ist die These des (metaethischen) Internalismus.[280]

Die Wahrheit eines Internalismus reicht jedoch nicht aus, um die Vorrangthese zu begründen. Dass moralische Gründe stets Handlungsmotive mit sich führen zeigt nicht, dass sie nicht-moralischen Gründen stets übergeordnet seien, denn dies gilt in Bezug auf *alle* praktischen Gründe. Ein Grund ist *immer* etwas, was für etwas spricht, und ein praktischer Grund ist *immer* etwas, was für eine Handlung spricht. Auch wenn der Internalismus zutrifft, kann daher das mit einem moralischen Grund verbundene Handlungsmotiv von anderen Handlungsmotiven überwogen werden. Man kann z. B. moralisch motiviert sein, für die Armen zu spenden, aber dieses Motiv kann von einem prudentiellen Motiv wie demjenigen, für die eigene Altersvorsorge zu sparen, überwogen werden. Und man kann moralisch motiviert sein, jemanden nicht zu strafen, aber dieses Motiv kann von einem prudentiellen Motiv wie demjenigen, die Wahrscheinlichkeit des Vorkommens bestimmter Normverstöße in der Zukunft zu minimieren, überwogen werden. Allenfalls ein *starker* Internalismus, dem zufolge die mit moralischen Gründen verbundenen Handlungsmotive stets auch de facto handlungsleitend sind, also nicht untergeordnet werden können, könnte zur Stützung der Vorrangthese in Erwägung gezogen werden. Aber abgesehen davon, dass ein solcher starker Internalismus mit zahlreichen Problemen anderer Art konfrontiert ist, kann er die Vorrangthese nicht begründen, weil er diese schon impliziert – salopp formuliert: ein starker Internalismus ist ein schwacher Internalismus plus Vorrangthese. Die Vorrangthese mit einem starken Internalismus begründen zu wollen wäre daher zirkulär.

Ein zweites Argument für die Vorrangthese beruft sich auf die Bedeutung des Ausdrucks „moralisch" und reklamiert es als eine begriffliche Wahrheit, dass moralische Gründe *als moralische Gründe* eine unterordnende Kraft haben.[281] Es gibt drei Lesarten dieses Arguments. In der ersten Lesart besagt es, dass der begriffliche Konnex zwischen Moralität und *overridingness* Teil der alltagssprachlichen Verwendung des Ausdrucks „moralisch" sei. Demnach wäre ein moralischer Grund aufgrund der Bedeutung von „moralisch" eo ipso ein unterordnender Grund. Die Behauptung, dass diese begriffliche Verbindung in der Alltagssprache besteht, trifft jedoch nicht zu. Wäre es der Fall, dass ein Grund, wenn er ein moralischer Grund ist, eo ipso unterordnend ist, würde daraus per Kontraposition folgen, dass ein Grund, der nicht unterordnend ist, sondern selbst anderen Gründen untergeordnet wird, auch kein moralischer sein kann. Aber das ist nicht der Fall. Wenn jemand in einem Anfall von Heißhunger die Gründe gegen Fleischkonsum seinem momentanen Verlangen, seinen Appetit auf Fleisch zu befriedigen, unterordnet, hören die von ihm untergeordneten Gründe nicht auf, moralische Gründe zu sein. Wenn A den B aus funktionalen Gründen mit dem Ziel der Handlungssteuerung straft, hört deswegen der von A untergeordnete Grund, der gegen das Strafen spricht, nämlich dass dieses eine beabsichtigte Leidenszufügung darstellt, nicht auf, ein moralischer Grund zu sein.

In einer zweiten Lesart besagt das Argument, dass zwar die Tatsache, dass Gründe moralische Gründe sind, nicht impliziert, dass diese anderen Gründen übergeordnet werden, dass aber die Tatsache, dass jemand Gründe (möglicherweise fälschlich) für moralische Gründe *hält*, impliziert, dass er diese anderen Gründen überordnet. In dieser Lesart relativiert man also die Moralität von Gründen auf die Perspektive des Akteurs. Der begriffliche Zusammenhang bestünde demnach zwischen „Gründen, die für moralische Gründe gehalten werden" und „Gründen, die übergeordnet werden". Aus der These, dass, wenn ein Grund der erstgenannten Art vorliegt, auch ein Grund der zweitgenannten Art vorliegt, würde dann per Kontraposition folgen, dass Gründe, die nicht übergeordnet (sondern untergeordnet) werden, auch nicht für moralische Gründe gehalten werden können. Auch diese Annahme ist jedoch wenig plausibel. Es ist keinesfalls unmöglich, dass jemand Gründe, die er selbst für moralisch hält, anderen, die er nicht für moralisch hält, unterzuordnen bereit ist. Zu erinnern ist erneut an das von Williams eingeführte Beispiel des Malers Gauguin, der seine Frau und seine Kinder im Stich lässt, um auf Tahiti ein Künstlerleben zu führen (vgl. Williams 1976, bes. 22–26). Es ist nicht plausibel zu sagen, dass, weil Gauguin die Gründe, die für die Ausübung seiner Kunst sprachen, den Loyalitätserwägungen gegenüber seiner Familie überordnete, er die Gründe für den Verbleib bei seiner Familie nicht für moralische halten könne und die übergeordneten Gründe für moralische halten müsse. Auch aus der Binnenperspektive Gauguins können die übergeordneten Gründe als nicht-moralische und die untergeordneten als moralische aufgefasst werden. Und wenn jemand funktionale Gründe für das Strafen der Erwägung überordnet, dass Strafen als Leidenszufügung moralisch falsch ist, bedeutet das nicht nur, dass die untergeordneten Gründe moralische Gründe bleiben, sondern es schließt auch keinesfalls aus, dass die untergeordneten Gründe von der Person, die diese Hierarchisierung von Gründen vornimmt, weiterhin für moralische Gründe gehalten werden. Es ist durchaus möglich, sich bewusst gegen das, was man selbst für moralisch hält, zu entscheiden.[282]

In einer dritten Lesart des begrifflichen Arguments schließlich wird die Koppelung zwischen moralischen Gründen und *overridingness* per Definitionsentscheid eingeführt, d. h. die Bedeutung von „moralisch" wird dadurch festgesetzt, dass genau die Gründe als moralisch ausgezeichnet werden, die eine unterordnende Kraft haben. Alle Gründe, die *overriding* sind, sind dann per definitionem moralische Gründe. Allerdings ist dann nicht zu sehen, worin genau das Argument für die Vorrangthese bestehen soll und warum hier mehr vorliegen soll als ein definitorischer Gewaltstreich. Natürlich kann man legitimerweise moralische Gründe durch ihre unterordnende Kraft definieren, denn Definitionen sind, anders als Analysen, stipulativ. Definitorisch kann man die Bedeutung von „moralisch" insofern nach Belieben festsetzen. Mit gleichem Recht könnte man allerdings auch – mit einem gegenüber der Alltagssprache stärker revisionären Anspruch – z. B. ästhetische Gründe durch ihre unterordnende Kraft definieren und festlegen, dass die Gründe, denen andere Gründe untergeordnet werden, ästhetische Gründe sind. *Jeder* Typus von Grund könnte dadurch definiert werden, dass er definitorisch daran gekoppelt wird, übergeordnet zu werden. In dieser Lesart werden Gründe, die anderen Gründen übergeordnet werden, lediglich ohne weitere Argumentation als moralische Gründe *benannt*.

Ein drittes Argument für die Vorrangigkeit moralischer gegenüber nicht-moralischen Gründen besteht im Verweis auf höherstufige Gründe dafür, den Konflikt zwischen moralischen und nicht-moralischen Gründen zugunsten der ersteren aufzulösen. Dabei würde es sich um höherstufige Gründe in dem Sinne handeln, dass sie nicht auf der gleichen Ebene wie die miteinander konfligierenden Gründe lägen, sondern ihnen vorgelagert wären, da sie gerade eine Entscheidung über die Auflösung dieses Konflikts zwischen moralischen und nicht-moralischen Gründen ermöglichen würden. Man könnte z. B. anerkennen, dass es moralische Gründe gegen das Strafen und technisch-zweckrationale Gründe dafür gibt, und gleichzeitig behaupten, dass es höherstufige Gründe dafür gibt, dass Gründe der ersten Art gegenüber solchen der zweiten Art vorrangig sind.

Es tauchen hier jedoch zwei Probleme auf. Das erste ist das *Inkompatibilitätsproblem*. Es besteht, grob gesprochen, darin, dass die Tatsache, dass moralische und nicht-moralische Gründe Gründe unterschiedlicher Art sind, es unmöglich macht, diese Gründe in eine ihrerseits begründete Vorrangrelation zu bringen und zu sagen, welche der beiden Arten von Gründen vorrangig ist. Verschiedene Gründe können wir nur dann in eine begründete Vorzugsrelation bringen, wenn es sich um Gründe *einer* Art handelt. So können wir in einem Konflikt zwischen zwei moralischen Gründen – etwa in einer moralischen Dilemmasituation, in der ein moralischer Grund dafür spricht, das Leben eines Unschuldigen zu retten, ein anderer moralischer Grund dafür, durch Opferung des Lebens dieses Unschuldigen mehrere Unschuldige zu retten – versuchen zu ermitteln, welchem dieser beiden Gründe wir *als moralischem Grund* den Vorzug geben wollen und welchen wir unterordnen wollen. Ebenso könnte ein prudentieller mit einem prudentiellen Grund konfligieren. Es könnte z. B. einen prudentiellen Grund dafür geben, mehr Sport zu treiben, um gesund zu bleiben, und einen prudentiellen Grund dafür, auf das Sporttreiben zu verzichten, um dadurch mehr Zeit für die Verfolgung eigener beruflicher Ziele zu haben. Auch hier könnten wir fragen, welchem Grund wir *als prudentiellem Grund* den Vorzug geben wollen, ob uns also in prudentieller Hinsicht Gesundheit oder Karriere wichtiger ist. Wenn aber ein moralischer und ein nicht-moralischer Grund nebeneinander stehen und für unterschiedliche Handlungsoptionen sprechen, dann handelt es sich um Gründe unterschiedlicher Art. Natürlich können wir dann immer noch fragen, welchem dieser beiden Gründe wir folgen sollten, aber wir können nicht einem Grund den Vorrang vor dem anderen zusprechen, ohne vorher zu spezifizieren, in welcher Hinsicht wir diese Relation aufstellen wollen, einen Grund *welcher Art* wir als vorrangigen Grund suchen. Wenn es ein moralischer Grund sein soll, wird trivialerweise dem moralischen Grund der Vorrang zukommen, wenn ein prudentieller, wird ebenso trivialerweise dem prudentiellen der Vorrang zukommen. Wir können aber nicht Gründe unterschiedlicher Art unter Absehung von einer solchen Spezifikation priorisieren und in eine Vorrangrelation bringen. Genau genommen stehen diese Gründe auch nicht in einem „Konflikt" zueinander, denn das können nur Gründe *einer* Art; sie stehen nicht gegeneinander, sondern nebeneinander. Dies findet seinen deutlichsten Ausdruck darin, dass wir beide Gründe zwanglos und widerspruchsfrei in einer Konjunktion verbinden und z. B. sagen können, dass es moralische Gründe gegen das Essen von Fleisch *und* prudentielle Gründe dafür gibt, dass es moralische Gründe gegen das Strafen *und* nicht-moralische Gründe dafür gibt.[283]

Das zweite Problem ist das Regressproblem. Selbst wenn nämlich das Inkompatibilitätsproblem sich lösen ließe, tauchte folgende Schwierigkeit auf: Der gesuchte höherstufige Grund dafür, dass moralischen Gründen der Vorrang vor nicht-moralischen zukommt, könnte selbst wieder entweder moralischer oder nicht-moralischer Art sein. Aber wenn es sich um einen moralischen Grund handelte, könnte dieser wiederum in einen Widerspruch zu einem nicht-moralischen, etwa prudentiellen Grund treten. Und wenn es sich um einen nicht-moralischen, etwa um einen prudentiellen Grund handelte, könnte dieser wiederum in einen Widerspruch zu einem moralischen Grund treten. Das Problem, dass zwischen moralischen und nicht-moralischen Gründen eine Vorrangrelation herzustellen ist, würde sich also wiederholen, wenn wir versuchten, den Konflikt zwischen moralischen und nicht-moralischen Gründen durch Rekurs auf höherstufige Gründe aufzulösen. Und wir könnten es natürlich nicht einfach dogmatisch dadurch lösen, dass wir voraussetzen, dass nur moralische Gründe zum Zuge kommen sollen, weil ja eben hierfür Gründe gesucht werden.

Die Vorrangthese lässt sich also nicht überzeugend begründen. Dies bedeutet, dass die Entscheidung dafür, moralische Gründe als nachrangig gegenüber nicht-moralischen Gründen zu behandeln, nicht per se – weil es eine Entscheidung gegen die Moral ist – als irrational gebrandmarkt werden kann. Träfe die Vorrangthese zu, wäre dies der Fall. In diesem Fall wäre z. B. die Entscheidung Gauguins, die moralische Pflicht der Rücksichtnahme auf seine Familie seinen Künstlerambitionen unterzuordnen, notwendig irrational, weil die Vorrangigkeit moralischer gegenüber nicht-moralischen Gründen nicht als solche anzuerkennen von einem kognitiven Defekt zeugen würde. Und ebenso wäre die Entscheidung einer Person, moralische Gründe gegen das Strafen anzuerkennen, diese aber nicht-moralischen Gründen für das Strafen unterzuordnen, notwendig irrational. Der bisherigen Argumentation zufolge aber ist jemandem, der moralische Gründe anerkennt, sie aber nicht-moralischen unterordnet, sich also – wenngleich vielleicht nur in Einschränkung auf einen bestimmten Lebensbereich oder eine Situation – entscheidet, kein moralischer Mensch sein zu wollen, kein Rationalitätsdefizit vorzuwerfen.

3 Plädoyer für ein Strafen mit schlechtem Gewissen

Wenn, wie im Vorhergehenden argumentiert wurde, die Vorrangthese falsch ist, bedeutet dies: Es ist nicht der Fall, dass die moralischen Gründe gegen das Strafen die nicht-moralischen Gründe für das Strafen, die auf dem Präventionsgedanken beruhen, außer Kraft setzen. Nicht-moralische Gründe für und moralische Gründe gegen das Strafen lassen sich nicht in einem *all-things-considered-judgement* zusammenführen. Dafür wäre entweder der Nachweis erforderlich, dass moralische Gründe per se vorrangig gegenüber nicht-moralischen sind, oder derjenige, dass moralische Prinzipien sich in eine vom Präventionsgedanken geleitete Theorie integrieren lassen. Beide Nachweise aber lassen sich nicht führen. Die Frage, ob wir den moralischen Gründen gegen das Strafen oder den nicht-moralischen dafür folgen sollten, ist daher nicht beantwortbar.

Da uns aber das Leben keine Abstinenz von Handlungen erlaubt, können wir nicht nichts tun. Wir müssen handeln, entweder strafen oder nicht strafen. Das bedeutet, dass unser Handeln stets „unterkomplex" sein wird. Was auch immer wir tun oder lassen; wir werden in Kauf nehmen müssen, dass bestimmte Arten von Gründen, die wir anerkennen, nicht zum Tragen kommen werden. Wenn wir die nicht-moralischen Gründe für das Strafen, die von Präventionsgesichtspunkten geleitet sind, zum Zuge kommen lassen, werden wir einige der von uns im Allgemeinen ebenfalls anerkannten moralischen Gründe gegen das Strafen unterordnen müssen und sie nicht zum Zug kommen lassen können. Zwar können wir bei einzelnen Akten der Strafverhängung davon absehen, Präventionswirkungen durch exzessive Strafen herbeizuführen, indem wir Entschuldigungsgründe berücksichtigen und damit moralische Überlegungen bei der Entscheidung über einzelne Akte der Strafverhängung wirksam werden lassen. Aber wir werden, wenn wir überhaupt strafen, nicht die moralischen prima-facie-Gründe gegen das Strafen in Handlungen übersetzen können. *Wenn wir überhaupt strafen*, weil wir den Gesichtspunkten einer sozialen Regulierung und Verhaltenssteuerung Vorrang geben, werden moralische Gründe eine untergeordnete Rolle spielen müssen.

Die Unterordnung moralischer unter nicht-moralische Gründe bedeutet jedoch keinesfalls, dass diese in unseren Erwägungen keine Rolle mehr spielen und gänzlich „zum Schweigen gebracht" würden. Wenn wir moralische Gründe nicht-moralischen unterordnen, dann hören wir nicht auf, (im Sinne eines schwachen Internalismus) moralisch motiviert zu sein, diesen Gründen zu folgen, wenngleich sich diese Motivation dann nicht in Handlungen umsetzt. Auch moralische Gründe gegen das Strafen, die untergeordnet werden, werden – ohne dass sie handlungsanleitend würden – eine Rolle in unseren Erwägungen und Handlungen spielen. Anders als ein Amoralist, der komplett abstinent gegenüber moralischen Urteilen ist und moralische Gründe gegen das Strafen überhaupt nicht berücksichtigen würde, wird derjenige, der moralische Gründe gegen das Strafen anerkennt, sie aber funktionalen Gründen der Verhaltenssteuerung unterordnet, mit einer Einstellung strafen, in der diese moralischen Gründe, nur eben als untergeordnete, fortwirken. Moralische Gründe gegen das Strafen, die untergeordnet werden, verschwinden also nicht einfach. Sie steuern auch als untergeordnete Gründe unsere Einstellung zu dem, was wir tun – etwa in der Form, dass sie sich als schlechtes Gewissen bemerkbar machen.

Wenn wir also, dem Präventionsgedanken folgend, strafen, wirkt der moralische Grund gegen das Strafen auch als untergeordneter Grund weiter. Wer straft und dabei die moralischen Gründe gegen das Strafen unterordnet, also nicht handlungswirksam werden lässt, wird sich sagen können, dass das, was er tut, gerechtfertigt ist, aber auch wissen, um welche Art von Rechtfertigung es sich handelt, nämlich um eine nicht-moralische. Weiß er dies, hat er keinerlei Anlass, sich moralischer Selbstgefälligkeit hinzugeben. Er wird auch keinen Anlass haben, den Überlegenheitsdünkel dessen zu kultivieren, der zwar weiß, dass er mit seinen Handlungen anderen Leiden zufügt, aber sich sicher ist, hierfür gute moralische Gründe zu haben. Vielmehr wird er genau diejenigen negativen Gefühle des schlechten Gewissens und des Verstoßes gegen moralische

Normen haben, die typischerweise auftreten, wenn wir moralische Normen, die wir anerkennen, nicht in unser Handeln übersetzen. In leichter Abwandlung eines vielzitierten Diktums Gustav Radbruchs, dem zufolge ein guter Jurist nur jemand sein könne, der mit schlechtem Gewissen Jurist ist,[284] ist daher festzuhalten: Die richtige Art zu strafen ist diejenige, es mit schlechtem Gewissen zu tun.

Anmerkungen

Einleitung

1 Die zentrale Stellung der Rechtfertigungsfrage dokumentieren auch die durchweg an ihr orientierten vorliegenden Einführungen in Theorien des Strafens, an denen kein Mangel herrscht. Besonders hervorgehoben seien hier die exzellenten Darstellungen und Diskussionen von Strafrechtfertigungstheorien von Ten (1987) und Honderich (2006). Als weitere monographische Einführungsdarstellungen vgl. auch Wolf (1992) und Hoerster (2012) sowie die aus strafrechtstheoretischer Perspektive geschriebenen Einführungen Schmidhäusers (2004) und Hörnles (2011). Als Einführung mit sehr eigener Akzentsetzung aus kulturhistorisch-soziologischer Perspektive vgl. Dübgen (2016). Im Rahmen umfassender straftheoretischer Abhandlungen bieten zahlreiche Autorinnen und Autoren hilfreiche Einführungen in Straftheorien, z.B. Roxin 1994, 39–65 (§ 3); Duff 2001, 3–34 (Kap. 1); Golash 2005, 4–21 (bes. als historisch-diachroner Überblick über die Entwicklung von Straftheorien); Boonin 2008, 37–212 (Kap. 2–4); Ellis 2012, 14–129 (Kap. 1–6); Zürcher 2014, 34–82 (Kap. 2); Erber-Schropp 2016, 11–87 (Kap. 2). Vgl. zur Orientierung über Straftheorien auch den Artikel von Bedau (2015) in der *Stanford Encyclopedia of Philosophy*.

Kapitel I

2 So meint Primoratz (1989, 48), dass beim Fehlen faktischen Leidens nicht von Strafen zu sprechen sei. Nach Fingarette (1977, 510) muss eine Strafe zwar nicht schmerzhaft („painful") sein, aber doch eine Willensbeugung („humbling of the will") mit sich führen. Da diese Bedingung im Falle des den Gefängnisaufenthalt begrüßenden Obdachlosen nicht erfüllt ist, wäre auch nach Fingarette hier nicht von einer Strafe zu sprechen. Nach Wringe muss für eine Strafe keine Absicht der Leidenszufügung vorliegen; das Leiden müsse jedoch als unter normalen Umständen zu erwartende Folge des Strafens vorausgesehen sein (Wringe 2016, 18–20, 28f., 40f.; Wringe 2019); vgl. hierzu auch Kap III 1.
3 Aus stilistischen Gründen spreche ich im Folgenden auch dann von „intendierten Leidenszufügungen", wenn nur die Absicht einer Leidenszufügung, nicht aber die Leidenszufügung selbst vorliegt – in diesem Fall ist eine intendierte Leidenszufügung ebenso wenig eine faktische Leidenszufügung, wie ein versuchter Mord ein Mord ist.
4 So Quinton 1954. Quinton verteidigt die These, dass „X is punished" „X is guilty" impliziere, das Schuldprinzip also eine analytische Wahrheit formuliere. Zur Kritik an dieser „Analyti-zitätsthese" vgl. Hare 1986, 203–211, und Zaibert 2006a, 129–133.
5 Vgl. hierzu auch Harts (1959, 5f.) Kritik des „definitional stop", also der Lösung substantieller normativer Fragen auf dem Wege von Definitionsentscheidungen. Diese kommt nach Hart vor allem dann zum Tragen, wenn die Möglichkeit, die Bestrafung Unschuldiger aus utilitaristischen Gründen zu rechtfertigen, mit Hinweis auf die vermeintliche begriffliche Wahrheit, dass es sich hierbei nicht um eine Bestrafung handele, abgeblockt wird.
6 Zur Differenz zwischen askriptiven Aussagen und Kausalaussagen vgl. grundlegend Geach 1960, 221–225; zu askriptiven Aussagen vgl. auch Feinberg 1965b, 140f. Auf die Bedeutung des

Ausdrucks „für" in der Rede vom „Strafen für etwas" verweisen auch Primoratz (1989, 4), Ellis (2012, 14f.) und bes. Honderich (2006, 13). Nach Primoratz wird dadurch die Bezugnahme auf einen Grund für das Strafen ausgedrückt (1989, 4); Ellis sieht in dem Wort ausgedrückt, „that there should be some suitable relation between the suffering and the offence" (2012, 14). Honderich verweist zu Recht auf die Gefahr, dass "für" in der Strafdefinition nahelegen könnte, dass gerechtfertigte Strafen begriffsnotwendig verdient sind, man also durch die Verwendung dieses Wortes einen Retributivismus schon in die Strafdefinition einschreiben könnte (2006, 13).

7 Artikel 7 („Keine Strafe ohne Gesetz") § 1 der EMRK regelt das Rückwirkungsverbot und besagt: „Niemand darf wegen einer Handlung oder Unterlassung verurteilt werden, die zur Zeit ihrer Begehung nach innerstaatlichem oder internationalem Recht nicht strafbar war."

8 Allerdings hat der EGMR mit Urteil vom 07.01.2016 die Einstufung von Sicherungsverwahrung als Strafen spezifiziert und eingeschränkt: Eine Sicherungsverwahrung psychisch kranker Menschen, die mit geeigneten Therapieangeboten einhergehe und sich dadurch wesentlich von normaler Strafhaft unterscheide, sei nicht als Strafe anzusehen (EGMR 2016).

9 In Deutschland hatte der Bundestag bereits im Dezember 2010, also schon vor den soeben genannten Urteilen des EGMR, eine Regelung beschlossen, wonach auf die Verhängung nachträglicher Sicherungsverwahrung bei Erwachsenen in Zukunft verzichtet werden solle (BGBl. 2010 I S. 2300).

10 Dies gilt jedoch nur mit Ausnahmen. So ist eine nachträgliche Anordnung der Sicherungsverwahrung weiterhin möglich bei Personen, die im Rahmen des Maßregelvollzugs in einem psychiatrischen Krankenhaus untergebracht wurden und deren psychiatrische Behandlung beendet wurde (§ 66b StGB), und in Bezug auf Altfälle, d. h. vor dem 01.01.2011 begangene Taten, für die Sicherungsverwahrung angeordnet wurde und für die die alte Rechtslage maßgeblich ist.

11 Diese Unterscheidung zwischen „Strafe" und „Sanktion" entspricht nicht der in der Strafrechtswissenschaft gängigen Terminologie. Hier ist es üblich, zwischen Strafen, Maßregeln und Ahndungen (die Sanktionen, aber keine strafrechtlichen Sanktionen sind) als Unterarten von Sanktionen zu unterscheiden; vgl. Roxin 1994, 2f.

12 Zur genaueren Erörterung der Kategorie der Strafschwere und den Problemen der Bestimmung der Strafschwere vgl. Kap. IX 5.

13 Vgl. hierzu auch Ryberg 2010, 74–82.

14 Wohl erstmals bei Hobbes (1651, 353), in neuerer Zeit z.B. bei Hart (1959, 5), Wolf (1992, 23), Honderich (2006, 8–15), Boonin (2008, 23–26), Bedau (2015, 5) und Radzik (2020, 10f., 18–20). Radzik bindet im Gegensatz zu den anderen genannten Autoren Autoritätszuschreibungen nicht an asymmetrische Beziehungen, sondern meint, dass sie auch unter sozial Gleichen vorgenommen werden können. Ausdrücklich gegen die Aufnahme des Autoritätsbegriffes in die Strafdefinition plädiert hingegen Zaibert (2006a, 58–63).

15 Anders Radzik, die gerade um die Parallele zwischen staatlichen und sozialen Strafen aufrechtzuerhalten den Autoritätsbegriff in die Analyse sozialen Strafens einbaut (Radzik 2020, 18–20, 60). Radzik versteht dabei unter Autorität die Berechtigung (*entitlement*), jemanden zur Verantwortung zu ziehen. Die so verstandene Autorität sollte allerdings als eine Rechtfertigungsbedingung für soziales Strafen, nicht als ein begriffliches Merkmal sozialen Strafens aufgefasst werden (vgl. hierzu auch Bennett 2020, 87f.).

16 Die Wichtigkeit sozialer Strafen für eine philosophische Straftheorie betont, die Fokussierung der meisten Theorien auf staatliches Strafen kritisierend, auch Zaibert (2006a, 10–16). Zu den sozialen Strafen vgl. auch Stemmer 2000, 151–155, und Hoerster 2012, 15–17. Als ausführliche Untersuchung sozialer Strafen und zur jüngeren Diskussion um soziale Bestrafungspraktiken vgl. Radzik 2020.
17 Den Typus des gegenüber sozialen Strafen fast vollständig indifferenten, weil soziale Konventionen nicht Akzeptierenden, hat Camus in *L'Étranger* (1942) geschaffen.
18 Zur Differenz zwischen staatlichem Strafen und nicht-staatlichem Tadel vgl. ausführlich auch Shoemaker 2013.
19 Es handelt sich um die Verfilmung des Romans *Dead Man Walking – Sein letzter Gang* von Helen Prejean in der Regie von Tim Robbins (1995).
20 Die Interpretation des Szenarios ist allerdings bei Williams nicht ganz eindeutig. In „Moral Luck" spricht er in Bezug auf das Gauguin-Beispiel noch von einem „risk within morality" (1976, 38) und einer „moral justification" (1976, 39). Erst im „Postscript" zu „Moral Luck" schlägt er vor, „questions [...] about morality, about the ethical more broadly, and about rational agency" (1993, 256) voneinander zu unterscheiden, und sieht Gauguins Situation als Beispiel für den Konflikt zwischen Forderungen der Moral und der Rationalität an (1993, 257).
21 Anknüpfend an Williams betont vor allem Susan Wolf in *The Variety of Values* die Möglichkeit nicht-moralischer Rechtfertigungen (Wolf 2015). Zur Unterscheidung zwischen *moral justification* und *rational justification*, von der in Kap. II 4.3, 4.4 und 5 noch genauer die Rede sein wird, vgl. Armstrong 1961, 473f., Dolinko 1991, 539–541, Boonin 2008, 29f., Zaibert 2006a, 189f. In seiner jüngeren Monographie über Strafen sieht Zaibert den Rechtfertigungsbegriff grundsätzlich als „too impoverished to match the complexity of punishment" (Zaibert 2018, 3) an und plädiert dafür, das Strafproblem als Problem eines *Werte*konflikts zu rekonstruieren.
22 Vgl. hierzu sowie zu anderen möglichen Merkmalen moralischer Urteile Birnbacher 2013, 8–43. Von der unterordnenden Kraft (*overridingness*) als möglichem Merkmal moralischer Urteile wird später noch die Rede sein (Kap. X 2).
23 Vgl. insbes. die einflussreiche Kritik Philippa Foots an der Idee der Kategorizität in „Morality as a System of Hypothetical Imperatives" (Foot 1972).

Kapitel II

24 Dieses Kapitel greift z. T. auf bereits veröffentlichtes Material zurück (Hallich 2011).
25 Zur allgemeinen Orientierung über Präventionstheorien vgl. z. B. Ten 1987, 7–37 (Kap. 1); Honderich 2006, 74–111 (Kap. 4); Boonin 2008, 37–84 (Kap. 2); Hoerster 2012, 51–79; Zürcher 2014, 35–52.
26 Vgl. von Feuerbachs *Lehrbuch des gemeinen in Deutschland gültigen peinlichen Rechts* (1847), insbes. die §§ 13–16.
27 Vgl. Beccarias erstmals 1764 erschienene Abhandlung *Über Verbrechen und Strafe* (*Dei delitti e delle pene*), insbes. 48–50, 74 (Kap. 12), 82.
28 Das „Marburger Programm" formuliert Liszt in „Der Zweckgedanke im Strafrecht" (1882).

29 Zu Liszts Abwendung vom Vergeltungsgedanken und seiner Idee des Strafrechts als Interessenschutz vgl. auch sein *Lehrbuch des Deutschen Strafrechts*, insbes. 64–68 (§ 13); zu Liszt vgl. auch Roxin 1994, 43–46; Hoerster 2012, 53–64.
30 Hoerster 2012, 81–136 (Kap. 4,5). Im Sinne einer auf Individualinteressen bezogenen Strafrechtfertigung argumentieren auch Baurmann (1990) und Pauen (2008, 58–68).
31 Exemplarisch hierfür Honderich 2006, 76. Als Ausnahme zu dieser Standardkonzeption vgl. Primoratz 1989, 33f. Primoratz fasst die Präventionstheorie als unabhängig von empirischen Annahmen über Präventionswirkungen auf.
32 Auf diese Schwierigkeiten ist in der Literatur vielfach verwiesen worden. Als ausführliche Darstellung der methodischen Schwierigkeiten bei der Ermittlung von Präventionseffekten vgl. insbes. von Hirsch et al. 1999; vgl. weiterhin Hassemer 1979, 42–49; Koller 1979, 73–82; Ten 1987, 8–13; Golash 2005, 24–29; Honderich 2006, 74–86; Ellis 2012, 153–157; Erber-Schropp 2016, 55–57; Meier 2016, 275–288; Kunz/Singelnstein 2016, 284–304; Wittwer Ms. (hier und im Folgenden zitiert mit Erlaubnis des Autors), 17–23.
33 Wohl infolge dieser methodischen Schwierigkeiten kann nicht von einem Konsens in Bezug auf das Vorhandensein oder Nichtvorhandensein von Präventionseffekten gesprochen werden. Dass rechtliche Strafandrohungen Präventionswirkungen realisieren, meinen z. B. Kliemt/Kliemt 1981, 173f.; Honderich 2006, 79–83, und insbes. von Hirsch et.al. (1999), die zusammenfassend feststellen: „To the question, "does deterrence ever work?", our answer is that it clearly does" (1999, 1). Infragestellungen des Präventionseffektes finden sich hingegen tentativ bei Ten (1987, 8–13) und Golash (2005, 24–29), dezidiert bei Wittwer (Ms., 17–23). Auch innerhalb der Kriminologie gehen die Meinungen auseinander. Während Meier bilanziert: „Als Ganzes stellt sich das Strafjustizsystem nach den empirischen Befunden als eine generalpräventiv wirksame und deshalb sinnvolle Einrichtung dar" (2016, 287), kommen Kunz/Singelnstein zu dem Ergebnis, dass zwar einige Indizien für positive Generalprävention sprächen, hingegen „die Vorstellung der Abschreckung praktisch keine empirische Stütze [findet]. Sie ist noch am ehesten im Bereich der leichten Alltagsdelikte plausibel und dort schwach empirisch bestätigt" (2016, 292).
34 So formuliert Wittwer die folgenden Bedingungen dafür, dass Strafandrohungen abschreckend auf Rechtssubjekte wirken: Informiertheit der Bürgerinnen und Bürger über Strafart und Strafmaß (Bedingung der Rechtskenntnis), hinreichend genaue Kenntnis der Aufklärungswahrscheinlichkeiten, hinreichend ähnliche Weise der Reaktion auf die Strafandrohung unter den Rechtssubjekten (Bedingung der interpersonalen Homogenität), hinreichend ähnliche Reaktion einzelner Menschen auf Strafandrohungen im Verlauf ihres Lebens (Bedingung der personalen Konstanz), hinreichende Rationalität im Moment der Entscheidung für oder gegen eine Straftat (Bedingung der Rationalität), motivationale Wirkung der Aussicht auf die Sanktion bei dieser Entscheidung (Bedingung der Relevanz der Strafe) (Wittwer Ms., 17f.). So recht Wittwer darin hat, dass „bezweifelt werden [darf], dass auch nur eine einzige [dieser Bedingungen] in der Regel erfüllt ist" (ebd., 18), darf auch bezweifelt werden, dass auch nur eine einzige dieser Bedingungen notwendig erfüllt sein muss, um von einem Präventionseffekt sprechen zu können.
35 So Pawlik 2004, 22; Wittwer Ms., 20f. Gegen die Annahme, dass eine Präventionstheorie auf die Unterstellung einer durchgängigen Rationalität potentieller Normbrecher angewiesen sei, argumentieren hingegen von Hirsch et.al. (1999, 6), Honderich (2006, 80f.) und Ellis (2012,

154f.). Zur „rational choice theory" als Kriminalitätstheorie, der zufolge Kriminalität das Ergebnis zweckrationalen Handelns ist, vgl. auch die kritischen Einschätzungen von Meier (2016, 38–42) und Kunz/Singelnstein (2016, 141–151).
36 Vgl. als Auseinandersetzung über diese Frage van den Haag 1968, Pojman 2005, 109–116, and Nathanson 2005, 125–127.
37 Vgl. zu diesem Argument Honderich 2006, 84f.
38 Von einer „weitgehenden Austauschbarkeit der Sanktionen ohne spezialpräventiven Wirkungsverlust" sprechen z. B. Kunz/Singelnstein (2016, 303).
39 Vgl. hierzu insbes. von Hirsch et al. 1999, 6f., sowie in Bezug auf die Risikobereitschaft potentieller Täter Kunz/Singelnstein 2016, 148.
40 Das hier nur angedeutete Problem des Verhältnisses zwischen gerechtfertigtem Strafen und Willensfreiheit wird ausführlich in Kap. VIII diskutiert.
41 Als *locus classicus* für diese Unterscheidung vgl. Hume 1748, Sect. VIII.
42 Dieser Einwand kann schon Kant (MS A196 [AA VI, 331]) und Hegel (1820, 198 [§99, Zusatz]) zugeschrieben werden und wird in neuerer Zeit z.B. von Naucke (1979, insbes. 10–12), Pawlik (2004, 21, 35f., 97), Hassemer (2009, 83–85) und Erber-Schropp (2016, 46–55), in der englischsprachigen Literatur von Boonin (2008, 60–62) vorgebracht.
43 Dieser zentrale Vorwurf wird einflussreich von McCloskey (1965, 126–131) formuliert und z. B. von Ten (1987, 13–32), Primoratz (1989, 43–61), M. Moore (1982, 94–97), Golash (2005, 43–47), Honderich (2006, 89–109) und Boonin (2008, 41–52) argumentativ ausgeführt und bekräftigt. Bei der Formulierung des Vorwurfs wird ein Verständnis von Schuld im Sinne *moralischer* Schuld, also von Schuld im Sinne eines individuell zuschreibbaren und vorwerfbaren Verhaltens, vorausgesetzt, das ich im Folgenden vereinfachend übernehme. Zur Differenzierung zwischen verschiedenen Bedeutungen des Schuldbegriffs vgl. aber Kap. VI 1.
44 Wolf (1992, 19) spricht von „Sozialchirurgie"; Rawls hat hierfür den Ausdruck *telishment*, eine Zusammenziehung von *telic* (zweckbestimmt) und *punishment* geprägt (Rawls 1955, 11).
45 Vgl. hierzu z. B. Ten 1987, 17; Primoratz 1989, 51–54; Boonin 2008, 42 44.
46 Darauf verweist auch Hart in seiner Kritik des *definitional-stop*-Arguments (1959, 5f.). Wären hingegen Strafen immer ein „Strafen für" – wie es z. B. Gardner in seiner Kritik am *definitional-stop*-Argument unterstellt und gegen dieses Argument ins Feld führt (Gardner 2008, xxv) – wäre das *definitional-stop*-Argument nicht überzeugend, denn in diesem Fall könnten die „Bestrafungen" Unschuldiger tatsächlich nicht als Bestrafungen gelten, und der Verweis hierauf wäre nicht als „Definitionssperre" zu tadeln.
47 Vgl. hierzu Hart 1958a, 46–49; Hart 1962, 180–183; Hart 1965, 205–209. Hart verteidigt die Möglichkeit der Verhaltenssteuerung durch *strict-liability*-Bestrafungen, sieht aber das Schuldprinzip als ein Prinzip an, das Individuen gegen Übergriffe des Staates im Dienste der Erzielung einer Präventionswirkung schützt, indem es, Handlungsplanungen und Absichten in der Strafzumessung berücksichtigend, die *Wahl* von Handlungen als Faktor einführt, der Sanktionen determiniert. Anknüpfend an Hart argumentieren in diesem Sinne auch Baurmann (1990, 131–141) und Hoerster (2012, 90–93). Für eine Verteidigung des Schuldprinzips auf interessentheoretischer Basis argumentiert auch (der frühe, noch utilitarismusfreundliche) Rawls in „Two Concepts of Rules": Im Rahmen einer regelutilitaristischen Konzeption ließe sich begründen, dass, auch wenn im Einzelfall die Bestrafung Schuldiger nutzenmaximierend sein

könne, das Prinzip, dass man die Unschuldigen niemals bestrafen darf, aus utilitaristischen Gründen gerechtfertigt sei (Rawls 1955, 9–13).
48 Das vermuten auch Kliemt/Kliemt 1981, 178–180, und Boonin 2008, 44–54. Kritisch zur Integrationsstrategie äußert sich auch von Hirsch (2011, 46–49), der darauf verweist, dass das Schuldprinzip ein *ethisches* Prinzip, nicht ein Prinzip der bloßen Verhaltenssteuerung, und daher nicht nur zweckrational durch Interessenerwägungen zu begründen sei.
49 Diese Annahme könnte z.B. im Rahmen eines Zwei-Ebenen-Modells des moralischen Denkens, wie es von Hare entwickelt wird (Hare 1981, 25–64 [Kap. 2, 3]), begründet werden. Das Schuldprinzip wäre demnach auf der intuitiven Ebene des moralischen Denkens anzusiedeln und wäre im Allgemeinen handlungsanleitend, könnte aber in bestimmten Fällen auch vom kritischen (d. h. aktutilitaristischen) Denken außer Kraft gesetzt werden.
50 Eine solche Argumentation kann Hare zugeschrieben werden, der sich im Kontext der Erörterung des gegen den Utilitarismus vorgebrachten Vorwurfs der Kontraintuitivität auf die Unwahrscheinlichkeit der dabei gegen den Utilitarismus ins Feld geführten Beispiele beruft (1981, 131–135 [Abschn. 8.2]). Als Verteidigung des Einsatzes wirklichkeitsferner Beispiele vgl. hingegen Ten 1987, 18–32, und Honderich 2006, 101–104.
51 Zu dem Ergebnis, dass der Utilitarismus den Einwand der Bestrafung Unschuldiger nicht überzeugend abwehren kann, kommen z.B. auch Primoratz (1989, 45–61), Honderich (2006, 89–109) und Boonin (2008, 64–75).
52 In *The Rationale of Punishment* heißt es: „To punish where, without introducing preponderant inconvenience, such punishment is unavoidable, is not in either case contrary to the principle of utility: – not in the case of the guilty: no, nor yet in the case of the innocent" (Bentham 1830, 235); vgl. hierzu auch Primoratz 1989, 26.
53 Am deutlichsten wird die zentrale Differenz zwischen diesen beiden Arten der Rechtfertigung von Armstrong formuliert: „It is important to notice that the moral justification of a practice is not the same thing as its general point or purpose, except in the eyes of those who have travelled so far down the Utilitarian Road that they never question the means if the end is desirable. [...] An act or practice may have a very sound point indeed and still lack moral justification, e.g. torturing prisoners to get information, so that to say that the general aim of the practice of punishing criminals is, say, the protection of society is not *eo ipso* to produce a moral justification of the practice, unless we assume that Bentham was right all the way. There is an ambiguity in a phrase like 'The general justifying aim of punishment', between *why* we do it, and why it is morally permissible – if it is – for us to do it." (Armstrong 1961, 474). Die Unterscheidung wird anknüpfend an Armstrong aufgenommen von Dolinko (1991, 539–541), Boonin (2008, 49f.) und Zaibert (2006, 189f.). Dolinko stellt in diesem Zusammenhang fest: „To speak of a "justifying aim" risks conflating the issue of *why* we punish (the "aim" or rational justification of the practice) with that of what *entitles* us to punish (morally "justifying" the practice)" (1991, 541).
54 Als Übersicht zum Rationalitätsbegriff vgl. Schnädelbach 2000 und Hahn 2017; zur instrumentellen Rationalität als Aspekt von Handlungsrationalität, der nur den Mittel-Zweck-Zusammenhang betrifft, vgl. Gosepath 1999, 11f., 25–29. Zur neueren Diskussion um Zweckrationalität in der analytischen Philosophie vgl. die bei Halbig/Hennig 2012a versammelten Beiträge und als Überblick Halbig/Hennig 2012b.

55 Dass konsequentialistische Theorien selbst dann, wenn sie die zu erreichenden Zustände und Ziele nicht funktional, sondern als Selbstzwecke charakterisieren, die Erreichung dieser Ziele technisch-instrumentell auffassen müssen, betont zu Recht auch Spaemann: „Da es für die Sittlichkeit einer Handlung [diesen Theorien zufolge] auf die Maximierung dieser Zustände ankommt, verwandelt sich die sittliche Norm dann doch in eine technische, nämlich in die Anweisung, das zu tun, was zu der Herstellung der größten Zahl solcher Zustände die zweckmäßigste Handlung ist" (Spaemann 1981, 203).
56 Vgl. z.B. Boonin 2008, 54–58; Hassemer 2009, 79–82. Als ausführliche Untersuchung des Verhältnismäßigkeitsprinzips vgl. von Hirsch 2017. Zur genaueren Darstellung und Untersuchung dieses Prinzips vgl. Kap. IX 5.
57 Dass „die Abschreckungswirkung der Sanktionen bei leichten Delikten größer ist als bei schweren", stellt auch der Kriminologe Meier (2016, 286) fest.
58 Vgl. hierzu insbes. Hares „Zwei-Ebenen-Modell" des moralischen Denkens und seine Anwendungen (1981, 130–168 [Kap. 8 und 9]).
59 So in der *Introduction to the Principles of Morals and Legislation*, chap. xiii: "Cases unmeet for punishment", § iii: "Cases in which punishment must be inefficacious" (1780, 161) und dem gleichlautenden Kapitel in *The Rationale of Punishment* (1830, 63). In neuerer Zeit wird das Argument z.B. von Hoerster (2012, 109f.) formuliert.
60 Kritisch zum Argument Benthams vgl. auch Primoratz 1989, 39–41.
61 Dieser Vorwurf wird aus retributionstheoretischer Perspektive z.B. von Pawlik (2004, 21, 35f., 97) und, allgemein gegen den Utilitarismus gewendet, von Spaemann (1981, 197–204) formuliert.

Kapitel III

62 Zur allgemeinen Orientierung über den Expressivismus vgl. Boonin 2008, 171–180; Hörnle 2011, 29–43; Zürcher 2014, 128–132; Wringe 2016, 11–16.
63 Zur Differenz zwischen *punishment* und *penalty* vgl. auch Hare 1986, 207.
64 Zur Differenz zwischen „Strafe" und „Sanktion" vgl. Kap. I 1. Zur „Kaufpreistheorie" der Sanktionen und als Kritik der Reduktion moralischer Sanktionen auf Kaufpreise vgl. Seebass 2002, 173–179.
65 So Feinberg, der Strafe als „symbolic way of getting back at the criminal, of expressing a kind of vindictive resentment" (1965a, 100) bestimmt und insofern auch als (expressivistischer) Retributivist verstanden werden kann. Einen expressivistischen Retributivismus vertreten auch Hampton (1992), der zufolge die Strafe eine Korrektur der vorher durch die Straftat ausgedrückten „beleidigenden Botschaft", die den Wert des Opfers und seine Rechte verneint, darstellt, und Bennett, dem zufolge die Leidenszufügung durch Strafe ein Mittel zum Zweck des Ausdrucks retributiver Emotionen ist (Bennett 2008, 13–44 [chap. 1, 2]; Bennett 2020, 82–84).
66 So Burgh (1987), dem zufolge die Strafe verdient ist, wenn und weil sie eine Wiedergutmachung der Tat an der Gesellschaft durch den Ausdruck von Tadel darstellt (1987, 330).
67 Der Unterschied zwischen spezialexpressiven und generalexpressiven Varianten der Expressionstheorie wird häufig durch den Gegensatz zwischen *censure* und *denunciation* zum

Ausdruck gebracht (vgl. z. B. von Hirsch 2017, 32). Wringe unterscheidet je nach Adressatenbezogenheit des Expressionsaktes zwischen *communicative* (spezialexpressiven) und *denunciatory* (generalexpressiven) *accounts* (Wringe 2016, 57) und macht darauf aufmerksam, dass nur die zweite Variante der Expressionstheorie die öffentliche Natur der Strafe erklären kann (Wringe 2016, 66–87).

68 In diesem Sinne verbindet von Hirsch (2017, 32–43) eine Expressionstheorie mit einer Präventionstheorie, wenn er die Expressionswirkung als Teil der Abschreckungswirkung auffasst: „Prevention, on the account of it that I have just given, cannot stand alone, separately from the censuring element. If the sanction conveys censure, it may take a form that also serves as a prudential disincentive, a means for overcoming temptation" (2017, 40).

69 Vgl. zu den folgenden Kritikpunkten insbes. Hart 1962, 169–173.

70 Zum zweiten und dritten Einwand vgl. ausführlich Wringe 2016, 74–87; zum dritten Einwand vgl. insbes. Hanna 2008, 133–148, und Königs 2013, die diesen Einwand als entscheidendes Argument gegen einen Expressivismus ansehen, sowie Boonin 2008, 171–179, Ellis 2012, 90f., und Ewing 2015, 381–383; vgl. auch Schälike 2011, 187–189, und schon Feinberg 1965a, 115f.

71 Nach Wringe muss für eine Strafe nicht einmal eine *Absicht* der Leidenszufügung vorliegen; es werde mit einer Strafe zwar *harsh treatment* beabsichtigt; das Leiden des Gestraften müsse aber lediglich als unter normalen Umständen zu erwartende Folge *vorausgesehen* werden (Wringe 2016, 18–20, 28f., 40f.). Das scheint aber eine zu schwache begriffliche Bedingung für Strafen zu sein: Wenn A sich aus einer toxischen Partnerschaft mit B infolge mehrerer Normverstöße von B löst, mag A voraussehen, dass B darunter leiden wird, ohne dass aber A B straft, denn A intendiert nicht Bs Leiden, sondern nimmt es lediglich in Kauf. Zur Kritik an Wringes Infragestellung des *Aim-to-harm-requirements* vgl. auch Hanna (2017), die Replik Wringes (2019) auf Hanna und die erneute Entgegnung Hannas (2020). Gegen die Annahme, dass Strafen mit faktischen Leidenszufügungen verbunden sein müssen, argumentieren auch Fingarette (1977, 50), der meint, dass Strafe zwar nicht schmerzvoll sein, aber mit einer „Willensbeugung" (*humbling of the will*) einhergehen müsse, und Poama (2015), der dafür plädiert, den Begriff des Leidens nicht in eine Strafdefinition aufzunehmen und durch den der Sanktion, der für die Bestimmung der Strafschwere besser operationalisierbar sei, zu ersetzen (zur Differenz zwischen „Strafe" und „Sanktion" vgl. Kap. I 1).

72 Vgl. hierzu ausführlich Hallich 2018. Mit anderen Argumenten – nämlich unter Bezugnahme auf unterbliebene Wiedergutmachungen – argumentiert auch Douglas (2019) für die Bestrafung greiser Kriegsverbrecher für vergangene Taten.

73 Vgl. hierzu die Glosse Hegers (2012) mit dem schönen Titel „Wer früher stirbt, ist länger unschuldig". Über den Fall Demjanjuk informiert der Wikipedia-Artikel: https://de.wikipedia.org/w/index.php?title=John_Demjanjuk&oldid=200230085.

74 Duffs *Punishment, Communication, and Community* (2001) kann als wichtigste Darlegung einer Kommunikationstheorie gelten; vgl. als ausführliche Auseinandersetzungen mit Duff auch Golash 2005, 117–146 (Kap. 6), Honderich 2006, 184–194, und Zaibert 2018, 118–133. Nozick (1981, 363–397) versteht seine Kommunikationstheorie, der zufolge Strafe darauf abzielt, die unterbrochene Verbindung des Täters mit den „richtigen Werten" wiederherzustellen, als eine Variante des Retributivismus; vgl. zu Nozick Ten 1987, 42–46, und die zu Recht bissigen Bemerkungen Honderichs (2006, 176–184).

75 Auch Duff meint angesichts der Möglichkeit „verstockter" Täter, dass der *Versuch* der Herstellung von Kommunikation die Strafe rechtfertige (2001, 121–125).
76 Von O'Brien heißt es: „He had the air of a doctor, a teacher, even a priest, anxious to explain and persuade rather than to punish" (Orwell 1949, 211f.).
77 Duff selbst verbindet die Kommunikationstheorie mit einer Theorie der negativen Spezialprävention (2001, 82–85), wenn er seine Konzeption als „partly deterrent" (2001, 82) charakterisiert, da sie es gestatte, „to use penal hard treatment as a deterrent for those who would not otherwise obey the law" (2001, 83).
78 Auch Duff entwickelt seine Kommunikationstheorie als eine „Inklusionstheorie" im Rahmen eines kommunitaristischen Konzepts, fasst also staatliche Strafe, scheinbar paradoxerweise, als Mittel auf, den Gestraften in die Gesellschaft zu integrieren (Duff 2001, 75–79). Dies erlaubt es, auch integrative Maßnahmen wie Wiedergutmachungsmaßnahmen durch den Täter und Versöhnungsinitiativen als Strafen zu bezeichnen, sofern diese dem Täter durch die Gemeinschaft auferlegt werden (vgl. hierzu Duff 1992). Zur kommunitaristischen Begründung von Strafe als Affirmation von im Kontext von Gemeinschaften ausgebildeten Werten vgl. auch Lacey 1988, 169–201 (Kap. 8), und Lacey 2008, 115–169 (Kap. 3).
79 Morris schreibt: „The paternalistic theory I present relies essentially on the idea of punishment as a complex communicative act" (ebd., 141) und: „Punishment, then, communicates what is wrong and, in being imposed, both rights the wrong and serves as a reminder of the evil done to others and to oneself in the doing of what is wrong" (ebd., 147).
80 Einen ähnlichen Vorbehalt gegenüber der Kommunikationstheorie formuliert Radzik (2020, 36).
81 Zur Orientierung über Resozialisierungstheorien vgl. Honderich 2006, 112–118. Zur Geschichte des Resozialisierungsgedankens im bundesrepublikanischen Strafvollzug vgl. Ramsbrock 2020.
82 Zum Abolitionismus vgl. z.B. Duff 2001, 30–34. Vertreter eines Abolitionismus sind Golash (2005, insbes. 153–172 [Kap. 8]) und Boonin (2008, insbes. 213–275 [Kap. 5]), die Strafalternativtheorien entwickeln und z. B. Wiedergutmachungsmaßnahmen und nicht-strafende prophylaktische Maßnahmen im Vorfeld von Normverstößen an die Stelle staatlichen Strafens treten zu lassen vorschlagen.
83 In diesem Sinne stellen die Kriminologen Kunz/Singelnstein fest: „Die Verwahrung im Strafvollzug bewirkt zum einen eine *Gefährdungsverlagerung* hin zu Mitgefangenen und kann zum anderen zu einer Verschiebung auf die Zeit nach der Haftentlassung führen, wobei es nicht selten zu einer Eskalation der Gefährlichkeit durch Hafterlebnisse kommt. [...] Der Versuch, die Kriminalitätsrate mit mehr Inhaftierungen von längerer Dauer zu senken, kann angesichts dessen sogar *kontraproduktiv* sein, wenn das Gefängnismilieu zu künftiger Kriminalität ausbildet und soziale Bindungen in der Außenwelt zerstört" (Kunz/Singelnstein 2016, 316). Als kritische Stimmen zur Besserungsfunktion der Strafe vgl. auch Koller 1979, 56–62; Golash 2005, 117–146 (Kap. 6); Boonin 2008, 171–192. Ein ernüchterndes Fazit zum Versuch, den Resozialisierungsgedanken im konkreten Strafvollzug umzusetzen, zieht auch Ramsbrock (2020, bes. 295–308), die bilanziert, dass der „Entwurf des Gefängnisses als eine Art von Sozialisationsinstanz [...] nicht erfolgreich" war (ebd., 300f.). Als Vorschlag für institutionelle Strukturen, die unter den Bedingungen einer liberalen Demokratie das Rehabilitationsziel begünstigen würden, vgl. Lacey 2008.

84 Vgl. Kap. I 1; zu Vergeltungsstrafen als einer Teilklasse von Strafen vgl. Kap. IV 4.1.
85 Das macht z.B. Murphy (1970, 449f.) gegen Menninger geltend.
86 Dies schlägt auch Bennett (2010, 62) vor.

Kapitel IV

87 Kritisiert wird diese Koppelung auch von M. Moore (1993, 156f.), der auf die Möglichkeit eines konsequentialistischen Retributivismus verweist, hieran anknüpfend von Zaibert (2006a, 177–180; 2010, 177f.) und von Schälike (2011, insbes. 178f.), der den Wert vergeltender Gerechtigkeit im Retributivismus konsequentialistisch bestimmt. Gegen die Möglichkeit einer Verbindung von Konsequentialismus und Retributivismus argumentiert hingegen mit kritischer Bezugnahme auf Moore Dolinko (1997, 509–515).
88 Dieser Schwierigkeit trägt Ellis' (2012, 5f., 17–24) Unterscheidung zwischen externalistischen und internalistischen Strafrechtfertigungstheorien Rechnung. Externalistische Theorien rechtfertigen demnach Strafe durch ein Ziel, das grundsätzlich auch ohne Strafe zu erreichen wäre, aber kontingenterweise durch Strafe herbeigeführt werden muss, internalistische hingegen durch ein Ziel, das grundsätzlich nur durch die Strafe erreicht werden und auch nicht unabhängig von dieser spezifiziert werden kann. Auch retributivistische Theorien sind demzufolge konsequentialistisch, rechtfertigen Strafe aber durch ein Ziel, das grundsätzlich *nur* durch Strafe erreicht werden kann, während Präventionstheorien sie durch Ziele rechtfertigen, die auch unabhängig von der Bezugnahme auf Strafe spezifiziert werden können, aber kontingenter- und bedauerlicherweise durch Strafe realisiert werden müssen.
89 Als wichtige Vertreter dieser Variante eines Retributivismus seien Primoratz (1989), Kershnar (2001) und M. Moore (1982, 1987, 1993) genannt. Zur allgemeinen Orientierung über den nicht-konsequentialistischen Retributivismus vgl. z.B. Ten 1987, 38–65 (Kap. 3); Primoratz 1989, 67–110 (Kap. 4, 5); M. Moore 1993, 153–159; Honderich 2006, 17–57 (Kap. 1); Boonin 2008, 85–154 (Kap. 3); Schälike 2011; Zürcher 2014, 52–75.
90 Die z. B. von M. Moore (1987, 104; 1993, 154) verteidigte und als kennzeichnend für den Retributivismus angesehene Ansicht, dass moralische Schuld eine Pflicht zum Strafen begründet, wird gelegentlich als „positiver Retributivismus" bezeichnet und von einem „negativen Retributivismus" abgegrenzt, dem zufolge moralische Schuld und Verdienst nur eine notwendige, keine hinreichende Bedingung gerechtfertigten Strafens seien (Mackie 1982, 4; Duff 2001, 19; Ewing 2015, 376). Da dieser schwächeren Behauptung aber auch Präventionstheoretiker zustimmen könnten, wäre dieser „negative Retributivismus" nicht von einer Präventionstheorie abgrenzbar, und im Folgenden wird unter „Retributivismus" ausschließlich der „positive Retributivismus" verstanden. Kershnar (2001, 69–74) unterscheidet zwischen einem *pure retributivism*, dem zufolge Strafe, wenn sie verdient ist, verhängt werden *soll*, einem *permissive retributivism*, dem zufolge wir *berechtigt* sind, diejenigen zu strafen, die dies verdienen, und einem *impure retributivism*, dem zufolge es eine *prima-facie-Pflicht* gibt, diejenigen zu strafen, die dies verdienen, die aber durch andere Gründe außer Kraft gesetzt werden kann.

91 Zu den möglichen Explikationen der Gerechtigkeitsfrage und als einführender Überblick über die im Laufe der Philosophiegeschichte darauf gegebenen Antworten vgl. Horn/Scarano 2002, insbes. 9–13.
92 Die Vielheit der in Anschlag gebrachten Rechtfertigungsprinzipien charakterisiert der Retributionstheoretiker M. Moore treffend: „The battleground of theory known as the philosophy of punishment is littered with the corpses of supposed general principles from which the retributive principle is supposed to follow" (M. Moore 1993, 170). Nicht alle diese Leichen können im Folgenden seziert werden. Die Heterogenität der vorgeschlagenen retributivistischen Ansätze lässt einige Straftheoretiker zweifeln, ob sich retributivistische Theorien überhaupt durch ein einheitliches Merkmal kennzeichnen lassen. So meint Ellis, es gebe „no significant, unifying idea to the theories regarded as retributive (other than their rejection of a certain type of consequentialism)" (2012, 27).
93 Zum Ausdruck „Brückenprinzip" und als systematische Untersuchung von Brückenprinzipien, die den Übergang von „Sein" zu „Sollen" ermöglichen sollen, vgl. Ruß 2002.
94 Zur Differenz zwischen Strafe und Wiedergutmachung bzw. Schadensausgleich vgl. Hoerster 2012, 12.
95 Zu dem Problem, dass qualitativ gleiche Sanktionsmaßnahmen ein unterschiedliches Ausmaß an Leiden bewirken können, vgl. auch Poama 2015, insbes. 126–130.
96 Als ausführliche Untersuchung des Verdienstbegriffes vgl. insbes. Sher 1987. Zum Verdienstbegriff vgl. auch grundlegend Feinberg 1963 sowie Murphy 1999a, 28–30; Murphy 2007, 77f.; Kershnar 2001, 1–14; Olsaretti 2003a; Olsaretti 2003b; Zürcher 2014, 59–61; Zaibert 2018, 62–64; Radzik 2020, 28. Nicht immer wird mit der nötigen Deutlichkeit zwischen der Frage nach der Bedeutung des Ausdrucks „Verdienst" und der Bestimmung der Verdienstbasis – also dessen, wofür jemand etwas verdienen kann (vgl. zum Begriff der Verdienstbasis Feinberg 1963, 58–61; Olsaretti 2003b, 4–7) – unterschieden. So gibt Murphy die folgenden „five senses of desert" an: „desert as legal guilt; desert as involving *mens rea* (e.g, intention, knowledge); desert as involving responsibility (capacity to conform one's conduct to the rules); desert as a debt owed to [...] wrongful gains from unfair free-riding (the Herbert Morris theory); and, finally, desert as involving ultimate character – evil or wickedness in some deep sense" (Murphy 1999a, 28). Mit dieser Aufzählung werden jedoch Kandidaten für eine Verdienstbasis genannt, ohne dass gesagt würde, was der Ausdruck „Verdienst" bedeutet.
97 So bei M. Moore (1982; 1987; 1993), der z. B. schreibt: „Punishment is justified, for a retributivist, solely by the fact that those receiving it deserve it. [...] The more distinctive assertion of the retributivist is that punishment is justified if it is given to those who deserve it. Desert, in other words, is a sufficient condition of a just punishment, not only a necessary condition" (M. Moore 1993, 153f.; ähnlich Murphy 1999a, 28; Fischer 2013). Zur Rolle des Verdienstbegriffes in Retributionstheorien vgl. auch Schälike 2011, 181–183.
98 Zum zirkulären Retributivismus vgl. auch Honderich 2006, 24.
99 So Kershnar (2001, 5, 85), dem zufolge Aussagen über ein Verdienst Aussagen über intrinsisch wertvolle Eigenschaften, nicht aber über Pflichten implizieren, womit Kershnar den Zirkularitätsverdacht abzuwehren versucht. Gegen Kershnar argumentiert Hanna (2012; 2019) für die These, dass „A verdient X" nicht auf „Es ist intrinsisch gut, dass A X erhält" schließen lässt, also kein Übergang von einer Aussage über ein Verdienst zu einer evaluativen Aussage möglich sei. Nach Sher (1987, xii) gibt es keine einheitliche „normative Basis" für die normative

Kraft von Aussagen wie „A verdient X"; solche Aussagen könnten entweder auf Wertaussagen oder auf Aussagen über Verpflichtungen beruhen.

100 Zur Kritik des „Normativismus", also des unberechtigten Übergangs von einer evaluativen zu einer normativen Aussage, vgl. von Wright 1963, 155–157; Schnädelbach 2001, 260f. Betont wird die Differenz zwischen axiologischen und deontischen Aussagen auch von Zaibert (2018, 12–15), der feststellt: „The fact that deserved suffering is valuable does not necessarily justify *inflicting* it" (2018, 14).

101 Vgl. Feinberg 1963, 59: „the facts which constitute the basis of a subject's desert must be facts about that subject"; vgl. hierzu auch Olsaretti 2003b, 4. Feinberg macht darauf aufmerksam, dass eine Aussage über Verdienst nicht nur bei Falschheit, sondern auch bei Nicht-Zuschreibbarkeit der Verdienstbasis an die etwas verdienende Person im Austinschen Sinne missglücken, *infelicitous* sein, kann (1963, 59). Einen askriptiven Verdienstbegriff verteidigt (ohne ihn so zu nennen) auch Sher, wenn er die Einheit von Aussagen über Verdienst in einem Konzept der Person, genauer: darin sieht, dass damit eine Verbindung zwischen einer Person und ihren Handlungen und Charakterzügen ausgedrückt wird (Sher 1987, 150–174 [Kap. 9]).

102 Zaibert unterscheidet in diesem Zusammenhang zwischen *desert* und *fittingness*, also Verdienst und Angemessenheit: Aus „A verdient X" folge nicht, dass es angemessen sei, X A zuteilwerden zu lassen (Zaibert 2010, 93–95, 98f.; vgl. zu dieser Unterscheidung schon Feinberg 1963, 77f.). Umgekehrt kann z.B. Verzeihen, wenngleich nicht verdient, so doch z.B. als Mittel zur Wiederherstellung gestörter Beziehungen angemessen sein. – Zum Problem der *inconclusiveness of desert-claims*, d. h. dem Befund, dass aus Aussagen über ein Verdienst keine Sollensaussagen folgen, vgl. auch Sher 1987, 40f.; Dolinko 1991, 544; Boonin 2008, 92; Ellis 2012, 40f.; Ewing 2015, 377. M. Moore reagiert auf dieses Problem mit der These, Verdienst sei ein hinreichender, aber nur prima facie hinreichender Grund für Strafe, d. h. ein solcher, der durch gegenläufige Gründe außer Kraft gesetzt werden könne (M. Moore 1993, 172–175); Fischer entgegnet darauf mit der These, Verdienst sei „only a part of an overall evaluation of a situation" (Fischer 2013, 21) und rechtfertige einzelne Strafverhängungsmaßnahmen, nicht aber das Strafsystem als Ganzes.

103 Die in diesem Satz durch „manchmal" und „kann" ausgedrückte Einschränkung erklärt sich dadurch, dass, wie soeben ausgeführt, manchmal auch das Vorliegen eines Verdienstes gerade *keine* notwendige Bedingung dafür ist, dass jemand etwas erhalten sollte. So wie jemand einen Preis, den er durch Losverfahren infolge der Gleichrangigkeit der verbleibenden Bewerber erhält, nicht verdient, aber erhalten sollte, kann es sein, dass jemand eine Strafe zwar nicht verdient, aber, z. B. aufgrund von Präventionsgesichtspunkten, erhalten sollte. In diesem Fall ist der Hinweis darauf, dass jemand X nicht verdient, auch kein Anfechtungsgrund für die Aussage, dass er X erhalten sollte. Die Idee einer vom Verdienstgedanken ganz unabhängigen Strafbegründung, die sich ausschließlich auf den Präventionsgedanken stützt, wird in den Kapiteln VI und VII dieser Arbeit ausgeführt werden.

104 Zum Verdienstprinzip als einem *limiting principle*, mit dem festgelegt wird, wann Strafen *un*verdient sind, vgl. auch von Hirsch 2017, 22.

105 Nach Zaibert ist der Begriff der Angemessenheit rechtfertigungstheoretisch „bescheidener" als der des Verdienstes: „The justificatory force of fittingness is [...] humbler than that of desert." (Zaibert 2010, 94).

106 Vgl. hierzu insbes. Lacey 2016a. Lacey sieht Angemessenheit als eine retributivistische Strafpraktiken legitimierende Metapher an, die ihre suggestive Kraft nur im Rahmen von sozialen Konventionen und normativen Systemen entfalten könne.
107 Von Angemessenheitsaussagen in Bezug auf Gefühle, die *keine* Äquivalenzbehauptungen sind, wird in Kap. V 3.2 die Rede sein.
108 Zu diesem Problem vgl. auch Honderich 2006, 31; Ellis 2012, 44f.
109 So z. B. von Hirsch (2017, 63–69), dessen *living-standard-analysis* sich auf die durch den Normbruch frustrierten Interessen als Bemessungsgrundlage für dessen Schwere bezieht; dieser Interessenfrustration sei eine Strafe angemessen, wenn sie in gleicher Weise die Interessen des Gestraften frustriert.
110 Dies ist die Grundidee der insbes. von Morris in „Persons and Punishment" (1968) sowie von Finnis (2011, 262–266) verteidigten „Fairness-Theorie" des Strafens, der zufolge ein Normbruch eine unfaire Vorteilsnahme ist, da sich der Normbrecher den Beschränkungen, denen sich die normkonform Handelnden unterwerfen, nicht unterwirft und eben diese Vorteilsnahme durch die Strafe als gezielte Benachteiligung des Normbrechers wieder ausgeglichen werden muss. Das Problem dieses Ansatzes ist, dass ein Normbruch nicht immer plausibel als unfaire Vorteilsnahme rekonstruiert werden kann, da Normkonformität häufig keinerlei Einschränkung bedeutet, von der sich der Normbrecher suspendieren würde – die meisten Menschen müssen sich z. B. keine Einschränkungen auferlegen, um keine Vergewaltigung zu begehen; sie haben ohnehin keine Neigung dazu. Zaibert (2006a, 117–126) sieht Morris' „Fairness-Theorie" nicht als retributivistisch an; meistens aber wird sie so aufgefasst. Als eine Variante der Retributionstheorie ist sie viel diskutiert und kritisiert worden; vgl. z.B. Sher 1987, 74–90; Ten 1987, 52–65; Duff 2001, 21–23; Boonin 2008, 119–143; Schälike 2011, 183–187; Hoerster 2012, 38–47; Königs 2013, 1042f.; Zürcher 2014, 68–71; Ewing 2015, 379f.
111 Vgl. auch die ähnlich lautende Formulierung des Retributionstheoretikers Morris (1968, 34): „Justice – that is punishing such individuals [who have violated the rules] – restores the equilibrium of benefits and burdens by taking from the individual what he owes, that is, exacting the debt."
112 Vgl. hierzu die bei Quack/Hacker 2016 versammelten Beiträge, insbes. die Beiträge Bredekamps zur Symmetriewahrnehmung in der Kunst (187–209) und Kablitz' zu Symmetrie als strukturellem Denkprinzip der Moderne (241–260).
113 Dass Angemessenheit (zumindest: auch) eine ästhetische Kategorie ist, betont in der straftheoretischen Literatur einzig Zaibert: „Punishment [...] exhibits fittingness, and this is an aesthetic element" (Zaibert 2006b, 348); zum Motiv der „Ästhetik der Rache" vgl. Zaibert 2006a, 84–89, 204f., und 2006b, 345–350, und Koch/Sasse/Schwarte 2003.
114 Zum „hermeneutischen ‚als'" vgl. Gethmann 1993, 152–154 (mit Bezug auf Heidegger), und Jung 2001, 12–14.
115 Paradigmatisch für dieses unhinterfragt akzeptierte Verständnis von „Vergeltungsstrafe" ist z. B. folgende Formulierung Zaiberts: „Retributive punishment is punishment which is *justified* by retributivism" (Zaibert 2006a, 96).
116 „We are justified in believing some principle like retributivism to be true when its truth does some explanatory work for us. What work? In this instance, the work of explaining why it is that we have the strong emotional and cognitive responses we have to stories [of horrible crimes]. [...] If the best explanation for why we have such responses is that we are caused to

have them by the truth of retributivism – that is, by the existence of the entities and qualities to which the retributive principle refers – then we have good reason to believe the retributive principle." (M. Moore 1987, 109).
117 Auf Fälle dieser Art verweist zur Stützung eines Retributivismus Hassemer (2009, 78f.).
118 Vgl. hierzu die energische Zurechtweisung Hassemers durch Hoerster (2012, 137–141).
119 Für diese terminologische Regelung, die in der philosophischen und der rechtswissenschaftlichen Literatur keine Anhänger findet, plädiert in Bezug auf Maßregeln, deren übliche Abgrenzung zu Strafen kritisierend, der Schriftsteller Ferdinand von Schirach: „Sicherungsverwahrung ist in Deutschland Strafe und nichts anderes" (von Schirach 2015, 104). Zu Recht stuft von Schirach die Bezeichnung der Sicherungsverwahrung als Maßregel statt als Strafe als „juristisch elegant, tatsächlich aber [...] zynisch" ein (von Schirach 2015, 103).
120 Auch Roxin verweist darauf, dass „der Zweck von Strafe und Maßregel sich im wesentlichen nicht unterscheidet" (1994, 60) und vertritt „eine Konzeption, wonach Strafe und Maßregel dasselbe Ziel haben" (1994, 62), was „eine Annäherung an die Einspurigkeit" (ebd.), also eine Aufhebung der Zweispurigkeit von Strafen und Maßregeln, bedeute.
121 Auf diese Gefahr verweisen bereits Armstrong (1961, 484f.) und Murphy (1970, 449f.). In jüngerer Zeit kritisiert Geeraets die Tendenz, freiheitsentziehende Maßnahmen wie Verhaftungen (*detentions*) nicht als Strafen, sondern als „neutrale Sanktionen" zu bezeichnen, um sie keiner Legitimationsnotwendigkeit aussetzen zu müssen (Geeraets 2018, 29–31).
122 Dass die „vorbeugende Resozialisierung" ebenso wie die Kriminalstrafe den zwangsweisen Entzug von Freiheit bedeute und daher prima facie als ebenso unzulässig gelten müsse wie diese macht Murphy (1970, 449f.) zu Recht gegen den Resozialisierungstheoretiker Menninger (1959, 62) geltend.
123 Zur genaueren Beschreibung des Mechanismus des Schaffens von künstlichen Gründen für Handlungen durch Verknüpfung mit negativen Konsequenzen vgl. Stemmer 2008, 135–154 (§ 7).
124 Vgl. zu diesem konditionalen, auf Sanktionen relativierten „Müssen" Stemmer 2000, 101; Stemmer 2008, 295–315.
125 Ein „Reservemotiv" wird von Patzig definiert als „Motiv, das an die Stelle eines Hauptmotivs treten könnte, wenn dies ausfiele" (Patzig 1996, 51).
126 So Nichols (2013, insbes. 26–32) in seiner Verteidigung eines *brute retributivism*.
127 So M. Moore (1982), der von einem *closet retributivism* des vorphilosophischen Alltagsdenkens spricht, und Nichols (2013, 27–32).
128 Zur Bestimmung des begrifflichen Verhältnisses von Sinn und Verstehen vgl. Künne 1981.
129 Die neuere straftheoretische Literatur ist gegenüber dem Sinnbegriff abstinent. Eine prominente Rolle spielt er noch in Schmidhäusers erstmals 1963 erschienener Einführung *Vom Sinn der Strafe*. Schmidhäuser grenzt in seiner „Sinntheorie der Strafe" (Schmidhäuser 2004, 119) die Frage nach dem Sinn der Strafe ausdrücklich von derjenigen nach ihrem Zweck ab.
130 Den Germanistenstreit darüber, ob der Konjunktiv („hätte") diese Aussage auf die Erzählerperspektive („Josef K. hat nichts Böses getan") oder auf die Binnenperspektive des Protagonisten („Josef K. glaubt, nichts Böses getan zu haben") relativiert, möchte ich hier nicht weiter verfolgen, interpretiere den Satz aber im zweitgenannten Sinne.
131 Die Aussage eines der beiden Aufseher nach der Verhaftung legt die Interpretation nahe, dass die Schuld des Josef K. darin liegt, das Gesetz, nach dem er angeklagt ist, nicht zu kennen:

„Er gibt zu, er kenne das Gesetz nicht und behauptet gleichzeitig schuldlos zu sein" (Kafka 1925, 15) – was offenbar als Widerspruch aufgefasst wird, so dass jemand als schuldig gerade dafür zu gelten hat, dass er das Gesetz nicht kennt.

Kapitel V

132 Im folgenden Abschnitt greife ich auf bereits veröffentlichtes Material (Hallich 2013) zurück.

133 Von Nietzsche beeinflusst, diagnostiziert Foucault in *Überwachen und Strafen* am Beispiel der Strafrechtsreformen im Frankreich des 18. Jahrhunderts, dass die scheinbare Humanisierung der Strafe nur dem Ziel diene, dieses „Recht, Strafen zu verhängen", auszudehnen, denn „die eigentliche „Reform", die sich in den Rechtstheorien und in den Projekten niederschlägt, ist die politische oder philosophische Version jener Strategie, deren erste Ziele sind: daß aus der Bestrafung und Unterdrückung der Ungesetzlichkeiten eine regelmäßige und die gesamte Gesellschaft erfassende Funktion wird; daß nicht weniger, sondern besser gestraft wird; daß vielleicht mit einer gemilderten Strenge, aber jedenfalls mit größerer Universalität und Notwendigkeit gestraft wird; daß die Strafgewalt tiefer im Gesellschaftskörper verankert wird" (Foucault 1975, 104). Der Impuls, strafen zu wollen, bleibe dabei in verfeinerter und verdeckter Form erhalten: „Es gilt, neue Prinzipien zur Regulierung, Verfeinerung und Verallgemeinerung der Strafkunst festzusetzen. [...] Es geht also um eine neue Ökonomie und um eine neue Technologie der Strafgewalt: dies sind zweifellos die wesentlichen Gründe für die Strafrechtsreform des 18. Jahrhunderts" (ebd., 113f.). In weitgehender inhaltlicher Übereinstimmung mit Foucault wird diese Diagnose bereits 1893 von Emile Durkheim in *Über soziale Arbeitsteilung* formuliert. Auch Durkheim sieht die Grundlage der Strafe in der „Leidenschaft der Rache" (Durkheim 1893, 136), also in retributiven Emotionen, und führt, antike und moderne Strafpraktiken vergleichend, aus: „Wir stellen somit fest, dass sich die Natur der Strafe nicht wesentlich geändert hat. Man kann allenfalls sagen, daß das Rachebedürfnis heute besser gelenkt wird als früher. Der mittlerweile erwachte Geist der Vorsicht läßt der blinden Tat der Leidenschaft nicht mehr freie Bahn. Er drängt sie in bestimmte Grenzen zurück; er widersetzt sich den unvernünftigen Gewalttaten und den sinnlosen Zerstörungen. Die Leidenschaft ist aufgeklärter und ergibt sich weniger dem Zufall. Man sieht nicht mehr, daß sie sich, um sich trotzdem zu befriedigen, gegen Unschuldige wendet. Aber sie bleibt dennoch die Seele der Strafe" (Durkheim 1893, 139f.). Als moderne Bekräftigung und Bestätigung der Diagnose Nietzsches aus ethnologischer Perspektive vgl. Fassins an Nietzsche und Foucault anknüpfende Abhandlung *The Will to Punish* (2018).

134 Vgl. zu diesem Vorwurf des genetischen Fehlschlusses mit Bezug auf Nietzsche M. Moore 1987, 126–133.

135 Strawson 1962, 208f. Zu Strawsons Theorie reaktiver Haltungen und ihrer Relevanz für das Problem der Strafrechtfertigung vgl. ausführlicher Kap. VIII 1.

136 Vgl. hierzu auch Honderich 2006, 63f.; Schälike 2011, 189f. Als Überblick über die Rolle retributiver Emotionen in verschiedenen Strafsystemen und die Versuche, diese zivilisatorisch zu zügeln, vgl. Wilker 1999.

137 Vgl. hierzu Murphy 2003, 23. Zur Auseinandersetzung mit Nietzsches Aussagen über retributive Emotionen aus der Perspektive neuerer Straftheorien vgl. auch M. Moore 1987, 119–128, 140–143; Murphy 1999a, 21–24.
138 In diesem Sinne plädieren insbesondere M. Moore (1987), French (2001) und Murphy (2003, 17–26 [Chap. 2]; 1999a) für eine – qualifizierte und eingeschränkte – Rehabilitierung des Wertes retributiver Emotionen.
139 Bekanntlich wird in der *Orestie* dargestellt, dass die Abfolge von rächenden Bluttaten durch den Richterspruch der Athena beendet wird, mit dem ein ordentliches und auf Satzung beruhendes Gerichtsverfahren die Herrschaft der Rachegöttinen, der Erynnien, ablöst.
140 Zaibert (2006a, 89–95) betont hingegen, sich auf Nietzsche berufend, gerade die Nähe von Vergeltung und Rache und sieht mit Nietzsche die Tendenz, statt von Rache von Vergeltung zu sprechen, als bloßes verbales Ausweichmanöver an (ebd., 94), ist aber im Gegensatz zu Nietzsche bereit, die Konsequenz zu akzeptieren, dass Strafe auch als Ausdruck von Rache gerechtfertigt sein könne.
141 Murphy 2003, 19f. Murphy zitiert in diesem Zusammenhang Kants Diktum: „Wer sich aber zum Wurm macht, kann nachher nicht klagen, daß er mit Füßen getreten wird" (Kant, MS A 98 [AA VI, 437]).
142 Vgl. zu dieser durch eine Unrechtstat ausgesendeten „insulting communicative message" Murphy 2011, 114–119.
143 Vgl. hierzu Murphy 2003, 20, Kleinig 2008, 200f., Sher 2006, 115–138 (chap. 7), und insbes. Franklin 2013, der schreibt: „If I fail to be outraged or censure the perpetrators of some crime, I fail to properly value its victims" (2013, 209).
144 „Mit anderen Worten: man darf nicht sagen, daß eine Tat das gemeinsame Bewußtsein verletzt, weil sie kriminell ist, sondern sie ist kriminell, weil sie das gemeinsame Bewußtsein verletzt. Wir verurteilen sie nicht, weil sie ein Verbrechen ist, sondern sie ist ein Verbrechen, weil wir sie verurteilen" (Durkheim 1893, 130).
145 Anschaulich führt Durkheim aus: „Das Verbrechen bringt also das Bewußtsein aller ehrbaren Leute enger zusammen und verdichtet sie. Man braucht nur zu sehen, wie es, besonders in einer kleinen Stadt, zugeht, wenn sich ein Moralskandal ereignet hat. Man bleibt auf der Straße stehen, man besucht sich, man trifft sich an bestimmten Orten, um über das Ereignis zu reden, und man empört sich gemeinsam. Aus all diesen einander ähnlichen Eindrücken, die ausgetauscht werden, aus all den verschiedenen Zornesausbrüchen entsteht ein je nach Fall mehr oder weniger bestimmter einheitlicher Zorn, der der Zorn eines jeden ist, ohne deshalb ein ganz persönlicher zu sein; der öffentliche Zorn" (Durkheim 1893, 152f.).
146 Zum Phänomen von Klatsch und Tratsch vgl. Sabini/Silver 1982, 89–106.
147 Der Strafrechtler Weigend konstatiert 2010 eine „Renaissance des Genugtuungsgedankens" und die zunehmende Bedeutung des Opfers im Strafrecht, da „das früher oft in den atavistischen Untergrund abgeschobene Genugtuungsbedürfnis des Opfers nun einen Platz in der Theorie der strafrechtlichen Rechtsfolgen beansprucht" (Weigend 2010, 41), meint aber, dass ein Anspruch eines Opfers auf Durchführung eines Strafverfahrens sich nur ausnahmsweise für Opfer schwerer Straftaten aus dem allgemeinen Persönlichkeitsrecht herleiten lasse (ebd., 50–53).
148 So auch Honderich 2006, 72f. Kritisch zum konsequentialistischen Retributivismus äußern sich auch z. B. Hart (1958b, 74), Golash (2005, 60–71), Zaibert (2006a, 99–103), und Boonin

(2008, 152–154). Zaibert weist darauf hin, dass dem konsequentialistischen Retributivismus der üblicherweise Mill zugeschriebene Fehler eines unberechtigten Übergangs von „is desired" zu „is desirable" zugrunde liegen könnte (2006, 100).

149 Zur genaueren Beschreibung von Wollen als ein durch seinen Handlungsbezug qualifiziertes Wünschen vgl. Seebass 1993, 81–160.

150 Vgl. M. Moore 1987; Bennett 2002; Bennett 2008; Bennett 2020; von Hirsch 2017. Von Hirsch verbindet diese Theorie allerdings mit konsequentialistischen Elementen, da er gerechtfertigte Strafen als verdienten Ausdruck von Tadel auffasst, die Funktion des Ausdrucks von Tadel aber auch in dessen Präventionswirkung sieht (von Hirsch 2017, 36–43).

151 Zur Nähe von Expressionstheorie und dieser Variante des Retributivismus vgl. Hanna 2008, 123f.; Hörnle 2011, 35f.

152 Dies betont Hanna (2009) gegen Bennett (2002).

153 So gilt nach von Hirsch, dass die Strafe eine Expressionswirkung hat und dass sie genau dann verdient ist, wenn die Expressionswirkung der Schwere des Normverstoßes angemessen ist – „that since punishment does and should convey blame, its amount should reflect the degree of blameworthiness of the criminal conduct" (von Hirsch 2017, 50). Nach Radziks *moral pressure account* ist eine Strafe genau dann verdient, wenn der durch sie kommunizierte Ausdruck der Missbilligung *und* die damit bewirkte Einschränkung der Handlungsoptionen für den Gestraften verdient sind (Radzik 2020, 36–39).

154 Zu diesen „Y-able words" wie „admirable", „enviable" etc. vgl. D'Arms/Jacobson 2000a, 69–75; vgl. zur neosentimentalistischen Diskussion um die Angemessenheit von Emotionen grundsätzlich D'Arms/Jacobson 2000a und 2000b.

155 Vgl. M. Moore 1987, 109: „We are justified in believing some principle like retributivism to be true when its truth does some explanatory work for us. [...] If the best explanation for why we have such [emotional] responses is that we are caused to have them by the truth of retributivism – that is, by the existence of the entities and qualities to which the retributive principle refers – then we have good reason to believe the retributive principle."

156 In diesem Sinne wendet auch Ellis gegen Moore ein, dass retributive Emotionen auf weniger metaphysisch aufgeladene und einleuchtendere Weise erklärt werden könnten (2012, 53f.).

157 Als Verteidigung dieser Annahme vgl. Bittner 1992.

158 Vgl. zu diesem Konventionalitätsproblem auch Hanna 2008, 130–133. Hanna führt dieses Problem gegen den Expressivismus ins Feld. Auch Bennett (2008, 35–37) bemerkt das Konventionalitätsproblem, meint aber, dass es einen nicht-kontingenten Zusammenhang zwischen einem Normverstoß und einer Emotion gebe, der unabhängig von Konventionen auch den angemessenen Ausdruck dieser Emotion festlege; so würde z.B. Zorn sich nicht-kontingenterweise in der Disposition zu bestimmten, für Zorn typischen Handlungsweisen zeigen: „It is not just the case that these emotions *tend* to be expressed thus, in a conventional and contingent way; rather it is *essential* to their being these emotional states that they come to be expressed in this way" (Bennett 2008, 36). Nach Bennett würde also durch die Begründung der Angemessenheit einer retributiven Emotion auch die Angemessenheit der Ausdruckshandlung für diese Emotion begründet, weil die Emotion intern mit der Ausdruckshandlung zusammenhängt. Diese These wird man in dem Ausmaß in Frage stellen wollen, in dem man bereit ist, eine Varianz verschiedener Ausdruckshandlungen für *eine* bestimmte Emotion zuzulassen.

Kapitel VI

159 Zur ersten Orientierung über den Schuldbegriff und über die Schuldkategorie im Strafrecht vgl. van den Beld 1999 und Fischer 2018, 246-262.

160 Zu diesem Verständnis von Schuld vgl. insbes. Roxin 1994, 702-725; vgl. auch Jakobs 1993; Lotter 2012, 123-128; Hassemer 2015; Erber-Schropp 2016, 24-42.

161 Vgl. zu diesem Schuldbegriff z.B. Feinberg 1968, 232, Anm. 8, und Keil 2017, 183.

162 Zu Verursachung als notwendiger Bedingung für moralische Schuld neben Freiheit und Absichtlichkeit vgl. M. Moore 2009.

163 Vgl. hierzu Lotter 2012, 139-145, und Lotter 2016; zum Phänomen der nicht an Vorwerfbarkeit gebundenen Schuld vgl. auch Feinberg 1968, 232, Anm. 8, und Morris 1987. Morris spricht von *nonmoral guilt*, worunter er Schuld angesichts nicht verursachter eigener Bewusstseinszustände, Schuld angesichts nicht verdienter Vorteile – etwa die „Überlebensschuld" einiger Holocaust-Überlebender – und „Stellvertreterschuld", die für die Taten anderer übernommen wird, versteht.

164 Zur Darstellung dieses Motivs vgl. Ohly 1976. Die exzentrisch anmutende Idee einer überpersönlichen, weder an moralische noch an kausale Schuld gebundenen Schuld wird von Morris in „Shared Guilt" (1974) als kohärent und begründbar verteidigt. Eine ähnliche Idee entwickelt Jaspers in *Die Schuldfrage* im Kontext der Diskussion der deutschen Schuld an den Naziverbrechen (1946). Jaspers spricht von einer „metaphysischen Schuld", die im Gefühl der Solidarität mit allen Menschen wurzele (Jaspers 1946, 17f., 48f.; vgl. hierzu auch Schefczyk 2012, 106-108; Lotter 2016, 156-159). Allerdings verunklart Jaspers diese Kategorie erheblich, indem er sie auf die gänzlich unmetaphysische Schuld der unterlassenen Hilfeleistung zurückführt. Liegt die metaphysische Schuld, wie von Jaspers behauptet, darin, dass „ich nicht tue, was ich kann" (1946, 18), um Verbrechen zu verhindern, handelt es sich nicht um metaphysische, sondern um moralische Schuld.

165 Vgl. als präzise Unterscheidung moralischer und strafrechtlicher Schuld Wittwer 2016.

166 Vgl. zu performativen Sprechakten grundlegend Austin 1962, insbes. Lecture I-VII.

167 Naheliegend ist hier der Einwand, dass die autorisierte Instanz ja nicht feststelle, ob jemand schuldig *sei*, sondern nur, ob er als schuldig *gelte*. Zu Recht wendet Wittwer hiergegen ein, dass die „Einführung der Unterscheidung zwischen dem *Als-schuldig-Gelten* und dem *Schuldig-Sein* [...] der Wirklichkeit nicht gerecht [wird], denn ob jemand im rechtlichen Sinne schuldig *ist* hängt ganz allein von der Entscheidung der dazu autorisierten Instanz ab" (Wittwer 2016, 95), weswegen sich z. B. jemand der Verleumdung schuldig macht, der einen anderen Menschen, der des Mordes angeklagt, aber freigesprochen wurde, als Mörder bezeichnet – wenn dieser Mensch freigesprochen wurde, *ist* er rechtlich unschuldig.

168 Zu dieser für performative Sprechakte kennzeichnenden Bindung an die Perspektive der 1. Person vgl. Austin 1962, Lecture V.

169 Zur Orientierung über den Begriff der Verantwortlichkeit vgl. z.B. M. Moore 1990a, 36-45; Bayertz 1995; Birnbacher 1995; Schefczyk 2012, 75-95; Lotter 2012, 214-218. Die im Folgenden zugrundegelegte Unterscheidung zwischen moralischer, kausaler Verantwortung und Haftungsverantwortung ist der von Schefczyk vorgenommenen Unterscheidung zwischen moralischer Verantwortung, kausaler Verantwortung, Aufgabenverantwortung und Folgenverantwortung (oder „Haftung") ähnlich, wobei ich jedoch anders als Schefczyk

Folgenverantwortung auch als Verantwortung für die Folgen der Handlungen *anderer* Personen und Aufgabenverantwortung als eine aus Rollenpflichten resultierende Form der kausalen Verantwortung auffasse.
170 Zum Kausalitätsverständnis im Strafrecht vgl. z.B. Roxin 1994, 283–298; Schefczyk 2012, 188–195; Fischer 2018, 45–49.
171 Vgl. zu dieser Unterscheidung zwischen moralischer und kausaler Verantwortlichkeit auch Feinberg 1965b, 130; Feinberg 1970b, 188; Lotter 2012, 123–180; Zürcher 2014, 84–88.
172 Watson pointiert diese Unterscheidung als diejenige zwischen *holding someone to be responsible* (*attributability*) und *holding someone responsible* (*accountability*) (1996, 231). Vgl. zu dieser Unterscheidung auch Wallace 1994, 52–62; Scanlon 2008, 198–204; Zürcher 2014, 85.
173 Zu unterscheiden ist der so verstandene Begriff der Haftungsverantwortlichkeit von dem der strengen Erfolgshaftung. Mit „Erfolgshaftung" wird ausgedrückt, dass jemand, weil er kausal verantwortlich ist, für die Folgen (den „Erfolg") *eigenen* Handelns einzustehen, dafür zu haften hat. „Haftungsverantwortlichkeit" setzt hingegen keine Verursachung der Folgen, für die jemand verantwortlich ist, durch die verantwortliche Person voraus. M. Moore spricht zur Bezeichnung von Haftungsverantwortlichkeit von „passiver Verantwortlichkeit" im Gegensatz zu „aktiver Verantwortlichkeit", die Verursachung, Freiheit und Absichtlichkeit voraussetze (M. Moore 1990a, 39). Lotter spricht von „Haftung ohne Vorwerfbarkeit" (Lotter 2012, 139–145, 233–235). Schefczyk spricht von „Folgenverantwortung", was bei ihm aber – anders als „Haftungsverantwortlichkeit" im hier erläuterten Sinne – nicht Verantwortung für die Folgen der Handlungen *anderer* Personen umfasst (Schefczyk 2012, 91–95).
174 Auch Lotter meint, dass „zwischen moralischer Schuld und [...] Haftbarkeit [...] im wirklichen Sozialleben – und ein anderes haben wir nicht – keine eindeutige Grenze zu ziehen" sei (Lotter 2012, 142). Mit Verweis auf die empirische Ähnlichkeit der strafenden Reaktionen auf moralische und kausale Schuld plädiert Murphy dafür, nicht wie Morris (1987) von moralischer und nicht-moralischer Schuld, sondern von „two kinds of moral guilt" zu sprechen (Murphy 1999b, 99). Gegen Murphy ist aber zu betonen, dass die Legitimität der *begrifflichen* Unterscheidung zwischen moralischer und nicht-moralischer Schuld nicht durch die fehlende empirische Unterscheidbarkeit beider Phänomene diskreditiert wird. Die Schwierigkeit der Grenzziehung zwischen kausaler und moralischer Schuld dürfte auch darauf zurückzuführen sein, dass wir, wie Feinberg (1970b, 201f.) feststellt, Aussagen über Verursachungen häufig von Aussagen über berechtigten Tadel abhängig machen, d. h. dass wir uns oft erst dann entscheiden, einen Fehler einem Akteur im Sinne kausaler Schuld zuzuschreiben, wenn wir uns *vorher* entschieden haben, ihn dem Akteur als einen Fehler zuzuschreiben, auf den ein Vorwurf im Sinne der Zuschreibung moralischer Schuld die adäquate Reaktion ist.
175 Geeraets plädiert hingegen für die These, dass es auch Strafen ohne Tadel (*blame*) gebe, zu denen er *strict-liability*-Bestrafungen rechnet (Geeraets 2018, 23–26). Geeraets' These ist einleuchtend, wenn man annimmt, dass Tadel begriffsnotwendig auf angenommene *moralische* Schuld reagiert, nicht aber, wenn man „Tadel" so auffasst, dass damit auch auf kausale Schuld oder eine andere Form der nicht-moralischen Schuld reagiert werden kann.
176 Williams verweist im "Postscript" zu "Moral Luck" zu Recht darauf, dass die Ausgrenzung bestimmter Vorwürfe als nicht-moralisch phänomenal gleichsam „leerläuft": „What is the point of insisting that a certain reaction or attitude or judgment is or is not a *moral* one? [...] I still cannot see what comfort it is supposed to give to me [...] if I am shunned, hated, unloved,

and despised, not least by myself, but am told that these reactions are at any rate not *moral*" (Williams 1993, 254).

177 In den folgenden Abschnitten greife ich teils auf bereits veröffentlichtes Material (Hallich 2014) zurück.

178 Als Verteidiger eines auf ein Schuldprinzip verzichtenden Strafsystems der strengen Erfolgshaftung sind Wasserstrom (1959) und vor allem die britische Soziologin und Kriminologin Barbara Wooton (1963) zu nennen. Als kritische Stimmen zu *strict-liability*-Bestrafungen vgl. Ten 1987, 110–122; Honderich 2006, 10–14, 104f.; Wolf 2012, 90–112; Erber-Schropp 2016, 42–46.

179 Auf die Nicht-Zugänglichkeit von Absichten beruft sich auch Wooton („it is not possible to get inside another man's skin" [1963, 74]), die daraus auf die grundsätzliche Unmöglichkeit schließt, das Schuldprinzip in der Strafpraxis umzusetzen. Hierzu kritisch Ten 1987, 116f., und Erber-Schropp 2016, 45f.

180 Dass die Grenze zwischen *strict-liability*-Bestrafungen und Bestrafungen wegen Fahrlässigkeit schwer zu ziehen ist und sich hinter Aussagen über strenge Erfolgshaftung häufig solche über Fahrlässigkeit verbergen, stellt auch Hart (1960, 112) fest. M. Moore (1994, 246) schlägt daher vor, zwischen *pure strict liability* und *impure strict liability* zu unterscheiden. Erstere würde keinerlei Element subjektiver Schuldhaftigkeit, letztere hingegen ein begrenztes Maß an Kontrolle über Handlungsfolgen erfordern.

181 Mit einem ähnlichen Argument begründet Hart – gegen Benthams These, dass eine Bestrafung von nicht schuldfähigen Tätern nutzlos, weil ohne Abschreckungswirkung auf diese Tätergruppe sei (Bentham 1780, 161; Bentham 1830, 63) – seine partielle Verteidigung von *strict-liability*-Bestrafungen als Mittel der Verhaltenssteuerung (Hart 1958a, 40–44, und 1958b, 75–77).

182 Dass die Ablehnung von *strict-liability*-Bestrafungen nicht gerechtfertigt ist, solange Strafen einzig als sozialer Regulationsmechanismus betrachtet werden, betont zu Recht auch Hart (1959, 20–22; 1962, 176f.; ähnlich Feinberg 1968, 223–225).

183 Als Überblick über die vor allem durch die klassisch gewordenen Beiträge Williams' (1976) und Nagels (1979) initiierte *moral-luck*-Debatte vgl. die bei Statman (1993) versammelten Texte; zur Orientierung über das Problem vgl. auch M. Moore 1994; Wolf 2004; Scanlon 2008, 122–152; Otsuka 2009; Lotter 2012, 169–174; Schälike 2013.

184 Scanlon spricht von *moral-luck-blame* als „something similar to blame" (2008, 125) und grenzt ihn ausdrücklich von moralischem Tadel ab, da er anders als dieser nicht an Freiheitsunterstellungen gebunden sei (2008, 125, 186f.).

185 Vgl. hierzu Roxin 1994, 754–762.

186 Vgl. zur Universalisierbarkeit als Merkmal moralischer Sätze z.B. Birnbacher 2013, 31–43; als klassische Formulierung des Prinzips vgl. Hare 1954/55; als detaillierte Untersuchung des Prinzips vgl. Schroth 2001.

187 Zur oft übersehenen Differenz zwischen der These, dass eine Handlung H1 die gleichen moralisch relevanten Eigenschaften besitzt wie eine Handlung H2, und der These, dass H1 und H2 „in moralisch relevanter Hinsicht gleich sind", also H1 die gleichen moralisch relevanten Eigenschaften wie H2 besitzt *und* H1 keine weiteren moralisch relevanten Eigenschaften besitzt, die bei H2 nicht vorkommen, vgl. Schroth 2001, 62–73 (§ 6).

188 Dieses Argument lässt sich M. Moore (1994, 218–247) und Otsuka (2009, 374–382) zuschreiben, denen zufolge, wenn ein Schwellenwert moralischer Schuld überschritten ist, Personen auch für nicht intendierte (oder auf andere Weise vorsätzlich oder fahrlässig herbeigeführte) Folgen ihres Tuns moralisch getadelt und sozial bestraft zu werden zu werden verdienen. Auch Scanlon hält dies ungeachtet der gleichen moralischen Qualität beider Fahrer für berechtigt, denn durch die nicht intendierte Herbeiführung des Schadens ändere sich die *Beziehung* der den Schaden herbeiführenden Person zu den von der Schadensherbeiführung besonders betroffenen Personen – etwa den Angehörigen des Unfallopfers –, weswegen diese durchaus berechtigt seien, den Unglücksfahrer stärker zu tadeln als den Fahrer, der kontingenterweise keinen Schaden verursacht (Scanlon 2008, 148–150).
189 Zur näheren Differenzierung zwischen Absicht, anderen Formen des Vorsatzes und Fahrlässigkeit vgl. Kap. IX 2 und 3.
190 Vgl. hierzu auch Lotter 2012, 142–145; Lotter 2016, 150f.
191 Auf die Möglichkeit von Gewissensbissen ohne Reue verweist im Kontext der Diskussion moralischer Dilemmata auch Raters (2013, 258).
192 Auf diese Ambivalenz – die auch von Williams (1976, 29) und Wolf (2004, 118) konstatiert wird – verweist schon Adam Smith: Einerseits sei es für die Menschen wichtig, dass ein unbeabsichtigt herbeigeführtes Übel auch für den Handelnden selbst als Unglück gelte und für ihn mit negativen Gefühlen belegt sei, damit er in Zukunft „nicht einmal unbewusst" etwas täte, was Schaden bewirken könne; andererseits würden „alle edlen und menschenfreundlich gesinnten Menschen" diese Person dann in ihren Anstrengungen unterstützen, ein positives Selbstbild wiederherzustellen (Smith 1790, 125–127 [Part II, Sect. III, Chap. III, 4–6]).
193 So führt Wolf diese Erwartung negativer Gefühle darauf zurück, dass wir vom Unglücksfahrer eine der Tugend der Großzügigkeit eng verwandte Bereitschaft fordern, Verantwortung für mehr zu übernehmen als für das, woran er schuldig ist (Wolf 2004, 121–123). Schälike erklärt sie damit, dass wir die Schuldgefühle des Unfallfahrers, wenngleich dies genau genommen irrational sei, als Indikator für die richtige moralische Einstellung ansehen würden (Schälike 2013, 368f.). Zur Erwartung der Übernahme moralischer Verantwortung auch ohne Vorwerfbarkeit vgl. auch Lotter 2012, 139–145, insbes. 143f.
194 Auch Mackie verweist in seiner evolutionsbiologischen Erklärung retributiver Emotionen darauf, dass deren Wirksamkeit darauf beruht, dass wir sie nicht als funktional-zweckbezogen interpretieren: „Spontaneous retaliation will thus develop because it is often beneficial, either immediately or in a longer term, but it will be spontaneous, not chosen by the retaliator for the sake of the benefit" (Mackie 1982, 8).

Kapitel VII

195 Dass man auch eine andere Person als diejenige, die man für den Normbrecher hält, strafen kann, betont schon Bentham in *The Rationale of Punishment*: „But so it [i.e. punishment] be on account of some act that has been done, it matters not by whom the act was done. The most common case is for the act to have been done by the same person by whom the evil is suffered. But the evil may light upon a different person, and still bear the name of punishment.

In such case it may be styled punishment *in alienam personam*, in contradistinction to the more common case in which it may be styled punishment *in propriam personam*" (Bentham 1830, 50 [Book I, chap. I]). Bentham verweist auch auf den möglichen Nutzen von Kollektivstrafen (Bentham 1830, 248–251 [Book IV, sect. VII]).

196 Auch Herrmann betont in ihrer Abhandlung über Identität und Moral, dass Zurechnungsreaktionen nur dann auf die Annahme der Identität des Adressaten der Zurechnungsreaktion mit dem Täter angewiesen sind, wenn sie auf dem Vergeltungsgedanken beruhen, also persönliches Verdienst voraussetzen, nicht aber, wenn der Präventionsgedanke leitend ist (Herrmann 1995, 58–111 [Kap. 2]).

197 Diese Frage wird von Dufner (2013) mit Hinweis auf die fehlende Fähigkeit dementer Straftäter, sich an frühere Taten zu erinnern, verneint, von Hallich (2018) hingegen mit Hinweis auf die expressive Wirkung der Strafe bejaht; vgl. hierzu auch Kap. III 1.

198 Zur verschuldensunabhängigen Folgenverantwortung vgl. Schefczyk 2012, 77–79, 83f. Die Träger verschuldensunabhängiger Folgenverantwortung nennt Schefczyk „Sponsoren", d. h. unschuldige Verantwortungsträger, die für den durch andere verursachten Schaden aufzukommen haben (ebd., 79).

199 Zur politischen Kollektivhaftung ohne Schuld vgl. Schefczyk 2012, 96–98, 100–106.

200 Die Vorstellung einer solchen nicht an moralische und kausale Verantwortlichkeit gebundenen Schuld wird unabhängig von theologischen Prämissen insbes. von Morris (1974) verteidigt.

201 Zur Idee einer Charakterschuld vgl. Roxin 1994, 126–137; Hörnle 2013, 46–48. Hörnle nennt jüngere Wiederbelebungsversuche der Idee der Charakterschuld im deutschen Strafrecht, stellt aber auch fest, charakterbezogene Ansätze seien „im deutschen zeitgenössischen strafrechtswissenschaftlichen Schrifttum im Übrigen kaum mehr zu finden" (2013, 46). Auch Roxin stellt fest, dass das geltende Recht überwiegend ein Tatstrafrecht, kein Täterstrafrecht sei (1994, 133) und dass der Verfassungsgrundsatz *nullum crimen, nulla poena sine lege* eher die Entwicklung eines Tatstrafrechts als die eines Täterstrafrechts begünstige (1994, 127).

202 Schon G.E. Moore differenziert in „The Nature of Moral Philosophy" zwischen handlungsbezogenen *rules of duty* und auf Seinsweisen bezogenen *ideal rules*. Zur metaethischen Diskussion um Tunsollen und Seinsollen vgl. Hallich 2008, 532, Anm. 46.

203 Ein solcher „Charakter-Retributivismus", dem zufolge mit berechtigten Strafen auf die Schlechtigkeit eines Charakters reagiert wird, wird z. B. von Murphy – der ihn allerdings in seinen späteren Beiträgen kritisch sieht – verteidigt. Murphy unterscheidet dabei einen *character retributivism* von einem *grievance retributivism*, der die Strafe durch Wünsche und Interessen des Opfers begründet sieht (Murphy 1999a, 28–30; Murphy 2011, 120–122). Auch M. Moore verteidigt in einigen seiner Beiträge einen Charakter-Retributivismus (insbes. M. Moore 1987, 145–149).

Kapitel VIII

204 Zum Zusammenhang von Menschenwürde und Strafen vgl. auch Bieri 2013, 283–294.

205 In diesem Sinne betont Menges, dass Vorwürfe nur bei Vorliegen eines *moralisch* falschen Verhaltens angemessen sind (Menges 2017, 51–85 [Kap. 2]). Zum Zusammenhang zwischen reaktiven Haltungen und moralischer Verantwortlichkeit und moralischer Vorwerfbarkeit vgl. auch Schefczyk 2012, 82f., 90f.

206 Diese reaktiven Haltungen sind nicht notwendig retributive Haltungen, wie Hanna (2009) zu Recht gegen Bennett (2002) betont. Indignation z. B. ist nicht retributiv, ebensowenig Verachtung, die sich in Vermeidungsverhalten, nicht in einem Vergeltungsbedürfnis zeigt. Die These, dass Strafen für moralisch gerechtfertigt zu halten mit der Einnahme reaktiver Haltungen einhergeht, legt also nicht auf einen Retributivismus als Theorie der moralischen Strafrechtfertigung fest, und sie eröffnet nicht die bequeme Möglichkeit, die Präventionstheorie als Theorie der nicht-moralischen Strafrechtfertigung durch den Retributivismus als Theorie der moralischen Strafrechtfertigung zu ergänzen.

207 Butler unterscheidet zwei Formen von Übelnehmen: „Resentment is of two kinds: *hasty and sudden*, or *settled and deliberate*" (Sermon VIII, Sect. 4). Während die erstgenannte Form des Übelnehmens nach Butler eine instinkthafte Abwehrhaltung gegenüber Schädigungen, die uns selbst widerfahren sind, ist, ist die zweitgenannte Form auf moralisches Unrecht als solches bezogen und wird von Butler als „not only innocent, but a generous movement of mind" (Sermon VIII, Sect. 17) eingestuft.

208 Strawson schreibt auch, die reaktiven Haltungen hätten „common roots in our human nature" (1962, 201); sie aufzugeben sei „not in our nature" (1962, 204). Zürcher charakterisiert daher Strawsons These der Unaufgebbarkeit reaktiver Einstellungen als eine „anthropologische" oder „naturalistische" These (2014, 100–106), verweist aber auch darauf, dass der *reactive-attitudes*-Ansatz nicht nur eine Beschreibung des menschlichen Wesens, sondern implizit normativ sei, da er die Praxis des Lobens und Tadelns für wertvoll erkläre (2014, 105f.).

209 So auch Menges (2017, 119–121) kritisch gegen Strawsons Sicht reaktiver Haltungen als Teil einer „nicht veränderbaren Natur des Menschen".

210 In neuerer Zeit plädiert z.B. Pereboom (2013) dafür, Strafe als nicht auf die Unterstellung von Freiheit angewiesene Form der Sozialregulation mit dem Ziel des Schutzes der Gesellschaft in Analogie zu Quarantäne-Maßnahmen aufzufassen. Auch Verteidiger des in Kapitel VI untersuchten Systems der strengen Erfolgshaftung wie Wooton (1963) interpretieren Strafe rein sozialregulatorisch.

211 Vgl. hierzu auch Lotter 2012, 131–136. Kritisch äußert sich Pereboom (2013, 49–53) zur These der Theorieresistenz.

212 Dass der durch Strafen ausgedrückte Tadel nicht auf seine Steuerungsfunktion reduziert werden kann, betont unter Bezugnahme auf Strawson auch von Hirsch (2011, 50–53; 2017, 18).

213 Mit Blick auf die durch reaktive Haltungen intendierten Reaktionen sieht McGeer Strawson als „indirekten Konsequentialisten" (2014, 81) an.

214 So Merkel 2008, 133; ähnlich spöttisch Hoerster 2012, 37.

215 In diesem Sinne rekonstruiert Morris in „Persons and Punishment" das „Recht auf Gestraftwerden" als das Recht, als Person behandelt zu werden (Morris 1968, 32, 45–57). An die

Idee eines „Rechts, bestraft zu werden", knüpft auch Bennett (2008, 47–73 [Kap. 3]) an, der diese Idee bei Strawson implizit angelegt sieht.

216 Die Analyse und Bewertung moralischer Vorwürfe hat sich im Anschluss an Strawson zu einem eigenen Diskussionsfeld entwickelt; vgl. als grundlegende Beiträge Sher 2006, Scanlon 2008, 122–214 [Kap. 4], und Menges 2017 sowie die bei Coates/Tognazzini 2013a versammelten Beiträge. Coates/Tognazzini unterscheiden vier mögliche Konzeptionen moralischen Tadels: das Verständnis moralischen Tadels als evaluatives Urteil, die von Sher und Scanlon verteidigte Konzeption moralischen Tadels als Ausdruck von Wünschen oder Absichten, das an Strawson anschließende emotionsbasierte Verständnis moralischen Tadels als Ausdruck von Gefühlshaltungen, das in neuerer Zeit z.B. von Menges verteidigt wird, und die funktionale Auffassung moralischen Tadels als Steuerungsinstrument (Coates/Tognazzini 2013b, 7–17).

217 Zur kritischen Auseinandersetzung mit der Annahme, dass Absichten zum subjektiven Tatbestand zu rechnen seien, vgl. aber Kap. IX 2.

218 Zu dieser Bestimmung von Entschuldigungsgründen vgl. Kelly 2013, bes. 245–249; vgl. auch Menges 2017, 51.

219 Vgl. zu dieser Grundsatzentscheidung auch Roxin 1994, 707f.; Merkel/Roth 2008, 55f.; Erber-Schropp 2016, 91; Keil 2017, 184. Roxin, der die BGH-Entscheidung kritisiert, da sie angesichts der fehlenden Nachweisbarkeit menschlicher Freiheit die Schuldhaftigkeit eines Angeklagten der empirischen Überprüfbarkeit entziehe (1994, 707f.), schlägt vor, Schuld als „unrechtes Handeln trotz normativer Ansprechbarkeit" (1994, 715) aufzufassen.

220 Zur Klassifikation von Entschuldigungsgründen vgl. auch M. Moore 1985 und 1990b und Wallace 1994, 118–147. Moore unterscheidet die *Kausaltheorie* der Entschuldigungen, die Entschuldigtsein durch Verursachtsein erläutert (M. Moore 1985), von der *Wahltheorie* der Entschuldigungen, der zufolge eine Entschuldigung vorliegt, wenn es einem Akteur an der Fähigkeit oder der Gelegenheit zur Ausübung von Wahlakten mangelt, und der *Charaktertheorie* der Entschuldigungen, der zufolge Entschuldigungen vorliegen, wenn Handlungen nicht auf den Charakter eines Akteurs zurückgeführt werden können (M. Moore 1990b).

221 Von Willensfreiheit als „normativer Setzung" spricht Roxin (1994, 715). Formulierungsvarianten bestehen darin, Willensfreiheit als „praktisches Postulat" oder „normative Konstruktion" zu bezeichnen; vgl. hierzu Keil 2017, 184f. Diese Bezeichnungen dienen in der Strafrechtsliteratur dazu, eine agnostische Position zur Frage der Willensfreiheit zu begründen: Ist Willensfreiheit eine „normative Setzung", muss man zur Frage, ob der Mensch frei ist, auch keine Stellung beziehen. Von einer „Freiheitsunterstellung als Bedingung freiheitlicher Praxis" spricht hingegen Mohr (2008, 90).

222 In diesem Sinne führt Roxin aus: „Die Freiheitsannahme ist insoweit eine „normative Setzung", eine soziale Spielregel, deren gesellschaftlicher Wert vom erkenntnistheoretischen und naturwissenschaftlichen Problem der Willensfreiheit unabhängig ist. Es steht mit der Freiheit im Recht nicht anders als mit der Gleichheit. Wenn die Rechtsordnung von der Gleichheit aller Menschen ausgeht, stellt sie nicht den unsinnigen Satz auf, daß die Menschen tatsächlich alle gleich seien, sondern sie ordnet an, daß die Menschen vor dem Gesetz eine gleiche Behandlung erfahren sollen" (Roxin 1994, 715f.).

223 Zu Recht wendet daher Erber-Schropp gegen die Konstruktion von Freiheit als „normativer Setzung" ein: „Das Argument einer generalisierenden oder normativen Setzung ist mit dem strafrechtlich praktizierten Schuldvorwurf, der nach der persönlichen Schuld fragt, offensichtlich nicht vereinbar. [...] Wie kann das Strafrecht die Fähigkeit zur Normbefolgung aufgrund der Unbeweisbarkeit der Willensfreiheit als normative Forderung definieren [...], um dann aber die Strafe an die persönliche Schuld des Einzelnen zu knüpfen?" (Erber-Schropp 2016, 103). Vgl. zu diesem Problem auch Merkel 2008, 134. Als eine Begründung des Schuldprinzips unabhängig von Willensfreiheit, die aber nicht auf die Konstruktion von Willensfreiheit als „normative Setzung" verfällt, vgl. Wittwer 2011a.

224 Als *locus classicus* für diese Unterscheidung vgl. Hume 1748, 72.

225 Auf die Differenz zwischen Handlungsfreiheit und Willensfreiheit verweist zur Schärfung des Problems der Willensfreiheit bereits Schopenhauer in seiner *Freiheitsschrift* (1860a) nachdrücklich (ZA VI, 54–59); zur Erläuterung dieser Differenz vgl. Merkel 2008, 11f., und Keil 2017, 1–7, 59–62.

226 Als Verteidigung eines Kompatibilismus, der Determinismus als nicht nur mit Handlungsfreiheit, sondern als sogar mit Willensfreiheit, wenngleich einer schwachen Form von Willensfreiheit, vereinbar ansieht, vgl. hingegen Pauen 2004, insbes. 59–103, 162–183.

227 Zum Vorschlag, „die *Bildung* des Willens als dasjenige anzusehen, was „frei" genannt wird", vgl. Keil 2017, 4.

228 In diesem Sinne begründet schon Schopenhauer in der *Freiheitsschrift* seinen Determinismus durch Bezugnahme auf das Kausalprinzip (ZA VI, 65–86).

229 Vgl. hierzu die bei Geyer (2004), Grün/Friedman/Roth (2008), Lampe/Pauen/Roth (2008) und Nadelhoffer (2013) versammelten Beiträge. Im Vorwort des Bandes von Grün/Friedman/Roth wird dekretiert: „Neurowissenschaftliche Forschung hat inzwischen unmissverständlich klar gemacht, dass die Vorstellung eines bewusst erlebten freien Willens als Auslöser einer Handlung und damit als deren Motiv nicht in Rechnung gestellt werden kann" (Grün/Friedman/Roth 2008, 7). Als Überblick und kritische Erörterung der Beiträge der Hirnforschung zur Willensfreiheitsproblematik vgl. Dübgen 2016, 91–108; Erber-Schropp 2016, 94–135; Keil 2017, 205–243.

230 So etwa schreibt Singer: „Die in der lebensweltlichen Praxis gängige Unterscheidung von gänzlich unfreien, etwas freieren und ganz freien Entscheidungen erscheint in Kenntnis der zugrundeliegenden neuronalen Prozesse problematisch. Unterschiedlich sind lediglich die Herkunft der Variablen und die Art ihrer Verhandlung: Genetische Faktoren, frühe Prägungen, soziale Lernvorgänge und aktuelle Auslöser, zu denen auch Befehle, Wünsche und Argumente anderer zählen, wirken stets untrennbar zusammen und legen das Ergebnis fest, gleich, ob sich Entscheidungen mehr unbewußten oder bewußten Motiven verdanken. Sie bestimmen gemeinsam die dynamischen Zustände der „entscheidenden" Nervennetze. [...] Keiner kann anders, als er ist. Diese Einsicht könnte zu einer humaneren, weniger diskriminierenden Beurteilung von Mitmenschen führen, die das Pech hatten, mit einem Organ volljährig geworden zu sein, dessen funktionelle Architektur ihnen kein angepaßtes Verhalten erlaubt. Menschen mit problematischen Verhaltensdispositionen als schlecht oder böse abzuurteilen bedeutet nichts anderes, als das Ergebnis einer schicksalhaften Entwicklung des Organs, das unser Wesen ausmacht, zu bewerten" (Singer 2004, 62f.).

231 Zur Kausaltheorie der Entschuldigungen vgl. M. Moore 1985.

232 Vgl. als ausführliche Kritik dieser deterministischen Generalisierungsstrategie Wallace 1994, 113–153.

233 In dieser Arbeit wurde dafür argumentiert, dass auch solche therapeutisch motivierten „verhaltensregulierenden Maßnahmen" als Strafen, wenngleich nicht als Vergeltungsstrafen zu bezeichnen sind, da auch sie auf einen Normverstoß durch intendierte Leidenszufügung reagieren; vgl. Kap. IV 4.1. Folgt man diesem Vorschlag, wäre die Forderung der Hirnforscher, das Strafrecht zu reformieren, bei benevolenter Interpretation so zu verstehen, dass wir ihnen zufolge zwar weiterhin Strafen am Leitfaden des Präventionsgedankens rechtfertigen können, aber aufhören sollten, sie als Vergeltungsstrafen zu verstehen. Dies entspräche der gegenüber den Thesen der Hirnforscher differenzierteren Position Hörnles, die, an einige der Ergebnisse der Hirnforschung anknüpfend, für eine Aufgabe des Schuldprinzips bei Beibehaltung des Unrechturteils plädiert (2013, 49–68).
234 Als schlagende Kritik der Gleichsetzung von Kausalprinzip und Determinismus und der damit einhergehenden Kausaltheorie der Entschuldigungen vgl. M. Moore 1985. Moore betont: „actions are performable in an unbroken sea of causation" (1985, 544) und: „one is responsible for actions that result from one's choices, even though those choices are caused by factors themselves unchosen" (1985, 546). Auch Keil kritisiert die Gleichsetzung von Kausalprinzip und Determinismus (2017, 44–49).
235 Als bekanntester Vertreter dieser Variante einer Freiheitstheorie ist Chisholm (1964) zu nennen.
236 Als ausführliche Analyse solcher Selbstzuschreibungen praktischer Notwendigkeit vgl. Bauer 2021; zur Diskussion vgl. auch die bei Bauer/Varga/Mieth 2017 versammelten Beiträge. Als konzise Darstellung des Problems vgl. Williams 1981b. Ausführlich und einflussreich wird die Idee „praktischer Identität" von Korsgaard entfaltet, die diese Idee aus dem Handlungsbegriff entwickelt und darunter eine Konzeption des Lebens versteht, unter der ein Akteur sein Leben wertschätzt und als sinnvoll empfindet (Korsgaard 1996, 100–105; 2009, 18–26).
237 Vgl. hierzu ausführlich Menges 2017, 153–179 (Kap. 5) und Clarke/McKenna/Smith 2015b. Menges unterscheidet einen „schwachen Strawsonismus", dem zufolge die Verantwortlichkeit einer Person stets damit einhergeht, dass es angemessen ist, sie verantwortlich zu machen, ohne dass aber zwischen beidem ein Abhängigkeitsverhältnis bestünde, von einem „starken Strawsonismus", dem zufolge jemanden verantwortlich zu machen fundamentaler ist als verantwortlich zu sein und ersteres letzteres erklärt. Bekanntester Vertreter dieses „starken Strawsonismus" ist Wallace, der Verantwortlichsein in logischer Abhängigkeit von berechtigtem Verantwortlichmachen analysiert (Wallace 1994, bes. 84–153 [Kap. 4 und 5]) und in diesem Rahmen auch Entschuldigungsgründe als Gründe auffasst, die berechtigte Erwartungen unterminieren (1994, 136–153).
238 So Sher (2006, 81–88) kritisch gegen Strawson.
239 Zum Zusammenhang zwischen normativen Erwartungen und Forderungen vgl. Hallich 2008, 646–652.
240 Vgl. zum Fähigkeitsbegriff Keil (2017, bes. 155–204 [Kap. 5]), der diesen ins Zentrum seines Libertarismus stellt und Freiheit durch Fähigkeiten erklärt, sowie die ausführliche Analyse Jasters (2020).
241 Vgl. zum § 20 StGB ausführlich Roxin 1994, 726–762, sowie Merkel 2008, 110–133, Erber-Schropp 2016, 165–182 (Kap. 4), und Keil 2017, 182–188; zur allgemeinen Orientierung vgl. auch Fischer 2018, 254–262.

242 Dass jemand das Wollen, gemäß einer Norm zu handeln, nicht ausbilden kann, wird allerdings häufig nur für das Vorliegen von Steuerungsunfähigkeit, nicht für das Vorliegen von Einsichtsunfähigkeit behauptet; so bei Erber-Schropp 2016, 155. Folgt man dieser Position, gilt, dass jemand bei Vorliegen von Einsichtsunfähigkeit das Wollen, gemäß einer Norm zu handeln, zwar ausbilden kann, es aber nicht *aufgrund einer Einsicht in die Falschheit der Tat* (möglicherweise aber aus anderen Gründen) ausbilden kann.
243 Vgl. hierzu von Hirsch/Jareborg 1987. Die Autoren machen darauf aufmerksam, dass Provokation nur dann ein Schuldminderungsgrund ist, wenn man unterstellt, dass der Ärger des Provozierten begründet ist.
244 Zur Illustration dieser Schwierigkeiten vgl. die von Erber-Schropp (2016, 168–176) untersuchten Einzelfälle der Anwendung des § 20 StGB in der Rechtspraxis.
245 Keil schreibt: „Die *Ausübung* dieser Fähigkeiten [an entscheidungsrelevante Gesichtspunkte zu denken] wird hingegen nicht empirisch vorausgesetzt, sondern normativ gefordert. Wäre es anders, könnte sich jeder Beschuldigte einfach durch die faktische Nichtausübung der Fähigkeit exkulpieren" (Keil 2017, 177). Wir fordern aber die Ausübung einer solchen Fähigkeit durchaus nicht *immer*. Das bedeutet nicht, dass jeder Beschuldigte sich durch die *faktische* Nichtausübung der Fähigkeit exkulpieren kann, sondern nur, dass er sich (manchmal) durch die Unzumutbarkeit der Ausübung dieser Fähigkeit exkulpieren kann.
246 Vgl. zum § 35 StGB ausführlich Roxin 1994, 797–825; vgl. auch Erber-Schropp 2016, 150–152, und zur ersten Orientierung Fischer 2018, 249f.
247 Der Paragraph erwähnt ebenfalls, dass, liegt kein besonderes Rechtsverhältnis dieser Art vor, zwar kein Entschuldigungsgrund im Sinne einer Schuldaufhebung, wohl aber eine Schuldminderung vorliegen kann, wenn die Hinnahme der Gefahr zumutbar ist, weil die Person sie selbst verursacht hat („jedoch kann die Strafe nach § 49 Abs. 1 gemildert werden, wenn der Täter [die Gefahr verursacht hat, aber] nicht mit Rücksicht auf ein besonderes Rechtsverhältnis die Gefahr hinzunehmen hatte"). Dass jemand die Gefahr verursacht hat, gilt also als hinreichend für das Fehlen einer Entschuldigung im Sinne einer Schuldaufhebung, nicht aber als hinreichend für das Fehlen einer Schuldminderung.
248 Das Fortbestehen der Fähigkeit, etwas anderes zu wollen als das, was man will, in Notstandssituationen hat auch Roxin im Blick, wenn er zu § 35 StGB anmerkt: „Denn praktische Bedeutung hat § 35 nur, wenn der Bedrohte normativ noch ansprechbar war und anders hätte handeln können, so daß eine (wenngleich erheblich verringerte) Schuld gegeben ist; anderenfalls läge ohnehin § 20 vor, so daß es des § 35 nicht bedürfte" (Roxin 1994, 799).
249 Diese Zuordnung ist plausibel, aber nicht zwingend – Erber-Schropp ordnet eine Entschuldigung nach § 35 dem anderen der beiden von Strawson unterschiedenen Typen von Entschuldigungen zu, sieht sie also als Entschuldigung „einer fehlgegangenen Handlung" an (2016, 151).

Kapitel IX

250 Dass *auch* das Fehlen von Absichtlichkeit einen Entschuldigungsgrund darstellt, heißt allerdings nicht, dass deswegen die Freiheitsunterstellung irrelevant sei, wie Erber-Schropp

(2016, 143–149) meint, der zufolge die Differenzierungen zwischen verschiedenen Handlungsdispositionen, die sich an Absichtlichkeitsannahmen und deren Einschränkungen orientieren, die einzigen für Verantwortungszuschreibungen relevanten Größen seien; die Frage nach der Freiheit des Willens sei demgegenüber „im Rahmen dieser Binnendifferenzierung sinnlos und daher irrelevant" (2016, 148f.).

251 Vgl. zu dieser Unterscheidung Wallace 1994, 52–62; Watson 1996, 227–231; Scanlon 2008, 198–204; Zürcher 2014, 85.

252 Ist dies der Fall, ist die Handlung entschuldigt gemäß der von M. Moore so genannten „Charaktertheorie" der Entschuldigungen, „according to which one is excused for the doing of a wrongful action because [...] such action is not determined by (or in some other way expressive of) those enduring attributes of ourselves we call our characters" (M. Moore 1990b, 548). Demgegenüber findet die „Wahltheorie" der Entschuldigungen, "according to which one is excused for the doing of a wrongful action because [...] at the moment of such action's performance, one did not have sufficient capacity or opportunity to make the choice to do otherwise" (M. Moore 1990b, 548), auf Freiheitseinschränkungen als Entschuldigungsgründe Anwendung. Anders als Moore nahelegt (und mit den Worten „and only because" in den ausgelassenen Stellen der obigen Zitate auch explizit behauptet), besteht aber keine Notwendigkeit, sich auf eine dieser Entschuldigungstheorien als auf die richtige festzulegen; sie finden auf verschiedene Arten von Entschuldigungen Anwendung. Vgl. zur Typologie von Entschuldigungen auch Wallace 1994, 118–147.

253 Als grundlegende Untersuchung dieser korrektiven Verwendung von Entschuldigungsausdrücken bei Absichtlichkeitseinschränkungen vgl. Austin 1956/57.

254 Hart 1967, 116–122; ähnlich M. Moore 1990a, 55–59; vgl. auch Stoppenbrink 2016, 202–208.

255 Dies gilt auch dann, wenn man die Zuschreibung dieser Absichten mit Ryle als dispositional auffasst (vgl. Ryle 1949, 113–120 [chap. V/2]), weil die Aktualisierung der Disposition, die darin besteht, eine Absicht zu haben, unter kontrafaktischen Bedingungen stehen kann. Bedeutet die Aussage „A hat die Absicht, B zu töten", dass A die Disposition hat, B zu töten, und wird die dispositionale Aussage als verkapptes Konditional („Wenn die Umstände XY vorliegen, wird A B töten") aufgefasst, kann es sein, dass, da die Umstände XY kontrafaktischer Natur sind, A die Absicht hat, B zu töten, aber, weil sich diese Disposition niemals aktualisieren wird, B nicht töten wird.

256 Vgl. hierzu Roxin 1994, 350–355; Fischer 2018, 201–213.

257 Zur Gradierbarkeit der Schuldunterstellung in Abhängigkeit vom Ausmaß der Absichtlichkeit der Handlungen des Akteurs vgl. auch Wallace 1994, 136–147; M. Moore 1995.

258 Wie Hart (1967, 116–122) feststellt, sind solche Abweichungen von der Alltagssprache auch in Bezug auf das englische „intentional" gegeben; auch hier gilt, dass z.B. „He intentionally killed these men" kein auf den Handlungserfolg bezogenes Wollen voraussetzt: „The concept which legal theorists speak of and define as intention diverges from its counterpart in ordinary use at certain points which are of immediate interest to the philosophy of punishment" (Hart 1967, 116f.).

259 Vgl. Anscombe 1957, 11f. (Abschn. 6), 84–87 (Abschn. 47), Davidson 1967, 147f., Davidson 1971, 45–47.

260 Zur Präzisierung der Formulierung „unter einer Beschreibung" vgl. Anscombe 1979.

261 Die Zuordnung der Absichtlichkeit bzw. Vorsätzlichkeit zu den Tatbestandsmerkmalen ist auch in der Rechtswissenschaft nicht unumstritten. Wie Roxin (1994, 144–152) ausführt, wurde im Rahmen der „klassischen Verbrechenslehre" etwa Liszts Absicht bzw. Vorsatz als Schuldform angesehen; erst im Rahmen der „finalen Handlungslehre" wurden Absicht und Vorsatz als Teil des Tatbestandes aufgefasst. Der dieser Lehre zugrundeliegende finale Handlungsbegriff besagt, dass eine menschliche Handlung darin besteht, dass „der Mensch den Kausalverlauf durch gedankliche Antizipation und entsprechende Mittelauswahl auf ein bestimmtes Ziel hinlenkt" (Roxin 1994, 147; vgl. auch ebd., 184–188), so dass Absichtlichkeit als Teil der Handlung aufzufassen ist.

262 Vgl. zu diesem Fall – bekannt als „Desmond's case" – Hart 1967, 119–122.

263 Üblicherweise wird diese Vorsatzform als „bedingter Vorsatz" bezeichnet, was allerdings, worauf Roxin (1994, 358) zu Recht verweist, eine sehr irreführende Bezeichnung ist, da nur der Erfolgseintritt, nicht der Vorsatz selbst von Bedingungen abhängig ist und der Täter auch beim Eventualvorsatz sein Vorhaben „unter jeder Bedingung" ausführt.

264 Als ausführliche Untersuchung der rechtsphilosophischen und handlungstheoretischen Grundlagen des Fahrlässigkeitsbegriffes vgl. Stoppenbrink 2016; vgl. zur Fahrlässigkeit auch Roxin 1994, 886–932.

265 Vgl. zu dieser Unterscheidung Feinberg 1970b, 193; Ten 1987, 100–105; Roxin 1994, 910–913; Stoppenbrink 2016, 55–59.

266 Zur schwierigen Abgrenzung des *dolus eventualis* von bewusster Fahrlässigkeit vgl. Roxin 1994, 914f.; Stoppenbrink 2016, 179–185.

267 Zur schwierigen Entscheidung der Frage, ob latentes, aber verdrängtes Wissen ausreichend ist, um nicht nur von Fahrlässigkeit, sondern sogar von Wissen, somit von Vorsatz zu sprechen, vgl. Lacey 2016b, 229–232. Lacey macht in diesem Zusammenhang darauf aufmerksam, dass diese Frage in Abhängigkeit von sozialen Konventionen und Erwartungen beantwortet werden muss, also nicht ausschließlich durch Bezugnahme auf psychologische Fakten in Bezug auf die *mens rea* der Person und das, was sie hätte wissen können, beantwortet werden kann (2016b, 232–236).

268 Zum Schuldprinzip als Prinzip der Eingriffsbegrenzung und Limitierung präventiver Strafziele vgl. Hart 1958b, 79–81; Roxin 1994, 56–59, 706f.; Erber-Schropp 2016, 57–61. Roxin stellt pointiert fest: „Das Präventionsinteresse wird durch das Schuldprinzip – wegen seiner Fixierung auf die vergangene Tat – bei der Strafhöhenbemessung gerade ausgeschaltet, und dieser strafbegrenzende Effekt läßt sich durch kein anderes Prinzip erreichen" (1994, 59).

269 Vgl. zu diesen beiden Bemessungsgrundlagen für die Schwere des Normverstoßes Hart 1967, 233f.; von Hirsch 2017, 63–67.

270 In Kapitel I war die Schwere der Strafe vereinfachend ausschließlich durch das dadurch bewirkte Leiden bestimmt, aber auch darauf hingewiesen worden, dass die so verstandene Strafschwere von der Rezeptivität des Adressaten der Strafe für die Sanktionsmaßnahme abhängt; vgl. Kap. I 1.

271 Vgl. zu diesem *matching problem* bei der Bestimmung der Strafschwere Kleinig 2008, 205f.; Ryberg 2010, 87–91.

272 In diesem Sinne schlägt von Hirsch (2017, 67–69) vor, die Strafschwere durch Interessenfrustration zu bestimmen.

273 Schon Feinberg merkt in Bezug auf den Versuch, die Strafschwere in Entsprechung zur Schwere des Normverstoßes zu bestimmen, an: „[...] there appears to be no rational way of resolving the issue. Certainly, there is no rational way of demonstrating that one criminal deserves exactly twice or three-eights or twelve-ninths as much suffering as another; yet, according to at least some forms of this [retributive] theory, the amounts of suffering inflicted for any two crimes should stand in exact proportion to the "amounts" of wickedness in the criminals" (Feinberg 1965a, 117).

Kapitel X

274 Aus dem Fehlen *moralischer* Rechtfertigungsgründe für Strafen ist also nicht darauf zu schließen, dass es keine Rechtfertigungsgründe für Strafen gebe und daher ein Abolitionismus korrekt sei. Dies unterstellt in zu enger Alternativenbildung Boonin, wenn er annimmt, die einzig möglichen Positionen in Bezug auf das Problem der Strafrechtfertigung seien, dass es moralische Strafrechtfertigungsgründe gebe oder dass ein Abolitionismus korrekt sei (Boonin 2008, 213).

275 Auch Zaibert (2018, 20–26) sieht in seinem jüngsten Beitrag das Problem der Strafrechtfertigung als Problem eines unauflösbaren Wertkonflikts an, wobei es sich jedoch nach Zaibert nicht um einen Konflikt zwischen moralischen und nicht-moralischen Werten, sondern um einen Konflikt zwischen zwei moralischen Werten – genauer: zwischen dem moralischen Wert der Gerechtigkeit und demjenigen des Verzeihens – und somit um ein genuines moralisches Dilemma handelt.

276 Auch Hart spricht von der „Opferung" eines moralischen Prinzips, wenn diesem aus utilitaristischen Erwägungen heraus Präventionsgesichtspunkte übergeordnet werden: „In extreme cases many might still think it right to resort to these [utilitarian] expedients, but we should do so with the sense of sacrificing an important principle. We should be conscious of choosing the lesser of two evils, and this would be inexplicable if the principle sacrificed to utility were itself only a requirement of utility" (Hart 1959, 12). Dies wird Hart gelegentlich als Dissoziierung zweier Aspekte der Strafrechtfertigung, die zusammen zu betrachten seien, kritisch vorgehalten; so meint Lacey, Harts Abkoppelung des Schuldprinzips von Nützlichkeitsgesichtspunkten sei „misleading if used so as to suggest a discontinuity of justifying arrangements" (Lacey 1988, 187).

277 Zu dieser Verwendung des Ausdrucks „Vereinigungstheorie" vgl. z. B. M. Moore 1982, 92–94; Erber-Schropp 2016, 65–87. Wohl aber kann die im Vorhergehenden entwickelte Theorie als „Vereinigungstheorie" verstanden werden, wenn man diesen Ausdruck in dem erweiterten Sinne versteht, in dem z.B. Roxin ihn verwendet: „Demgegenüber besteht die Aufgabe einer unter heutigen Bedingungen tragfähigen Vereinigungstheorie darin, unter Aufgabe des Vergeltungsgedankens die Absolutsetzung der übrigen, jeweils verschiedenen straftheoretischen Ansätze in der Weise aufzuheben, daß ihre zutreffenden Aspekte in einer übergreifenden Konzeption bewahrt und ihre Schwächen durch ein System gegenseitiger Ergänzung und Beschränkung getilgt werden" (Roxin 1994, 52).

278 Als ausführliche Darlegung der im Folgenden gerafft wiedergegebenen Argumentation gegen die Vorrangthese vgl. Hallich 2017. Zur Diskussion der Vorrangthese vgl. die bei Schleidgen 2012 und Hoffmann/Schmücker/Wittwer 2017 versammelten Beiträge.
279 Die in der Literatur übliche Bestimmung der Relata der fraglichen Vorrangsrelation durch moralische bzw. nicht-moralische *Gründe* (vgl. z. B. Wittwer 2011b, 23; Hoffmann 2013, 48) wird im Folgenden übernommen, wobei aus stilistischen Gründen gelegentlich auch von moralischen bzw. nicht-moralischen *Erwägungen* die Rede ist.
280 Zur Orientierung über die Auseinandersetzung zwischen metaethischem Internalismus und Externalismus vgl. Birnbacher 2013, 289–295.
281 Manche Äußerungen Hares legen nahe, dass er die *overridingness*-These in diesem Sinne vertritt: „There is a sense of the word „moral" (perhaps the most important one) in which it is characteristic of moral principles that they cannot be overridden in this way, but only altered or qualified to admit of some exception. [...] A man's moral principles, in this sense, are those which, in the end, he accepts to guide his life by, even if this involves breaches of subordinate principles such as those of aesthetics or etiquette" (Hare 1963, 168f.; zur *overridingness*-These vgl. auch Hare 1981, 53–62).
282 Zur Kritik der Vorrangthese in dieser Lesart vgl. auch Foot 1978. Gegen die Vorrangthese argumentieren auch Wolf, die die „Vielfalt der Werte" und die Tatsache betont, dass moralische Werte nur einen Teilbereich des gelingenden Lebens ausmachen und in vielen Kontexten anderen Werten untergeordnet werden können (Wolf 2015), und Crisp (2016, bes. 5–35 [Kap. 1]), dem zufolge moralische Werte keine „ultimate reasons", also keine nicht-abgeleiteten, fundamentalen Handlungsgründe generieren.
283 Ähnlich vertritt Copp die Ansicht, dass Moralität und Selbstinteresse als verschiedene Systeme nebeneinander stünden und es unmöglich sei, einen Handlungsgrund *simpliciter* – also unabhängig von der Spezifikation einer bestimmten Art von Gründen – zu ermitteln (Copp 1997, bes. 98–103, 107–113). Auch Wittwer plädiert für die These, dass man Handlungsgründe nicht „schlechthin" als vorrangig auszeichnen könne, da es kein neutrales Metakriterium für die Beurteilung von Gründen gebe und diese nur in Bezug auf ein bestimmtes Kriterium geordnet werden könnten (Wittwer 2011b, 37–40). Auf ähnliche Weise kritisiert Haji den Begriff des „Sollens schlechthin" (*just plain ought*), da dieser fälschlich eine Kommensurabilität von Gründen verschiedener Wertsysteme voraussetzen würde (Haji 2012, 144–148).
284 Radbruch 1952, 24; zustimmend zitiert auch von Merkel 2008, 136.

Literatur

Aischylos (1958): *Die Orestie. Agamemnon, Die Totenspende, Die Eumeniden*. Deutsch von E. Staiger, Stuttgart.
Anscombe, Gertrud Elizabeth (1957): *Intention*. Second Edition, Cambridge, Mass./London 1963.
Anscombe, Gertrud Elizabeth (1979): Under a Description. In: *Nous* 13, 219–233.
Aristoteles: *Nikomachische Ethik*. Übersetzt und hrsg. von U. Wolf, Reinbek 2006.
Armstrong, K.G. (1961): The Retributivist Hits Back. In: *Mind* 70, 471–490.
Austin, John (1956/57): A Plea for Excuses. In: *Proceedings of the Aristotelian Society* 57, 1–30.
Austin, John (1962): *How to Do Things with Words*. Second Edition. Ed. by J.O. Urmson / M. Sbisà, Cambridge, Mass. 1962.
Bauer, Katharina (2021): *Was ich tun muss. Praktische Notwendigkeit und persönliche Grenzen*, Tübingen.
Bauer, Katharina / Varga, Somogy / Mieth, Corinna (Hrsg.) (2017): *Dimensions of Practical Necessity. "Here I Stand. I Can Do No Other"*, Cham.
Baurmann, Michael (1990): Strafe im Rechtsstaat. In: M. Baurmann / H. Kliemt (Hrsg.): *Die moderne Gesellschaft im Rechtsstaat*, Freiburg / München 1990, 109–159.
Bayertz, Kurt (1995): Eine kurze Geschichte der Herkunft der Verantwortung. In: K. Bayertz (Hrsg.): *Verantwortung. Prinzip oder Problem?*, Darmstadt 1995, 3–71.
Beccaria, Cesare (1764): *Über Verbrechen und Strafe* [*Dei delitti e delle pene*]. Nach der Ausgabe von 1766 übersetzt und hrsg. von W. Alff, Frankfurt a.M. 1966.
Bedau, Hugo Adam (2015): Punishment. In: *Stanford Encyclopedia of Philosophy*. First published June 13, 2003. Substantive revision July 31, 2015.
https://plato.stanford.edu/entries/punishment (abgerufen am 31.12.2020)
Bennett, Christopher (2002): The Varieties of Retributive Experience. In: *The Philosophical Quarterly* 52, 145–163.
Bennett, Christopher (2008): *The Apology Ritual. A Philosophical Theory of Punishment*, Cambridge.
Bennett, Christopher (2010): Punishment and Rehabilitation. In: Ryberg / Corlett 2010, 52–71.
Bennett, Christopher (2020): How to Do Things with Blame (and Social Punishment). In: Radzik 2020, 75–98.
Bennett, Jonathan (1995): *The Act Itself*, Oxford.
Bentham, Jeremy (1780): *An Introduction to the Principles of Morals and Legislation*. Ed. by J.H. Burns / H.L.A. Hart. With a New Introduction by F. Rosen, Oxford 1970.
Bentham, Jeremy (1830): *The Rationale of Punishment*. Ed. by J.T. McHugh, New York 2009.
Bieri, Peter (2013): *Eine Art zu leben. Über die Vielfalt menschlicher Würde*, München.
Birnbacher, Dieter (1995): Grenzen der Verantwortung. In: K. Bayertz (Hrsg.): *Verantwortung. Prinzip oder Problem?*, Darmstadt 1995, 143–183.
Birnbacher, Dieter (2013): *Analytische Einführung in die Ethik*. 3. Auflage. Berlin / New York.
Bittner, Rüdiger (1992): Is it Reasonable to Regret Things One Did? In: *The Journal of Philosophy* 89, 262–273.
Boonin, David (2008): *The Problem of Punishment*, Cambridge.
Bundesgerichtshof (1952): BGH St 2, 194, 195, Beschluss v. 18.03.1952.
Bundesgerichtshof (1999): BGH 4 StR 595/97, Beschluss v. 08.06.1999, HRRS-Datenbank, Rn. X.

Burgh, Richard (1987): Guilt, Punishment and Desert. In: Schoeman 1987, 316–337.
Butler, Joseph (1729): *Fifteen Sermons Preached at the Rolls Chapel and other writings on ethics*. Ed. by D. McNaughton, Oxford 2017.
Camus, Albert (1942): *L´Étranger*, Paris 1986.
Chisholm, Roderick (1964): *Human Freedom and the Self*. The Lindley Lecture. University of Kansas, April 23, 1964, Kansas.
Clarke, Randolph / McKenna, Michael / Smith, Angela (Hrsg.) (2015a): *The Nature of Moral Responsibility. New Essays*, Oxford.
Clarke, Randolph / McKenna, Michael / Smith, Angela (2015b): Introduction. In: Clarke / McKenna / Smith 2015a, 1–16.
Coates, D. Justin / Tognazzini, Neal A. (Hrsg.) (2013a): *Blame. Its Nature and Norms*, Oxford.
Coates, D. Justin / Tognazzini, Neal A. (Hrsg.) (2013b): The Contours of Blame. In: Coates / Tognazzini 2013a, 3–26.
Copp, David (1997): The Ring of Gyges: Overridingness and the Unity of Reason. In: *Social Philosophy and Policy* 14, 86–106; wieder in (zit.): Schleidgen 2012, 89–115.
Cragg, Wesley (Hrsg.) (1992): *Retributivism and its Critics*, Stuttgart.
Crisp, Roger (2006): *Reasons and the Good*, Oxford.
D'Arms, Justin / Jacobson, Daniel (2000a): The Moralistic Fallacy: On the 'Appropriateness' of Emotions. In: *Philosophy and Phenomenological Research* 61, 65–90.
D'Arms, Justin / Jacobson, Daniel (2000b): Sentiment and Value. In: *Ethics* 110, 722–748.
Davidson, Donald (1967): The Logical Form of Action Sentences. In: N. Rescher (Hrsg.): *The Logic of Decision and Action*, Pittsburgh 1967, 81–95; wieder in (zit.): Davidson 2001, 105–122.
Davidson, Donald (1971): Agency. In: R. Brinkley et al. (Hrsg.): *Agent, Action, and Reason*, Oxford 1971, 3–25; wieder in (zit.): Davidson 2001, 43–61.
Davidson, Donald (2001): *Essays on Actions and Events*. Second Edition, Oxford.
Deutsche Bibelgesellschaft (Hrsg.): *Die Bibel*. Nach der Übersetzung Martin Luthers mit Apokryphen, Stuttgart 1999.
Dolinko, David (1991): Some Thoughts About Retributivism. In: *Ethics* 101, 537–559.
Dolinko, David (1997): Retributivism, Consequentialism, and the Intrinsic Goodness of Punishment. In: *Law and Philosophy* 16, 507–528.
Douglas, Thomas (2019): Punishing Wrongs from the Distant Past. In: *Law and Philosophy* 38, 335–358.
Dübgen, Franziska (2016): *Theorien der Strafe zur Einführung*, Hamburg.
Duff, Antony (1992): Alternatives to Punishment – or Alternative Punishments? In: Cragg 1992, 43–68.
Duff, Antony (2001): *Punishment, Communication, and Community*, Oxford.
Dufner, Annette (2013): Should the Late Stage Demented Be Punished for Past Crimes? In: *Criminal Law and Philosophy* 7, 137–150.
Durkheim, Emile (1893): *De la division du travail social*, Paris 1930; deutsch (zit.): *Über soziale Arbeitsteilung. Studie über die Organisation höherer Gesellschaften*, Frankfurt a.M. 1992.
Ellis, Anthony (2012): *The Philosophy of Punishment*, Exeter / Charlottesville.
Erber-Schropp, Julia-Maria (2016): *Schuld und Strafe. Eine strafrechtsphilosophische Untersuchung des Schuldprinzips*, Tübingen.
Europäische Menschenrechtskonvention: Die Europäische Menschenrechtskonvention [EMRK] in der Fassung der Protokolle Nr. 11 und 14 samt Zusatzprotokoll und Protokolle Nr.

4,6,7,12,13 und 16.
  https://www.echr.coe.int/Documents/Convention_DEU.pdf (abgerufen am 31.12.2020)
Europäischer Gerichtshof für Menschenrechte [EGMR] 2009: Kammerurteil M. gegen Deutschland vom 17.12.2009 (Beschwerde-Nr. 19359/04).
  http://hudoc.echr.coe.int/eng-press?i=003-2973599-3274999 (abgerufen am 31.12.2020)
Europäischer Gerichtshof für Menschenrechte [EGMR] 2012a: Kammerurteil G. gegen Deutschland vom 07.06.2012 (Beschwerde-Nr. 65210/09).
  http://hudoc.echr.coe.int/eng?i=001-111369 (abgerufen am 31.12.2020)
Europäischer Gerichtshof für Menschenrechte [EGMR] 2012b: Kammerurteil K. gegen Deutschland vom 07.06.2012 (Beschwerde-Nr. 61827/09).
  http://hudoc.echr.coe.int/eng?i=001-111364 (abgerufen am 31.12.2020)
Europäischer Gerichtshof für Menschenrechte [EGMR] 2016: Kammerurteil Bergmann gegen Deutschland vom 07.01.2016 (Beschwerde-Nr. 23279/14).
  http://hudoc.echr.coe.int/eng-press?i=003-5264695-653879 (abgerufen am 31.12.2020)
Ewing, Benjamin (2015): The Political Legitimacy of Retribution: Two Reasons for Skepticism. In: *Law and Philosophy* 34, 369–396.
Ezorsky, Gertrude (Hrsg.) (1972): *Philosophical Perspectives on Punishment*, New York.
Fassin, Didier (2018): *The Will to Punish*, Oxford.
Feinberg, Joel (1963): Justice and Personal Desert. In: C.J. Friedrich / J.W. Chapman (Hrsg.): *Nomos VI: Justice*, New York 1963, 69–97; wieder in (zit.): Feinberg 1970a, 55–94.
Feinberg, Joel (1965a): The Expressive Function of Punishment. In: *The Monist* 49, 397–423; wieder in (zit.): Feinberg 1970a, 95–118.
Feinberg, Joel (1965b): Action and Responsibility. In: M. Black (Hrsg.): *Philosophy in America*, London 1965, 134–160; wieder in (zit.): Feinberg 1970a, 119–151.
Feinberg, Joel (1968): Collective Responsibility. In: *Journal of Philosophy* 65, 674–688; wieder in (zit.): Feinberg 1970a, 222–251.
Feinberg, Joel (1970a): *Doing and Deserving. Essays in the Theory of Responsibility*, Princeton.
Feinberg, Joel (1970b): Sua Culpa. In: Feinberg 1970a, 187–221.
Feuerbach, Anselm von (1847): *Lehrbuch des gemeinen in Deutschland gültigen peinlichen Rechts*. 14. Aufl. Gießen 1847.
Fingarette, Herbert (1977): Punishment and Suffering. In: *Proceedings and Address of the American Philosophical Association* 50, 499–525.
Finnis, John (2011): *Natural Law and Natural Rights*. Second Edition, Oxford.
Fischer, John Martin (2013): Desert and the Justification of Punishment. In: Nadelhoffer 2013, 3–24.
Fischer, Thomas (2018): *Über das Strafen. Recht und Sicherheit in der demokratischen Gesellschaft*, München.
Foot, Philippa (1972): Morality as a System of Hypothetical Imperatives. In: *The Philosophical Review* 81, 305–316; wieder in (zit.): Foot 2002, 157–173.
Foot, Philippa (1978): Are Moral Considerations Overriding? In: Ph. Foot: *Virtues and Vices and Other Essays in Moral Philosophy*, Oxford 1978, 181–188; wieder in (zit.): Foot 2002, 181–188.
Foot, Philippa (2002): *Virtues and Vices and Other Essays in Moral Philosophy*, Oxford.
Foucault, Michel (1975): *Surveiller et punir. La naissance de la prison*, Paris; deutsch (zit.): *Überwachen und Strafen. Die Geburt des Gefängnisses*, Frankfurt a.M. 1976.
Franklin, Christopher Evan (2013): Valuing Blame. In: Coates / Tognazzini 2013a, 207–223.

French, Peter A. (2001): *The Virtues of Vengeance*, Kansas.
Gardner, John (2008): Introduction. In: Hart 2008, xiii-liii.
Geach, Peter (1960): Ascriptivism. In: *The Philosophical Review* 69 (1960), 221–225.
Geeraets, Vincent (2018): Two Mistakes about the Concept of Punishment. In: *Criminal Justice Ethics* 37, 21–35.
Gesetz zur Neuordnung des Rechts der Sicherungsverwahrung und zu begleitenden Regelungen vom 22. Dezember 2010. BGBl. 2010 I, S. 2300.
   Bundesgesetzblatt (bgbl.de) (abgerufen am 31.12.2020)
Gethmann, Carl Friedrich (1993): *Dasein. Erkennen und Handeln. Heidegger im phänomenologischen Kontext*, Berlin / New York.
Geyer, Christian (Hrsg.) (2004): *Hirnforschung und Willensfreiheit. Zur Deutung der neuesten Experimente*, Frankfurt a.M.
Golash, Deirdre (2005): *The Case Against Punishment. Retribution, Crime Prevention, and the Law*, New York / London.
Gosepath, Stefan (1999): Praktische Rationalität. Eine Problemübersicht. In: St. Gosepath (Hrsg.): *Motive, Gründe, Zwecke. Theorien praktischer Rationalität*, Frankfurt a.M. 1999, 7–53.
Grün, Klaus-Jürgen / Friedman, Michel / Roth, Gerhard (Hrsg.) (2008): *Entmoralisierung des Rechts. Maßstäbe der Hirnforschung für das Strafrecht*, Göttingen.
Hahn, Susanne (2013): *Rationalität. Eine Kartierung*, Münster.
Haji, Ishtiyaque (2012): Overridingness and Just Plain Ought. In: Schleidgen 2012, 139–158.
Halbig, Christoph / Hennig, Tim (Hrsg.) (2012a): *Die neue Kritik der instrumentellen Vernunft*, Frankfurt a.M.
Halbig, Christoph / Hennig, Tim (2012b): Die neue Kritik der instrumentellen Vernunft. In: Halbig / Hennig 2012a, 7–57.
Hallich, Oliver (2008): *Die Rationalität der Moral. Eine sprachanalytische Grundlegung der Ethik*, Paderborn.
Hallich, Oliver (2011): Präventionstheorien der Strafe. In: B. Gesang / J. Schälike (Hrsg.): *Die großen Kontroversen der Rechtsphilosophie*, Paderborn, 151–176.
Hallich, Oliver (2013): Nietzsches Kritik des Strafens. In: D. Birnbacher / A.U. Sommer (Hrsg.): *Moralkritik bei Schopenhauer und Nietzsche*, Würzburg, 243–257.
Hallich, Oliver (2014): Gibt es moralischen Zufall? In: *Allgemeine Zeitschrift für Philosophie* 39, 133–171.
Hallich, Oliver (2017): Eine Kritik der Vorrangthese. In: Hoffmann / Schmücker / Wittwer 2017, 86–105.
Hallich, Oliver (2018): Demenz und Strafen. In: *Zeitschrift für praktische Philosophie* 5, 179–212.
Hallich, Oliver (2020): Was ist Moralismus? Ein Explikationsvorschlag. In: Chr. Neuhäuser / Chr. Seidel (Hrsg.): *Kritik des Moralismus*, Frankfurt a.M. 2020, 61–80.
Hampton, Jean (1984): The Moral Education Theory of Punishment. In: *Philosophy and Public Affairs* 13, 208–238.
Hampton, Jean (1992): An Expressive Theory of Retribution. In: Cragg 1992, 1–25.
Haneke, Michael (Regie) (2009): *Das weiße Band. Eine deutsche Kindergeschichte*. Produziert von St. Arndt et al. X-Filme Creative Pool. [DVD]
Hanna, Nathan (2008): Say What? A Critique of Expressive Retributivism. In: *Law and Philosophy* 27, 123–150.

Hanna, Nathan (2009): The Passions of Punishment. In: *Pacific Philosophical Quarterly* 90, 232–250.
Hanna, Nathan (2012): Two Claims about Desert. In: *Pacific Philosophical Quarterly* 93, 1–16.
Hanna, Nathan (2017): The Nature of Punishment: Reply to Wringe. In: *Ethical Theory and Moral Practice* 20, 969–976.
Hanna, Nathan (2019): Hitting Retributivism Where it Hurts. In: *Criminal Law and Philosophy* 13, 109–127.
Hanna, Nathan (2020): The Nature of Punishment Revisited: Reply to Wringe. In: *Ethical Theory and Moral Practice* 23, 89–100.
Hare, Richard M. (1954/55): Universalisability. In: *Proceedings of the Aristotelian Society* 55, 295–312.
Hare, Richard M. (1963): *Freedom and Reason*. Oxford.
Hare, Richard M. (1981): *Moral Thinking. Its Levels, Method and Point*, Oxford.
Hare, Richard M (1986): Punishment and Retributive Justice. In: *Philosophical Topics* 14, 211–223; wieder in (zit.): R. Hare: *Essays on Political Morality*, Oxford 1989, 203–216.
Hart, Herbert Lionel Adolphus (1958a): Legal Responsibility and Excuses. In: S. Hook (Hrsg.): *Determinism and Freedom in the Age of Modern Science: A Philosophical Symposium*, New York, 81–104; wieder in (zit.): Hart 2008, 28–53.
Hart, Herbert Lionel Adolphus (1958b): Murder and the Principles of Punishment: England and the United States. In: *Northwestern University Law Review* 52, 433–466; wieder in (zit.): Hart 2008, 54–89.
Hart, Herbert Lionel Adolphus (1959): Prolegomenon to the Principles of Punishment. In: *Proceedings of the Aristotelian Society* 60 (1959/60), 1–26; wieder in (zit.): Hart 2008, 1–27.
Hart, Herbert Lionel Adolphus (1960): Acts of Will and Responsibility. In: O.R. Marshall (Hrsg.): *The Jubilee Lectures of the Faculty of Law, University of Sheffield*, London; wieder in (zit.): Hart 2008, 90–112.
Hart, Herbert Lionel Adolphus (1962): Punishment and the Elimination of Responsibility. No. 31 University of London. Athlone Press; wieder in (zit.): Hart 2008, 158–185.
Hart, Herbert Lionel Adolphus (1965): Changing Conceptions of Responsibility. In: H.L.A. Hart: *The Morality of the Criminal Law. Two Lectures*, Oxford; wieder in (zit.): Hart 2008, 186–209.
Hart, Herbert Lionel Adolphus (1967): Postscript: Responsibility and Retribution. In: *Law Quarterly Review* 83, 346–364; wieder in (zit.): Hart 2008, 210–237.
Hart, Herbert Lionel Adolphus (2008): *Punishment and Responsibility. Essays in the Philosophy of Law*. Second Edition, Oxford.
Hassemer, Winfried (1979): Generalprävention und Strafzumessung. In: W. Naucke / W. Hassemer / K. Lüderssen (Hrsg.): *Hauptprobleme der Generalprävention*, Frankfurt a.M. 1979, 29–53.
Hassemer, Winfried (2009): *Warum Strafe sein muss. Ein Plädoyer*, Berlin.
Hassemer, Winfried (2015): Schuld. In: S. Muders / M. Rüther / B. Schöne-Seifert / M. Stier (Hrsg.): *Willensfreiheit im Kontext. Interdisziplinäre Perspektiven auf das Handeln*, Münster 2015, 87–99.
Häyri, Matti (1992): A Defence of the Utilitarian Theory of Punishment. In: Cragg 1992, 129–147.
Hegel, Georg Willhelm Friedrich (1820): *Grundlinien der Philosophie des Rechts oder Naturrecht und Staatswissenschaft im Grundrisse*. Mit einer Einleitung hrsg. von B. Lakebrink, Stuttgart 2009.

Heger, Martin (2012): Nach dem Tod von John Demjanjuk: Wer früher stirbt, ist länger unschuldig. In: *Legal Tribune Online*, 23.03.2102.
https://www.lto.de/recht/hintergruende/h/john-demjanjuk-tod-des-angeklagten-ns-verbrechen-schuld/ (abgerufen am 31.12.2020)

Herrmann, Martina (1995): *Identität und Moral. Zur Zuständigkeit von Personen für ihre Vergangenheit*, Berlin.

Hirsch, Andreas von (2011): Warum soll die Strafsanktion existieren? – Tadel und Prävention als Elemente einer Rechtfertigung. In: A. von Hirsch / U. Neumann / K. Seelmann (Hrsg.): *Strafe – Warum? Gegenwärtige Strafbegründungen im Lichte von Hegels Straftheorie*, Baden-Baden 2011, 43–68.

Hirsch, Andreas von (2017): *Deserved Criminal Sentences*, Oxford / London / New York / New Delhi / Sydney.

Hirsch, Andrew von / Jareborg, Nils (1987): Provocation and Culpability. In: Schoeman 1987, 241–255.

Hirsch, Andrew von / Bottoms, Anthony E. / Burney, Elizabeth / Wikström Per-Olof (1999): *Criminal Deterrence and Sentence Severity. An Analysis of Recent Research*, Oxford.

Hobbes, Thomas (1651): *Leviathan. Or the Matter, Forme and Power of A Commonwealth Ecclesiasticall and Civill*. Edited with an Introduction by C.B. Macpherson, London 1968u.ö.

Hoerster, Norbert (2011): *Ethik des Embryonenschutzes. Ein rechtsphilosophischer Essay*, Stuttgart.

Hoerster, Norbert (2012): *Muss Strafe sein? Positionen der Philosophie*, München.

Hörnle, Tatjana (2011): *Straftheorien*, Tübingen.

Hörnle, Tatjana (2013): *Kriminalstrafe ohne Schuldvorwurf. Ein Plädoyer für Änderungen in der strafrechtlichen Verbrechenslehre*, Baden-Baden.

Hoffmann, Martin (2013): Thomas Buddenbrook und der Vorrang der Moral. In: M. Hoeltje / Th. Spitzley / W. Spohn (Hrsg.): *Was dürfen wir glauben? Was sollen wir tun? Sektionsbeiträge des achten internationalen Kongresses der Gesellschaft für Analytische Philosophie e.V.* Online-Veröffentlichung der Universität Duisburg-Essen (DuE Publico) 2013, 593–606; wieder in (zit.): Hoffmann / Schmücker / Wittwer 2017, 46–66.

Hoffmann, Martin / Schmücker, Reinold / Wittwer, Hector (2017): *Vorrang der Moral? Eine metaethische Kontroverse*, Frankfurt a.M.

Honderich, Ted (2006): *Punishment. The Supposed Justifications Revisited*, London.

Horn, Christoph / Scarano, Nico (Hrsg.) (2002): *Philosophie der Gerechtigkeit. Texte von der Antike bis zur Gegenwart*, Frankfurt a.M.

Hume, David (1748): *An Enquiry Concerning Human Understanding*. A Critical Edition. Ed. by T. Beauchamp (*Clarendon Edition of the Works of David Hume* 3), Oxford 2000.

Jakobs, Günther (1993): *Das Schuldprinzip* (Rheinisch-Westfälische Akademie der Wissenschaften Vorträge G 319), Opladen.

Jaspers, Karl (1946): *Die Schuldfrage. Von der politischen Haftung Deutschlands*, München 1987.

Jaster, Romy (2020): *Agents' Abilities*, Berlin / Boston.

Jung, Matthias (2001): *Hermeneutik zur Einführung*, Hamburg.

Kafka, Franz (1925): *Der Proceß*. Roman. Originalfassung. Frankfurt a.M. 2011.

Kant, Immanuel (1902ff): *Kants gesammelte Schriften*. Ausgabe der preußischen Akademie der Wissenschaften [=AA], Berlin.

Kant, Immanuel (1797): *Metaphysik der Sitten* [MS] = Kant, AA VI, 203–493.

Kant, Immanuel (1785): *Grundlegung zur Metaphysik der Sitten* [GMS] = Kant, AA IV, 385–463.
Kant, Immanuel (1788): *Kritik der praktischen Vernunft* [KpV] = Kant, AA V, 1–163.
Keil, Geert (2017): *Willensfreiheit*. 3., vollständig überarbeitete und erweiterte Auflage, Berlin / Boston.
Kelly, Erin I. (2013): What is an Excuse? In: Coates / Tognazzini 2013a, 244–262.
Kershnar, Stephen (2001): *Desert, Retribution, and Torture*, Lanham / New York / Oxford.
Kleinig, John (2008): *Ethics and Criminal Justice. An Introduction*, Cambridge.
Kliemt, Elke / Kliemt, Hartmut (1981): Schutz und Gefährdung von Rechten durch die staatliche Kriminalstrafe. In: *Analyse und Kritik* 3, 171–193.
Koch, Gertrud / Sasse, Sylvia / Schwarte, Ludger (Hrsg.) (2003): *Kunst als Strafe. Zur Ästhetik der Disziplinierung*, München.
Königs, Peter (2013): The Expressivist Account of Punishment, Retribution, and the Emotions. In: *Ethical Theory and Moral Practice* 16, 1029–1047.
Koller, Peter (1979): Probleme der utilitaristischen Strafrechtfertigung. In: *Zeitschrift für die gesamte Strafrechtswissenschaft* 91, 45–95.
Korsgaard, Christine (1976): *The Sources of Normativity*, Cambridge.
Korsgaard, Christine (2009): *Self-Constitution. Agency, Identity, and Integrity*, Oxford.
Künne, Wolfgang (1981): Verstehen und Sinn: eine sprachanalytische Betrachtung. In: *Allgemeine Zeitschrift für Philosophie* 6, 1–16.
Kunz, Karl-Ludwig / Singelnstein, Tobias (2016): *Kriminologie. Eine Grundlegung.* 7., grundlegend überarbeitete Auflage, Bern.
Lacey, Nicola (1988): *State Punishments. Political Principles and Community Values*, London / New York.
Lacey, Nicola (2008): *The Prisoners' Dilemma. Political Economy and Punishment in Contemporary Democracies*, Cambridge.
Lacey, Nicola (2016a): The Metaphor of Proportionality. In: *Journal of Law and Society* 43, 27–44.
Lacey, Nicola (2016b): Responsibility without Consciousness. In: *Oxford Journal of Legal Studies* 36, 219–241.
Lampe, Ernst-Joachim / Pauen, Michael / Roth, Gerhard (Hrsg.) (2008): *Willensfreiheit und rechtliche Ordnung*, Frankfurt a.M.
Libet, Benjamin (2004): *Mind Time. The Temporal Factor of Consciousness*, Harvard.
Liszt, Franz von (1881): *Lehrbuch des Deutschen Strafrechts*. 22. Auflage, Berlin 1919.
Liszt, Franz von (1882): Der Zweckgedanke im Strafrecht (Marburger Universitätsprogramm 1882). In: F. von Liszt: *Strafrechtliche Aufsätze und Vorträge. Erster Band: 1875–1891*, Berlin 1905, 126–179.
Lotter, Maria-Sibylla (2012): *Scham, Schuld, Verantwortung. Über die kulturellen Grundlagen der Moral*, Berlin.
Lotter, Maria-Sibylla (2016): Schuld ohne Vorwerfbarkeit. Warum der moralische Schuldbegriff auf viele Schuldphänomene nicht passt. In: H. Landweer / D. Koppelberg (Hrsg.): *Recht und Emotion I: Verkannte Zusammenhänge*, Freiburg / München 2016, 136–161.
Mackie, John Leslie (1977): *Ethics. Inventing Right and Wrong*, Harmondsworth.
Mackie, John Leslie (1982): Morality and the Retributive Emotions. In: *Criminal Justice Ethics* 1, 3–10.
McCloskey, Herbert (1965): A Non-Utilitarian Approach to Punishment. In: *Inquiry* 8, 239–255; wieder in (zit.): Ezorsky 1965, 119–134.

McGeer, Victoria (2014): P.F. Strawson's Consequentialism. In: Shoemaker / Tognazzini 2014, 64–92.

McGeer, Victoria (2017): Scaffolding Agency: A Proleptic Account of the Reactive Attitudes. In: *European Journal of Philosophy* 27, 301–323.

Meier, Bernd-Dieter (2016): *Kriminologie*. 5., neu bearbeitete Auflage, München.

Menges, Leonhard (2017): *Moralische Vorwürfe*, Berlin / Boston.

Menninger, Karl (1959): Verdict Guilty – Now What? In: *Harper's Magazine* (August 1959), 60–64; deutsch: Therapie statt Strafe. In: N. Hoerster (Hrsg.): *Recht und Moral. Texte zur Rechtsphilosophie*, Stuttgart 1987, 231–247.

Merkel, Grischa / Roth, Gerhard (2008): Freiheitsgefühl, Schuld und Strafe. In: Grün / Friedman / Roth 2008, 54–95.

Merkel, Reinhard (2008): *Willensfreiheit und rechtliche Schuld. Eine strafrechtsphilosophische Untersuchung*, Baden-Baden.

Mill, John Stuart (1868): Parliamentary Debate on Capital Punishment Within Prisons Bill. In: *Hansard's Parliamentary Debate*. 3rd series. April 21, 1868, London 1868; wieder als (zit.): Speech in Favor of Capital Punishment 1868. In: Ezorsky 1972, 271–278.

Mohr, Georg (2008): Welche Freiheit braucht das Strafrecht? In: Lampe / Pauen / Roth 2008, 72–96.

Moore, George Edward (1922): The Nature of Moral Philosophy. In: G.E. Moore: *Philosophical Studies*, London 1922 (Reprint London 1960), 310–339.

Moore, Michael (1982): Closet Retributivism, In: *USC Cites* (1982), 9–15; wieder in (zit.): M. Moore 1997, 83–103.

Moore, Michael (1985): Causation and the Excuses. In: *California Law Review* 73, 1091–1149; wieder in (zit.): M. Moore 1997, 481–547.

Moore, Michael (1987): The Moral Worth of Retribution. In: F.D. Shoeman (Hrsg.): *Responsibility, Character, and the Emotions*, Cambridge 1987, 179–219; wieder in (zit.): M. Moore 1997, 105–152.

Moore, Michael (1990a): A Theory of Criminal Law Theories. In: D. Friedman (Hrsg.): *Tel Aviv University Studies in Law* 10, 115–186; wieder in (zit.): M. Moore 1997, 3–80.

Moore, Michael (1990b): Choice, Character, and Excuse. In: *Social Policy and Philosophy* 7, 29–58; wieder in (zit.): M. Moore 1997, 548–592.

Moore, Michael (1993): Justifying Retributivism. In: *Israel Law Review* 27, 15–49; wieder in (zit.): M. Moore 1997, 153–188.

Moore, Michael (1994): The Independent Moral Significance of Wrongdoing. In: *Journal of Contemporary Legal Issues* 5, 1–45; wieder in (zit.): M. Moore 1997, 191–247.

Moore, Michael (1995): Prima Facie Moral Culpability. In: *Boston University Law Review* 75, 319–333; wieder in (zit.): Moore 1997, 403–419.

Moore, Michael (1997): *Placing Blame. A General Theory of the Criminal Law*, Oxford.

Moore, Michael (2009): Causation and Moral Blameworthiness. In: M. Moore: *Causation and Responsibility. An Essay in Law, Morals, and Metaphysics*, Oxford 2009, 20–33.

Morris, Herbert (1968): Persons and Punishment. In: *The Monist* 52, 475–501; wieder in (zit.): Morris 1976, 31–88.

Morris, Herbert (1974): Shared Guilt. In: H. Morris: *Wisdom. Twelve Essays*, Oxford 1974, 249–273; wieder in (zit.): Morris 1976, 111–138.

Morris, Herbert (1976): *On Guilt and Innocence. Essays in Legal Philosophy and Moral Psychology*, Berkeley / Los Angeles / London.

Morris, Herbert (1983): A Paternalistic Theory of Punishment. In: R. Sartorius (Hrsg.): *Paternalism*, Minneapolis 1983, 139–152.
Morris, Herbert (1987): Nonmoral Guilt. In: Schoeman 1987, 220–240.
Murphy, Jeffrie G. (1970): Preventive Detention and Psychiatry. In: *Dissent* 1970, 448–460.
Murphy, Jeffrie G. (1999a): Moral Epistemology, the Retributive Emotions, and the "Clumsy Moral Philosophy" of Jesus Christ. In: S.A. Bandes (Hrsg.): *Critical America. The Passions of Law*, New York 1999, 149–167; wieder in (zit.): Murphy 2012, 21–42.
Murphy, Jeffrie G. (1999b): "Shame Creeps through Guilt and Feels Like Retribution". In: *Law and Philosophy* 4, 327–344; wieder in (zit.): Murphy 2012, 94–113.
Murphy, Jeffrie G. (2003): *Getting Even. Forgiveness and Its Limits*, Oxford.
Murphy. Jeffrie G. (2007): Legal Moralism and Retribution Revisited. In: *Criminal Law and Philosophy* 1, 5–20; wieder in (zit.): Murphy 2012, 66–93.
Murphy, Jeffrie G. (2011): Repentance, Mercy, and Communicative Punishment. In: R. Cruft / M. Kramer / M. Reiff (Hrsg.): *Crime, Punishment, and Responsibility. The Jurisprudence of Anthony Duff*, Oxford 2011, 27–36; wieder in (zit.): Murphy 2012, 114–128.
Murphy, Jeffrie G. (2012): *Punishment and the Moral Emotions. Essays in Law, Morality, and Religion*, Oxford.
Nadelhoffer, Thomas A. (2013): *The Future of Punishment*, Oxford.
Nagel, Thomas (1979): Moral Luck. In: Th. Nagel: *Mortal Questions*, Cambridge 1979, 24–38; wieder in: Statman 1993, 57–71.
Nathanson, Stephen (2005): Why We Should Put the Death Penalty to Rest. In: A.I. Cohen / Ch.H. Wellmann (Hrsg.): *Contemporary Debates in Applied Ethics*, Oxford 2005, 124–138.
Naucke, Wolfgang (1979): Generalprävention und Grundrechte der Person. In: W. Naucke / W. Hassemer / K. Lüderssen (Hrsg.): *Hauptprobleme der Generalprävention*, Frankfurt a.M. 1979, 9–28.
Nichols, Shawn (2013): Brute Retributivism. In: Nadelhoffer 2013, 25–46.
Nietzsche, Friedrich (1875–1879): *Nachgelassene Fragmente 1875–1879* [NF] = Nietzsche, KSA VIII.
Nietzsche, Friedrich (1883–1885): *Also sprach Zarathustra. Ein Buch für Alle und Keinen* [Za] = Nietzsche, KSA IV.
Nietzsche, Friedrich (1886): *Die Geburt der Tragödie. Oder: Griechenthum und Pessimismus. Neue Ausgabe mit dem Versuch einer Selbstkritik* [GT] = Nietzsche, KSA I, 9–156.
Nietzsche, Friedrich (1887): *Die fröhliche Wissenschaft („la gaya scienza"). Neue Ausgabe 1887* [FW] = Nietzsche, KSA III, 343–651.
Nietzsche, Friedrich (1887): *Zur Genealogie der Moral. Eine Streitschrift* [GM] = Nietzsche, KSA V, 245–412.
Nietzsche, Friedrich (1889): *Götzen-Dämmerung oder Wie man mit dem Hammer philosophirt* [GD] = Nietzsche, KSA VI, 55–161.
Nietzsche, Friedrich (1999): *Sämtliche Werke*. Kritische Studienausgabe in 15 Bänden [=KSA]. Hrsg. von G. Colli / M. Montinari, München 1967–1977. Neuausgabe 1999.
Nozick, Robert (1981): *Philosophical Explanations*, Cambridge, Mass.
Ohly, Friedrich (1976): *Der Verfluchte und der Erwählte. Vom Leben mit der Schuld* (Rheinisch-Westfälische Akademie der Wissenschaften. Vorträge G 207), Opladen.
Olsaretti, Serena (Hrsg.) (2003a): *Desert and Justice*, Oxford.
Olsaretti, Serena (2003b): Introduction: Debating Desert and Justice. In: Olsaretti 2003a, 1–24.
Orwell, George (1949): *Nineteen Eighty-Four*, London 1983.

Otsuka, Michael (2009): Moral Luck: Optional, Not Brute. In: *Philosophical Perspectives* 23, 373–388.
Patzig, Günther (1996): Moralische Motivation. In: G. Patzig / D. Birnbacher / W. Zimmerli (Hrsg.): *Die Rationalität der Moral*, Bamberg 1996, 39–55.
Pauen, Michael (2004): *Illusion Freiheit? Mögliche und unmögliche Konsequenzen der Hirnforschung*, Frankfurt a.M. 2004.
Pauen, Michael (2008): Freiheit, Schuld und Strafe. In: Lampe / Pauen / Roth 2008, 41–71.
Pawlik, Michael: *Person, Subjekt, Bürger. Zur Legitimation von Strafe*, Berlin.
Pereboom, Derek (2013): Free Will Skepticism and Criminal Punishment. In: Nadelhoffer 2013, 49–78.
Pius XII (1954/55): Schuld und Strafe. In: *Herder-Korrespondenz* 9; wieder in (zit.): N. Hoerster (Hrsg.): *Recht und Moral. Texte zur Rechtsphilosophie*, Stuttgart 1987, 218–226.
Platon: *Werke in acht Bänden. Griechisch und deutsch.* Griechischer Text von A. Croiset et al. Deutsche Übersetzung von F. Schleiermacher, Darmstadt 1990.
Poama, Andrei (2015): Punishment without Pain. Outline for a Non-Afflictive Definition of Legal Punishment. In: *Philosophy and Public Issues* 5, 97–134.
Pojman, Louis P. (2005): A Defence of the Death Penalty. In: A.I. Cohen / Ch.H. Wellmann (Hrsg.): *Contemporary Debates in Applied Ethics*, Oxford 2005, 107–123.
Prejean, Helen (1995): *Dead Man Walking. Sein letzter Gang*, München. Verfilmung in der Regie von Tim Robbins: *Dead Man Walking. Sein letzter Gang*. 1995.
Primoratz, Igor (1989): *Justifying Legal Punishment*, New York.
Quack, Martin / Hacker, Jörg (2016): *Symmetrie und Asymmetrie in Wissenschaft und Kunst* (Nova Acta Leopoldina N.F. Nr. 412), Stuttgart.
Quinton, Anthony Meredith (1954): On Punishment. In: *Analysis* 14, 512–517.
Radbruch, Gustav (1952): *Eine Feuerbach-Gedenkrede sowie drei Aufsätze aus dem wissenschaftlichen Nachlaß*. Hrsg. von E. Schmidt, Tübingen.
Radzik, Linda (2020): *The Ethics of Social Punishment. The Enforcement of Morality in Everyday Life*. With Christopher Bennett, Glen Pettigrove, George Sher, Cambridge.
Ramsbrock, Amelie (2020): *Geschlossene Gesellschaft. Das Gefängnis als Sozialversuch – eine bundesdeutsche Geschichte*, Frankfurt a.M.
Raters, Marie-Luise (2013): *Das moralische Dilemma. Antinomie der praktischen Vernunft?*, Freiburg / München.
Rawls, John (1955): Two Concepts of Rules. In: *The Philosophical Review* 64, 3–32.
Rawls, John (1971): *A Theory of Justice*, Harvard / Oxford.
Reemtsma, Jan Phillip (1998): *Im Keller*, Reinbek.
Roxin, Claus (1994): *Strafrecht. Allgemeiner Teil Band 1: Grundlagen. Der Aufbau der Verbrechenslehre*. 2. Auflage, München.
Ruß, Hans Günther (2002): *Empirisches Wissen und Moralkonstruktion. Eine Untersuchung zur Möglichkeit und Reichweite von Brückenprinzipien in der Natur- und Bioethik*, Frankfurt a.M.
Ryberg, Jasper (2010): Punishment and the Measurement of Severity. In: Ryberg / Corlett 2010, 72–91.
Ryberg, Jasper / Corlett, J. Angelo (Hrsg.) (2010): *Punishment and Ethics. New Perspectives*, Basingstoke, New York.
Ryle, Gilbert (1949): *The Concept of Mind*, London. Reprint London 1990.
Sabini, John / Silver, Maury (1982): *Moralities of Everyday Life*, Oxford.
Scanlon, Thomas (1998): *What We Owe to Each Other*, Cambridge, Mass. / London 1998.

Scanlon, Thomas (2008): *Moral Dimensions. Permissibility, Meaning, Blame*, Cambridge, Mass. / London.
Schälike, Julius (2011): Retributionstheorien der Strafe. In: B. Gesang / J. Schälike (Hrsg.): *Die großen Kontroversen der Rechtsphilosophie*, Paderborn, 177–200.
Schälike, Julius (2013): Moralischer Zufall, moralische Verantwortung und Determinismus. In: *Zeitschrift für philosophische Forschung* 67, 351–370.
Schefczyk, Michael (2012): *Verantwortung für historisches Unrecht. Eine philosophische Untersuchung*, Berlin / New York.
Schirach, Ferdinand von (2015): *Die Würde ist antastbar. Essays*, München.
Schleidgen, Sebastian (Hrsg.) 2012: *Should we always act morally? Essays on Overridingness*, Marburg.
Schmidhäuser, Eberhard (2004): *Vom Sinn der Strafe*. Nachdruck der 2. Auflage 1971. Hrsg. und mit einer neuen Einleitung versehen von E. Hilgendorf, Berlin.
Schnädelbach, Herbert (2000): Rationalitätstypen. In: H. Schnädelbach: *Philosophie in der modernen Kultur*, Frankfurt a.M. 2000, 256–281.
Schnädelbach, Herbert (2001): Werte und Wertungen. In: *Logos* N.F. 7, 149–170; wieder in (zit.): H. Schnädelbach: *Analytische und postanalytische Philosophie. Vorträge und Abhandlungen 4*, Frankfurt a.M. 2004, 242–265.
Schoeman, Ferdinand (Hrsg.) (1987): *Responsibility, Character, and the Emotions. New Essays in Moral Psychology*, Cambridge.
Schopenhauer, Arthur (1977): *Werke in zehn Bänden*. Zürcher Ausgabe [=ZA]. Text nach der historisch-kritischen Ausgabe von Arthur Hübscher (3. Auflage, Wiesbaden 1972). Editorische Materialien von Angelika Hübscher, Zürich.
Schopenhauer, Arthur (1859): *Die Welt als Wille und Vorstellung*. 3. Auflage = Schopenhauer, ZA I–IV.
Schopenhauer, Arthur (1860a): *Preisschrift über die Freiheit des menschlichen Willens*. 2. Auflage = Schopenhauer, ZA VI, 42–142.
Schopenhauer, Arthur (1860b): *Preisschrift über die Grundlage der Moral*. 2. Auflage = Schopenhauer, ZA VI, 143–317.
Schroth, Jörg (2001): *Die Universalisierbarkeit moralischer Urteile*, Paderborn.
Seebass, Gottfried (1993): *Wollen*, Frankfurt a.M.
Seebass, Gottfried (2002): Die sanktionistische Theorie des Sollens. In: A. Leist (Hrsg.): *Moral als Vertrag? Beiträge zum moralischen Kontraktualismus*. Berlin / New York 2003, 155–198.
Sher, George (1987): *Desert*, Princeton / New Jersey.
Sher, George (2006): *In Praise of Blame*, Oxford.
Shoemaker, David (2013): Blame and Punishment. In: Coates / Tognazzini 2013a, 100–118.
Shoemaker, David / Tognazzini, Neil (Hrsg.) (2014): *'Freedom and Resentment' at 50*, Oxford.
Singer, Wolf (2004): Verschaltungen legen uns fest: Wir sollten aufhören, von Freiheit zu sprechen. In: Geyer 2004, 30–65.
Smith, Adam (1790): *The Theory of Moral Sentiments*. 6th edition with major revisions 1790. Hrsg. von K. Haakonssen, Cambridge 2002.
Spaemann, Robert (1981): Über die Unmöglichkeit einer universalteleologischen Ethik. In: *Philosophisches Jahrbuch* 88, 70–89; wieder in (zit.): R. Spaemann: *Grenzen. Zur ethischen Dimension des Handelns*, Stuttgart 2001, 193–212.
Statman, Daniel (Hrsg.) (1993): *Moral Luck*, New York.

Stemmer, Peter (2000): *Handeln zugunsten anderer. Eine moralphilosophische Untersuchung*, Berlin / New York.
Stemmer. Peter (2008): *Normativität. Eine ontologische Untersuchung*, Berlin / New York.
Stemmer, Peter (2010): Begründen, Rechtfertigen und das Unterdrückungsverbot. In: *Deutsche Zeitschrift für Philosophie* 58, 561–574; wieder in (zit.): P. Stemmer: *Begründen, Rechtfertigen und das Unterdrückungsverbot*, Berlin / Boston 2013, 110–127.
Stemmer, Peter (2016): *Der Vorrang des Wollens. Eine Studie zur Anthropologie*, Frankfurt a.M.
Stephen, James Fitzjames (1863): *A General View of the Criminal Law in England*, London / Cambridge. Reprint Cambridge 2014.
Stoppenbrink, Katja (2016): *Verantwortung für unabsichtliches Handeln. Rechtsphilosophische und handlungstheoretische Grundlagen der Fahrlässigkeit*, Baden-Baden.
Strawson, Peter (1962): Freedom and Resentment. In: *Proceedings of the British Academy* 48, 187–211.
Strafgesetzbuch [StGB]. Textausgabe mit Einführung und Sachregister von Th. Weigend, München ^{56}2018.
Ten, Chin Liew (1987): *Crime, Guilt, and Punishment. A Philosophical Introduction*, Oxford.
van den Beld, Antonie (1999): Schuld. Philosophisch-Ethisch. In: G. Müller et al. (Hrsg.): *Theologische Realenzyklopädie XXX: Samuel–Seele*, Berlin / New York 1999, 577–586.
van den Haag, Ernest (1968): On Deterrence and the Death Penalty. In: *Ethics* 78, 280–288.
Wallace, Jay (1994): *Responsibility and the Moral Sentiments*, Cambridge, Mass. / London.
Wasserstrom, Richard (1959): Strict Liability in the Criminal Law. In: *Stanford Law Review* 12, 730–745; wieder in (zit.): Ezorsky 1972, 196–212.
Watson, Gary (1996): Two Faces of Responsibility. In: *Philosophical Topics* 24, 227–248.
Weigend, Thomas (2010): „Die Strafe für das Opfer"? – Zur Renaissance des Genugtuungsgedankens im Straf- und Strafverfahrensrecht. In: *Zeitschrift für rechtswissenschaftliche Forschung* 1, 39–57.
Wikipedia (2020): Seite „John Demjanjuk". In: *Wikipedia. Die freie Enzyklopädie.* https://de.wikipedia.org/w/index.php?title=John_Demjanjuk&oldid=200230085 (abgerufen am 31.12.2020)
Wilker, Josh (1999): *Revenge and Retribution*, Philadelphia.
Williams, Bernard (1976): Moral Luck. In: *Proceedings of the Aristotelian Society*, Supp. Vol. 1, 115–135; wieder in (zit.): Williams 1981a, 20–39.
Williams, Bernard (1981a): *Moral Luck. Philosophical Papers 1973–1980*, Cambridge.
Williams, Bernard (1981b): Practical Necessity. In: Williams 1981a, 124–131.
Williams, Bernard (1993): Postscript. In: Statman 1993, 251–258.
Wittwer, Hector (2011a): Muss die Willensfreiheit bewiesen werden, damit sich das Schuldprinzip rechtfertigen lässt? In: *Jahrbuch für Recht und Ethik* 19, 397–425.
Wittwer, Héctor (2011b): Der vermeintliche Vorrang der Moral. In: *Zeitschrift für philosophische Forschung* 65, 323–345; wieder in (zit.): Hoffmann / Schmücker / Wittwer 2017, 23–45.
Wittwer, Hector (2016): Moralische und strafrechtliche Schuld – ein Vergleich. Zugleich ein Beitrag zur Unterscheidung zwischen Recht und Moral. In: *Rechtsphilosophie* 2, 87–109.
Wittwer, Héctor (Ms.): Frei schwebende Rechtsphilosophie. Eine kritische Erinnerung an Jürgen Habermas' Theorie der Komplementarität von Moral und Recht [zitiert nach der Manuskriptpaginierung mit Erlaubnis des Autors].
Wolf, Jean-Claude (1992): *Verhütung oder Vergeltung? Einführung in ethische Straftheorien*, Freiburg / München.

Wolf, Susan (2004): The Moral of Moral Luck. In: Ch. Calhoun (Hrsg.): *Setting the Moral Compass. Essays by Women Philosophers*, Oxford 2004, 113–127.
Wolf, Susan (2015): *The Variety of Values. Essays on Morality, Meaning and Love*, Oxford.
Wooton, Barbara (1963): *Crime and the Criminal Law. Reflections of a Magistrate and Social Scientist*, London.
Wright, Georg Henrik von (1963): *The Varieties of Goodness*, Bristol. Reprint 1996.
Wringe, Bill (2016): *An Expressive Theory of Punishment*, Basingstoke / New York.
Wringe, Bill (2019): Punishment, judges, and jesters: a response to Nathan Hanna. In: *Ethical Theory and Moral Practice* 22 (2019), 3–12.
Zaibert, Leo (2006a): *Punishment and Retribution*, Aldershot / Burlington.
Zaibert, Leo (2006b): The Fitting, the Deserving, and the Beautiful. In: *Journal of Moral Philosophy* 3, 331–350.
Zaibert, Leo (2010): Punishment and Forgiveness. In: Ryberg / Corlett 2010, 92–110.
Zaibert, Leo (2018): *Rethinking Punishment*, Cambridge.
Zürcher, Tobias (2014): *Legitimation von Strafe. Die expressiv-kommunikative Straftheorie zur moralischen Rechtfertigung von Strafe*, Tübingen.

Namensregister

Aischylos 130
Anscombe, Gertrud Elizabeth 237, 294
Aristoteles 106, 187, 205, 214
Armstrong, K. G. 269, 272, 280
Austin, John 278, 284, 294

Bauer, Katharina 292
Baurmann, Michael 56, 59, 270–271
Bayertz, Kurt 284
Beccaria, Cesare 30, 269
Bedau, Hugo Adam 267–268
Bennett, Christopher 137, 140, 268, 273, 276, 283, 289–290
Bennett, Jonathan 89
Bentham, Jeremy 31–32, 52, 60, 198, 272–273, 286–288
Bieri, Peter 289
Birnbacher, Dieter 269, 284, 286, 297
Bittner, Rüdiger 283
Boonin, David 267–269, 271–276, 278–279, 282, 296
Breivig, Anders 131, 134
Burgh, Richard 273
Butler, Joseph 197, 289

Camus, Albert 269
Chisholm, Roderick 292
Clarke, Randolph 292
Coates, D. Justin 290
Copp, David 297
Corlett, J. Angelo 249, 268, 295
Crisp, Roger 297

D'Arms, Justin 283
Davidson, Donald 237, 294
Demjanjuk, John 74–75, 112, 149, 274
Dolinko, David 269, 272, 276, 278
Douglas, Thomas 274
Dübgen, Franziska 267, 291
Duff, Antony 77, 79–81, 267, 274–276, 279
Dufner, Annette 288
Durkheim, Emile 131–132, 281–282

Eichmann, Adolf 134, 222

Ellis, Anthony 250, 267–268, 270, 274, 276–279, 283
Erber-Schropp, Julia-Maria 14, 220, 235, 247, 267, 270–271, 284, 286, 290–293, 295–296
Ewing, Benjamin 274, 276, 278–279

Fassin, Didier 281
Feinberg, Joel 65–66, 68, 267, 273–274, 277–278, 284–286, 295–296
Feuerbach, Anselm von 30, 269
Fingarette, Herbert 267, 274
Finnis, John 279
Fischer, John Martin 277–278
Fischer, Thomas 234, 284–285, 292–294
Foot, Philippa 269, 297
Foucault, Michel 108, 281
Franklin, Christopher Evan 282
French, Peter A. 282
Friedman, Michel 291

Gardner, John 271
Gauguin, Paul 23–24, 109, 260, 263, 269
Geach, Peter 267
Geeraets, Vincent 280, 285
Gethmann, Carl Friedrich 279
Geyer, Christian 291
Golash, Deirdre 42, 85, 267, 270–271, 274–275, 282
Gosepath, Stefan 272
Gröning, Oskar 112
Grün, Klaus-Jürgen 291

Hacker, Jörg 279
Hahn, Susanne 272
Haji, Ishtiyaque 297
Halbig, Christoph 272
Hallich, Oliver 18, 269, 274, 281, 286, 288, 292, 297
Hampton, Jean 31, 273
Haneke, Michael 81
Hanna, Nathan 274, 277, 283, 289
Hare, Richard M. 267, 272–273, 284, 286, 297

Hart, Herbert Lionel Adolphus 4, 47, 61, 72, 158, 194–195, 232, 239, 267–268, 271, 274, 282, 286, 294–296
Hassemer, Winfried 270–271, 273, 280, 284
Häyry, Matti 57
Hegel, Georg Willhelm Friedrich 105, 193, 196, 200, 271
Heger, Martin 274
Heidegger, Martin 279
Hennig, Tim 272
Herrmann, Martina 185, 288
Hirsch, Andreas von 40, 71, 137, 270–274, 278–279, 283, 289, 293, 295
Hobbes, Thomas 32, 268
Hoerster, Norbert 32, 43, 56, 267, 269–271, 273, 277, 279–280, 289
Hörnle, Tatjana 267, 273, 283, 288, 292
Hoffmann, Martin 297
Honderich, Ted 32, 132, 195, 267–272, 274–277, 279, 281–282, 286
Horn, Christoph 277
Hume, David 191, 204, 206–208, 271, 291

Jacobson, Daniel 283
Jakobs, Günther 284
Jareborg, Nils 293
Jaspers, Karl 284
Jaster, Romy 292
Jung, Matthias 279

Kafka, Franz 120–121, 151, 281
Kant, Immanuel 24–25, 43, 90–96, 99, 126, 163, 204, 220–221, 271, 282
Keil, Geert 204, 207, 210–211, 219–221, 284, 290–293
Kelly, Erin I. 214, 290
Kershnar, Stephen 130, 276–277
Kleinig, John 130, 282, 295
Kliemt, Elke 270, 272
Kliemt, Hartmut 270, 272
Koch, Gertrud 279, 305
Königs, Peter 274, 279
Koller, Peter 270, 275
Korsgaard, Christine 292
Künne, Wolfgang 280
Kunz, Karl-Ludwig 40, 69, 270–271, 275

Lacey, Nicola 275, 279, 295–296
Lampe, Ernst-Joachim 291
Libet, Benjamin 210
Liszt, Franz von 31, 269–270, 295
Locke, John 184
Lotter, Maria-Sibylla 186, 284–287, 289
Luther, Martin 212–213

Mackie, John Leslie 118–119, 177, 276, 287
Markowitsch, Hans 209
McCloskey, Herbert 271
McGeer, Victoria 199, 289
McKenna, Michael 292
Meier, Bernd-Dieter 40, 270–271, 273
Menges, Leonhard 289–290, 292
Menninger, Karl 82–83, 276, 280
Merkel, Grischa 290
Merkel, Reinhard 31, 289, 291–292, 297
Mieth, Corinna 292
Mill, John Stuart 40, 283
Mohr, Georg 290
Moore, George Edward 288
Moore, Michael 111–112, 137, 139–140, 165, 210, 271, 276–278, 280–288, 290–292, 294, 296
Morris, Herbert 81, 275, 277, 279, 284–285, 288–289
Murphy, Jeffrie G. 276–277, 280, 282, 285, 288

Nadelhoffer, Thomas A. 291
Nagel, Thomas 286
Nathanson, Stephen 271
Naucke, Wolfgang 271
Nichols, Shawn 280
Nietzsche, Friedrich 108, 122–132, 137, 281–282
Nozick, Robert 77, 274

Ohly, Friedrich 284
Olsaretti, Serena 277–278
Orwell, George 79, 151, 275
Otsuka, Michael 165, 286–287

Patzig, Günther 280
Pauen, Michael 270, 291
Pawlik, Michael 58, 270–271, 273

Pereboom, Derek 289
Pius XII 107
Platon 81
Poama, Andrei 274, 277
Pojman, Louis P. 271
Prejean, Helen 269
Primoratz, Igor 130, 267–268, 270–273, 276
Prinz, Wolfgang 209

Quack, Martin 279
Quinton, Anthony Meredith 267

Radbruch, Gustav 265, 297
Ramsbrock, Amelie 275
Raters, Marie-Luise 287
Rawls, John 42, 271–272
Reemtsma, Jan Phillip 131
Roth, Gerhard 209, 286, 290–291
Roxin, Claus 14, 147, 201, 226, 234–236, 267–268, 270, 280, 284–286, 288, 290, 292–296
Ruß, Hans Günther 277
Ryberg, Jasper 249, 268, 295
Ryle, Gilbert 187–188, 231, 294

Sabini, John 282
Sasse, Sylvia 279, 305
Scanlon, Thomas 3, 285–287, 290, 294
Scarano, Nico 277
Schälike, Julius 274, 276–277, 279, 281, 286–287
Schefczyk, Michael 284–285, 288–289
Schirach, Ferdinand von 280
Schleidgen, Sebastian 297
Schmidhäuser, Eberhard 267, 280
Schmücker, Reinold 297
Schnädelbach, Herbert 272, 278
Schopenhauer, Arthur 41, 99, 186, 188–189, 211, 291
Schroth, Jörg 286
Schwarte, Ludger 279, 305
Seebass, Gottfried 273, 283
Sher, George 277–279, 282, 290, 292
Shoemaker, David 18, 269
Silver, Maury 282
Singelnstein, Tobias 40, 69, 270–271, 275

Singer, Wolf 209–210, 291
Smith, Adam 141, 287
Smith, Angela 292
Spaemann, Robert 273
Statman, Daniel 286
Stemmer, Peter 3, 18, 21–22, 26, 131, 225–226, 269, 280
Stephen, James Fitzjames 129
Stoppenbrink, Katja 294–295
Strawson, Peter 126, 191, 195, 197–200, 203, 215–216, 218, 226, 230, 281, 289–290, 292–293

Ten, Chin Liew 267, 269–272, 274, 276, 279, 286, 295
Tognazzini, Neil 290

van den Beld, Antonie 284
van den Haag, Ernest 271
Varga, Somogy 292

Wallace, Jay 285, 290–292, 294
Wasserstrom, Richard 286
Watson, Gary 152, 285, 294
Weigend, Thomas 282
Wilker, Josh 281
Williams, Bernard 23–24, 109, 146, 170–172, 260, 269, 285–287, 292
Wittwer, Hector 270, 284, 291, 297
Wolf, Jean-Claude 267–268, 271
Wolf, Susan 269, 286–287, 297
Wooton, Barbara 286, 289
Wright, Georg Henrik von 278
Wringe, Bill 71–72, 267, 273–274

Zaibert, Leo 9–10, 180, 267–269, 272, 274, 276–279, 282–283, 296
Zürcher, Tobias 67, 269, 273, 276–277, 279, 285, 289, 294

Sachregister

Abolitionismus 33, 83, 258, 296
Abschreckung 30, 34–40, 45, 47f., 58, 60f., 69, 85, 116, 158, 186, 270, 273f.
Absicht 157–162, 165, 168f., 232–234, 239–241, 247, 250, 287, 294
– als Disposition 294
Absichtlichkeit 4, 6, 60, 102, 105, 147f., 151f., 157, 194, 196f., 202f., 229–245, 252, 290, 295
– als Wissen und Wollen 234f.
Absichtlichkeitseinschränkungen 6, 229f., 234–245, 252, 255f., 294
– als Schuldminderungsgrund 234f., 239f., 293
– als Strafminderungsgrund 230, 235, 255f.
– Stufen der A. 238–245
Absichtlichkeitsunterstellung 202f., 230, 232–234, 294
abweichende Kausalketten 233f.
Actio libera in causa 165
Ästhetik 89, 107–109, 279
Agent-regret s. Akteursbedauern
Ahndung 67, 268
Akteursbedauern 146, 170–176
Angemessenheit
– und Äquivalenz 104–107, 138, 279
– als ästhetische Kategorie 279
– A. des Ausdrucks retributiver Emotionen 138–141, 283
– A. retributiver Emotionen 123, 133, 137–143, 279, 283
– A. als Strafrechtfertigung 5, 89, 93, 102–107, 109, 118, 278f.
Askriptivität 267f.
Attributability/Accountability 152, 230f.

Bedauern (vs. Schuldgefühl) 170, 172
Brückenprinzip 93, 102, 277
Bundesgerichtshof 75, 112, 202, 290

Charakter 83, 167, 172, 176, 186–189, 288, 290, 294

Definitional stop 267, 271
Demenz 69, 74, 184
Desmond's case 295
Determiniertsein 204, 209f.
Determinismus 191, 198, 204, 209–211, 291f.
Dreistufiger Aufbau einer Straftat 201, 236

Einsichtsfähigkeit 60, 102, 218, 220, 222f., 252, 293
Empörung 17, 19, 114, 127, 130, 139, 142, 147, 156, 164, 168, 195–197, 232, 282
Entschuldigen (soziale Praxis) 215f., 226
entschuldigender Notstand 223–227, 230
Entschuldigungen, s.a. Entschuldigungsgründe 192, 200–204, 210, 213, 215f., 224–227, 232, 239, 243–245, 294
– vs. Schuldminderung 6, 201, 219, 229, 241, 244, 293
– Zwei Arten von E. 203, 218, 226f., 230, 293
Entschuldigungsgründe 6, 102, 105, 191–256, 264, 290
– Begriff der E. 200–203, 290, 292
– und entschuldigungsaufhebende Gründe 223–227
– und Schuldprinzip 245–248
– als Strafeinschränkungsgründe 200, 204, 208, 213, 223, 247
– und Verhältnismäßigkeitsprinzip 248–254
Entschuldigungstheorien 210, 291f., 294
Erbsünde, Erbschuld 149, 152, 186, 189
Erfolgshaftung, strenge 47–49, 110f., 146, 150, 155–163, 169, 175–177, 193, 201, 247, 271, 285f., 289
– vs. Schuldhaftung 247
Erwartungen 214–217, 226, 242–245, 292
Erziehungstheorie 31
Europäische Menschenrechtskonvention 268
Europäischer Gerichtshof für Menschenrechte 14f., 268

Sachregister

Expressionstheorie, Expressivismus 5, 20f., 65–76, 82, 89, 155, 273f., 283
– als deskriptive Theorie 65, 67–70
– als normative Theorie 65, 70–76
– retributivistische E. 68, 273, 137
– spezialexpressive, generalexpressive E. 68f., 74f., 273f.
Expressivität von Strafen 65–78, 184, 283

Fähigkeit 192, 207, 217–223, 225, 227, 292f.
– vs. Ausübung einer F. 223–227, 293
– F. der freien Willensbildung 192, 218, 221
– vs. Gelegenheit 207
Fahrlässigkeit 59, 148, 157, 159, 161f., 164–168, 170, 172, 174, 201, 236, 241–245, 252, 286f., 295
– bewusste und unbewusste F. 242f., 295
Folter 79, 124, 130
Freiheit, s.a. Freiwilligkeit 4, 6, 42
Freiheitsunterstellung, Freiheitseinschränkung
Freiheitseinschränkungen 6, 191–227, 229
– vs. Absichtlichkeitseinschränkungen 229f.
– als Einschränkungen der freien Willensbildung 191, 209–227, 230
– als Einschränkungen der Handlungsfreiheit 191, 204–208
– als Entschuldigungsgründe 192, 208, 211, 214f., 230
– und praktische Identität 212–214
– als Strafeinschränkungsgründe 192, 204–227, 255
– als Verursachtsein 209–211
Freiheitstheorien 211, 292
Freiheitsunterstellung 147, 151f., 194, 196f., 200, 202–204, 211, 213, 215, 223, 232, 290, 293
Freiwilligkeit, s.a. Freiheit, Freiheitsunterstellung 105f., 127, 229, 231
– vs. Absichtlichkeit 229–231

Galgentest 220–223
Gefühl, s.a. Haltungen 18–20, 126f., 129, 138f., 195, 283, 290
attitudes, Einstellungen

retributive Emotionen
– vs. Kundgabe des Gefühls 19
Genese vs. Geltung 108, 126, 181
Gerechtigkeit 42, 86, 91–93, 97, 107f., 277, 296
Gewissen 6, 264f., 287
Gleichheit 93–99
– G. von Normverstoß und Strafe 93–99
– qualitative und quantitative G. 94–99
– G. von Sanktionen 96f.
Gründe
– moralische G. 25–27
– moralische vs. nicht-moralische G. 1, 3f., 6, 24–27, 255–258, 261–264, 296
– rechtfertigende vs. erklärende G. 22

Haltungen, attitudes, Einstellungen 4, 6, 18–20, 68, 72f., 194f., 198f., 255f. s.a. reaktive Haltungen
Handlung 206f., 211, 230, 237, 295
– vs. Handlungsbeschreibung 237, 244f., 294
Handlungsfreiheit 42, 191, 204–208, 291
hermeneutisches „als" 110, 279
Hirnforschung 209, 291f.

impartial spectator 141
Inkommensurabilität 105f., 250f.
Inkompatibilitätsproblem 261f.
Instrumentalisierung 29, 42–44, 64, 193f.
Integration 84
Integrationsstrategie 46–50, 56–63, 91, 161, 245, 256f., 263, 272
Interessen 31f., 47–52, 56–60, 62, 105, 133, 145, 245, 250f., 257, 270–272, 295
Internalismus 259, 264, 297
Irrtumstheorie 177f.

Kategorizität 24–27, 54, 269
kausale Schuld s. Schuld, kausale
kausale Verantwortlichkeit s. Verantwortlichkeit, kausale
Kausalprinzip, Kausalität 210f., 285, 290, 292
Klugheit, Prudentialität 24–26, 54, 56
„Können", „Müssen" 212–214, 220, 280

Kommunikationstheorie 5, 65, 76–83, 89, 274f.
– als deskriptive Theorie 77f.
– als normative Theorie 78–82
Kompatibilismus 204, 291
Konsequentialismus 31, 273
Kontraktualismus 31f., 47, 54, 56, 58, 257
Konventionen, Konventionsproblem 142, 283
korrektive Ausdrücke 232
Kriterium der Strafrechtfertigung 1, 5, 33, 44, 64–65, 70f., 83f., 86, 89, 116

Libet-Experimente 210

Marburger Programm 31, 269
Maßregel 14, 85, 114f., 268, 286
– als Strafe 14, 85f., 280
Menschenwürde 42f., 51, 193f., 289
mens rea 157, 247, 250, 295
Moral, moralisch 4, 6, 22–24, 54–56, 63f., 192–194, 246, 255–257, 259–261, 264f., 269, 297
moralische Intuitionen 192f., 272
moralische Urteile 24–27
moralischer Zufall 163–170, 269, 286

Natur, Natürlichkeit 197–200
Normativismus 278
Nothilfe 201
Notstand 201, 223f., 293
Notwehr 201f.

Ödipus-Beispiel 237f.
„Opfer" der Moral 256, 296.
overridingness s. Vorrangthese

Paternalismus 81f.
Person 4, 6, 44, 64, 194–196, 200, 211, 218f., 227, 255, 278
Prävention
– allgemein 1, 14f., 26, 29–40, 50
– Spezialp. vs. Generalp. 29f., 61, 68f., 112f., 159, 247
– Spezialp., positive 5, 30f., 61, 65, 80, 82f.
– Spezialp., negative 30f., 61, 275

– Spezialp. durch Verhinderung 30, 38, 61
– Generalp., positive 30f., 182
– Generalp., negative 30, 56, 60, 65, 70, 83, 85
Präventionstheorie
– allgemein 5, 29–64, 71, 83, 89–91, 111f., 115f., 123–125, 133, 145, 156, 162, 186, 193, 245f., 256–258, 269f., 274, 276, 289
– Charakterisierung der P. 29–33
– empirischer vs. normativer Bestandteil der P. 32f., 270
– vs. Vergeltungstheorien 90, 111
Präventionswirkung von Strafen 6, 29, 32–40, 53–55, 57, 63, 70, 83f., 90f., 112f., 115–118, 132, 183f., 193, 247f., 270
– Bedingungen für P. 36f.
– empirische Nachweisbarkeit der P. 34f.
– methodische Probleme bei Feststellung von P. 34f., 270
– Plausibilitätsargumente für P. 35–40
praktische Identität 191, 212–214, 292
praktische Notwendigkeit 212f., 292
Provokation 219, 293

Rache 125f., 128–131, 140, 281f.
Rationalität 3, 23, 52–56, 63f., 66, 125, 129, 162, 196, 263, 269, 271f.
– R. von Normbrechern 37, 270f.
reaktive Haltungen 194–201, 203, 208, 227, 232, 235, 255, 281, 289
Recht auf Gestraftwerden 200, 289
Rechtfertigung
– ästhetische R. 109
– Begriff der R. 3, 5, 7, 21–27, 52–56, 256, 269
– vs. Begründung 22
– externalistische vs. internalistische R. 276
– moralische vs. nicht-moralische R. 3, 5, 7, 22–27, 29, 52–56, 63, 146, 162, 192, 196, 246, 255–257, 269, 272
– nicht-moralischer Begriff von R. 3, 5, 22–24, 52–56, 63f., 145, 162f., 170, 175f., 179, 182f., 191, 245, 248, 255–258, 264, 269

– R.sproblem als Zentralproblem der Straftheorie 1, 3–5, 7–27, 70, 83, 255–257, 267
Rechtswidrigkeit 201f., 223f., 236
Resozialisierung 82–87, 275
– als Strafergänzung 87
Resozialisierungstheorie
– allgemein 5, 65, 82–87, 89, 115, 134, 275
– als Abolitionismus 83, 275
– als Strafalternativtheorie 84–86, 275
– als Strafrechtfertigungstheorie 82f.
Retributivismus, Retributionstheorie
– allgemein 1, 5, 20, 41f., 64, 86f., 89–143, 193, 245f., 268, 273f., 276f., 279f., 283, 289
– Charakter-R. 288
– Charakterisierung des R. 89–92
– und Deontologie 89
– emotionsbasierter R. 20f., 123–143
– hermeneutischer R. 1, 5, 89, 109–122, 176, 257
– hermeneutischer R. vs. Rechtfertigungsr. 111–113, 118f.
– konsequentialistischer R. 133–136, 276, 282f.
– konsequentialistischer vs. nicht-konsequentialistischer R. 89f., 276
– nicht-konsequentialistischer R. 90–107, 137–143, 189f., 276
– Paradox des R. 118f., 146, 175–178, 193, 199
– positiver vs. negativer R. 276
– zirkulärer R 99, 101, 103, 277
retributive Emotionen 5, 18–21, 68, 111, 119, 123–143, 273, 281–283, 287, 289
– als „gebändigte" Emotionen 129
– und Moral 131
– und Selbstachtung 130
– und soziale Kohäsion 131f.
– und soziale Strafen 130
– und Strafrechtfertigung 133–143
– Wert r.r E. 127–133
Rückwirkungsverbot 268

Sanktion 15f., 18, 20, 40, 96, 252f., 268, 274
– sekundäre S. 18

Scham 69f., 140
Schuld
– allgemein 12, 14, 45–56, 120f., 145, 147–156, 181, 284
– akteursunabhängige Sch. 148–150, 152, 154f., 179, 181, 185, 192, 246, 288
– Begriffe von Sch. 12, 46, 145–156
– als Bewertungskategorie 147
– kausale Sch. 5, 12, 145f., 148–152, 154–157, 163f., 170–172, 177, 179, 181–183, 187f., 190, 192, 246, 285
– kausale Sch. und soziale Strafen 163–170
– Kollektivsch. 148, 150, 154
– Sch.minderung vs. Sch.aufhebung 219, 229, 241, 244, 248, 252, 293
– moralische Sch. 5, 12, 46, 52, 59–62, 91–93, 99, 102, 104–106, 112, 145–152, 154–161, 163–165, 170–173, 176f., 179, 181–183, 187f., 190, 192f., 200–204, 208, 210, 218, 223f., 235f., 245–254, 271, 276, 284f., 287, 290f.
– rechtliche Sch. 149–151, 154f., 284
– Seinssch. 147f., 150, 153f., 186–190, 288
– Sch.unterstellung 201, 294
– Strafbegründungssch. vs. Strafzumessungssch. 147
Schuldfähigkeit 59–62, 151, 196, 200f., 218f., 222, 224, 227, 230, 252
Schuldprinzip 4, 7, 11, 29, 45–56, 62–64, 91, 145, 158, 161f., 191f., 229, 245–248, 256f., 267, 271f., 286, 291f., 296
– abgeschwächtes Sch. 50–52
– als Strafbegrenzungsprinzip 246f., 257, 271, 295
Schwere eines Normverstoßes 6, 56, 58f., 62, 192, 248–254, 295f.
selbstverständliche Normbefolgung 39
shame sanctions 69
Sicherungsverwahrung 14f., 85, 198, 268
– als Strafe 14f., 85f.
Sinn 8, 119–122
Steuerungsfähigkeit 60, 156, 218, 220–222, 252, 293
Stigmatisierung 19, 69f., 72f., 75, 155f., 164, 171

Strafe
- Androhung vs. Vollzug der S.   30, 61
- als Ausgleich von Vorteilnahme   105f., 279
- und Autorität   16f., 268
- Begriff der S.   3, 7–17, 45f.
- S. für vs. S. aufgrund von   12–15, 17, 46, 110f., 114, 121, 181, 267f., 271
- vs. Grausamkeit   10, 81, 122, 128f.
- und Identität   7, 11, 46, 153, 181, 183f., 287f.
- und Inklusion   275
- Institution der S. vs. einzelne Strafhandlungen   4, 6, 44, 255f., 278
- als Inszenierung, Strafschauspiel   108
- als Kaufpreis   67, 76, 273
- bei kausaler Schuld, kausaler Verantwortlichkeit   156–178
- Kausalität von S.   34
- Kollektivs.   45, 49, 153, 179–185, 187, 192, 288
- als Kommunikation   76–82
- und Leiden   3, 7–11, 16f., 31, 41, 69–71, 73, 75f., 94–98, 121f., 133–136, 249–254, 274, 277, 295
- als beabsichtige Leidenszufügung   7–12, 15–19, 21f., 41, 67, 69f., 73, 75, 81, 84, 121, 134, 146, 175, 248, 255f., 260, 267, 274
- ohne Leidenszufügung   8–10, 73–76, 267, 274
- und Macht   54, 81
- als Missbilligung   67–69, 71f., 76f., 81, 137, 142, 155, 183
- Motive des S.ns   22, 124–126, 137
- und Normverstoß   11, 67, 72, 92, 163
- vs. penalties   65–67, 76, 273
- Strafrahmen   254
- als Resozialisierung   82–87
- als Restituierung von Rechten   105f.
- und retributive Emotionen   5, 18–21, 68, 111, 119, 123–143, 273, 281–283, 287, 289
- und Rezeptivität des Adressaten der S.   19f., 95f., 252
- vs. Sanktion   15, 67, 249–254, 268, 273f.
- vs. Schadensersatz   93, 106, 126, 277
- und Schuld, s.a. Schuld, Schuldprinzip   4, 7, 11f., 45–56, 145–147
- Schwere der S.   6, 16, 40, 56, 58f., 62, 95f., 103, 145, 192, 248–254, 268, 295f.
- Schwere der S. vs. Schwere der Sanktion   16, 95f., 249–254
- Signalwirkung der S.   68
- und Sinn   89, 119–122, 280
- als Sorgfaltsappell   158–161, 169, 173–175
- soziale S.   3, 10, 16–21, 37, 47, 65, 69, 78, 98, 112, 130, 146, 155, 163–175, 177, 268f.
- staatliche vs. soziale S.   3, 7, 11, 16–21
- und Tiere   110, 196
- für Tote   75f.
- Ursprung vs. Zweck der S.   123–125
- und Vorwurf   68, 155f., 232
strict liability   s. Erfolgshaftung
Symmetrie des Leidens   107–109, 279

Tadel, Tadeln   114, 152, 164–169, 176, 231f., 239, 269, 273, 283, 285–287, 289f.
Talionsprinzip   89, 93–99, 109
Tatbestand   201f., 223f., 236–238, 290, 295
„Therapie statt Strafe"   82f., 115, 210
Todesstrafe   3, 20, 34f., 37, 40, 61, 68, 78f., 94, 96, 126, 130, 135, 220
Tugend   172f., 176, 287

Übelnehmen   128, 132, 197f., 289
- stellvertretendes Ü.   197
Universalisierbarkeit   165, 167, 286
Unschuldige Bestrafen, s.a. Schuldprinzip   29, 45–56, 267, 271f.
Untersuchungshaft
- vs. Strafhaft   14, 114
- als Strafe   14, 114
Ursache   191, 209–211, 214
Urteilsvermögen   251
Utilitarismus   31f., 42, 47–49, 54, 56–59, 62, 245, 257, 267, 271–273, 296

Verachtung   78
Verantwortlichkeit   6, 12, 111, 125, 127, 145, 151–155, 189, 284f., 292

- als Haftungsv. 152, 154, 179, 181, 185, 284f.
- kausale V. 111, 145, 151–155, 157, 160, 164, 169, 171, 180, 184, 284f., 287
- moralische V. 111, 127, 151–155, 164, 169, 171, 180, 184, 200, 201, 208, 210, 218, 227, 230, 232f., 244, 246–248, 284f., 287

„Verdienst" (Begriff) 99–102
- askriptiv 100f.
- evaluativ 99f.
- normativ 99
- und „Sollen" 101, 278

Verdienst 42, 89, 93, 99–102, 109, 111f., 114, 114, 118, 125f., 127, 133, 137–140, 143, 165, 167, 176–178, 189f., 193, 246, 248, 268, 273, 277f., 283
- vs. Angemessenheit 278

Verdienstbasis 100f., 189, 277
Vereinigungstheorie 257, 296
Vergeltung
- als ästhetische Kategorie 89, 107–109
- V.sgedanke (allgemein) 5, 31, 68, 126, 129, 137, 177, 257, 270, 282
- als hermeneutische Kategorie 89, 109–122
- und Prävention 89, 115–119, 177
- vs. Rache 130, 282
- als Strafrechtfertigung 86–107, 118f.
- V.swunsch, V.sbedürfnis 5, 22, 86, 89f., 123, 128f., 132–136, 141, 247

Vergeltungsstrafe (Begriff) 14, 86, 89, 110f., 113–115, 146, 276, 279, 292
- V. und Sinn 119–122

Vergeltungstheorie s. Retributivismus, Retributionstheorie
Verhältnismäßigkeitsprinzip 5, 29, 56–64, 102f., 145, 192, 229, 248–254, 256f., 273
Verhinderung 38, 61
Verhinderungstheorie 30f.
Versehen, versehentlich 60, 162, 229–231, 240f., 244f.
Verstehen 8, 109, 110–122, 176, 280
Vertragstheorie s. Kontraktualismus
Vertrauen 84
Verzeihen 84, 278, 296

victimless crimes 197, 250f.
Vorrangthese 6, 109, 257–263, 269, 296f.
Vorsatz, Vorsätzlichkeit 59, 148, 157, 159, 161f., 174, 201, 235f., 241, 287, 295
- V. ersten Grades 235
- direkter V. 235, 239
- Eventualv. 235f., 240–242, 295
- Fehlen von V. (bei Fahrlässigkeit) 241–244
- Grade des V.es 235

Vorwerfbarkeit 201, 205, 210, 223, 239, 242–244, 247, 285, 289f.

Wiedergutmachung 184f.
Willensfreiheit, s. a. Freiheit 42, 125, 198, 203f., 209, 290f.
- vs. Handlungsfreiheit 42, 204, 290
- als normative Setzung 203f., 290

Wollen 25f., 136, 204, 206–209, 211, 213f., 217, 219–221, 224–226, 234f., 238f., 250, 283, 293f.
- „eingerammtes" W. 26, 225f.

„Wollen Können", „nicht (anders) wollen können" 191f., 209–215, 217f., 220–224, 227

Wünschen vs. Wollen 136

Zumutbarkeit 191f., 214–227, 242
- der Ausübung einer Fähigkeit 223–227, 293
- Begriff der Z. 216f., 219

Zwang 60, 82, 204–208
Zwecke 25f.
Zweckrationalität 3, 23, 29, 52–56, 63f., 125, 145, 178, 182f., 191f., 196, 245, 255–258, 261, 272f.
Zwei-Ebenen-Modell des moralischen Denkens 58, 272f.

www.ingramcontent.com/pod-product-compliance
Lightning Source LLC
Chambersburg PA
CBHW060553230426
43670CB00011B/1799